U1007232

「十三五」国家重点图书出版规划项目

「中国近代日记文献叙录、整理与研究」

（项目编号：18ZDA259）阶段性研究成果

中国近现代稀见史料丛刊【第七辑】

《永安月刊》笔记萃编

张剑 徐雁平 彭国忠 主编

薛玉坤 李晨 整理

本辑执行主编 张剑

凤凰出版社

图书在版编目（CIP）数据

《永安月刊》笔记萃编 / 薛玉坤，李晨整理. -- 南京：凤凰出版社，2020.9
（中国近现代稀见史料丛刊. 第七辑）
ISBN 978-7-5506-3238-7

Ⅰ. ①永… Ⅱ. ①薛… ②李… Ⅲ. ①期刊—汇编—中国—民国 Ⅳ. ①Z62

中国版本图书馆CIP数据核字(2020)第150875号

书　　名	《永安月刊》笔记萃编
著　　者	薛玉坤　李　晨 整理
责任编辑	李　霏
装帧设计	姜　嵩
出版发行	凤凰出版社(原江苏古籍出版社) 发行部电话025-83223462
出版社地址	江苏省南京市中央路165号,邮编:210009
出版社网址	http://www.fhcbs.com
照　　排	南京凯建文化发展有限公司
印　　刷	苏州市越洋印刷有限公司 江苏省苏州市吴中区南官渡路20号,邮编:215104
开　　本	880毫米×1230毫米　1/32
印　　张	12.25
字　　数	318千字
版　　次	2020年9月第1版
印　　次	2020年9月第1次印刷
标准书号	ISBN 978-7-5506-3238-7
定　　价	108.00元

(本书凡印装错误可向承印厂调换,电话:0512-68180788)

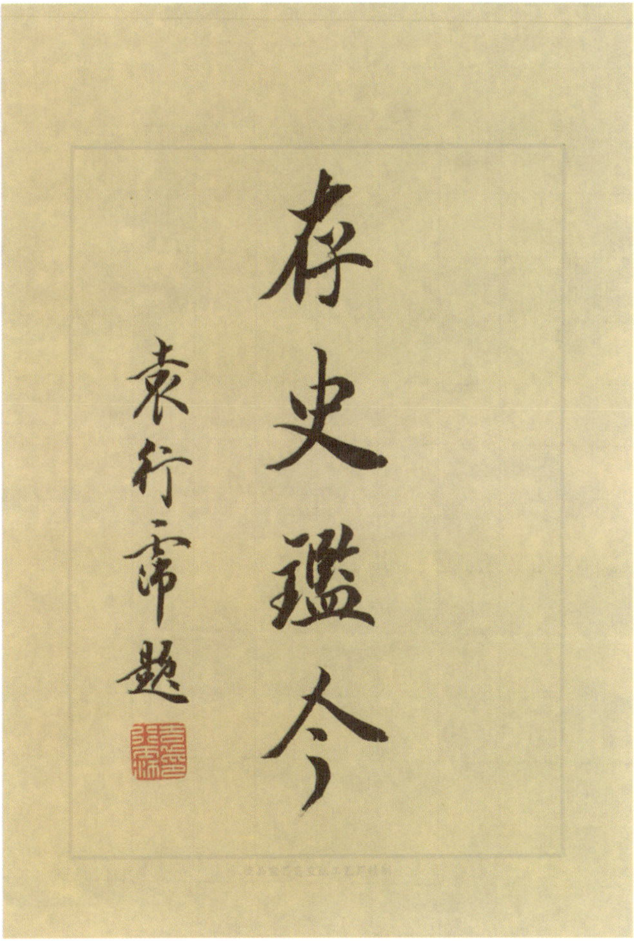

袁行霈先生题辞

「音实难知，知实难逢，逢其知音，千载其一乎！」（《文心雕龙·知音》）今读新编稀见史料丛刊，真有治学知音之感也。

傅璇琮谨书

二〇一二年

傅璇琮先生题辞

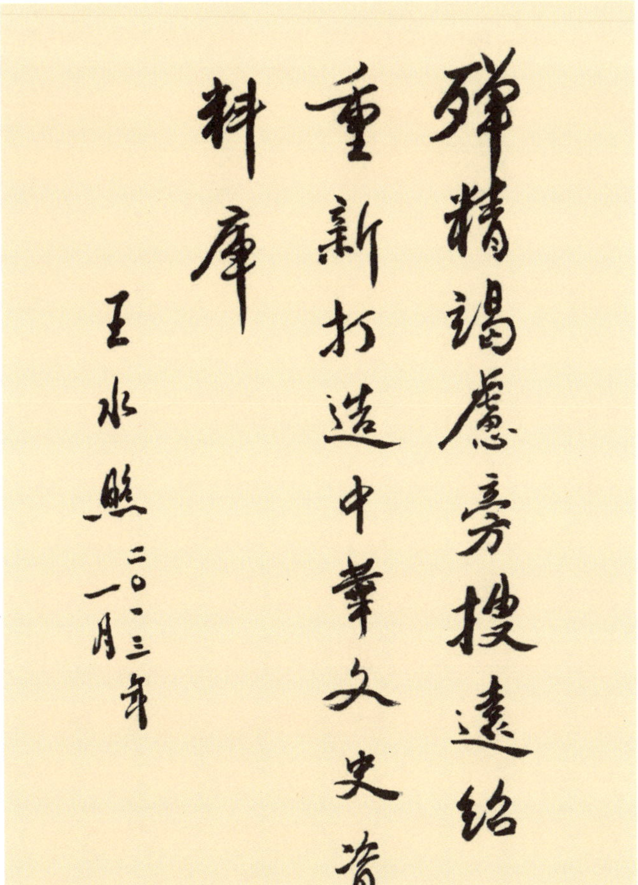
殚精竭慮旁搜遠绍
重新打造中華文史资
料庫
王水照
二〇一三年一月

王水照先生题辞

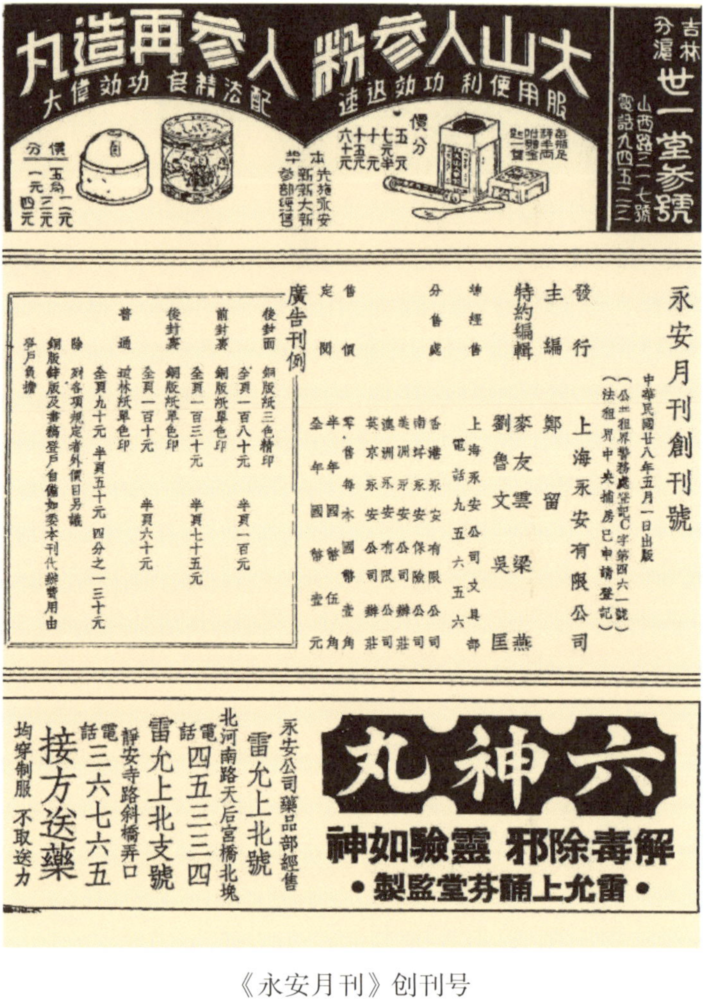

世一堂參號
吉林 分滬
山西路三一七號
電話九四五一三

大山人參粉
服用便利 功效迅速
價分 五元 七元半 十元 十五元 六十元
每瓶足淨半兩 附贈金匙一隻

人參再造丸
配法精良 功效偉大
價分 五角 一元 三元 一元 四元

本埠 先施永安 新新大新 參部經售

永安月刊創刊號

中華民國廿八年五月一日出版
（公共租界警務處登記C字第四六一號）
（法租界中央捕房已申請登記）

發行　上海永安有限公司
主編　鄭留
特約編輯　麥友雲　梁燕　劉魯文　吳匡
總經售　上海永安公司文具部　電話九五六五六
分售處　香港永安有限公司　南洋永安保險公司　美洲永安公司辦莊　澳洲永安有限公司　英京永安公司辦莊
售價　零售每本國幣壹角
定閱　半年國幣伍角　全年國幣壹元

廣告刊例

後封面	銅版紙三色精印	全頁一百八十元	半頁一百元	
前封裏	銅版紙單色印	全頁一百三十元	半頁七十五元	
後封裏	銅版紙單色印	全頁一百十元	半頁六十元	
普通	道林紙單色印	全頁九十元	半頁五十元	四分之一三十元

除對各項規定者外價目另議
銅版鋅版及書稿登戶自備如委本刊代辦費用由登戶負擔

六神丸
解毒除邪　靈驗如神
●雷允上誦芬堂監製●

永安公司藥品部經售
雷允上北號
北河南路天后宮橋北堍
電話四五三三四
雷允上北支號
靜安寺路斜橋弄口
電話三六七六五
接方送藥
均穿制服　不取送力

《永安月刊》创刊号

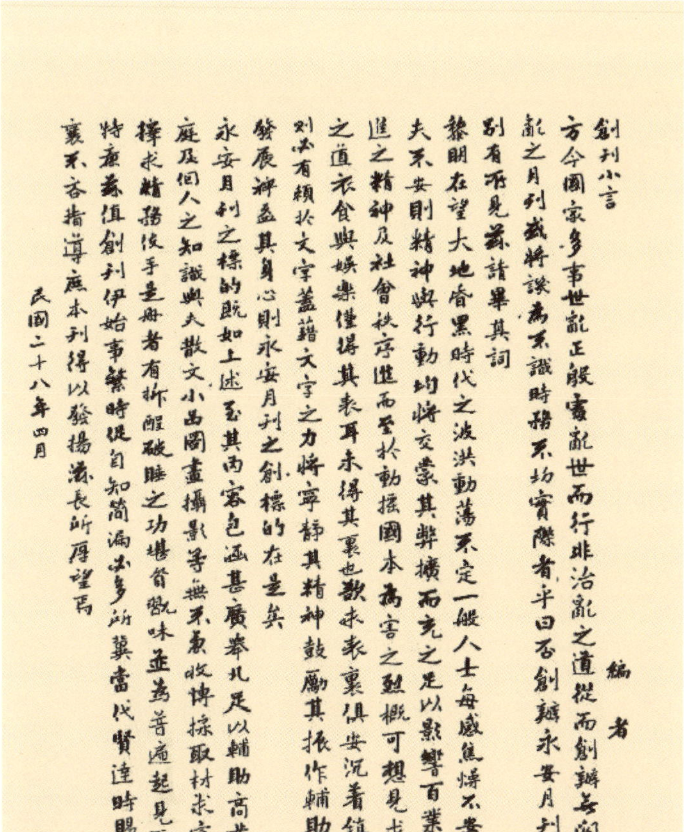

創刊小言　　編者

方今國家多事世亂正殷當亂世而行非治亂之道從而創辦無關治亂之月刊哉將謂為不識時務不切實際者乎曰否創辦永安月刊蓋別有所見焉請畢其詞

黎明在望大地昏黑時代之波洪動蕩不定一般人士每感焦惶不安蓋夫不安則精神與行動均將交蒙其弊擴而充之足以影響百業為進之精神及社會秩序進而至於動搖國本為害之烈概可想見求安之道衣食與娛樂僅得其表耳未得其裏也欲求表裏俱安沉着鎮靜則必有賴於文字蓋藉文字之力將寧靜其精神鼓勵其振作輔助其發展裨益其身心則永安月刊之創標的在是矣

永安月刊之標的既如上述至其內容包涵甚廣舉凡足以輔助商業家庭及個人之知識與夫散文小品圖畫攝影等無不兼收博採取材求富選擇求精務使手是冊者有提醒破睡之功堪資翫味並為普遍起見取價特廉焉值創刊伊始事繁時促自知簡漏必多所冀當代賢達時賜匡襄不吝指導庶本刊得以發揚滋長所厚望焉

民國二十八年四月

《永安月刊》创刊小言

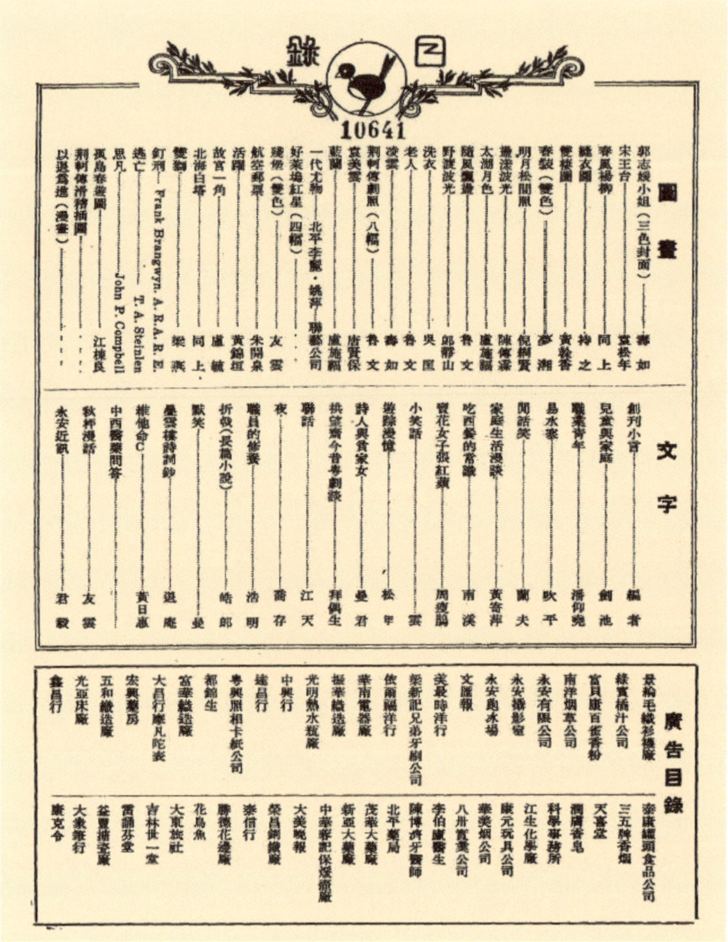
目錄

10641

圖畫

文字

廣告目錄

书影

《中国近现代稀见史料丛刊》总序

在世界所有的文明中，中华文明也许可说是“唯一从古代存留至今的文明”（罗素《中国问题》）。她绵延不绝、永葆生机的秘诀何在？袁行霈先生做过很好的总结：“和平、和谐、包容、开明、革新、开放，就是回顾中华文明史所得到的主要启示。凡是大体上处于这种状况的时候，文明就繁荣发展，而当与之背离的时候，文明就会减慢发展的速度甚至停滞不前。”（《中华文明的历史启示》，《北京大学学报》2007 年第 1 期）

但我们也要清醒看到，数千年的中华文明带给我们的并不全是积极遗产，其长时段积累而成的生活方式与价值观具有强大的稳定性，使她在应对挑战时所做的必要革新与转变，相比他者往往显得迟缓和沉重。即使是面对佛教这种柔性的文化进入，也是历经数百年之久才使之彻底完成中国化，成为中华文明的一部分；更不用说遭逢“数千年来未有之变局”、“数千年未有之强敌”（李鸿章《筹议海防折》），“数千年未有之巨劫奇变”（陈寅恪《王观堂先生挽词序》）的中国近现代。晚清至今虽历一百六十余年，但是，足以应对当今世界全方位挑战的新型中华文明还没能最终形成，变动和融合仍在进行。1998 年 6 月 17 日，美国三位前总统（布什、卡特、福特）和二十四位前国务卿、前财政部长、前国防部长、前国家安全顾问致信国会称：“中国注定要在 21 世纪中成为一个伟大的经济和政治强国。”（徐中约著《中国近代史》上册第六版英文版序，香港中文大学 2002 年版）即便如此，我们也不能盲目乐观，认为中华文明已经转型成功，相反，中华文明今天面对的挑战更为复杂和严峻。新型的中华文明到底会怎样呈现,又怎样具体表现或作用于政治、经济、文化等层面,人们还在不断探索。这个问题,我们这一代恐怕无法给出答案。但我们坚信,在历史上曾经灿烂辉煌的中华文明必将凤凰浴火,涅槃重生。这既是数千年已经存在的中华文明发展史告诉我们的经验事实,也是所有为中国文化所化之人应有的信念和责任。

不过,对于近现代这一涉及当代中国合法性的重要历史阶段,我们了解得还过于粗线条。她所遗存下来的史料范围广阔,内容复杂,且有数量庞大且富有价值的稀见史料未被发掘和利用,这不仅会影响到我们对这段历史的全面了解和规律性认识,也会影响到今天中国新型文明和现代化建设对它的科学借鉴。有一则印度谚语如是说:“骑在树枝上锯树枝的时候,千万不要锯自己骑着的那一根。”那么,就让我们用自己的专业知识与能力,为承载和养育我们的中华文明做一点有益的事情——这是我们编纂这套《中国近现代稀见史料丛刊》的初衷。

书名中的“近现代”,主要指 1840—1949 年这一时段,但上限并非以一标志性的事件一刀切割,可以适当向前延展,然与所指较为宽泛的包含整个清朝的“近代中国”、“晚期中华帝国”又有所区分。将近现代连为一体,并有意淡化起始的界限,是想表达一种历史的整体观。我们观看社会发展变革的波澜,当然要回看波澜如何生,风从何处来;也要看波澜如何扩散,或为涟漪,或为浪涛。个人的生活记录,与大历史相比,更多地显现出生活的连续。变局中的个体,经历的可能是渐变。《丛刊》期望通过整合多种稀见史料,以个体陈述的方式,从生活、文化、风习、人情等多个层面,重现具有连续性的近现代中国社会。

书名中的“稀见”,只是相对而言。因为随着时代与科技的进步,越来越多的珍本秘籍经影印或数字化方式处理后,真身虽仍“稀见”,化身却成为“可见”。但是,高昂的定价、难辨的字迹、未经标点的文本,仍使其处于专业研究的小众阅读状态。况且尚有大量未被影印或数字化的文献，或流传较少，或未被整合，也造成阅读和利用的不便。因此，《丛刊》侧重选择未被纳入电子数据库的文献，尤欢迎整理那些辨识困难、断句费力、裒合不易或是其他具有难度和挑战性的文献，也欢迎整理那些确有价值但被人们习见思维与眼光所遮蔽的文献，在我们看来，这些文献都可属于“稀见”。

书名中的“史料”，不局限于严格意义上的历史学范畴，举凡日记、书信、奏牍、笔记、诗文集、诗话、词话乃至序跋汇编等，只要是某方面能够反映时代政治、经济、文化特色以及人物生平、思想、性情的文献，都在考虑之列。我们的目的，是想以切实的工作，促进处于秘藏、边缘、零散等状态的史料转化为新型的文献，通过一辑、二辑、三辑……这样的累积性整理，自然地呈现出一种规模与气象，与其他已经整理出版的文献相互关联，形成一个丰茂的文献群，从而揭示在宏大的中国近现代叙事背后，还有很多未被打量过的局部、日常与细节；在主流周边或更远处，还有富于变化的细小溪流；甚至在主流中，还有漩涡，在边缘，还有静止之水。近现代中国是大变革、大痛苦的时代，身处变局中的个体接物处事的伸屈、所思所想的起落，藉纸墨得以留存，这是一个时代的个人记录。此中有文学、文化、生活；也时有动乱、战争、革命。我们整理史料，是提供一种俯首细看的方式，或者一种贴近近现代社会和文化的文本。当然，对这些个人印记明显的史料，也要客观地看待其价值，需要与其他史料联系和比照阅读，减少因个人视角、立场或叙述体裁带来的偏差。

知识皆有其价值和魅力，知识分子也应具有价值关怀和理想追求。清人舒位诗云“名士十年无赖贼”(《金谷园故址》)，我们警惕袖手空谈，傲慢指点江山；鲁迅先生诗云“我以我血荐轩辕”(《自题小像》)，我们愿意埋头苦干，逐步趋近理想。我们没有奢望这套《丛刊》产生宏大的效果，只是盼望所做的一切，能融合于前贤时彦所做的贡献之中，共同为中华文明的成功转型，适当“缩短和减轻分娩的痛苦”(马克思《资本论》第一卷第一版序言)。

《丛刊》的编纂，得到了诸多前辈、时贤和出版社的大力扶植。袁行霈先生、傅璇琮先生、王水照先生题辞勖勉，周勋初先生来信鼓励，凤凰出版社姜小青总编辑赋予信任，刘跃进先生还慷慨同意将其列入“中华文学史史料学会”重大规划项目，学界其他友好也多有不同形式的帮助……这些，都增添了我们做好这套《丛刊》的信心。必须一提的是，《丛刊》原拟主编四人（张剑、张晖、徐雁平、彭国忠），每位主编负责一辑，周而复始，滚动发展，原计划由张晖负责第四辑，但他尚未正式投入工作即于2013年3月15日赍志而殁，令人抱恨终天，我们将以兢兢业业的工作表达对他的怀念。

《丛刊》的基本整理方式为简体横排和标点（鼓励必要的校释），以期更广泛地传播知识、更好地服务社会。希望我们的工作，得到更多朋友的理解和支持。

2013年4月15日

目　录

整理说明

《永安月刊》是民国上海永安股份有限公司创办的一份综合性文化月刊，自1939年5月创刊，至1949年3月终刊，前后十年，无一间断，总计发行118期。其创办之初，正值上海“孤岛”时期，所谓“国家多事，世乱正殷……一般人士每感焦躁不安”，主办者试图“藉文字之力，将宁静其精神，鼓励其振作，辅助其发展，裨益其身心”，在刊物内容的设定上，“包含甚广，举凡足以辅助商业、家庭及个人之知识，与夫散文、小品、图画、摄影等，无不兼收博采。取材求当，选择求精”（《创刊小言》）。初分图画与文字两栏，三年之后，即自第37期始，又增设“繁星”副刊，专采短小精悍文字。而无论图画、文字，大多雅俗共赏，兼具知识与趣味，有极强的可读性，因此广受读者欢迎。百期纪念号吴国桢题词称其：“有言有物，绘影绘声。旁搜远绍，体大思精。琳琅满目，玑珠并陈。万人传诵，百世风行。”

《永安月刊》主编为永安公司常务秘书郑留，初期偏重图画，后郑逸梅加入为编辑，颇为重视文字，风格遂为之丕变。尤其所载掌故珍闻，内容丰赡翔实，笔墨隽雅生动，多涉晚清民国政坛秘闻、名人轶事、艺林交游、诗词品藻，乃至金石、书画等，且大多得自作者亲身经历，或是耳闻目睹，具有非常珍贵的史料价值。

尤为珍贵的是，这些文字大多未经系统整理。2009年，上海永安百货有限公司与文汇出版社曾刊行《永安文丛》一书，撷取《永安月刊》所载文章近四百篇，编为五册。第一册内容与永安公司历史相关，第二、三、四册为各类小说，第五册虽以文坛轶事、文艺随笔为主，但所取皆为单篇，对为数众多且更具价值的连载类笔记则付之阙如。

本书萃辑《永安月刊》所载笔记凡十二家十九种，函括郑逸梅《梅龛散记》《诗笺小识》《海上艺林谈往录》《逝者如斯》、陈涵度《题蕉庐漫笔》、李晓耘《抱山簃诗话》《抱山簃随笔》、李家咸《趋庭载笔》、高吹万《感旧漫录》、顾佛影《呆斋随笔》、刘铁冷《镂冰室话旧》《镂冰室碎墨》、许瘦蝶《蝶窠偶语》《文坛忆旧录》、陈运彰《蓬斋胜记》《思无邪庵诗话》、周今觉《夜读书室随笔》、石寄松《卷庐随笔》及陈左高《学斋谈荟》。收录原则如下：

一、已统一整理者不录，如胡朴安《南社诗话》、陈鹤柴《尊瓠室诗话》、巢章甫《海天楼谈薮》等，或曾单行，或曾收入个人文集，皆不再编录；

二、非连载者不录，如李伯琦、陆丹林、叶淑瑜，郑逸梅称为《永安月刊》掌故三枝健笔，所作甚夥，但不具连载性质，姑俟诸异日另为董理；

三、内容与近代文史无关者不录，如麦友云《秋枰漫话》讲下棋，陈其惠《传信鸽》谈养鸽，黄寄萍《园艺生活杂写》言莳花弄草，黄觉寺《欧游漫笔》写欧洲见闻，亦皆弃之。

全书以笔记首刊时间为序编次，同一作者依序罗列，且于每种首页之下注明原载时间与期数，以备查核。整理时对文字和标点均按现代汉语规范处理。文字明显舛误者径改，不另出校记。漫漶不清、难以辨识者，以△代替（区别原文既有之缺文符号□）。原文内容不实处则一仍其旧，不另作考订，祈望读者有所自鉴。

梅箟散记①

郑逸梅

一

曩在吴门，春秋佳日，辄蜡屐登灵岩，寻吴宫花草以为乐。山之半腰，巨石耸立，乃有宋韩蕲王碑。碑以过大，且悬空无着足处，拓之至不易。金石家周梅谷曾设法鸠工构架以为之，然所成亦无几。当时碑文拓纸，每帧值百金左右。兹闻是碑忽于日前倾坠，无复完成，从此碑文拓纸益为希罕之品。我友王君佩铮藏有一帧，自当瑰宝视之矣。

二

世皆知李伯元即南亭亭长，著有《海天鸿雪记》《官场现形记》《文明小史》《庚子国变弹词》诸书，并主持《指南报》《游戏报》《海上繁花报》，为海上小报之首创者。不知其前尚有济源李伯元仁元其人。伯元道光丁未进士，官江西乐平县知县，权鄱阳，寇至力战死，一家尽死寇难。王壬秋与之夙契，曾为撰传，盖烈士也。伯元能诗，有《雨夜》一绝云："烛烬寒房渐五更，暗风吹雨遍山城。十年前夜秋千院，阑外潇潇是此声。"又《中岳庙》云："嵯峨纳群碧，莽莽见宫阙。二室接昏晓，著象共突兀。杳冥山气含，詄荡地灵结。楼观敞肃穆，沉沉动日

① 原载《永安月刊》1939 年第 7、8 期，1940 年第 10—12 期。

月。穹碑立无语，曾戴汉时雪。”

三

有清末季，有名文蔚者凡二人，均擅书法。一在前，倪姓，名文蔚，字豹臣，望江人。咸丰进士，以主事参曾国藩军幕，官至河南巡抚。学问淹雅，治今文《尚书》，有《禹贡说》《两强勉斋诗文集》；一在后，冯姓，名文蔚，字莲堂，乌程人。光绪进士，官至翰林院侍讲，以勤学有声于时。然二者相较，倪文蔚知之者多。予获近贤手札多通，有署名文蔚者，亦以为倪文蔚无疑。及考与之同时诸贤之年代，始知为冯文蔚，而非倪文蔚。混淆如此，因分述之。

四

戚君饭牛，名牧，于去年死于沪上爱文义路寓所。国学家又弱一个，论者惜之。按清宁都人尚有罗牧，亦号饭牛，侨居南昌。工画山水，笔意空灵，在黄、董之间，江淮间祖之者谓之江西派。为人敦古道，重友谊，能诗善饮，楷法亦工，又善制茶，卒年八十余。张瓜田《画征录》载之甚详。然《频罗馆书话》却贬抑之，谓据所刻《黄庭》数行，未免甜俗，无书卷气，看来其胸中无所蕴酿，不过作画题诗人耳。

五

著作物版权所有，不得翻刊，此则欧西之律法，为我国所未备。顷阅李笠翁《闲情偶寄》“笺简”一条，下附有识语，盖已为版权之滥觞，爰录之于下云：

> 集中所载诸新式，听人效而行之。惟笺帖之体裁，则令奚奴自制自售，以代笔耕，不许他人翻梓，已经传札布告，诫之于初矣。偶仍有垄断之豪，或照式刊行，或增减一二，或稍变其形，即以他人之功，冒为己有，食其利而抹煞其名者，此即中山狼之流

亚也。当随所在之官司而控告焉,伏望主持公道。至于倚富恃强,翻刻湖上笠翁之书者,大海以内,不知凡几。我耕彼食,情何以堪,誓当决一死战,布告当事,即以是集为先声。总之天地生人,各赋以心,即宜各生其智。我未尝塞彼心胸,使之勿生智巧,彼焉能夺吾生计,使不得自食其力哉?

六

文人作画,别有一种意致,固不能以六法限之也。同社胡子叔异自昆明来函云:"近来摹《百梅集》,画墨梅尚有趣兴,归当写奉一枝春也。"叔异为亡师石予先生令子。石予师画梅四十年,叔异能传家声,亦佳话也。

七

砒质极毒,可以杀人,然以其粉末置于书笥衣箧,能免虫蛀,功效远在芸香、樟脑之上。

八

砚以歙、端两处所产者为有名。闻陇之贺兰石亦可琢砚,以重不便携取,故用之者较少。昔叶鞠裳按试其地,曾以之为投赠友好之品,获者珍之。

九

海上新式之屋,往往于庭除间略栽花木,以为点缀。然所栽以夹竹桃为多,繁枝密叶,而庭除窄隘,为之充塞无余地,殊觉△郁。予意不如改栽芭蕉为宜。当炎夏之时,湛碧映窗,招凉扇暑,爽适非可言喻。即听风听雨,韵清响逸,亦殊可爱也。

一〇

樊君伯炎，老画师少云先生之哲嗣也。擅琵琶，自沦陷区来沪，弃衣饰如敝屣，独挟琵琶以俱。盖所藏琵琶，玉柱蛇槽，为百余年前物。一昨聆其奏《郁轮袍》，纤弦振舞，迅手繁鸷，厥音忽亢忽坠，忽宏忽细，铿铿锵锵，曲曲折折，有天骇地惊之概。因忆苏长公句："新曲翻从《玉连琐》，旧声终爱《郁轮袍》。"长公真知音哉！既而奏《平沙落雁》，则如目睹寒翮之盘旋作势，欲下未下，联绵断续，令人悠然意远。时代青年只知悲婀娜、伐乌林之妙，对于国乐往往鄙视而不加究考，殊可慨也。

一一

敝戚林一来书，谓："世间上事，最好老者不死，幼者不长，不吃不饿，不着不冷，永无疾病。金钱则天上能雨，地上能种。所有一切飞动潜伏如禽兽鱼虫等类，亦复如是，永永成一极乐世界。惜乎不能也！斯真无可奈何之事。"其言隽永，可入张山来之《幽梦影》。

一二

姚孟起书与吴友如画流传于世，多印本而真迹反不多见。予获姚孟起遗札一通，盖致其弟子爱萱者，作行书绝秀润可喜。闻饭牛翁亦列入姚之门墙者，未知其曾识爱萱否也。

一三

居地当有山林气。海上尘嚣，何处可得，无已，于萧斋中供拳石及些子景，而慰情聊胜，亦足度我朝昏。

一四

据生理学家言，少女之美在富水分及脂肪质。因思《红楼梦》宝哥儿所说女子是水做的，确实不谬。

一五

同社倪君高风辑有《南国相思录》，予已为文序之。深佩其搜罗之博，考证之详，为红豆平添几许佳话。予偶览简编，知虞山孙子潇太史尝取吴园次诗意绘《把酒祝东风种出双红豆图》。盖太史娶随园女弟子席佩兰为妇，时论比诸毛西河之有徐昭华，图所以寄意也。彭甘亭《题双红豆图》云："鸥波嘉偶玉连枝，我有谰言一问之。占尽咒桃仙地福，更从何处种相思。"风流蕴藉，口吻不凡。此则在高风之《南国相思录》中未见录入，特补于此。

一六

以香樟木为书夹，能免蠹蟫，且一加漆泽，仿佛楠木，甚为雅致。

一七

八哥古称鸜鹆，据善饲者谈，是鸟能作语者，往往不能易地，易地而复为金人之缄口。亦有在鸟肆中试之似佳，而一经买归，则又不肯效人作语矣。善弄者谓捻舌亦非难事，且新鸟价殊廉，每只只三四角，否则非四五金不可也。

一八

清嘉定程庭鹭，字序伯，号蘅芗，工诗及篆刻，有《以恬养志斋诗集》《尊璞堂诗文集》《缃秋词》《虞山游草》《练水画征录》《小松圆阁印存》，实则其画亦殊佳妙。今秋蒙虱簃主人以庭鹭所作《秋林月话图》便面见贻，淡淡着笔，疏枝红叶间点缀两三人，一丸冷月在轻云微翳中透逗而出，为境殊静穆。题云："马龢之真本已不可见，冬心老人摹本仿佛如此。丁未六月立秋日写于平江寓鹤馆。"予爱玩之，配以镜框，张诸纸帐铜瓶室中。

一九

刘德六作画喜为草虫小品，章法又绝佳，丹青家常模摹之。刘与吴江金姓为姻戚，其所遗印章，今在我友金式如家，什袭以藏，视为瑰宝焉。

二〇

理发整容，枯坐一二小时，一任发匠作顶上工夫，不能自由行动，最为苦闷。愚意理发肆中唯一不可或阙者，厥惟音乐之娱客，且乐调宜配轻幽婉妙者，使人聆之有飘飘欲仙之概，则苦闷自解，忘其为时之永矣。

二一

闲步富于异国情调之霞飞路，偶然注意西方妇女所戴之冠，或宽或窄，或圆或方，或如覆盆，或如顶臼，且有插鲜葩、缀翠羽以为美观者，数十百种无一雷同，于此可见西方妇女创造性之一斑。以视我国妇女之只知摹仿，相去远矣。

二二

王摩诘《红豆》诗，传诵者为："红豆生南国，春来发几枝。愿君多采撷，此物最相思。"然《唐诗纪事》所载，微有不同。如"春来发几枝"作"秋来发几枝"，"愿君多采撷"作"赠君多采撷"。又高澹人《天禄识余》有"红豆"一则云："红豆一名相思子，花白色，叶如冬青，蜀人采其实以为果饤。古诗：'红豆生南谷，秋来发几枝。赠君勤采撷，此物最相思。'"则"国"字又作"谷"，"多"字又作"勤"，不知何本为最正确。

二三

凡才情绮丽者，辄以李艳温香誉之，李为李商隐，温为温庭筠。

实则温有文无行，当时为士大夫所不齿。考诸典籍，如云："温工为辞章，然薄于行，无检幅，与贵胄裴诚、令狐滈等蒱饮狎昵。执政鄙其为，夜醉，为逻卒所击，败面折齿，乃还扬州，诉之于令狐绹，捕逻卒治之，逻卒极言温狭邪丑迹，两释之。自是污行闻于京师。"

二四

故词人郑大鹤居吴中王废基西之金马桥头，其故居售与青浦张雄伯。旧额"石芝仙堪"为何道州书，去年见于海上，由张氏收归。画师吴湖帆为映庵题大鹤词稿，调寄《石湖仙》，曾涉及之云："词仙何往，过金马桥边，空有惆怅。基废却情多，送年年春风柳浪。帘栊依旧，且谩认石芝重赏。凝想。凭画阑、一饷愁惘。　　还看数行剩稿，尽当年、旗亭快唱。讳说相思，按入丝阑魂荡。玉管花飞，碧笺波荡。冷红书幌。闲打桨。南湖共听凄响。"闻白葭道人言，道人与大鹤有旧，大鹤困于生计，作书画辄寄道人海上，为之辗转鬻售。翰札往还，月必数起。积存既多，道人付诸装池，颜曰《鹤语》。予曾寓目焉。

二五

查人名，既有《中国人名大辞典》一书，由商务印书馆出版，而世界书局又有《清代七百名人传》，皆截至鼎革时止。良友图书公司更有《当代中国名人传》，予皆一一备之。然《当代中国名人传》以现所生存者为限。按民元至廿年间，伟人志士，词客画家，以及名流方外，巨恶大憝，先后没世者颇多。既不入《人名大辞典》，又不入《七百名人传》，《当代名人传》又限于体例而未克收罗，殊为憾事。未知有能从事此种工作，使之接贯否。跂予望之。

二六

金陵雨花台文石，名闻宇内，客至其地，辄有筐石以求售者。实则雨花台石所产不多，佳者早为人捡拾以尽。今所售者，大都六合文石也。按六合文石在昔亦颇有文名，但今人震于雨花台文石之盛誉，遂不之注意耳。《筠廊随笔》载："米友石先生万钟，明万历中为六合令，好石，六合文石得名自公始。襄晤公子吉士寿郗言，公珍藏六合文石甚多，第一枚如柿而扁，彩翠错杂，千丝万缕，即锦绣不及也。一日舟泊燕子矶，月下把玩，失手堕江中，多方捞取不得。明年复系舟缆于其处，忽见江面五色光萦回不散。公曰：'此必吾石所在。'命篙师没水取出，果前石也。后此石与七十二芙蓉砚山同殉公葬。"又《秋园杂佩》云："五色石子出六合山玛瑙涧，雨后胭痕螺髻，累累濯出。然山深地僻，往返六十里，非好事者不到。自万历甲午，饼师估儿从旁结草棚以市酒食，于是负石者始众。蜂涌蚁聚，日不下数石，以白磁盆新水盛之，好事者十不得一二。其佳者猩红黛绿，云桡不一。或为羊脂玉，或为蜀川锦，或为鹦鹉紫，或为僧眼碧，或为嫩鹅黄。朱者如美人睡痕，黑者如山猿怪瘿。文采陆离，虽玫瑑堆盘，琥珀映觞，无以加是。纵不敢望米襄阳砚山，然亦石骨中之小有奇趣者。独恨阛阓市儿，寸许石子，索价每以两许。昔坡公饼饵易得以二百五十枚供佛印，令生今日，当有同叹。"

二七

粤人嗜食之龙虱，为鞘翅类之昆虫，栖池沼中，体长寸许，黑褐色，触角小如丝状，后脚为桡状，善游泳，入夜飞翔空中。幼虫体细长，亦栖水中，与成虫皆喜捕食小鱼。周栎园《闽小记》载："龙虱，漳州海口每八月十三日至十五日，三日飞堕，余日绝无。食之除面上黝黓赤气，妇人貌美，能媚男子。"予闻诸客谈，小儿梦寐中遗溺，食龙虱亦有奇效。

二八

昔有《柳枝词》《竹枝词》，今人摹仿之者多矣。闻尚有《橘枝词》，则仿者绝少见。

二九

华亭张诗舲《关陇舆中偶忆录》载:"李笠翁云,可惜元人个个都亡了,若使至今还寿考,遇予定不题凡鸟。翁真自负不凡哉!"实则自负为文人结习,即诗舲亦作自负语云:"余词宗姜、张,极为姚姬传先生鼐所称。"

三〇

闻闽地有五色小鸟,甚驯,喜集美人钗髻上,名探花使。抑何隽艳乃尔!

三一

圣诞树与象牙红,绛碧生姿,为异国情调之岁寒点缀。按象牙红一名一品红,是可与牡丹之天香一品媲美。

三二

吴下一名姑苏,因城之西南有姑苏山而得名。《史记·河渠书》:"上姑苏,望五湖,又名姑胥。"《越绝书》:"胥门外有九曲路,阖闾造以游姑胥之台,而望太湖。"如此古迹,昭著简册。然吴人于春秋佳日,往往陟灵岩,登天平,访楞伽,游虎阜,绝鲜蜡屐至姑苏山,甚至叩之而不知其详者。亦云奇矣!

三三

某供职于西人所设之洋行,一日,寄一函与外埠友人,用一分之邮票五枚,黏于函端,被洋行之西人见之,曰:"何不用五分一枚之邮票,而耗费如此。尔中国人,独不为中国稍惜物力耶!"某为之愧恧不置。此种情形为国人所习见,尚祈注意及之。

三四

艺术大师文衡山，其后嗣如文彭、文嘉、文台、文震亨、文点，皆善画，得其家法。予得文点所书册页，录其呈艾庵先生诗云："与翁相别已多年，今而重逢自越还。道路风尘新白发，烟霞踪迹旧青山。花前邀饮曾虚约，松下追欢不负闲。为爱枫林秋正好，重呼小艇到禅关。"诗固清俊，书尤雅逸，洵三绝之才也。

三五

予所居里曰养和村，盖取《晋书》"逍遥养和，恬然自足"之意。顷阅《茶余客话》，养和乃靠背别名，如云："放翁诗：'夭矫竹如意，鳞皴松养和。'养和，即靠背也。皮袭美以五物赠魏不琢，有桐庐养和、乌龙养和。"

三六

虱簃主人贻予一小印章，镌"醉华"二阴文。边款为"次闲"，极秀逸，确为赵献甫手笔。惟"醉华"二字，似平庸不甚出色。意者赵所镌已被伧楚磨去重刻，所留只边款，此亦焚琴煮鹤之举也。

三七

《浮生六记》，沈三白讥其夫人陈芸喜食臭腐乳，曰："狗无胃而食粪，以其不知臭秽；蜣螂团粪而化蝉，以其欲修高举也。卿其狗耶？蝉耶？"实则嗜臭乃人之原始性。当游猎时代，以所得积之巢穴间，为若干日之食粮。日久腐臭，不忍委弃，仍以之充肠，遂成嗜臭之习惯。不但吾国人民如此，即西欧人士，亦何独不然？尝闻德意志人喜进臭乳酪，谓其味特美，胜于常品云。

三八

同事王君玉章于役滇南，不相见者三年于兹矣。君为故吴瞿庵先生高足，工词曲，曩曾与予论古乐府与新乐府之别，颇多精核之谈。谓乐府之名肇于汉，所以聚音律之具也。赵代之音，齐楚之声，延平以律衡之。是则彼赵代齐楚之音皆出之自然，非有意为之也。新乐府创自元白诸公，而后谱以管弦。所谓篇无定句，句无定字，系于意，不系于文。可见古乐府先有齐楚赵代之音，而后协以辞，新乐府作辞者以辞合律而出之也。又古乐府之字句，大率四言或五言，如《房中歌》《善哉行》《箜篌引》等，四言句也。《长歌行》《相逢行》《艳歌行》《陌上桑》等，皆五言句也。其中虽有三言或七言，总属少数。新乐府则七言甚多，如《上阳白发人》《新丰折臂翁》《太行路》《道州民》等是也。其起固杂有三言者，以通篇论之，究以七言为多耳。

三九

女子于归，亲朋除送礼金外，必须别馈妆奁粉脂诸物，谓之添房。此种馈赠，有极隽雅可喜者。当丁卯之秋，陈蝶仙前辈之女小翠出阁，著易堂主人涂筱巢与蝶仙为狼虎会同志，乃排印小翠所作诗文词曲，都成一卷，用助嫁奁。凡赴喜筵者，辄得挟一册以归。予至今犹珍藏之。内有《银筝集》《天风集》《心弦集》《绿梦词》《芰剩草》《沧洲集》《翠楼文草》《翠楼曲稿》，皆清新超逸，不同凡响也。

四〇

李审言、宣愚公、李涵秋、孙瘦蝯、朱天目、张丹斧为“扬州六子”，均震铄文坛，不可一世。曾几何时，李涵秋、李审言、孙瘦蝯、张丹斧先后归道山。宣愚公别署黄叶翁，闻现尚流寓海上。朱天目于数年前曾通一讯，居扬州甘泉街太平巷五号，一自事变发生，广陵沦陷，想不死先生天目别署定必不死无恙，但地址有否更动，还祈知之者有以见告也。

四一

西卉之最普通者为康莉生，凡襟扣点缀，缚扎花圈，辄须借重是花。盖取其繁多而值廉也。有译之为伉俪菾者，殊有意致。

四二

菊，逸品也，然冰心女士不之喜，其《寄父亲书》："我素来是不大喜欢菊花的香气的。"金鱼，隽物也，然周作人亦不之喜，其《看云集》："我其实是很不喜欢金鱼的。"人心之不同有如此。

四三

予最爱寒云所制联语。鸳湖烟雨楼云："古木一楼寒，烟雨人间，笙歌天上；扁舟双岸远，鸳鸯何处，云水当年。"盖鸳湖徒有其名，绝无比翼双栖之文禽相偎相依于水云乡也。

四四

南社人物，有二雏之号，所谓二雏者，姚鹓雏与朱鸳雏也。又有二亚之称，所谓二亚者，柳亚子与邹亚云也。今则二雏中鸳雏作古，二亚中亚云谢世。人生朝露，信然。

四五

我人只知排字工人为手民，不知《清异录》称木匠为手民。

四六

偶步村野，辄有一种刺毛植物，黏着人衣，俗称臭花娘子，实则此物名曰窃衣。《齐民要术》云："窃衣实如麦，两两相合，有毛着人衣。"

四七

美之加利福尼亚人喜蓄青蛙，蛙绝肥硕，家中特辟池塘以栖之。以视我国之阁阁鼓吹者，相差甚远。其物善跃，一跃二三丈。美人往往集蛙竞赛，用博胜负，亦奇闻也。

四八

巨恶大憝，却多巧擅艺事。我友顾鼎梅颇訾有明书家，如："祝允明、文徵明、张二水等，所作少金石气。即崛起华亭之董元宰，雄据孟津王觉斯，对碑刻亦少涉猎。惟以严介溪所书，为古拙可喜。"又谓："宋之蔡京，其书法高人一等，不能以人废书。"据予所知，秦缪丑书与蔡堪称伯仲，并能画竹，诗才亦不弱。曾忆其未达时有感句云："若得水田三百亩，此身不作猢狲王。"我辈劳瘁于舌耕者，诵之无不深表同情。

四九

《酉阳杂俎》云："灶马，状如促织而稍大，好穴灶侧。灶有马，足食之兆。"实则足食始有灶马，非有灶马，始得足食。古人之谬误，往往如此。

五〇

获徐仲可词人遗札，字极草率，而笺纸乃极古雅。一为汪洛年题《天苏阁丛刊二集》七篆文。一为蔡姜白所绘枯木顽石，上为珂字，下为徐字，边为仲可二字，姓名及字均在画中矣。一为徐花农题司空表圣语，识云："予与仲可弟同居京师小接叶亭，适园花盛开，因拈司空表圣语为制此笺，回环读之，成一珂字，而吾弟之名在中，亦一奇格也。庚寅首夏，花农兄琪。"

五一

沪上市招多出唐驼手。唐毗陵人，背隆然，盖名实相符者。按唐之前尚有吴肖驼，亦一驼背。吴字少兰，平湖人，工写照，为方肖庄弟子，笔法相似。

五二

溜冰之戏，乃光洁其地板以为之，最初则不然。顷阅黄式权之《淞南梦影录》，有云："溜冰者，亦西人行乐之一端也。择冬日严寒之时，空一室，沃水于地，水结复沃，如是数次，冰厚盈尺，西人乃穿铁齿高屐，飞行其上，以迅疾为胜。其有足力不竞者，跌仆于地，旁人皆拍手笑之。"

五三

沪上凡借打电话，例须纳资五分，《淞南梦影录》则载最初打电话只纳三十六文，其略云："上海之有德律风，初有英人皮晓浦在租界试行，分设南北二局。南在十六铺，北在正丰街。如欲邀人对谈，只费青蚨如同命鸳鸯之数。嗣以经费不敷，不久遂废。"

五四

钱名山前辈来沪，居辣斐得路桃园村，课徒之暇，以吟咏自遣。顷蒙惠贻册页，录其新作《蝶恋花》词一阕，戏咏美人蕉云："嫩叶新茎如碧玉。不望花开，已爱风前绿。不通胚胎函绣谷。朝来笑指佳人腹。　　报我赤心诚不薄，沦落衰翁，权放眉头蹙。闻道花光能养目。相看到晚曾难足。"

五五

金山高吹万丈避难来海上，研究乩学，著《吹万楼日记》阐发之。

先师胡石予为丈之文字交，客死铜陵，临卒殊愤懑，盖家国之痛，难于言宣也。予因请丈招师临乩，师果来云：“良友多情，诸承关切，业由夙因，一任孤魂飘忽，不必在念。承厚召，故一来，以后永不再到申。去秋及春极望到申不得，今无痛苦，何必再来。许为印集念经，皆不要，徒增讥笑。谢谢。”丈问曾晤亡故之夫人哲嗣否，则云：“想皆生。按生乃指经轮回，重行投生言。我虽不到家，若未生，他等必来寻。”丈问饮食如何，答：“随孤魂同受施济，现可不食。据丈云，凡人物初亡，其魂因在世日进三餐，已成惯例，仍须饮食以慰情。实则可以不必，故终七后即可不食。初亡即在管坟厨吃。望为弟代谢逸梅，以后勿召。弟后世若得人身，报答二位高义，去。”至此，乩即寂然不动。今秋予与范烟桥、赵眠云及高吹万丈公祭先师于法藏寺。越日，师忽自行临乩云：“昨承厚赐，特来谢谢。逸梅处昨夜去过，不知觉否。见其昨日因多走吃力，身体不适。其时予适患足湿甚剧，不良于行。其实不安。弟前在苏，老荆寻至，我不肯来申，他劝之再四，其至诚可感，故勉来申。昨夜去望逸梅，即住其处。今夜住法藏寺，逸梅家住不惯，房客人多，无树木花草，太少山林气。寺内花草亦无，此间最好。指丈海格路寓格簃而言，其地幽静，有林树草坪之胜。不敢惊吵，少住寺仍回苏西园寺，生前旧友亦住此。荆处代谢。”对答如此，人鬼可通，亦云奇矣。

五六

近人笔记载有龚定庵遇伧父联句，某口吟首句“正是桃红柳绿天”，嬲龚为续。龚以其俗鄙有似弹词也，故意续为“老夫人移步出堂前”。顷阅牛应之《雨窗消意录》，则非龚而为王，且首句亦稍异，究不知孰是孰非也。《消意录》云：“阮文达公元总督两广时，九日宴客，座有某翁者，文达尊属，鄙俗而好言语。酒次，嬲客联句，客心厌之而不敢辞，因请翁首唱。翁沉思良久，得句曰：‘黄菊花开九月天。’王进士衍梅抗声曰：‘夫人移步出堂前。’举座狂笑，落帽失箸，遂罢联吟。次日，梁仲学揖王曰：‘赖公奇兵解围。’”

诗笺小识[①]

郑逸梅

予喜搜罗书札，若干年来，积至数百通。闲出展玩，似与诸贤彦晋接，其乐也何如！书札外兼蓄诗笺，黏存于册，视之如拱璧。洵所谓不作无益之事，何以遣有涯之生也。爰摭录之，藉留鸿雪云尔。

一

邹一桂诗笺，纸黯旧而有污迹。白圭之玷，殊可惜也。诗不标题，亦无上款，钤一印曰"小山"，其诗云："客星一去二千年，又见枯槎到海边。自是君身有仙骨，姓名惊动斗牛躔。""唐公鸡犬皆仙后，想见灵丹天上多。乞得一丸颜可驻，何劳片石赠星娥。""一个葫芦一卷书，与论游兴足轩渠。嗟余空有乘风愿，未识仙人海上居。"一桂工花卉，设色明净，为南田后所仅见。尝作百花卷，每种赋诗一章进呈，世宗嘉之，亦题百绝，时以为荣。

二

玉峰方唯一已作古人，蒙胡起雷君见贻诗笺一纸，乃唯一题毕勋阁自画佛像也，诗云："百无可说惟画佛，老人胸中如水月。虚堂万籁

① 原载《永安月刊》1941年第25、26期。

不到处，夜气江山一收摄。”“图成示我真通神，低眉佛现毫端春。维摩不为众生病，那得枯瘦如山薪。”“乃知无相无我相，佛与老人并一象。大梦问谁未晓觉，一喝天空眼清旷。”钤一印曰“方还”，作行书绝劲秀。

三

粟灵苏君居徐家汇，老诗人也，蒙以《六十二岁生日自忏诗》书笺索和云：“故乡何处我何归，身似凄凉一雁飞。大德不逾逾小德，灵机已蔽蔽生机。言无可立名犹贱，道未能行世亦非。六十二年自轻掷，枉从笔底记依稀。”灵苏又能画竹，有东坡之风。

四

石圣邓春澍喜以丹青余幅写诗，邮寄朋好。予检存一纸，题近作博哂，附语“平生所作尽付劫灰矣”。“文章百卷生成集，书画双清死可传。纵到万年天地老，名山△圣亦悠然。”“水流花放娱双目，画意诗情寄一身。自愧才疏无补世，独维风雅作遗民。”“睥睨乾坤双眼白，消磨岁月一毡青。保存国粹期吾辈，启后承先作曙星。”盖春澍居常州白云溪上，其四韵草堂毁此次事变中，诗什文物，荡焉无存，殊可惜也。

五

高吹万丈居沪西格簃，以吟咏自遣，日前邮寄诗笺数幅，如《题唐六如画江上看云图》云：“荒江楼阁闲吟啸，那管人间利与名。他自看云吾看画，千秋一样足怡情。”《己卯三月十六日王君欣夫招饮于学礼斋为饯春之集以饯春图属题率应三绝句》：“大好园林景物芳，蘼芜中有小沧桑。落红毕竟遮难住，一任东风取次狂。”“今年春更可怜生，风景依然举目呈。槛外江声听不得，一樽醉后梦屠鲸。”“老樟千载郁成林，巨臂横伸十亩阴。学礼斋头好延伫，留将春住日沉吟。”盖新篇旧什相杂也。丈以邮书过重，分装两函，别一函附赠高天梅手写诗笺，却遭洪乔之误。予向邮吏交涉，毫无效果。物之得失，殆有前缘欤！

六

台山马小进近寓香岛，予获其《上元日观广东文物展览会感赋》一诗云："举物聊为大共名，抚兹残缺念群生。兴邦不意逢多难，怀土谁能喻此情。好事即今余几辈，治诗宁免杂繁声。迟迟春日平日饮，古味醰醰讵忍行。"作正小楷，殊可喜也。

七

邵潭秋诗人笺，陆子丹林见贻者也。其诗云："蜀红锦水贯吴流，避地金阊动小舟。兆谶五噫竟折玉，写诗十纸敌铭幽。经行雁路霜侵鬓，想象书声日满楼。作健逢辰聊遣此，竹冠好及脯春鸠。"盖慰山腴殇孙而作也。

八

遁庸朱家驹于数年前下世，予辗转得一诗笺，乃浼沈瘦东代乞画梅奉谢胡石予先生也："诗人自与梅相契，吟到梅花字字香。写赠一枝春在手，笼纱影里度芬芳。""客里诗多只为梅，梅花深处可人来。诗情欲与幽芳迸，画意如催冻萼开。""竹邻一树盛开时，我亦支筇日有诗。只苦指头不解画，等闲孤负暗香枝。"遁庸兄粥叟亦以诗名，方诸云间二陆，毋多让焉。

九

张丹翁晚年喜吟打油诗，自以为惬意者，乃密密加圈焉。某岁予辑一小刊物曰《秋声》，翁见赠一诗云："逸待劳兮真精神，梅绽秋兮先于春。自谓郑声实雅乐，如何不见范君博。"诗奇字怪，相得益彰。丹翁死，笺犹存于敝笥，对文不觉有人琴之恸也。

一〇

亡友蔡观邕，神州酒帝顾悼秋之甥也。观邕以悼秋诗笺见贻，题为《旧历九月二十八日生日有作》云：“带酒为诗自寿期，黄花正及散金时。风筠拂晓无寒态，螺髻当秋别有姿。入世素襟谁与合，向人微抱独相持。略传清兴填词外，茗熟香温写竹枝。”盖悼秋偶或作画也，钤印“飞燕旧主”。又悼秋一字服媚，惟书于洋笺上，笺端缀一西方裸体美人，似乎有欠雅致耳。

一一

红豆词人杨葆光，字古酝，学问淹博，著作等身，书法晋唐，风格遒上。予于冷摊以二金购得其诗笺，盖为廉卿广文题《凌霄煮茗图》也，作五六七言体云：“昨日揖金母，今朝拜木公。时人浑不识，试问葛仙翁。”“结伴五云阁外，逢君饭颗山头。问谁煮茗求替，如侬还替得不。”“但说黄粱顷刻成，那知活火熨瓶笙。古今一梦何同幻，且喜君无世俗情。”钤一印曰“苏盦”，时则光绪甲午清明。闻杨又能画山水，超迈入古，惜予未见。

一二

同社范烟桥见赠一诗，用星社十年纪念笺，殊雅朴，其诗云：“王家酒店试梅浆，一种甜酸醒酒肠。多谢梅妻贻妙制，更添齿颊十分香。”附识云：“尝王恒豫梅浆，叹为甘美。翌日逸梅兄复以其夫人所制见贻，则更觉隽永也。率赋博贤伉俪一粲。”虽属打油，而其风趣则盎然纸上矣。

一三

湘人夏白也，字伏雏，别署重谪仙人。一度来海上鬻书，何诗孙、曾农髯、狄楚青、胡寄尘张之于报端，求之者踵相接也。曩时蒙投寄一诗笺，如云："寒山黄叶自成愁，渔火几星登海楼。多少板桥明月夜，梦魂流不到苏州。"旧藏笥箧，被鼠劫而残阙，"夜"字与"苏州"二字均已蚀去，非全璧矣。

一四

若干年前予辑小说家言，索云间杨了公题词。兹了公已归道山，而此诗笺一页，犹留存于敝笥中也。诗云："虞初说自有师承，元理超如会五灯。不似玉台笺上体，风流独自艳徐陵。""人惊纸价洛阳贵，我当楞严捧喝看。或一家言言有物，庄谐语各妙毫端。"钤一印曰"了公六十以后作"。

一五

徐枕亚生前贻予诗笺凡若干纸，附于札末，往往不另署名。留存者，有《马嵬坡》曰："风流薄幸李三郎，千古红颜一国殇。死有余冤诉鹦鹉，生无遗恨妒鸳鸯。袜尘零落成多事，珠斛凄凉枉断肠。吾道便宜白居易，一篇长恨噪词场。"又《莫愁湖》云："湖波绉绿一条条，湖雨湖烟送六朝。有数好山能属蒋，几多残寺总名萧。争如此水销魂谥，犹似当年泼黛娇。君向胜棋楼上望，何人到此不停桡。"又《春柳限用渔洋秋柳韵》云："不闻羌笛也销魂，一片孤城古玉门。西掖容华空梦影，东门憔悴玷诗痕。及时黄鸟翻新调，得意青骢又别村。条短条长春岂管，荒枯一例不须论。""也曾几度败秋霜，烟缕纷披倏满塘。向日浓烘遮绮席，因风撩乱拂车厢。伤心词句劳劳李，媚世姿容濯濯王。歌女不知离别恨，春来争上白鞮坊。""东风抬举上征衣，学舞昭阳旧态非。欧薛效颦从古笑，陆张交让到今稀。晚收烟景留鸦坐，晓散春魂逐燕飞。野店山桥随处好，只愁相望意相违。""动荡风光尽可怜，六朝回首梦如烟。浑忘故国情原短，惯送春人力已绵。馆北阴思王敬则，江南曲感李龟年。眼前景物聊堪醉，莫绕愁丝到酒边。"枕亚擅书法，绝秀媚可喜也。

一六

予藏有洪亮吉手笺二页，录其《将发上海却寄惕甫博士》一首云：“‘我乘松江潮，欲泊松江郭。殢人连日酒，酒醒潮已落。’‘仙人海上忽见招，要看六月飞寒涛。搜岩剔壑匪无意，窟穴恐有潜蛟逃。原注：时正剿捕洋匪，故云。’‘闲中宾从闲台榭，难得群公政多暇。溪南笑指白云生，别有故人庐此下。原注：时李宁兵备连日邀游吴松江石台看海及宴叶氏园。’戊午五月廿五黄浦舟次。”惜未钤印，然精雅似非赝鼎也。

一七

“寄将一幅剡溪藤，湖上青山画几层。笔到断岩泉落处，石边添个看云僧。”此南楚车万育之诗笺也，钤二印曰“万育”，曰“车氏鹤田”。车为康熙进士，官至兵科给事中，在谏垣二十余年，拒请谒，发积弊，当路严惮之。有《历代君臣交儆录》及杂著诗文。

一八

一再征求天虚我生诗笺不可得，蒙其女公子小翠见赠一纸，题为《戏咏夹竹桃属小翠和之》：“两三枝已满园春，灼灼猗猗一样新。居不可无苏学士，言何曾有息夫人。放牛骑马天缘假，避暑逃秦幻境真。毕竟此君兼二妙，浅红深绿画初匀。”字极美秀，惟用红墨水写，尚不惬予意，缓日当别求之也。

一九

丁仲祜老人知予汇集胡石予先师手札，日前以师之诗笺见惠，如《碧坞观瀑》云：“赤日忘炎暑，泉声万古寒。人迎飞瀑立，天作暮阴看。濯足碧潭净，开胸尘虑宽。天时正亢旱，呼起蛰龙难。”《上莫干山》云："万竹萧森清肺肠，莫干山路路迂长。笋舆直上入丛绿。蕉扇偶遮漏日黄。天以林泉藏邃密，人于世界爱清凉。出游行乐忘衰暮，随侍儿孙似故乡。"《梦坡居士赠所著莫干山志》云："剑池一观瀑，闯入高士庐。短衣不速客，门外或麾诸。""主人七十翁，丹颜霜髭须。知为文章伯，爱此泉石居。""宁独不逐客，相见礼不拘。新诗敢藏拙，旧相识无殊。""畅谈游事快，偶语世局吁。不须告退邃，并示未识途。""触热不晓事，反箯朋至乎。既归逆旅宿，来贻自著书。""先生厚意我倾倒，两日山游惜草草。校读莫干十三志，移赠全山任探讨。"《雨后再至剑池观瀑》云："重来观壮瀑，大雨歇滂沱。风冷披襟受，泉盈赤足过。奔雷吼阴壑，滚雪泻银河。猛士今安在，应将宝剑磨。"我师于事变后走铜陵，客死异乡，遗诗未加收拾。闻关于事变后之行踪，作诗凡四百余首，亦片楮无存矣。

海上艺林谈往录[1]

郑逸梅

一、王冠山

长洲王大炘，字冠山，号冰铁，师事苦铁吴仓硕，因有二铁之号。精篆籀镌刻，朱文学完白，白文学龙泓，大鹤山人郑叔问极爱重之，呼为小友。曩居吴中萧家巷，予与之比邻居，后流寓海上，治印行医，好神仙丹汞，年五十余，以痫死，有印谱行世。妻四明柏墅方氏，与饭牛翁为连襟婿，端匋斋、袁抱存相友善也。

二、费龙丁

华亭费砚，字龙丁，与汪野鹤、杨了公称“云间三怪”。能画，摹钟鼎碑帖，盎然得古趣，治石章，朴茂入前贤堂奥。性嗜曲糵，有刘伶荷锸风。游扶桑，涉黄山三十六峰，观云海，而文章诗歌益奇肆。尝得商之蕲尊，吴之赤乌砖砚，皆瑰诡奇雅，古色斓斑，乃绘《金石缘图》，遍征题咏。年四十余，家中落，鬻艺海上。“八一三”事变，归华亭，死于烽火中。高葩翁辈为开追悼会于申某兰若，并陈列其遗作。诗颇可诵，如《西湖咏莼花》云：“二月莼羹四月花，金簪铁叶满湖涯。秋来更忆鲈鱼脍，风味江乡我独夸。”《孤山看残梅书林处士墓》云：“古堞烟将暝，孤山春欲残。虬枝籀文篆，翠萼鼎纹瘢。草宿花茵冷，亭空

① 原载《永安月刊》1942 年第 41—45 期。

鹤唳寒。清风自怀抱，独立几回看。”《集芰荷潭张氏观补萝画册及十六金符斋印谱》云：“雨过苔阶润，芰荷生晚凉。道情随淡泊，诗思付苍茫。金石称三代，丹青属四王。清河书画舫，残简好珍藏。”《集四铜鼓斋书感和鹓雏》云：“飘零身世感流觞，宛转歌声羌笛凉。香渡亭荒丛桂冷，鸥波廊曲藓苔苍。林间过眼云烟尽，池上生机鸥鹭忘。最是年来了无赖，摩挲剩有简编忙。”《痴鸠以诗招集小法华盦即席》云：“碧天云响月如钱，尊酒论文亦宿缘。莫道东南生气尽，玉关走马有扬鞭。”“漾碧池塘菡萏开，晚香微逗小窗回。禅心初定伽趺坐，剪取烟霞作伴来。”

三、诸闻韵

诸闻韵，浙之孝丰人，字汶隐。诗书画三绝，鸣于里闬。既而游沪，历任新华艺专奇峰画校国画教授。所作淡远简逸，尤以花卉为最擅长，对之令人翛然而起幽思。此次事变，卒于故里。其《题画菊》有云：“浔阳三径荒凉久，细雨秋风人未归。”

四、李肖白

李肖白，玉峰人。作六朝书，秀逸有别致。我友徐美邹最爱其书法，认为近代所罕觏。尝办肖白书法学校，从游者遍海内。并擅文，著作散刊报章杂志间。奈体弱病肺，去岁客死于沪。

五、丁翔华

镇海丁翔华，别署蜗牛居士，一署吉金乐石室主，我星社中少年才士也。自丱角迄弱冠，从名师凡十有二人。书法绝肖梁溪王十三，兼擅六法，胡朴安以冰雪聪明誉之。奈体质荏弱，又遭安仁之痛，死仅二十一岁。使天假之年，其造诣未可量也。刊有《蜗牛居士集》。居士于拙作小品文有嗜痂之癖，既逝世，其兄翔熊致书见告，谓亡弟在日，每将先生小品文字抄读不辍，殁后于枕下尚有大著之《水仙清话》发现，想见其私淑之殷，并贻予楹联一，盖病中所书而当时未及邮致者。文字知己，殊堪铭感也。

六、丁云轩

丁云轩，讳宝书，原名德保，梁溪畸隐居士丁仲祜之兄也。幼与吴观岱为同学，塾门适与某装池相对，每值散学，二人辄驻足以观，见有名作，默记其章法，归而模摹之。画家高研五见而奇之，授以六法。年十有三，即订润例以鬻画，人争求之。时邑中士族鄙夷艺术，云轩不获已，尽弃所学而事帖括，从名宿孙伯肃、窦晓湘、华子才辈游，与吴稚晖、孙寒厓、俞仲还同学，殊相契合。云轩致力学业，恒三更灯火，诵读不辍，倦极则倒身而卧，不复解衣，黎明即起诵读如故。弱冠入庠，旋登癸巳副举。云轩制艺，往往信手挥洒，不自检理。致二艺冗长，一艺独短，主试认为与例式不合。时武进钱名山同赴乡科，主试因将名山拔置正榜，置云轩为副榜。人为云轩惋惜，云轩坦然曰："吾文不逮钱君远甚，主试评衡殊当也。"戊戌政变，云轩亦幡然变计，尽弃制艺而研究算学、物理及东西诸彦学说，其勤一如制艺也。嗣与邑中俞仲还、曹衡之、吴稚晖辈，办三等学堂，并编刊教科书，书中图画悉出云轩手笔，文字则仲还、稚晖任之，开东南风气之先。壬寅、癸卯之交，与廉南湖、俞仲还设文明书局于海上。时有赵鸿雪其人者，首制珂罗版，云轩即采用以影印书画，吴稚晖在海外发电以贺之。著述有《大乘起信论注》，未刊；《古文辞类纂注》，文明书局不戒于火，毁焉；又临《张子祥画谱》二，临《古今名人画谱》一，临《古今名人画谱》尤为精妙，每图各附生物写真以映对，惜未印行。《苏黄词注疏》及《陆剑南诗注疏》皆未脱稿。丁巳年六十，乃鬻画于海上，名噪甚，求者益众，月可致千金。人以其画之能贸利，相率作伪，有以赝鼎示询者，较佳者必笑而漫认之，若极恶劣则微哂曰："此虽非我画，然笔墨固胜于我也。"朋好讶问之，曰："人以为糊口之计，不能绝人之生路也。"闻者咸服其德量。其于古人，则法林良、周之冕、华新罗，于近人画则推崇倪墨耕、陆廉夫、程瑶笙。每闻以上诸家作品，虽远在数百里外，必往假摹。沪上多书画展览会，云轩必往参观。每见佳作，辄出楮墨钩摹之，归以设色，毕肖乱真。故吴观岱称其临摹技巧如缩影机，巨幅可以缩小，神韵宛然，古今罕有之才也。凡一花一木，一鸟一虫，必细窥其脉纹姿态，故所居之室，陈列各种标本，触目皆是。盖所以为写生之需也。一度寓居北山西路，予曾以某事往访，则苍颜雪髭，蔼然款洽，固一仁厚长者，至今犹留有深刻之印象也。卒以瘁于绘事，致精力目力，日就衰退，于民国二十五年十月十一日捐馆，享年七十有一。裘可桴挽之云："妙绘千秋可期，万口交推，超小山尚书上；良会一时称盛，两心莫遂，在诂林精舍间。"钤印常用"云翁""阿德""懒云""丁宝书"。云轩既逝世，其门人故旧为开追悼会于沪上，侯晔华述其言行琐屑，谓云轩少好讥评人，某次偶评经学大师裘葆良之笔札，适葆良在背后，乃大惭，自此终身不复信口讥论。尝以牙牌外黏白纸，绘成花纹，为现流行之麻雀牌，与吴稚晖日玩之不疲。对于作画，谓勾勒不多，则着笔无力；烘托不善，则赋色不活。叶有向背，枝有顿挫，用笔时必须贯全神以赴之。曾见倪墨耕先生画，往往笔临纸上，十余分钟而后着纸。既着纸，但见其信手挥洒而已。吴昌硕先生虽画一葫芦，而竟有打好灰稿，数日不敢动笔者。谨慎如此，神妙乃现。又谓书画不可随便定真伪，我于新罗之画，衡山之书，生平见过及临摹不下数百幅，因多观摩，乃认得较为正确。其他既非同时，又无鉴赏目光，不敢妄断也。

七、吴芝瑛

吴芝瑛，桐城挚甫之犹女也。年十九归廉南湖，与鉴湖女侠秋瑾为闺中契友。秋瑾为革命死，芝瑛与陈佩忍、徐寄尘辈为之埋骨西湖之滨。清吏嫉之，欲构陷以罪。时端午桥督两江，素与挚甫善，不忍罗织，又赖美女教士麦美德专折力保，始免究。迨辛亥之秋，民军起义，芝瑛仗义疏财，斥资以助军饷。南湖绝意仕进，乃筑别墅于沪上之曹家渡，颜曰小万柳堂，为双栖治艺之所。小万柳堂风景绝胜，触处皆柳。芝瑛饶有雅趣，莳卉栽木，亲自灌溉，每晨起听黄鹂声两三，以涤尘襟焉。书法擅瘦金体，兼摹古各家，亦皆神韵超逸。文明书局曾印小万柳堂摹古本，惜今已绝版。手钞《楞严经》一部，艺林视为希世之宝。西后那拉氏更喜其摹褚河南体，与余沈寿精绣，同邀赏赉。于是海内外慕其名而求书者日有数起，致户限为穿。然芝瑛不肯轻易挥毫，应者寥寥也。某次抱病，请名医周某诊治，周不受诊金，曰俟夫人病瘳，求得法书一联足矣，其手迹见重于当世如此。卒于民国二十三年。予曾见其遗墨楹联，集陶诗云："悲风爱静夜，秋月扬明晖。"寄悬放鹤亭云："伊人亦云逝，寒华徒自荣。"集《楞严》语云："精光不乱，八月露水；真际所诣，一闻钟声。"挽秋瑾云："一身不自保，千载有雄名。"则萧选句也。

八、汤剑我

汤剑我女士，善魏碑，鬻书直例，天台山农所代定也。小识有云："剑我为老友徐卓呆夫人，伉俪东渡，学乃孟晋，归国后复从予学书，汉魏诸碑，摹无不肖。予老矣，岂惟不足为右军，青出于蓝，女士或为未来之茂漪，固意中事也。兹以乞女士书者踵相接，为定直例如左。"其时卓呆夫妇尚寓宝山路宝兴西里，厥后剑我患心脏病，宜择地养静，乃卜居于江湾杨家桥南之劳圃，与药铛茶灶为伍，罕亲笔墨，数年后逝世。卓呆现居普恩济世路，壁间犹张其夫人遗墨。故剑情深，未能恝然也。

九、庄仲咸

武进庄仲咸为经学大师方耕先生之玄侄孙，珍艺先生之曾孙，两世家学，渊源有自。早岁工书，于欧虞褚赵诸家，致力最深，得其神髓。以名孝廉作诸侯客，曩曾见重于盛杏荪宫保、丁衡甫中丞。生平廉洁自持，又不善居积，年八十余，避难沪上，依然寒素。赵叔孺、褚礼堂、姚虞琴、钱名山辈为订鬻书润例。予以其哲嗣通百，得识仲咸前辈于丁氏星一会席上，精神矍铄，期颐可臻。讵料于客岁秋间，病逝于沪寓联珠里。惜哉！仲咸前辈擅古文辞，但不轻作，曾有《记游怡园》一文，恽铁樵亟赏之，谓其文境逼真柳州山水记，而修词炼句，胎息班书，其推重有如此。附录其文于后，以志钦仰。文云："予尝窃闻父老言，天下俗靡而人稠者，推东南之江浙。而江浙以苏杭称最。杭有西子湖及天竺、灵隐诸名胜，昔之白乐天、苏眉山所谓回头堪恋、浓淡均宜者也。顾予累岁困守家园，足不出里闬，而欲买轻舟，赍资斧，风举云摇，优焉游焉以至彼，难矣！然耳其名，则恨不即造也。今岁为俯蓄计，不免于奔走，而喜得至苏，馆任氏。其居当城之中，稍南偏，距怡园不数十武。课有暇，辄徐步往嬉。入园，迎面为琅玕万个，风至谡谡然。游士以笼鸟罥檐头，关关之声，与大块噫气相应答，此自然之天籁也。少进，折而右。右有文禽，锦翠羽衣，翘一足而立；左乃迤廊半绕，类缺环。复前行，则广厦长庑，小榭平台，宛转层包，皆疏敞。设便坐，围以明槅。庭有古木，藤交于其枝。地稍展，编竹为栅，鲜葩艳卉，烂然充其中。时当春媚，都人士女，璘瑞杂沓，骈袂过从，瀹茗清谈，拈花微笑，或相顾，若或相识，微闻兰麝，则珊珊者方迩，立而睨焉，弗为怪，其俗然也。园之偏西，磊以石，高可仞许，由下盘旋上，路委折以达，山石洞其内。蟹行而升，跻于巅，可瞭空旷。面南周以池，回波浏如，游鳞纷如，投以饵，唼呷水际，闻履声登登，瞥然逝，少顷潜上，喷沫如雨，此又一化机也。其西架危楼，倒峙波心，犹鸟之疏翼，垂杨缭之，下瞰梁，横尺有咫，纵不及一寻，属于楼，可径而过。稍东乃曲桥，栏红欲赦，涨碧无滓，为斯园南北交通之脉络。园之三面，均修除，壁皴古刻，皆秀逸可宝。独缺其北一面，北故豢驯鹿及诸兽类。观者抵其隙，弗能越而前也。园为顾氏有，顾公文彬曾任监司，已作古。当其盛时，游者日且千辈，今则渐若晨星矣，而阊门盛氏留园方兴未艾。此更有数存也。园之大不盈五亩，无珍怪玮丽。惟位置略具丘壑，居通衢，以故衣冠群屐，时命驾焉。倘弃之荒野，惟牧童樵竖歌吟而悲啸焉耳，乌睹车焉如云之盛哉？由是观之，士或负瑰琦，怀蕴蓄，而遭时不偶，与庸夫俗子无以异。一旦得公卿大夫，游扬而成名，即不必伟服峨冠，而天下时流将有争出门下者。匪独争出门下，且有幸见颜色，诩诩然以为宗族交游光宠者。呜呼！天道靡常，人情善变，自古如此。吾又何尤，今虽未至浙，而吴宫花草，一斑已见。志其遇，以俟异日马首欲东可耳。”

一〇、冯梦华

冯煦字梦华，为前清探花，官至安徽巡抚，晚自号曰蒿叟，殆取蒿目时艰之意欤！精神殊健，年八十三岁，尚生一子。其时王胜之年七十三岁生一女，后辈有调谑之者，胜老乃曰：“冯梦老八十三岁尚生一男，我七十三岁生一女，何足异哉！”蒿叟喜作行草，与友札则殊草率，字迹不易识辨。予获得一通，章君劲宇见贻也。年八十五卒于沪上，时民国十六年八月三日也。叟生前有一趣韵事，闻叟晚年丧一宠姬，甚为悼惜。一日，行经某首饰肆门前，玻璃窗中有蜡人一，颀然美秀，叟徘徊不去。肆中人迎之入，以叟或且为孙女公子置饰物也。而叟请迎归蜡美人，曰此无他，亡姬面貌与此相似，得此慰情聊胜于无也。肆主以叟年高而钟情如此，遂允其携归。某文学家为作《蜡宠记》一文记其事。

一一、陈平斋

陈平斋，京口人，别号呆翁。幼承家学，精研六法，酷爱四王，兼工二米。曾游湖南，以岐黄济世。偶事丹青，虽寸缣片楮，人珍拱璧。晚年寓居沪上，曾农髯、何诗孙、赵叔孺辈为订润例，生涯颇不恶。平斋爱吴中石氏女，娟秀多姿，乃效淳于髡之入赘于齐，故亦姓石。有一子曾赴新大陆习科学，于数年前返国，而平斋不久捐馆云。

一二、胡石予

胡石予先师，玉峰人，以诗鸣南社。当弱冠时，得管快翁墨梅数幅，乃喜效之。快翁语之曰："作画不可拘拟画稿，但取笔意可耳，异日成就自有左右逢源之乐。虽写千幅，构局无一本雷同者。若一一临摹，便终身脱离稿子不得也。"故先师画梅四十年，大小无虑六七千幅，无相同者，盖师承快翁遗言也。"一·二八"之役，先师避难来申，予与赵眠云等为订润例，求者猬集。先师迅疾点染，一一应付，不使委积。犹忆若干年前，吴中草桥中学校长袁叔畲将东渡，寄素纸四幅，索画梅花云："东渡有期，欲得公画，以镇海涛，以辉岛壁。希洛疏冷之性，公所素知，虽谓为写照可也。拟赶赴装池家，敢乞拨冗为之。"先师一挥而就，题诗于上云："薄阳烘雪雪未消，北风三日犹怒号，喜君壮志凌碧霄。国内奔走数万里，重踏海涛双足底，临别寄我素张纸。索我挥写墨梅花，欲壮行色游天涯，落笔自忘非画家。将君比梅同骨相，爱国心长花无恙，海云茫茫日在望。"名画佳题，相得益彰。其门下士如余天遂、蒋吟秋均能写癯仙清影，盖渊源有自也。先师于前年客死铜陵，遗诗散佚。顷得学友华吟水书，谓蜀中颇传诵先师之诗什云。

一三、陈肩苍

陈肩苍，讳樵，字剑村，一字山客，别署涛楼主人。诗书画称三绝，人得其吉光片羽，莫不珍如拱璧。山水取法宋元，善用渴笔。四十年出入诸家，自成一格。至人物花卉，亦所兼长。著作甚夥，如《涛楼诗剩》《涛楼文稿》《投壶新则》《涛楼画谱》，并有《琴心画理山水谱》，如"鸥鹭忘机""洞庭秋思""霜天晓角""楚泽涵秋"等图，均属化工之笔。郑苏戡题之云："陈子肩苍，风雅多艺，抚琴投壶，并传绝学。此图会心太古，不啻成连之移我情也。"生前足迹常至半淞园，陈涵度君尝录园中壁间所揭肩苍诗见示，如《半淞园》云："尽在名园荡短艭，曲流里许碧淙淙。主人攫得并州剪，剪取吴淞水半江。”“西峙晴光一片新，名园日日宴嘉宾。菊花螃蟹同时产，共替秋风作主人。”《咏菊》云：“灯意生寒坐碧纱，记曾冒雨到君家。柴门晚节谁知己，不写秋怀负此花。”《入山避乱》云：“俨然平世隔高嵩，疑是桃源路已通。避乱转增些少福，全家都在翠微中。”

一四、许指严

毗陵名宿许国英，字志毅，一作指严，别署砚耕庐主，又署弹华阁主。善书，雄浑古厚，迥异寻常。有《砚耕庐润例》，小识有云：“卖文海滥，兼复鬻书，板桥道人云不如白银为妙，无以治生，聊复尔尔。”其时生活程度殊低，故润例极廉，如楹联三四尺一元，五尺二元，六八尺四元，扇册每件一元。指严之大父曾游某官幕，习知朝局隐秘。指严幼时所闻较多，乃追记为《南巡秘记》等数书。又北游目击宦海怪潮，归著《十叶野闻》及《新华梦》等，传诵于世。指严善饮，饮可五六斤不醉，酒酣，诗兴飙举，顷刻几十首，有李青莲风。卒以贫死，海内识与不识，咸为惋惜。

一五、杨了公

云间杨了公善行书，砚田收入尚不恶。顾名士气重，金钱到手辄尽。寓居沪上西新桥畔，在山梁雌雉丛中，挥毫作擘窠书自若也。某岁暮，与人书云：“我了公却是真正了坯也。刻下了坯一到年底，腾挪不灵，手足无措，不得不逃到上海过年。刻下振华惠中两旅馆，均因欠了寓钱，不能再住，乃住于法大路西新桥电车路乾康酱园隔壁瑞康里第一家张公馆内，作为避债台。凡松江银行借款，及一切店账，一概不还。如有债主讨账诸先生偶到上海，均乞惠临，不胜欢迎之至。了公尚有余金，从张君借贷而得的，如诸君惠临时，作何款待，有联为证：到合合楼，买春方，打野鸡，苟合矣，苟合矣；至仙仙馆，叫夜局，吃烧鸭，其仙乎，其仙乎！杨了公鞠躬。”其风趣有如此。又曾一度为人测字，以《说文》蕴义判其吉凶，然往往有奇验，真匪夷所思也。与纽惕生相友善，乃现宰官身，为奉贤县长。惕生代为之更名蓼功，走马上任，御敝缊袍，其夫人为制新者，却之曰："我不肯让王瑚专美于前也。"既而深感束缚，乃借窗外黄梅，重重欲谢，赋《踏莎行》一阕以示去志云："闲倚幽窗，寒香到枕，怎禁人与花同病。明知难住雪先归，暂留几日花应肯。　　风卷残英，惨黄堆径，自知春已无吾分。看花人去小庭间，夕阳空照寒柯影。"后常淞沪往还，以鬻书卖文为活。于若干年前卒，讳锡章，自称几园老子，与金山高吹万订金兰契云。

一六、郑苏戡

郑苏戡，讳孝胥，字太夷，福建闽县人。取东坡"万人如海一身藏"诗意，名其楼曰海藏，为海上寓公。所谓海藏楼者，在南阳路，闹中取静，名流麇集焉。善书，一时市榜，都出其手。其论书颇有见地，如与冯蒿叟书云："属书高丽纸，辄以奉还。书殊不佳，然亦有所妄见。昔之论书者曰圆健，健诚是也，圆之义乃未了，徒增复生魔障，终无悟入地，必当正之则宜曰完。夫书以气脉为主，结字之工，在于行笔，如人筋骸百节，面目四肢都无残损，充以涵养，然后精神焕发，生韵迴出。结字随时不同，惟行笔无不足之病，则于长短肥瘠反正之中，各具起伏往来顿掷之观。每作一笔，神理俱备，合而成字，亲于骨肉，所谓完也。观近人作，结字每苦支离，行笔动伤矢札，因无完笔，遂无完字。又其下者，但辨行列，则小史之枝尔。然仆为此言，大不自量。米老曰：'有口能谈手不随。'言之不怍，则为之难，皆吾病也。既为足下书毕谛视，益惭。姑述代谈，即讯文祉。"苏戡书挺秀瘦硬，盖原本子瞻而参以变化者。又工诗，为晚近宋诗之中坚。喜听雨，爱诵姜白石"人生难得秋前雨，乞我虚堂自在眠"二句，其《同南通张謇夜坐吴氏草堂赋》诗云："一听秋堂雨，知君病渐苏。欲论十年事，庭树已模糊。"略用姜诗意也。晚年又复心萦利禄，襆被北行，自署夜起楼主。死朴白山黑水间，论者惜之。

一七、郁葆青

上海郁葆青，讳锡璜，别署餐霞散人，守其先德敦惠先生之训，寝馈书史，不废风雅。与陈鹤柴、武樗瘿、郑质庵、姚劲秋、许月旦，暨其岳丈孙玉声辈，组织鸣社，诗酒联欢，社友遍海内。君尝北出山海关，经旅顺、大连，意有所触，则声之于诗。辟昧园于沪西之法华镇，园多西府海棠，名著沪堧。中有清籁簃，厥境尤佳胜，常会社友于其地。每岁上巳，辄觞咏昧园，公祭已故吟俦，绘有《春禊感旧图》，邓春澍更为绘《鸣社诗龛图》，题名《诗龛》者，凡十有九人。君善书，超脱自然，自谓由颜而欧而董而王。五十后制假笔贮衣袋中，暇辄书空，历二年，遂能悬臂立书，一洗怯弱之态。予曩时曾丐得一册叶，迄今犹宝藏焉。君著有《餐霞书话》一书，金针度人，颇多可取。如云："书法除龟甲篆隶外，惟正行草三种。正楷如程伊川正襟危坐，行书如谢康乐著屐游山，草书如公孙大娘舞剑器。初学者不可不从楷书入手，犹人幼时，当先习礼貌规矩也。行书以写时便利，为用极广，草书虽任意挥洒，然极不易工，且识者殊寡。故学书者当先习楷法，然后再习行书。行书当以晋王羲之之《圣教》《兰亭》等为最上，次则唐颜鲁公《争坐位》《三表》《祭侄稿》等，以及虞、褚二家。然俱纯属中锋，颇不易学。宋人苏、黄、米三家，类多偏锋，非有根柢，学之易滋流弊。似宜习元之赵孟頫，明之董其昌为愈。此二家正、偏互用，秀丽遒劲，兼而有之。清时学者，多奉为圭臬。此外恽南田书，娟秀之极，宜于尺牍题画。学者可随其所好，任意选择可也。"又云："尝观蛇之啮人也，必先弯曲其头，猫之捕鼠也，必先俯伏其身，无他，蓄势焉耳。故书家于临池时笔酣墨饱，鼓其腰，弯其臂，以蓄势在此。一蓄势间，不加思索，一若已将通幅章法安排妥帖，然后握管疾书，如三峡下水之舟，一帆风顺，瞬息千里，若有神助也。"又云："于几净窗明之书室中，胆瓶插以好花，博山焚以名香，则神明自愉悦矣。然后以古砚磨佳墨，选应用之笔，裁合适之纸。凡此皆须良佐，方能写出好字。此自然之理，非余过甚其说。设挥毫之际，突来恶客，纠缠良久，墨因干而太浓，适间烦恼之事，盘旋脑海，心慌意乱，谓有佳制，我不信也。”又云：“郑孝胥学黄山谷，斯可矣。晚年忽易面目，自谓学山谷败笔，抑何可笑。又如高邕之学李北海，尚能差强人意，后忽参以己意，即觉剑拔弩张矣。”君于辛巳二月卒于海上，年六十。我友陈君涵度曾挽之云：“昧园吾昔过，怅未谒高斋。许叟曾为介，陈翁亦欲偕。承先存济世，修禊畅幽怀。方拟杖乡祝，伤哉此愿乖。”盖许舜屏叟介绍识郁，而鹤柴翁欲偕访未果也。《书话》，卒后其哲嗣元英所刊印者也。又有《餐霞集》，蒙元英见贻，并录补遗，殊可感谢。闻君爱好古玉，藏有古玉印数十方，而宋丞相陇西李公纲之印，尤为名贵，刊有《汉玉印谱》，则未之见。元英别署茧迂，有《茧迂吟草》，其孙女慕洁，有《浣月簃诗草》。一门风雅，相继不替也。

一八、李叔同

近见报载弘一法师圆寂于闽地。所谓弘一法师者，南社诗人李叔同也。叔同生平，我友姜君丹书知之最详，谓初名岸，字息霜，叔同其号。遭母丧，改名哀，字哀公。既又易名息，字息翁。后又改名欣，字俶同。旋又易名婴。皈依后释名演音，号弘一，又号昙昉。叔同居沪久，所谓城南草堂者，即其奉母读书之处也。曾主《太平洋报》笔政，与胡朴安、柳亚子、余天遂辈，同以文学蜚声海内。而叔同尤擅书法，汉魏六朝分隶正草，无所不精。朋侪求之辄立应，然不轻订润例。有劝之者，则以艺事非市道为辞。若干年后赴余杭，任省立第一师范图画、音乐等课。民国五年冬，学校寒假，叔同忽往西湖虎跑大慈寺为辟谷之举。初则渐减食量，由两器而一器，而半器，而断粒，由饭而粥，而汤而水。丹书询其完全绝食时有何异感，曰心地非常清，感觉非常灵，能闻人所不能闻，悟人所不能悟。从此乃耽禅悦，而室供佛像。如是者二年，乃决意出家，悉以书画印章笔砚碑帖分贻诸友。而襆被一肩，毅然而行。诸同事及弟子挽沮之，不顾也。卒乃剃度于大慈寺，于当代僧人推崇印光，于前代则以智旭为不可及。遂颜其室曰旭光室。而其友经子渊、夏丏尊等，于上虞白马湖头为筑晚晴山房，为其驻锡之所，然亦不多盘桓而他去。事变后，南行至闽，沪上诸友好有投以书函而退还者，于是误传其已故，实则海外东坡之谣。彼以潜心梵典，心不旁骛，拒绝书札，不之启阅也。其所书联帖，海上开明书局曾铸版印行，我友马公愚、陈涵度书斋中咸有叔同所书之横幅。而予藏其遗札一通，视为瑰宝焉。叔同善诗，有《春游曲》一首曾载《太平洋报》。如云："春风吹面薄于纱，春人妆束淡于画。游春人在画中行，万花飞舞春人下。梨花淡白菜花黄，柳花委地芥花香。莺啼陌上人归去，花外疏钟送夕阳。"偶作记游之文，尤具柳州神韵。一篇刊布，人争传诵也。

一九、钱剑秋

华亭钱剑秋，寓沪南王家码头福安里，鬻书为生，一时名士如郑苏戡、李平书、费龙丁、吴昌硕、杨东山、哈少甫为订润例，南通张季直更极称赏。盖其书自汉魏唐宋，下逮刘何，致力数十寒暑，而能融会贯通，合南北宗为一者也。著《学书四要》，一时莘莘学子，无不奉为津梁。我师石予先生与之善，常诗札往还，于若干年前下世。

二〇、王莼农

梁溪王十三蕴章，号莼农，别署西神残客，擅书法，著有《秋平云室丛书》。其第二种名《墨林一枝》，谈书之作也。尝谓："明窗净几，笔墨精良，人生一乐。昔卫夫人作书，纸取东阳鱼卵，砚取煎涸新石，墨取庐山之松烟、代郡之鹿胶，笔取崇山绝仞中八九月兔，翡翠笔床，珊瑚砚匣，令人神往。今纸笔尚有佳者，而墨则多舶来劣品。簪花妙格，光采黯然，亦是书林一厄。"又云："赵松雪书脱胎于李北海，今人偏学其柔媚圆俗处。郑板桥以分隶之法入行草中，自饶真趣。温日观葡萄通于书法，文与可画竹得之左氏。老米以书品写云山，故前无古人。恽瓯香以没骨花法作行书，故后无来者。书画一理，举一反三，是在善悟者。”又云：“乾嘉间以分隶名者八人，盖覃溪、秋盦、未谷、默卿、竹汀、完白、曼生、叔未也，号乾嘉八隶。而予最服膺汀洲伊氏，推为有清一代隶书第一手。《吉安室书录》称伊先生教人学汉碑，须借两本，一大轴悬壁而观，一裱册据案而仿，自言于张迁、衡方两碑用力最深，而晚年变化如意，不可方物。临摹之法，汀州数语尽之矣。学者作金针低度观可也。”又云：“欧阳通之于率更，犹右军之有大令。红豆传经，青箱济美，蔚为艺林盛事。通书戈戟森严，从分隶蝉蜕而出，时人称为小欧书。武后之乱，抗节不屈，忠孝凛然，不第书法称雄一时也。平原书垂绅正笏，自有古大臣岩岩气象，而击笏朱泚，终完大节。故观其书法，即可知其人之性情学问。若欧阳通，若颜鲁公，可见一斑矣。”又云：“学书非先从篆隶入门，则其趣不博，其意不古，其家数亦不能大。篆象规圆，隶象矩方。篆工间架，隶精笔力。篆以观其会通，隶以坚其壁垒。学六朝人书，先学隶书，尤得驾轻就熟，事半功倍之效。”闻莼农尚著有《碑林奇字》，搜辑各碑，凡数千字，汇为一编。每字均照原刻摹写，注明出于何石，可作临池之一助，兼供字学之考证。惟予未得寓目，引为憾事。曩时君居沪西麦特赫司脱路，予时为入幕之宾。及事变起，友人犹以张得天字卷托予转呈莼农，请其鉴别。讵知不久君即弃儒而从政，予深为艺林失一人才惜。今夏偶过抛球场笺扇肆，见君所书扇箑累累，则又喜君或能脱离宦海，重复旧时生活。不料未及半月，君以嫁女来申，劳瘁受暑而病，竟致不起。遗著除上述外，尚有《燕脂余韵》，及予为代辑之《云外朱楼集》。

二一、褚礼堂

金石书家前辈褚礼堂先生，于今秋七月二日遽归道山，艺林失一耆宿，闻者惜之。先生广颡长颏，修眉朗目，吐辞雅隽，举止安详。年逾古稀而精神矍铄，须发白者仅十之二三，望之如五十许人，夜眠五六小时已足。尤富于记忆力，读书过目不忘。童龀之年即喜摩挲金石，其先祖叔寅逝世，墓志便出先生手镌。见知于俞荫甫、谭复堂、费屺怀、盛杏荪诸公。既而陶斋尚书雅慕其名，聘入鄂抚幕中，一时海内金石书画名家毕集于鄂。后随节至两江制军任，编印《匋斋录》，多出先生手，而所见益广，所得益深。清鼎既革，隐居海上，鬻文字以为生。问字求书乞题跋者接踵至，户限为穿。书法河南开国公，复摹古碑，自流沙坠简三代鼎彝，以及秦汉两晋六朝，不下数十百种。一经摹仿，可乱楮叶。自谓于隶书最有心得。虽一笔一画，必有所本。为人书墓志铭碑记，须作篆隶者，遇有未见于古碑版之字，必虚格俟考得始摹入之，其不苟也如此。民国二十五年，我国尝运故宫金石书画至英伦展览，在沪整理，主其事者聘海上诸名家审定，先生与焉。每日归寓，将所检阅者评其真赝，记之于册。生平著有《芬欣宧随笔》《松窗金石文跋尾》《香篆楼塍录》《角茶轩金石谈》四卷，《斁经塍录》《弄玉丛话》《聂氏三礼图刊物》各二卷，《补梁书经籍志》二卷，《松斋书画编年录》二卷，《金石释例》四卷，《散氏盘文集释》一卷，《云峰山郑氏摩厓考》一卷，《龙门古药方考证》二卷，《续古玉图考》四卷，《即林丛话》一卷，《萃编补石》六卷，《汉刻甄微学隶浅说》一卷，《审定故宫金石书画日记》一卷。已印行者，为《金石学录续补》二卷，《竹人续录》二卷，《石师录》一卷，《元破临安所得书画目校证》一卷。其代人辑述者，不胜枚举也。先生作事，必审慎出之，宁缓勿误。书件虽多至千数百字，绝少遗漏舛错，稍不惬意，则重书一纸。即作家书与戚友便札，下笔亦必不苟。甚至属草亦未有用淡墨枯笔者。皆此种种，说者谓为寿征也。此次事变，先生惄焉忧之。且以物值过高，饮食节缩，以致营养失调，精神乃远不如前。加之足肿，艰于步履，而求书者不绝。先生勉应人请，而行款间有偏斜，笔亦枯淡矣。直至今夏五月初旬，犹为其戚书扇，未竟，以神思不凝，搁笔就寝。从此缠绵床褥者约两月，卒于劳尔东路之颐德坊寓邸，盖与书家马公愚为望衡对宇之邻也。或谓先生生前以精于鉴赏，时沪壖收藏家如张石铭、奚萼铭辈，收购书画以及吉金乐石，辄就之审定，恒以得先生一言为准则。

尝有骨董商私贿重金，乞指其售件为真者，先生竣拒之，曰："予安能以此自隳其人格哉?"后进之士，有行束脩以求列入门墙者，咸婉谢之曰："予性不好为人师，学且不足为师表，愿互相商榷可也。"故有来乞教者，必竭其所知以见告，作书宜从某家入手，或宜学某碑为先，无论书画，要以多读书为唯一法门，否则难免伧俗也。见有擅一技之长者，则乐为揄扬以鼓励之。又尝谓近岁新出土者，如石经、木简、甲骨，及珂罗版所影印之前彦真迹，皆曩时人所终身求之不得者，兹则充斥于市肆与展览会中，则今人之眼福为何如耶！先生与霁雪楼主为莫逆交，有所告贷，辄以书画册页质于霁雪楼主，故霁雪楼中犹多先生手泽也。

二二、伊峻斋

先褚礼堂而逝世者，则为伊峻斋。两大书家，同岁奄化，洵艺林之大不幸也。峻斋讳立勋，为秉绶之后人。以隶书鸣世，《新闻报》之报端，即出峻斋之手笔。《新闻报》辟本埠附刊，仍倩峻斋书之。或谓峻斋素作汉隶，汉隶中无埠字，埠皆作步，今峻斋独以埠字列诸汉隶中，有诋之为妄谬者。然予以为峻斋随俗，绝无拘泥，不得过于吹毛求疵也。闻峻斋颇重利，靳靳与人计润，即朋好之往求者，亦动辄以不如例而拒之。天台山农与之有旧，山农常趋其寓，闲谈书理，习熟殊常。后山农于国难声中遽尔逝世，其家人谋刊赴告，乃请峻斋书一题签。峻斋一挥而就，函索润资十金。家人大讶，以夙有交谊，而故人下世，丏此数字，而犹未能免俗也。林屋山人知之，遂于讣告撰一像赞，含意讥讽，慨叹无已，盖为峻斋而发也。凡书画家作古，积件之润金往往纠纷不易理，惟峻斋独否。询其故，则峻斋接书件，润金即卷于件中，及挥毫，始拆用之。于是书就者由人持去，未书者原件原金退回，绝无问题也。峻斋能画梅，外间绝少见。予藏有其诗笺一纸，《题画梅》云："梦想家园百树梅，暗香疏影满林隈。年来久作江南客，绿萼今从笔底开。""先春数点岂无心，踏雪冲寒得赏音。悟到一阳来复处，天机试向画中寻。”《偶写一梅愈看愈劣再书四绝聊以解嘲》云：“‘别业荒芜感慨深，年年花事总关心。今朝剩有摹碑墨，点缀疏枝寄赏音。’‘屏除脂粉不趋时，淡墨纷披也合宜。一任画工嗤我拙，老夫只爱画中诗。’‘绘事抛荒五十年，江郎才尽笔难传。梅花风骨终如旧，莫问姿容绝代妍。’‘谁云人老不如花，葆我天真兴倍赊。要画梅花三万本，罗浮深处访仙家。’丁卯五月廿六日石琴记。”石琴者，峻斋之别署也。

二三、阎甘园

最近闻诸陶寿百云，阎甘园老人逝世矣。老人富收藏，曩年于环龙路开一展览，蒙折柬见邀，始得一亲謦欬。老人导观其藏品，无不精绝，为之啧啧称叹。老人因嘱予撰文以刊布之。既而老人受冯玉祥之聘，为金石教师，复又走秦陇、漠北。某岁南社雅集于四马路之同兴楼，老人又复莅止，并出席演讲，以客多不暇与之细谈。岂知此即最后之一面耶！老人工山水，擅指画。

二四、沈心海

以丹青颐养而享高年，沈心海其一也。幼从慧安钱吉生游，与曹蟠根、陆子万为同门，而心海获其神髓。吉生绘人物仕女，失之于刚，心海却能化柔而饶妩媚之气。当时即有出蓝之誉，而吉生遂以畏友视之矣。居沪城西仓街有年，颇富收藏。吴石仙赠以雨景精幅，心海宝之，秘藏不轻示人。此次事变，于烽火仓皇中失其画，心海大为惋惜，乃再三访问，果得合浦珠还，出钜值以见赎也。事变后，卜居威海卫路同孚路口，盖其哲嗣养初擅岐黄术，悬壶于此，迎乃翁所以便定省也。心海颀然身长，年八十余，耳目犹聪明，且健腰足。某岁，真如黄园菊展，心海不惮跋涉而参与其盛，且对客挥毫也，予之得瞻前辈丰采于此。厥后并与手通鱼雁，于纪念小册上作《云髻罢梳还对镜》仕女画一幅，见者无不诧为难得。闻心海虽耄耋，而有寡人之疾，姬妾侍帷幄无虚日，更倩友导之为按摩之举。平日善居积，蓄财置屋，并投资以贸迁，而结果什偾败，致耗折无算。晚境不顺，致未臻期颐之域，于此不毋受相当影响也。弟子凡若干辈，而以谢闲鸥为拔萃，作画变化多端，一洗町畦，能于扇册上作螺壳道场图，五百罗汉，纤细如发，而衣褶洒然，海上推独步焉。

二五、程瑶笙

程瑶笙先生，予之师也。师讳璋，号瑶笙，皖人。初习质当业于泰兴，以职务清闲，乃购东西典籍之有关图画及生物学者，悉心研究，不数年，尽得其奥。盖我师天资特聪锐，往往触类旁通，闻一知十也。旋弃质当业而赴吴门，执教鞭于草桥中学，予之得聆师之教诲者始于此。师授图画及动植物学，师不但讲释详明，道人所未道，发人所未发，且复擅图画故，凡讲释及剖解有所不及者，则以图画辅佐之。故生徒莫不大感兴趣，成绩斐然。既而师倦于讲义黑板生活，辞谢之沪，居白克路永年里，以丹青问世，山水人物翎毛花卉走兽无不精绝。一时画人如吴昌硕、王一亭、倪墨耕辈与之往还，时或合作，而师名益震。后迁居辛家花园南安里，予亦移家来申，以谋生活，因得常踵师门。师知予喜撰小品文，颇加赞许，时以其所见闻，告予以为资料。师所居屋凡两幢，楼上为卧室，楼下厢房则丹铅笔墨素楮卷册，累累满案，则挥毫点染之所也。师以俭约故，陈设极不考研，椅阙其靠手，长桌断足，则以煤油箱垫之。然喜周人急，朋侪告以苦况，辄斥金与之，不责偿，曰天与我福，固不当独享，须与人共之也。同道袁天祥困于境遇，师辄以己画赠之，先后凡数十百帧。天祥以画让人，得值不下数千金，而师见人常道天祥之艺事不置。予访师，亦屡见天祥。天祥所作花卉博古，确甚佳妙也。师死，天祥犹来吊丧，逾年亦死。师嗜花成癖，庭中盆卉，四时不绝。师治画之余，乃躬自灌溉，剔虫芟芜以为乐，督工锻铁而为盆架，铁成竹节形，骤视之，几不知为顽铁也。晚年师病目，谢绝绘事，入红十字会割治。予间日必往探之，经过情形，甚为顺利，予为大慰。及出院，居然能阅报纸，惟医士以暂不用目力，不动怒为嘱，讵意拂逆事纷至沓来，其侄某在泰兴变鬻其业产，师得耗不觉忿然。越日，双目复眊。未久而其早年逃妾某忽控告遗弃，请求赡养。妾之挟财货以逃也，师曾登报，以谋缉捕。至是予代师将当时之原广告，摄影以呈法院，并陪侍我师至法庭者再。各日报访员根据原告之诉状为记录，无不作偏颇之词。予乃写稿若干篇，以小品笔调剖白其事。于是其逃妾及其律师某恨予刺骨，予不之顾也。结果，逃妾讼不直，被斥，而师之精神受此刺激，目更茫茫不复明矣。欲再入医院，而前为割治之医士西人适返国。越年，医士重来海上，师即就医。医士以师年迈体衰，必须验得身体各部分绝无其他病症者，始克奏刀施术。不料检验者，按验过于粗率，反致伤及内脏。师出院调养，并请钟觉民医生一再诊治，而病日重，卒至不起。师与师母戴氏意见互左，师母居泰兴，师居沪上，各不相谋。沪上侍师之晨昏者，则为其义子。师弥留，义子亟来舍间招予往。至则犹得与师作最后之一晤，但已不能言。义子慌急无所措，询予办法，予告以延一律师来写遗嘱，海上如无亲戚，不妨请一二至友来以为证人。既而律师及至友郑荣甫、秦锡九先后莅止。予与郑、秦二君相率至师榻前，征求同意。师颔其首，于是立写遗嘱成，念与师听。予登榻，扶师腕作花押。不数分钟，师即绝气，一瞑不视矣。一方面料理后事，一方面电告泰兴师母及其侄儿，彼此皆无异言。而逃妾某又遣一二无赖与其义子为难，其义子又招予谋对付之法。卒以其人之道还治其人之身，盖花数百金买其所招无赖而反斥之，而纠纷始息。师丧既断七，下葬江湾上海公墓。墓碑由泰兴杨静山题写，并镌刻一传，亦属杨君手笔，盖杨君与师为总角交，所知较详也。师遗作山水人物翎毛走兽等，向各收藏家借摄，得八十余帧，归商务印书馆制珂罗版印行。封面由胡适之博士题签，适之曩曾问业于我师者也。不久事变，师之画片，置存虹口商务分厂中，不及取出，失之于劫火中。而师母戴氏及其义子亦先后殁世，仅其侄儿尚存。予则当时索得我师照像一幅，供诸纸帐铜瓶室中，为我永久纪念矣。至于师之逸闻轶事，及其风趣，予已述录刊布，约有六七千言之多。兹不录。

二六、俞语霜

语霜俞氏，殁已有年，其《春水草堂遗墨》，我友钱瘦铁为之集印，编次者，海昌吕十千也。极精者如《可斋课画图》《红杏山庄图》《寒江独钓图》，凡数幅。其他则以怪诞出之，如《阴翦横流图》作巨涛滔天之状，此中隐约有鱼龙出没，题云："逼人禽兽居中国，敷治横流孰舜臣。癸亥暮春，时事日亟，忧心如焚。莽莽天涯，杞忧曷已。"《峰青馆图》，寥寥数笔，而自具高致，题云："瘦铁自述其村舍景状，拟他年筑室其间，藏书蓄画，招集良朋。于念斯足，属余补图。"又作瓶花架烛，及书卷瓦缶不倒翁等类，题云："祭诗瓮有屠苏酒，饥朔门无索债人。"又临王耕烟《丹台云树图》，潘老兰题之云："漫天松翠下冥冥，始信山深草木灵。绝似碧云僧舍后，石台高倚玉围屏。"其他尚有任堇叔、李怀霜为作长题者，盖任、李二子与语霜殊相契也。十千为作传略，录之于下云："君姓俞，讳原，字宜长，一字语霜，别署女床山民，浙之吴兴人。生平爱诵子美'春水船如天上坐'之句，又性喜观水，家擅苕溪之胜，故榜所居曰春水草堂。画山水师八大、石涛，苍莽雄浑，笔致古茂，而倔强生疏，昧永于辣，尤善用墨。偶作花卉，绝似陈玉几，以韵胜。能诗，名贵清隽，时有佳语。尝和余《花山马上》诗曰：'玉骢初试曲蘼泥，浅草茸茸没马蹄。省识落红刚一尺，不知身已过桥西。'又题其自绘《中秋景物图》诗曰：'团团面目侏儒饱，桂价同薪米数珠。计拙只能成画饼，无端饥朔类臣俞。'吴缶翁亦盛称之，惜不能多作也。君肥硕，嗜饮食肉，有兼人之量，而不善饭。性慷爽广交游，所居客常满坐，列樽泥饮，一体劝酬，了无臧否月旦，以为人生不过数十寒暑，同是客中，何事察察取扰为？余与君交几二十年，虽同处一隅，而衡宇相隔，然晤对之期，终不出三日。过此即中心悬悬，几不自安于寝馈。君亦非余不欢，而尤所拳拳者，厥为任先生嫩凉。盖此二人实盖京华，所至倾动，皆以得识俞君为荣。辛亥国变后，谢绝人事，屏迹沪垒，以鬻书画自给。卒以幽忧之疾，仓皇怛化，年仅四十有九。惜哉！”

二七、吴昌硕

缶庐吴俊卿之生平，诸贞壮所撰小传载之详矣。书则篆法猎碣，而略参己意，虽隶真狂草，率以篆籀之法出之。郑海藏以书法鸣海内，对于缶庐之书，甚为推重，故其《海藏楼诗集》中有“缶庐书翰推三绝”“缶庐擅三绝”之句。缶庐于篆刻研习尤深，所用刀圜干而钝刃，治印分朱布白，结字构体，一本于秦汉印玺。葛昌楹评其印学导源汉京，凡周秦古玺石鼓铜盘洎乎泥封瓦甓碑碣与古金石之有文字资考证者，莫不精研其旨趣，融会其神理。画则以松梅、以兰石、以竹菊，及杂卉为最著。间或作山水，摹佛像，写人物，大都自辟町畦，独立门户。其所宗述，则归墟于八大山人、大涤子，若金冬心、黄小松、高且园、李复堂、吴让之、赵悲庵辈，犹骖靳耳！晚年多弟子，尤以赵云壑得其神髓，所作可以乱真。缶庐卒于民国十六年之冬，年八十有四。鬻艺所积之资，达十五万有奇，亦云巨矣。杭州之西泠印社，缶庐曾为之主，故题襟馆内悬有其自撰长联云：“印岂无原，读书坐风雨晦明，数布衣曾开浙派；社何敢长，识字仅鼎彝甑壁，一耕夫来自田间。”上联指丁龙泓辈而言，下联乃自谦之辞也。迄今西泠印社中犹有缶庐造像，铜首石躯，趺坐龛中，神情殊肖也。遗作有《缶庐诗》四卷，《缶庐印存》若干卷，题画诗杂文铭跋之属，编成而未刊。有谈其纳婢佚史者，缶庐以年迈需人扶持，乃纳一婢，不料婢旋挟资遁。一日况蕙风来，述其事曰：“我情深，他一往。”相与大笑。有丈夫子三。长子早殇，次子藏龛死于缶庐逝世之前数月，当时秘不令缶庐知。东迈则克绍箕裘，所作花卉果品，无不遒劲古茂，得者珍之。

二八、吴藏龛

昌硕子，讳涵，号子茹。善书画，精篆刻，得昌老薪传。于民国十六年之夏，侍乃翁避暑明圣湖头，以事先归，骤患伤寒，卒于沪寓。时昌老犹徜徉啸傲于六桥三竺间，不知已抱西河之痛也。藏龛死，年五十有一，当时步林屋挽之云："或以画家比吴伟，忍闻坡老哭苏迟。"

二九、康有为

康南海之书与吴缶庐之画，咸有剑拔弩张之气，说者谓为乱世之兆。而姻叔彭述庭君却极推重康书，谓其能冶古来各种碑体于一炉，且其作书无不悬腕，小字亦然，正可见于功力。又作书每多墨污，全不计较，真名士之风也。康之论书颇有见地，如云："北碑莫盛于魏，莫备于魏。盖乘晋宋之末运，兼齐梁之流风。享国既永，艺业自兴。孝文黼黻，笃好文术，润色鸿业，故太和之后，碑版尤盛。佳书妙制，率在其时。延昌正光，染被斯畅。考其体裁俊伟，笔势深厚，恢恢乎有太平之象。太和之后，诸家角出。奇逸则有《石门颂》，古朴则有《灵庙碑》，古茂则有《晖福寺》，瘦硬则有《吊比干》，高美则有《郑道昭碑》《六十人造象》，峻美则有《司马元兴》，奇古则有《刘玉》《皇甫驎》，精能则有《张猛龙》《贾思伯》《杨翚》，峻宕则有《张黑女》《马鸣寺》，虚和则有《刁遵》《司马昇》《高湛》，圆静则有《法生》《刘懿》《敬使君》，亢夷则有《李仲璇》，庄茂则有《孙秋生》《长乐王》《太妃》《温泉颂》，丰厚则有《吕望》，方重则有《杨大眼》《魏灵藏》《始平公》。统观诸碑，若游群玉之山，若行山阴之道，凡后世所有之体格无不备，凡后世所有之意态，亦无不备矣。"

三〇、唐驼

唐驼毗陵人，寓居海上甚久，以善写市招享盛名，几夺天台山农之席而代之。亡友毕几庵与之有一面缘，当时曾记驼语于某刊物。

驼之言曰:“余名初非驼,乃守衡也。幼年以背微曲,人以驼呼我,我乃喜以驼应。距今约二十年前,曾孟朴撰《孽海花》成,倩我题签,题毕,乃署唐驼名。唐驼与世人相见,自《孽海花》始。二十年来,知唐驼者,不复知唐守衡矣。余书非佳,颇喜为人涂抹。初不敢以之货钱,某年甚窘,有髹工语余曰:‘公能卖字,能立致多金。’余婉谢。髹工曰:‘公不信,我可先绍介一五十金之小生意,即老介福市招也。’余欣然命笔。余之鬻字,自老介福始。鬻字之收入,第一年不及千金,次年增至一千五百金,又次年突增至三千金,又次年至三千二百金,第五年增至四千八百金矣。”驼又曰:“余甚葆余臂,旅行时行箧等皆委之于左手,恐用力过度,手颤不能书也。余作书,每于夜九时后,振管疾书,写至子夜不辍,腕亦弗僵。盖腕已任劳听命久矣。”驼亦作楹联扇册,某岁为建唐孝子祠,发愿书五千联。学友华吟水欲征其书,约予同征。予以其常书市招也,鄙视之。驼逝世,则又深悔失诸交臂。今日欲征而无从矣。

三一、李唐

善摹郑海藏可以乱真者,海内凡二人,北曰张国威,南曰李唐。李寓沪鬻字,与社友顾明道相友善,曾为明道书一名片,见之者无不目为苏戡老人笔也。旋病卒,张国威撰《郑海藏书法抉微》一书犹涉及之。

三二、梁公约

“五噫歌罢独酸辛,庑下从来有逸民。绝代蛾眉伤老大,千金骏骨在风尘。文章江左声名久,妻子兵间转徙频。水远山长阻归旐,可怜杜宇泣残春。”此江都闵葆之《哀梁公约》之诗也。公约讳菼,与葆之及方泽山为总角交,俱负艺林盛名。公约尤工画菊,殊萧疏有致。尝见其集陶诗以题画菊云:“晨夕看山川,了无一可悦。秋菊有佳色,能得固穷节。高风始在兹,卓为霜下杰。”又玉峰方唯一题其画菊云:

"绝妙天人笔一支，楚骚而后有陶诗。瓦盆浊酒黄茅屋，无限山川落照时。"商务印书馆为印《梁公约画册》。

三三、颜莼生

莼生颜氏，讳元，别署半聋居士，吴门老画师也。其女于归海上某氏，莼生因常作海上游，藉以鬻艺。擅绘人物，印有人物画册。予却爱其花果，藏有扇箑一，画双桃，色泽殷然欲滴，似当年臣朔攫来之物也。玉峰岁寒老人王严士与之善，尝为严士作《携杖采芝图》，貌惟肖，设色布景雅淡无俗笔。又为补《娄东十老图卷》，尤古雅。严士为莼生草生传，略谓："初予与居士踪迹阔疏，自予移寓金阊，居士亦迁居桃坞，相隔只一巷。予隐于医，居士隐于画，不与世相闻，日惟于茶亭客座间听居士从容谈画理，娓娓不倦。居士左耳失聪，右耳亦重听，春冬甚而夏秋少差。尝自言粤乱甫平即失怙恃，抚育于外王母。年十余，习商业于沪上。屡徙业不成，而天性嗜绘画，喜涂抹。稍稍积资，始从师学。时山阴任伯年方以画名张歇浦，见而才之，录为弟子，得其指授而艺益精。返苏又与萧山任阜长游，得交渭长子立凡辈诸名画家，手追心摹，而神乎其技矣。既而佐友转漕燕北，乘兴点染，人争取之。越两载倦而归，遂以画为业。其时安吉吴昌硕、松陵陆廉夫、同县顾西津皆以书画负重名，不轻许人，而独于居士无贬辞焉。然自恨早年失学，欲补读书，并习篆隶，娴吟咏，以润色绘事。其耄而好学又如此。"莼生哲嗣文梁与予为草桥学侣。文梁工西法画，一度游法。归国后主苏州美术专门学校事，造就人才极多。而莼生得睹有子之克家而死，亦无憾矣夫。

三四、金拱北

吴兴金城字拱北，殁世有年矣。画苑祭酒鹤逸顾氏生前极推崇之，谓："金君拱北，王谢盛族，任沈通才。折冲樽俎，不辱辞令。游宦余暇，旁及绘事。昔贤妙墨，钛心追摹。并世杰构，奉手请益。一灯照影，霜毫四飞。吾党同彦，咸谢不及焉。予与拱北交垂廿年，君过吴中，辄就谈艺。用之拙笔，得宋迪而工；崇嗣写生，迈黄荃而上。自叹所作，等诸自郐矣。往年日本大会画材，君出余绪，见者敛手。东京裙屐，西园车盖，流播韵事，足振国风。此尤见君之大者也。”莱臣庞元济题《金拱北遗墨册》云：“北楼姻兄，弱冠时即好画，自海外游学归，画法骎骎近古。予收集古画，所获名迹颇夥，辄造予斋，纵观临摹，竟日不倦。沧桑后，官内务部参事，得见武英殿陈列古画数百种。公余之暇，摹古益专，画境日进。偶来沪，晤言后即与予商榷画理。尝叹北宗日就衰落，思欲振马夏之绪。在京创立画学研究会，从学者日益，北方画风，为之一变。所作山水，已深造李范之堂奥。画花鸟大幅，力守宋人法矩，不落恒蹊。而摹仿名画，不失苗发。尝以手临香光山水册见示，形神毕肖，几可乱真，诚画苑中后起之秀也。病殁后，哲弟东溪等鸰原抱痛，收集遗画，汇为一编，付之影印。”其时为丁卯之夏，则拱北之死，约在丙寅年。作画一署北楼。予极爱其遗墨《寻梅图》，题亦可喜，如云：“秋林路远石桥斜，十里孤山处士家。别有闲情赋枯树，我来原不为梅花。”惜不能得其寸缣尺幅，以供展玩。其妹名陶陶，亦善画。

逝者如斯[①]

郑逸梅

民元以还，说林人才，下世者殊多。其中有神交，有莫逆友。爰作此录，亦曹子桓伤逝自念意也。

一、陈蝶仙

余杭人，讳栩，别署天虚我生。主编《申报·自由谈》及《游戏世界》《女子世界》诸杂志，又创栩园编辑社，与其哲嗣小蝶、女公子小翠及友李常觉、吴觉迷等共同译著。著作等身，长篇小说有《泪珠缘》《黄金祟》《玉田恨史》《鸳鸯血》《满园花》《红丝网》《娇樱记》《芙蓉影》《琼花劫》《双花冢》《郁金香》《薰莸录》《柳暗花明录》《红蘩蕗别传》《嫣红劫》《妍媸镜》《间谍生涯》《二城风雨录》，以及《潇湘影》《自由花》等弹词，杂著有《文苑导游录》《栩园诗话》《文艺丛编》《栩园丛稿》《湖楼集》《半亩园集》《耳顺集》。君早岁豪于饮，日尽十余斤，晚年以惠泉自酿酒，名曰惠诗客，偶意得则倾饮数觥以为常。卒于民国二十九年之春，临卒，谓其女公子曰："吾生平为名士，中途不幸溷堕工商

---

① 原载《永安月刊》1943 年第 51—53 期，1948 年第 108—111 期。载第 51—53 期者原称《说林凋谢录》，其中第 52、53 期又另冠以《逝者如斯》之名。又，前后有"毕倚虹""程瑶笙""吴双热"等数则所记逝者同，而内容详略有别，今一并录之。

界，遂为名人，今还吾干净，仍为名士去矣。”年六十有二。其传殊简，如云：“生为月湖公第三子，钱塘优附贡生，两荐不第，而科举废，遂以劳工终其身。夙擅诗文词曲，而不自矜，生平但以正心诚意必忠必信为天职。凡事与物，莫不欲穷其理以尽其知，故多艺，然不为世用。因自号曰天虚我生，所著书署名曰栩，字曰蝶仙，姓陈氏，相传为舜裔，故能敝屣功名，一家兴让，殆亦遗传性欤？娶于朱，有子二人，长曰蘧，字小蝶，次曰次蝶，女曰璻。时人誉之者辄比为眉山苏氏云。”

二、胡仪鄦

娄县人，讳常德，字少芸，一字仪鄦。前清光绪中叶，吾苏黄漱兰、王益吾二学使先后提倡朴学，君时肄业苏州学古堂。时雷甘溪以小学泰斗主讲席，师弟相得甚，故君之学以《说文》为归，而自仪鄦之所由也。君于学无所不窥，经史而外，泛览汉魏六朝百家之文，所著《说文管见》若干卷，《仪鄦漫稿》六卷，兼治小说家言，与留氓、水心、灏森等译长篇《蒲尔脱秘密案》《假币案》《潜艇图》《钿合记》《双鹣传》《铁刹壳村之情剧》《黠贼》《康南虚恐怖案》《遁形记》《情劫》，更有《红羊佚闻》，则与稽逸如、徐枕亚、许指严合撰，亦脍炙人口。卒于民国十一年秋，其挚友华亭张伯贤为草小传，详述其平生。

三、吴霜厓

君讳梅，字瞿庵，一字灵鳷，晚年始号霜厓。生于前清光绪十年甲申，卒于民国二十八年，寿五十有六。主讲东吴、东南、光华、金陵、中央等大学，弟子遍江南。著传奇凡数十种，如《双泪碑》《东海记》《义士记》《风洞山》《落茵记》《绿窗怨》《湘真阁》《无价宝》《惆怅爨》等皆是。临卒遗嘱，谓：“传状墓志，大可不求人作。生平无德行可纪，且今世无中郎也。区区撰著，无益国家，如春鸟秋虫，自鸣得意，以此称美，又何为乎！即赴告后照例哀启，吾生平所见，通者不多，亦省去。”其超旷有如此。闻金鹤望前辈为撰《霜厓传》，予未之见。

四、程瞻庐

君讳文棪，字观钦，一署望云。早岁卒业江南高等学堂，与叶小凤、王莼农有同砚之雅。执教鞭有年，尤以担任苏州景海女学国文讲习为时最久。善以冷眼观世，奔竞卑劣诪张为幻之状，乃摭取之以入小说。常啜茗于吴中饮马桥头之锦帆榭，成《茶寮小史》，脍炙人口。李涵秋死，《广陵潮》与《镜中人影》未及终篇，均由君妙笔赓续之。生平著述甚夥，尚有《众醉独醒》《新旧家庭》《滑稽春秋》《快活神仙传》《雨中花》《葫芦》《湖海英雄传》《唐祝文周四杰传》《情茧》《情血》《原谅》《废妾》《依旧春风》等巨著。君课余喜听说书，遂揣摩之，成《藕丝缘》《孝女蔡蕙》《哀梨记》《明月珠》《同心栀》五弹词，悉由商务印书馆棐行。事变起，君意兴索然，不再操觚，直至今春，以困于经济，又复为冯妇，著《簪缨会》，只两回，全书未竟，而君以胃疾遽尔逝于吴中，同文无不悼惜。

五、王西神

君讳蕴章，字莼农，别署西神残客、红鹅生、鹊脑词人、王十三。清光绪壬寅科副榜举人。尝为商务印书馆主辑《小说月报》《妇女杂志》，先后阅十余年。因倩名丹青家绘《十年说梦图》，海内文人题咏殆遍。辛亥秋冬间，佐南京戎幕，一游南洋，既而为沪江大学国文教授。寓庐饶花木竹石，抱瓮临池，藉消岁月。自书楹帖补壁曰："成佛肯居灵运后，学书直到永和前。"其高逸旷放，可见一斑。后又自办正风文学院，桃李门墙，一时称盛。著有传奇《香桃骨》《霜华影》《可中亭》《绿绮台》《碧血花》。刊印《西神小说集》，如《杏花春雨记》《雪浪春痕》《秋蕤阁》《针楼艳忆》《一枝桃》《龙舟艳影》《陌上花飞》《新旧夫妻》《猩红劫》，皆杰构也。曩年，予曾为辑刊《云外朱楼集》两册。顷获陆次洙君来札，谓西神《云外朱楼集》遗珠甚多，《申报·自由谈》所载之诗联笔记均未刊入。又甲子以前所作杂文散记，彼抄存不少，如有人为刻遗集者，大可商假以付剞劂也。君于民国三十一年夏归道山。

六、王无生

君皖之歙县人，讳钟麒，无生其别署也，为南社词人。撰《恨海鹃声谱》说部，历主《天铎报》《神州日报》笔政。著述宏富，惜什九散佚。君病笃时，有《长别诸知好书》云："呜呼诸公，无生与诸公长别矣。溯自弱龄以来，辄弄文翰。当前清之季，世变日非，窃窃忧之，每以文词力图挽救，几濒于危。丁未入报界，时世态一变，益尽厥志。辛亥改革，世态复一变，乃创办《独立周报》，以正论与当世商榷。今夏兵祸，世态又一变，弥用愁然，乃至成疾。愤慨既深，势将不起。呜呼！一棺附身，万事都已，鲍明远之言也。人生到此，天道宁论，江文通之言也。文人末路，千古伤心。生为无告之民，死作含冤之鬼。忍痛书此，长与诸公生死辞矣。痛哉！无生绝笔。"其生平崖略，可于书中窥见之。

七、陆秋心

君讳曾沂，字冠春，号秋心，海门人，南社社友。幼与柳亚子同学爱国社，诗文冠侪辈，亚子以畏友视之。于《民立报》上译有《葡萄劫》。书为文言体，纪希腊志士投身光复军以抗土耳其，于金戈铁马中，间以儿女之柔情，读之令人回肠荡气而不能自已。载报上历二年之久，始克刊竣。后由民权出版社锓为单行本，凡上下二集，共三十回。一时洛阳为之纸贵也。此外尚有《秋心说集》行世。某岁卒。

八、宋痴萍

宋一鸿，字心白，号痴萍，梁溪人。曾主《长沙日报》、无锡《苏民报》，著作散刊于二报者为多。长篇小说有《如此江湖》，由大东书局发行，为君惬心精意之作。晚年执教鞭于海上，同事多酒星，课余之暇，辄作糟丘之游以为乐，后病酒死。予与君俱为云社社友。

九、黄摩西

一代奇人黄摩西，海虞产，不修边幅，蓄发綦长，人以狂士目之。撰稿《小说林》，有《银山女王》长篇小说，又《小说小话》一种。侨寓吴中严衙前，据云其屋为查小山故宇，甚为轩畅。君特辟一室，称为揖陶梦梨拜石耕烟室，盖彼深慕石斋、梨洲、陶庵、九烟之为人也。君与萧蜕公甚投契，《摩西遗稿》有蜕公一序，略云："君神姿瑰玮，孕十五月而生，观书如电扫。文词博衍诞迈，如灵威秘藏，如淮南鸿宝，如珠林，如云笈。尤长于诗，有青莲之逸，昌黎之奇，长吉之怪，义山之丽，求之近世，王仲瞿、龚定庵其俦也。少骛道家言，日啖朱砂，又习剑法及诸异术。常尽月不寐，数日不食，独游山中，往往入夜趺坐宿岩树下。友朋促席，剧谈累宵昼，客倦仆，君滔滔忘日时。与章太炎先生善，而议论多相左，然与人言，未尝不称太炎也。自武汉兴师，君奋然欲有树立。一日出门乘火车，在车站，则两足忽蹷，大哭而归。继政府北移，海内骚然，益愤闷不自聊，笑詈无恒，数月而卒。其时为民国二年癸丑夏历九月十六日。"小说外，有《摩西词》八卷，《蛮语摭残》若干则。讳振元，字慕韩，又常自称黄人。

一〇、俞丹若

我友范子烟桥与俞丹若相友善，谓丹若君为曲园太史之侄孙，毕业北洋大学，工英吉利语，好译说部，笔名天游。林琴南以古文译域外小说，享盛名数十年，君则以浅近文字译之，不失本意，故亦与俗娴。平生不屑问米盐琐屑，以四海为家，于说部无所不窥，岁必耗数百金。晚年管理京师图书馆，民国十五年以肝胃病卒于京寓。所著有《荒服鸿飞记》《黑白记》《黑肩巾》等书。

一一、孙漱石

君字玉声，别号海上漱石生，为鸣社社长。曾以惊梦痴仙之署名，撰《海上繁华梦》一书，尤博社会之佳誉。此外有《十姊妹》《海上燃犀录》《九仙剑》《呆侠》《金陵双女侠》《夫妻侠》《恶魔镜》《一粒珠》《嵩山拳叟》《还魂茶》《一线天》《孤鸾恨》《破蒲扇》《机关枪》《金钟罩》《匾中人》《怪夫妻》《樟柳人》《优孟衣冠传》，又有《退醒庐笔记》《沪壖话旧录》等书，主办上海图书馆，有数种乃自行发行。予所刊单本最早者为《梅瓣》，版权即属于上海图书馆者也。事变后，抑郁寡欢，卒于婿家。

一二、李涵秋

涵秋，广陵人，所撰说部以《广陵潮》为最著名。是书初名《过渡镜》，宣统年间载汉口《公论新报》。后武汉起义，报即停辍，拟将是稿售给商务印书馆，商务不之纳。其时钱君芥尘适主《大共和报》，央人介绍，以是稿续载《大共和报》及《神州日报》，改名《广陵潮》。先后凡八十回，名乃大噪。嗣后《新闻报》上刊载其所著《侠凤奇缘》《战地莺花录》《魅镜》《好青年》《镜中人影》等长篇，独步说界。此外尚有《双花记》《雌蝶影》《瑶瑟夫人》《琵琶怨》《并头莲》《梨云劫》《滑稽魂》《姊妹花骨》《双鹃血》《孽海鸳鸯》《爱克司光录》《雏鸳影》《情错》《自由花范》《怪家庭》《情天孽镜》《秋水别传》《玉痕小史》《雪莲日记》《还娇记》《无可奈何》《众生相》《绿林怪杰》《近十年目睹之怪现状》《新广陵潮》《社会罪恶史》等。或谓《社会罪恶史》原名《京江潮》，系叶德身著，附君名。其盛誉可知也。曾一度入李石泉观察幕，当道如贵阳陈筱石、直隶高泽畬奇其才，争欲罗致幕下，辄婉言谢绝，以为一入政界，有如素质之衣，染成皂色，虽掬水洗濯，恐不能还其本来面目矣。张岱杉读其所撰《广陵潮》，有天才之目，致函聘之。君感其知己，奋然欲往，适阁潮掀起，未果行。而狄平子延君为《时报》编辑，君遂不北而南，任辑务约一年，又兼辑《小说时报》。既而归里，每日撰述一二小时外，以花鸟自娱，暇复静坐。笃于手足之谊，每夕必与其弟镜安谈笑二小时始寝。君死，镜安撰有《先兄涵秋事略》。

一三、恽铁樵

君讳树珏，别号冷风、焦木，武进人。于翻译小说，雅近琴南。常谓小说当郑重斟酌，使有永久之价值，故一时有大说之讥。民初主编《小说月报》，所为短篇小说别有结构，而句法历落有致，尤为可喜。有《妃坡小传》《无名女士》等作品。后隐于医，民十后卒。

一四、毕倚虹

一代隽才毕倚虹，卒于民国十五年五月十五日。君讳振达，字几庵，号倚虹，又署清波、娑婆生、春明逐客，苏之仪征人。髫龄侍父卜居西子湖上。民国肇造，来沪读书，入吴淞中国公学攻法政，讲师如张季鸾、黄季刚、康心孚辈极器重之。倚虹于学律之余，喜以诗文与海内外硕彦相质证。在公学中，联合诸学友，创刊《夏星》杂志、《学艺》杂志，开学府刊行杂志之先声。厥后识包天笑前辈，天笑奖掖推毂，绍介入《时报》馆，兼辑《小说时报》《妇女时报》，更创《小时报》。有署名小生、小可者，即天笑与君也，时天笑纂《小说大观》及《小说画报》。君撰短篇小说外，又著《十年回首》一书，此为君从事章回长篇之始。既而其尊人畏三先生管浙江官产处，招其归。君不得已乃赴杭，乃成《回忆词》百韵，哀艳传诵江国，叶小凤、姚鹓雏、苏曼殊皆有诗以张之。民九复来海上，时天笑组《中外新报》，复延君纂文艺副刊。厥后草《人间地狱》说部贻周瘦鹃，刊诸《申报·自由谈》，凡六十回。单本行世，袁寒云亟称之，谓："今世为小说家言者众矣，坊肆之间，汗牛充栋，其能与古人相颉颃者，鲜有见焉。昔予读春明逐客所撰之《十年回首》一书，辄叹为非近代所易有，而向往其人。后于海上与逐客以文字相过从，始知逐客即予十五年前故人毕遁盦先生之哲嗣，亲家方地山师之表甥，合肥李伯行太姻丈之外孙婿也。姻谊渊源，交益亲密。比者逐客又草两说部。一曰《人间地狱》，多述其经行事，间及交游嘉话，其结构衍叙，有《儒林外史》《品花宝鉴》《红楼梦》《花月痕》四书之长；一曰《黑暗上海》，则是海上近时之罪恶史也，可与李伯元之《官场现形记》、吴趼人之《二十年目睹之怪现状》并传，视之《十年回首》，益精健矣。"此外长篇遗著，尚有《未来之上海》《写意朋友》《苦恼家庭》《春江花月夜》《极乐世界》《新人间地狱》《红粉金戈记》《海上胭脂井》，大都未完篇，半途而废。说者谓其为早逝之征兆也。大东书局搜辑其短篇小说，刊印《毕倚虹说集》二册，凡二十四篇，中如《塔下》《北里婴儿》《不离婚的离婚》《吃人家饭的第一天》等，皆饶有意味之作。末附《十月姻缘记》，系记其亡妻汪琫琤事，哀感顽艳，尤令人不忍卒读。此外尚有《光绪宫词》《清宫谈旧录》《几庵绝句》《风筝楼随笔》。君辑《销魂词》，梓印极精。曩蒙见贶一帙，予迄今犹珍藏箧衍中。其他书札暨君遗照，俱为纪念品矣。予殊爱诵其小诗，清逸婉约，别有风格。其湖上词，予曾录存之，如云："四围暝色下平山，人影零星塔影闲。手拨枯枝说憔悴，斜阳无赖一低鬟。""相携一径入栖霞，眼底烟尘十万家。石上三生何处问，寒泉一盏紫云茶。""身世悠悠絮一团，与谁商略眼前欢。疏钟入水湖烟晚，人倚归船怯暮寒。""十月湖波浅且清，娉婷双鬟鉴分明。郎心莫漫如春水，划过兰桡碧浪生。""万千愁绪几丁宁，落日山腰一角亭。抛却心情望沧海，天风溟漠晚潮青。""落叶空山似雨声，银钗斜拔不胜情。山阿教刻孤生竹，惜取清游记小名。""若将旧事证前缘，问到神仙总可怜。拾得灵签一惆怅，如何消遣四三年。""短塔方塘住夕阳，凭阑纤手擘鱼粮。他生愿得如鱼乐，一世浮沉皱月廊。""湖莼过了已秋凋，楼外垂杨剩暮条。何惜樽前拼一醉，可堪酒醒问明朝。"

一五、林万里

万里讳獬，一署白水，闽人，佯狂玩世，善作灌夫骂座，卒被军阀张效坤所杀。生前藏有生春红砚，因以名斋，且辑有三日刊，亦以生春红名之。清光绪甲辰游沪，应友之请，创《中国白话报》，君乃署白话道人，社论外并撰长篇小说《玫瑰花》，又曾为商务印书馆编《少年丛书》。及项城当国，任参政院事。汪子健在京创《公言报》，招君为助，署名地雷者，即君之化名也。君嗜淡巴菰，吸之不去口，谓非此不足以佐文思也。君有妹宗素，亦为女杰。

一六、吕碧城

碧城女士字遁天，一署圣因，足迹遍天下，今春病逝于香岛。女士与乃姊美荪俱有清才，刊有《信芳集》，首列小影，作欧西装，风致娟然也。与费韦斋、樊云门常相唱和，云门赠诗有“十三娘与无双女，知是诗仙是剑仙”之句，其豪迈放诞可知。居海上同孚路，夷楼一角，位置井然，蓄犬一，女士琴书遣兴，犬即偎伏其旁，出入汽车代步，生活殊富赡焉。民国十四年，襟霞阁主撰一文，披露于某刊物上。女士认为影射彼名，诬辱其人格，乃诉之于法。襟霞阁主惧其扰，匿居吴中调丰巷，易名为沈亚公。女士更登报究探，谓如获其人，当以所藏慈禧太后亲笔花卉立幅一以为酬。襟霞阁主终日杜门不出，甚感闷损，遂草长篇小说《人海潮》一书，凡半年始竣。其时女士却不复措意于往事，一日钱须弥君晤之席间，遂以鲁仲连自任，纷难乃立解。女士常作欧西之行，谒纳尔逊像及巴黎拿破仑墓，荡桨瑞士之日内瓦湖，领略世界乐园之胜。又复驻足意大利，一吊罗马之夕阳。更赴美利坚，参观好兰坞诸明星如卓别林、罗克、贾克可根、范鹏克、范伦铁脑、爱琳立许、巴赖南格丽之宅墅。撰《鸿雪因缘》以记之。小说多短篇，散见各杂志。

一七、姚民哀

民哀讳肖尧，海虞人，著作等身，化名殊多，如天亶、花萼、小妖、老匏、乡下人等皆是。擅柳敬亭技，现身说法，则标名朱兰庵，与乃弟菊庵，俱以《六才子》一书享盛誉。其人侏儒而脚小，朋辈戏为撰一自挽联云：“脚小人小棺材小，名多友多著作多。”君一笑置之。彼喜为人取绰号，如张丹翁之张骨董，施济群之老板，范君博之小姐，姚苏凤之凤艳亲王，而予之补白大王，亦彼所戏取而开顽笑者也。忆事变前，星社同文宴集于某旅邸，君来访，盖彼此十年不见矣。烟桥乃一试其记忆力，请其遍呼在座诸社友名。君端详之余，遍呼无讹。既见予，惊予憔悴，慰藉者再。岂知即此一晤，后竟不复相见。而烽火硝烟中，君乃死于非命矣，惜哉！所著有《民哀说集》，乃小说霸王，又善作党会小说，允推独步，如《箬帽山王》《江湖豪侠传》《四海群龙记》《盐枭残杀记》，均刊有单本。

一八、徐枕亚

海虞二徐，即枕亚与乃兄天啸也。枕亚讳觉，别署东海三郎、青陵一蝶、泣珠生、眉子。曾主《民权报》笔政，是报重文艺，附刊极精彩，与《民立报》齐驱并驾。君撰一哀情长篇《玉梨魂》，排日刊载，一时读者咸表欢迎。刊竣，乃印为单本，不胫而走，销至数十万册，为近代小说未有之盛。既而《民权报》被袁政府所摧残，君脱离而与刘铁冷、吴绮缘、吴双热、沈东讷、胡仪郑诸子创《小说丛报》，月出一期。君乃托名发现《玉梨魂》主人何梦霞之亲笔日记，别撰《雪鸿泪史》，载《丛报》上，后亦出单本。时香港、新加坡等处，纷纷翻刻《玉梨魂》。君知而大愤，遂以《玉梨魂》一书为购《雪鸿泪史》之赠品，于是流传益广。嗣后又续草《双鬟记》《余之妻》《情海指南》《兰闺恨》《刻骨相思记》《让婿记》《秋之魂》，藉以扫愁。未几其夫人蔡蕊珠病殁沪寓，君神伤之余，成悼亡词百首，及《亡妻蕊珠事略》，并拟草《玉碎珠沉录》说部，未果。君设清华书局于交通路，发行《小说季报》，予常访谈。君喜藏扇，曾托予转丐亡师胡石予先生画梅，得之大喜，为予书琴条以为报，盖君固擅八法者。事变起，返虞郁郁死。与予往来书札颇多，予一一珍庋之。

一九、吴双热

双热与枕亚，在《民权报》为一时瑜亮。草《孽冤镜》及《兰娘哀史》，出版后，且有搬演之于红氍者。其他单本，有《蘸着些儿麻上来》《断肠花》《无边风月传》《孽冤镜别录》《鹃娘香史》《快活夫妻》《双热嚼墨》及《新嚼墨》。未完之长篇，则有《一〇八》《燕语》《香国春秋》等书。曾致予一长函，自述其梗概，有云："初能文，便喜专攻稗官家言。袖一手订之小册子入塾，胡诌于其上。数数为先君子见，辄遭呵责，抛掷册子于床顶。余伺其去也，梯而取之，胡诌其上一如初，久之渐成文。会吴下程瞻庐、杨寿人诸作家，有《吴声》期刊之作，寿人故诗文交，因索稿于余。余大喜，贡拙源源焉。此余以小说问世之嚆矢也。窃不自揣毛羽未丰，便欲翱翔，遽草写实短篇曰《哑教员》者，投刊上海《时报》，更草理想短篇曰《梦之小学》，投寄上海中华书局。由是益放胆为之，则撰零星谐著、长篇说部，络绎投刊于上海《民权报》而未尝索酬。而《民权报》主办者周少衡遽以函招，委编文艺，于是有长篇《兰娘哀史》暨《孽冤镜》之作。此予小说生活之发祥时代也。洎后益穷治之，以为行文之最有兴趣者莫若小说。迄今十数年，多所著述。虽博得微名，然未敢井蛙自大。年来脑力大减，殊不欲作，而苏沪港粤诸同文不我遐弃，索稿者殊络绎。顾我自以小说问世以来，靡论短长，太半为空中楼阁，愧非江郎，更当才尽。譬如一杂货铺，日惟出货而无来源，则乌能继其后乎？惟索稿者都是知音，谊不当却，不获已，勉为之，但构思良苦，当年以为最有兴趣者，今则反是。学子从余治小说家言者，数十人，然什九未入于室，不足充吾赝鼎也。内子瑶华，女弟子虞山邵志青，穗城梁翰飞，之三人者，斐然成章，然或关怀家政，或致力校课，不暇涉笔分我劳。儿子小热，校课繁，勤修且不遑，何暇旁顾？宜其于小说退避三舍，未能为我一臂之助也。以是今日之我，小说渐趋于暮景。每成一稿，辄觉无限艰辛。若复数年，或将退席于小说林中，藉资养息。否则或将如呕心长吉，促我年寿，皆意中事也。”君执教金陵正谊中学凡若干年，后卒于海虞。君生前曾贻予一小影，予迄今犹保存之，留为纪念矣。

二〇、俞天愤

天愤，海虞名士俞金门先生之哲嗣也，字采笙。居范公桥畔，虽妇女孺子，贩夫走卒，莫不知俞憨其人。盖君豪爽直道，遂负憨名也。喜治稗史，与徐枕亚为葭莩亲，所作辄交枕亚披露于《小说丛报》。刊成单本者，有《薄命碑》《中国侦探案》二书。《丛报》停版，君撰兴未已。诸新探案，揭载于《红玫瑰》中。其探案附有照片，乃雇人扮演为之，尤属别开生面。金门先生逝世，遗嘱弗浪费笔墨为小说家言，遂不再为下车之冯妇。性耽禅悦，以梵呗自遣。著有《呻吟集》，阐发佛音，妙具至理，洵学佛有得之言。君能作山水，定有怕人山水之润例。后专绘古松，胸中灵气，蟠结生云，意境之佳，异于寻常丹青。且一门风雅，无不娴吟咏事，曾有海虞俞氏丽红社之组织。其夫人姚鸿茝女史，诗才尤清绝。君没世已有年。

二一、洪佛矢

慈溪洪佛矢草小说皆短篇，其佳妙处洒然如飘玉雪，灿然似茁奇葩。又如与晋唐人接席倾谈，无些子俗容世态也。与山阴蒋箸超善，箸超辑《民权素》，君以《碧儿》《酒徒郑一》《刘侩之女》《莽和尚之姊》诸篇刊布其间，尤以《莽和尚之姊》尤饶别致，盖一佛学小说也，中多隽语，如云：“以色观，有佛有姊；以空观，无佛无姊。若论心同理同，吾姊即佛，佛即吾姊。”又云：“月光自帘下适映其面，慧光焕发，如画中人。凡美人之美，得月影照之，则动人益易。而羁客孤怀，雅人情兴，其在月夕，则自然感发。”又云：“天下之事，看得破，方把得住。徒以念佛澄心，以为对治之法，是以药治药，药去而病旋生。假借他力，有时堕落。苟知人我皆空，色相俱幻，则西施南威，亦泡影耳，何遽自碍菩提？”又云：“人之处此世间，其所以自恃者，必有超出寻常人之好之外者。此心所注，自往自来，不为区区外物所束缚，而后其人内足以自信于心，外足以见信于物。”以上所语，非食人间烟火者所能道也。君草小说，常以天醉、惨佛为笔名。又有《醉余随笔》，逐期载之《民权素》。箸超嘱予仿其体例以为之，遂成《慧心集》数百则。然嫫母与西子比肩，媸妍自判，殊愧恧也。君死，未知曾将遗著裒集刊存否耳！

二二、胡寄尘

作短篇小说，以一二千言状社会人物尽其致，读之舒畅纡徐，不觉其急促者，斯为难能。然此中有圣手焉，曰胡君寄尘是。君字怀琛，泾县人，名列南社籍中。治古文辞，而于老庄释道之书，无所不窥其奥。故其为小说也，往往有玄机禅理之发挥，尤善为滑稽之文，西贤萧伯讷之所谓幽默者。有季常癖，面留爪痕，友辈见而讶询之，辄曰：“予爱狸奴，为所抓耳。”或谓君匿情侣，被夫人诇悉，所以施其阃威也。其然与否，则不得而知之矣。生平著作，凡数十种，如《小说革命军》《最短之短篇小说》《寄尘杂著丛存》《滑稽谈话会》《黛痕剑影录》《蕙娘小传》《弱女飘零记》《虞初近志》《胡寄尘说集》《胡寄尘近作小说集》。自谓作小说垂二十年，短篇约六百种，亦云伟已。其他尚有《中国诗学通评》《中国文学通评》《修辞学要略》，多有功国故之作。服务商务印刷馆编译所有年，曾继叶劲风后辑《小说世界》，冶新旧于一炉，颇获社会佳誉。朴庵，君之长兄也，长苏省民政厅，显赫一时，奔走干禄者众，而君仍事故纸堆生活，不求仕进，其淡泊有如此，人咸多之。其死，在事变后一年。

二三、程善之

善之，皖之歙县人，为南社巨子，擅稗官家言。论者谓琴南翁下，罕与抗手。后结束风华，皈依禅悦，乃慎守绮语之戒，不再撰著小说矣。曾刊有《骈枝余话》《倦云忆语》《小说丛刊》三书。《余话》如《樱儿》《醉乡亭长》《鸥波》《爪哇客》《归云》等篇，《忆语》如《趋庭》《坠欢》《师友》《梦幻》等，《丛刊》如《懊侬》《玉犀囊》《健儿语》《疑雨疑云记》等，均属精心作品，为社会人士所传诵。且有鉴于秦汉以前《周礼·考工记》《黄帝内经》《墨子·备城门》《吕览·上农》诸篇，以及散见于《管子》《孙子》上者，颇多以美术之文言科学，汉以后，科学衰歇，文实分途，于是文学乃大逊于曩日，因本此旨，拟成《说枪》《说炮》及《锡兰茶园记》共三篇，诵者无不称赏。书法古逸，但彼自视以为陋拙。柳亚子倩之题《分湖旧隐图》，填成词一阕，托其友朴人代笔一书。然亚子不惬意，必请其亲笔一挥。善之不得已，只得亲自挥毫，自称生平拙于艺事，字尤拙中之拙。春蚓秋蛇，盖已断已蛰者，虽纠纷欹戾之生态，亦不可得，一笔一悚惶也。其谦抑有如此。去岁客死毗陵，所遗诗文，不知有人代为搜辑否。殊可念也。

二四、何诹

吾友张慧剑于说林诸贤，颇钦佩何诹之为文，其杂记中曾述及之云："著《碎琴楼》说部之何诹，系广西兴业人。宣统年间，以获拔贡须进京，而苦资斧不足，乃奋笔成《碎琴楼》一书，售之上海商务印书馆，得八十金以壮行色。商务刊其稿于《东方杂志》，文名大噪。予髫年爱读此书，尝譬谓林琴南先生所译之小说，为鹿脯蟹胥，而何氏此作，则为清熇鲫汤，虽系人人家中可备之馔，第其味美于回，以视鹿脯蟹胥，殊未有逊也。何氏一生蹭蹬，当以在广东高等审判厅任推事时为较得意之时代。其后以候补县知事在省垣听鼓，日趋冷衙，几无以自赡。旋李耀汉畀以收呈委员一职，月薪仅六十圆，何氏亦颇能安之。何之名士气颇十足，酒与色，皆所爱好。因《碎琴楼》之声名洋溢，为世所重也，遂亦常为文字，向各报求售，蕲多得缠头沽醉之钱。顾其所发表者，多在粤中，沪上出版物罕见其作品。后何一变而致力于吟咏，小说之道遂废。传其在粤高等厅任推事时，悦某旅舍主人之女，欲纳之，而旅舍主人侦悉其已婚，不愿使爱女作人小妇，力持不可。

何大沮丧，即作《珠江待月词》二十首，以抒其愤郁。词极哀艳，传诵一时。有女诗人某，欲与论婚，旋亦察觉其有妇，遂悔约焉。”君囊与何一雁通函，蒙一雁以原函寄示，述其撰稿事，洵说林珍讯也。如云：“月来赶著小说，久未暇奉讯起居，甚罪。现著社会小说《钱革命》一种，计三十万言，已于前日寄上海商务馆。以弟私心自问，此书实远在《碎琴楼》之上。但恐篇幅太长，该馆或不乐于购入耳。旬日来除《钱革命》外，又著《鳖营长》《残蝉魂影》二种，各三万余言。此外陆续编著，尚有《妾薄命》《苍梧怨》《飞丐》《狗之革命运动》《鬼世界》《红袖怀恩记》《秋影楼魂归记》《大铁椎前后传》诸种。深望吾兄之自印托卖试验不至失败，藉可次第印行。日人《不如归》，区区一短簿册子，赢金乃至数万。此虽未可援以为例，然依五五折计算，但使能销千部，已不至吃亏。而况手续完成，悉心经画，断不至仅销千部之理。然以侨务印刷部之组织观之，则已是大印刷而非小印刷矣。《碎琴楼》旧作，原属美人香草，有托而言，自商务馆误会序中之意，擅将著者著字抹去，易以编纂二字，遂令全书原意无由自明，深恨其为点金成铁手段。吾兄题作，独能深得我心，至可感也。历读吾兄《乙卯醉作》诸章，辄慨然有倡予和汝之志。风尘鞅掌之中，觉此成屋牢骚，满怀肮脏，不知何日始得与吾兄顷筐倒箧扬榷之也。‘猛虎方食人，大豹亦啮骨。中原积寒雨，荆棘龙蛇窟。悄悄霓裳衣，窥云怯不出。明妆唤玉兔，捣药待朝日。’此弟日者《中秋》诸章之一也。硕鼠硕鼠，莫我肯劳，万转千回，觉剩此笔墨生涯，尚是干净茶饭。久思卓锡京师，营业一种最新式之丛报，或致趣短小新闻，期与当世士夫商量胸臆。而蹉跎蹉跎，至今尚在经营犹豫之中，行期迄未能自定也。”予亦爱读《碎琴楼》说部，曾与友人谈及，并念何诹不知寄迹何处。友曰：“何诹已于数年前物故矣。”

二五、沈东讷

东讷，云间人，著有《三白桃传》，全书凡十章，一拒桃，二逅艳，三避乱，四狂士，五遭劫，六争婚，七庵会，八上书，九封庵，十鹃化。所谓“三白桃”者，乃纪洪杨时代之三女子，曰万白桃，曰张白桃，曰白桃婢。孙竹汀有《白桃记》杂剧，而言之不详。东讷乃搜罗诸家笔记，纂衍为之。书中三女子不但命名同，且其遭际同，其害于才，误于色，卒之困于情而坎坷以终其身，亦无不同。而东讷以悱恻哀艳之笔写之，读之自觉有声有色。曩年予因稿事致书徐枕亚，适枕亚返海虞，东讷乃代答。盖东讷与枕亚同辑《小说丛报》也。此为予与东讷通讯之始。东讷曾掌教徐汇中学，及予承乏徐汇，东讷已辞去，不数年即逝世，颇以未得把晤为憾。

二六、黄南丁

星社友有所谓黄氏三凤者，若玄、南丁、转陶也。南丁行二，善小说家言，著有《杨乃武与小白菜》及《续啼笑因缘》。予辑《金刚钻报》，君撰《腥风录》以见贻。《腥风录》者，关于蛇之故事，写来诡奇曲折，深得读者之欢迎。惜乎君染阿芙蓉癖殊深，困于黑籍，不克自拔，致潦倒以死。君与尤半狂尤为莫逆，居于尤处有年。说者谓半狂有广厦庇士之风。

二七、朱鸳雏

当民初之际，云间朱鸳雏善作林派小说，驰誉大江南北。长篇有《痴凤血》《玉楼蛛网》《桃李因缘》等数种。惜多才不寿，年只二十余，病肺死。周瘦鹃搜罗其短篇遗作《怨始记》《碎窗记》《投荒记》《拾遗记》《珰札记》《尽心记》《汉水记》《芳时记》《感逝记》《病因记》《卧雪记》《天刑记》等，辑为《红蚕茧集》，并附遗诗于其后。闻徐子碧波尚剪存《申报·自由谈》所刊其遗著多篇，为《红蚕茧集》所未采者。又某君辑有《朱鸳雏遗著》一书，由中西书局出版。又鸳雏生前极贫困，常依襟霞阁主。襟霞知鸳雏事最详，故其所著《人海潮》中，关于鸳雏叙述甚多也。鸳雏与姚鹓雏曾合刊《二雏余墨》。入南社，以唐宋诗派之争，与柳亚子大开笔战。亚子愤而开除其社籍，旋即悔之，闻鸳雏死，为之哀悼不置，且愿斥资助葬也。

二八、蒋箸超

山阴蒋箸超与乃弟昂孙，于民元之际颇著声誉。曾一度主《民权报》笔政，既而《民权报》以反对帝制，为袁项城所摧残。箸超别刊《民权素》杂志，凡十有七集，以费绌而止。予撰稿《民权报》及《民权素》，因与结文字因缘焉。其著作有《儿女金鉴录》《琵琶泪》及与徐吁公合撰之《蝶花劫》，又有《蔽庐非诗话》，尤多诙谐之什。家遭祝融之厄，早年著述，付诸一炬。晚岁执教沪上诸中学，吾友陈灵犀曾沐其教泽也。性耽曲糵，所获辄付酒家。家有一妻一妾，复不事生产，故常处窘乡。善书法，惜予当时未之求。自归道山，欲求之而无从，只留简札二三通，作为纪念而已。

二九、张春帆

凡读《九尾龟》者，莫不慕章秋谷其人。章秋谷者，乃著者张春帆之夫子自道也。春帆别署漱六山房，江苏武进人。《九尾龟》初集出版，在晚清光宣之间，比及二十四集完成。刊行专本，则在民国四年。当时袁寒云品评说部，谓："巨作之中，能无支无蔓者，前以李伯元、吴趼人称野史之雄，后则李涵秋、张春帆负谲谏之望。"其推崇有如此。其他长篇，尚有《政海》《魔海》《情网球》《嵩山球叟》《烟花女侠》《反倭袍》《摩登嫱女》《情毒》诸书。侨居吴下娄门，予得亲其教益自此始。厥后移家沪上云南路，与步林屋比邻居，予亦就食申江，又复不时进谒，深蒙不弃，奖勉有加。予刊行《逸梅小品》，春帆以弁言见贻，谓："逸梅有补白大王之号，文坛驰骋，久已名盛一时，尤擅长于小品文字，摛华抒藻，结构谨严，而恂恂儒雅，气温而润，神粹而清，无时下少年俯视风云高瞻山海之习。是诚文艺界之模范人物也。"拙陋如予，殊愧不敢当也。晚年任某银行秘书，藉以糊口。民国二十年左右卒，迄今墓木已拱矣。

三〇、章太炎

国学大师章太炎，讳炳麟，余杭人。以治《左氏春秋》见知于两湖总督张之洞，既而主《昌言报》撰述，清廷下令通缉，避难台湾。已亥游日，识孙总理，与谈革命，相得甚欢。庚子返沪，去辫发，以示决绝。又遭清廷所忌，乃托庇于教会所设之东吴大学。民国成立，袁世凯聘为高等顾问。袁盗国，太炎撰文讽之，被囚。袁死，黎黄陂释之南归，并书“东南朴学”四字赠之。二十五年六月初卒于吴中，年六十九。

三一、马相伯

举世有人瑞之称之马相伯，讳良，丹阳人。前清举人，历任江苏都督府外交司长、政务长，上海复旦公学监督，北京大学校长。门弟子遍天下，蔡孑民尤为其高足。著有《致知浅说》等书，笃信天主教。晚岁息影沪西徐家汇之土山湾。事变起，避乱内地，起居失调，旋病殁，年一百有二岁。

三二、太虚法师

太虚法师，俗姓吕，浙江崇德人。弱冠出家，习禅律于八指头陀水月阇黎，并研究哲学文学。继又受孙总理、章太炎、梁启超、严又陵、吴稚晖新学说之影响，革新佛教，有新僧运动之举行。曾赴美、英、比、法、荷、德、印度、缅甸等国，宣扬佛法，为中国传佛教于欧美之第一人，任世界佛学苑苑长。胜利后来申，卓锡玉佛寺。患脑溢血，民国二十六年圆寂。

三三、步林屋

林屋山人，步姓，讳翔芬，字章五，河南杞县人。光绪丁酉拔贡，入袁项城幕，与项城次子寒云谱金兰，情逾缟纻。善医，尝以奇方愈冯河间夫人疾，名动辇毂。既而游海上，主持报坛，喜评章戏剧，一时红坤伶纷纷拜之为师，义女多至一百数十人。民国二十二年九月一日卒于海上，年六十。著有《林屋山人集》。

三四、毕倚虹

毕倚虹，讳振达，字几庵，别署清波、春明逐客，仪征人。髫龄侍父畏三宦湘中，年十五，走京师，官兵部郎中。喜与名士游。归安沈侍郎为之延誉公卿间，奏驻爪哇泗水领事馆。中国在爪哇初无领事，倚虹其首任也。行李戒途，抵沪而武昌事起，遂罢南行。民五，狄平子延主《时报》笔政，撰《十年回首》一书，后又撰《人间地狱》，刊载《申报》，袁寒云誉为兼《儒林外史》《品花宝鉴》《红楼梦》《花月痕》四书之长。以用脑过度，加以家变，抑郁死。

三五、骆亮公

蜀中名士骆亮公，一作亮工。性豪爽，娴将略，而不求闻达。吴禄贞将军礼聘之，参戎幕有年，甚为倚重。善书，以篆隶之笔作真草，古茂遒劲，奇逸横生，郁勃纵横，兼而有之。吴昌硕为订润例，名噪海上。嗜酒狂饮，酒后辄作灌夫骂座，事变前死。

三六、程瑶笙

翎毛第一作家程瑶笙，讳璋，泰兴人。历主苏沪各学校博物图画讲习。在中国公学时曾与宋渔夫同事，当今文学博士胡适之亦尝沐其春风之化者也。画尤名重艺林，晚年病目，画更珍贵，人遂纷纷以赝鼎博高价。先生知之，付诸一笑而已。卒于沪上，年六十八。死之日，适为其生日。人咸奇之。

三七、潘兰史

番禺潘兰史，字飞声，别署水晶庵道士。能文章，工诗词，与唐薇卿、黄公度、丘菽园为友。尝游欧洲大陆，名震彼邦。晚岁鬻文海上，颜所赁庑曰蓊淞阁。殁于甲戌二月廿六日。其弟子谭和庵为之辑刊《说剑堂集》二册。兰史尝受业于叶南雪，南雪即称赏，谓可大成。南雪者，遐庵之先德也，故与遐庵尤为莫逆云。

三八、顾悼秋

南社词人顾悼秋，别署飞燕旧主。善饮，与柳亚子、王大觉辈组织酒社，自称神州酒帝。作书娟秀如出女子手笔，镌一印曰“词人半是倡家女”，其风趣如此。殁于吴江梨花里，著述散佚未刊。

三九、天虚我生

天虚我生为余杭陈蝶仙之别署，为海上“国魂九子”之一。早岁风流自喜，著《新疑雨集》，自比金坛王次回。主持《申报·自由谈》及《常识》有年。著有《泪珠缘》《栩园诗剩》《香雪楼词》。其子小蝶，女翠，均以诗词鸣。一门风雅，人咸羡之。

四〇、吴双热

说界名宿吴双热，民初主《民权报》笔政，以滑稽小品蜚声艺苑。撰《孽冤镜》长篇说部，以享名之盛，乃搬上红氍，为一时杰构，又《兰娘哀史》《断肠花》《无边风月传》《快活夫妻》《花开花落》《香国春秋》《燕语》等作。病殁海虞，戴季陶得耗大恸。盖季陶与之为《民权》同事，甚相得也。讳恤。

四一、王一亭

王一亭，别署白龙山人，于抗战时期，忧伤国事而死，年七十有二。晚岁居沪南乔家浜之梓园。园为郁氏宜园旧址，水木明瑟，有城市山林之致。一亭擅书法，由颜鲁公而参以米蔡，矫健雄浑，兼擅其胜，喜作擘窠大字，浙东西名刹，题榜殆遍。又工绘事，与任伯年、胡公寿、蒲作英、吴昌硕、虚谷往还论艺，兴酣落笔，日尽数十纸，得者宝之。卒谥勤达公。

四二、吴昌硕

一月安东令吴昌硕，享盛誉于民初，作画墨渖淋漓，元气磅礴，别成一派，以从之者众，成为一时风尚。扶桑人士，尤慕其艺。故其作品，以流播三岛者为多。擅写钟鼎石鼓，又工铁笔，晚年惮为之，署名苦铁。从书法悟画理，所作如牡丹紫藤枇杷荔枝，一时有神品之号。年八十余卒。别署老否，又署大聋。

四三、叶柏皋

太史叶柏皋，为党国元老于右任之师，浙江杭县人。督甘肃学政，旋任云南提学使。辛亥鼎革，怀学署存款巨万亲交军政府，被缚，众殴之，几死，遇救得免。晚年在申，贫至不能给朝夕，乃鬻书以疗饥，流传甚多。

四四、袁寒云

自称陈思王再世之袁寒云，讳克文，字豹岑，一作抱存，项城之次子也。名士气重，不事生产，而缠绵抒情，哀怨骚屑，流露于行间字里。著有《洹上私乘》《辛丙秘苑》《寒云诗集》《寒云说集》等书。居海上，尝粉墨登场，演《惨睹》《审头刺汤》等剧，以所得资赈灾黎。书法奇逸，具魏晋唐宋之风流，间或画松若梅，亦有致。卒年四十有三。

四五、马孟容

书画传家二百年之永嘉马氏，孟容与公愚，人咸比诸云间二陆。孟容曾从汪香泉游，有出蓝之誉，且花卉错综变化，别具面目，折衷于南田之象真，复堂之神韵，为一时杰出。创有中国文艺学院，造就甚众。病腹疼，误于庸医，一代艺人，遽尔千古，惜哉！

四六、杨守敬

杨守敬，字惺吾，鄂之宜都人。治金石之学，曾随何如璋侍读出使日本，日游市上，物色古书，凡版已毁者悉购之。明年，黎庶昌接任公使，见守敬日本访书缘故，谋刻《古逸丛书》，凡二百卷，供献极大。著有《明晦轩诗文稿》。别号邻苏老人，以尝在黄州筑邻苏园也。

四七、李慈铭

李慈铭，字悉伯，号莼客，浙江会稽人。官山西道监察御史。甲午中日战起，感伤过甚，遂卒于官。工诗及骈文，与王湘绮齐名。刻有《湖塘林馆骈体文钞》《白华绛柎阁诗集》《越缦堂日记》，风流文采，照映一时。

四八、梁启超

新会梁启超，字卓如，从康南海游，与谭嗣同等谋变法，嗣同等被害，启超亡命日本，创《新民丛报》，学子思潮为之丕变。返国后，讲学各大学。著述丰富，刊有《饮冰室全集》。民国十八年卒，年五十六，遗命葬翠微山麓。

四九、陆士谔

青浦陆士谔，讳守先，说林耆宿，所著长篇小说凡数十种，熟于清代掌故，笔墨生动，具龙骧虎跃之概。其续《孽海花》也，尚在燕谷老人张璚隐之前。精岐黄术，晚年著医书之夥，亦不亚于说部。曾主编《基本医书集成》，供献尤大。妹灵素，嫁江南刘三。士谔治刘三病愈，刘三乃以所蓄苏曼殊遗画赠之，传为艺苑佳话。三十三年一月十九日卒，年六十有六。

五〇、高奇峰

番禺高奇峰，卒于民国二十二年十一月二日，海内艺术界多为惋惜。当时刊有《荣哀录》以纪念之。君讳嵡，少孤笃学。年十三，随兄剑父游扶桑，研究艺术。会国父在日倡民族大义，君闻而倾心，遂入同盟会。二十，以国事归，有所策划。常于密室满储炸弹，而酣寝其上数日夕，同人皆慑服焉。共和告成，萧然物外，不问政治，益肆力于丹青，营审美书馆于上海棋盘街，发行《真相画报》。民十四，岭南大学聘为美学教授，并赠地以资筑室，优礼有如此，向所未有也。以肺疾死，年四十有五。

五一、沈心海

沈心海，讳兆涵，号知还轩主。从钱吉生游，得其神髓，人物尤为特擅。享盛名数十年，寿至耄耋。居沪南西仓桥头，喜栽花木，屋后有园，芳菲不断。绘画之余，辄徘徊于其间，挹翠吟红，以为乐事。今长虹社之耆旧也。

五二、叶楚伧

吴县叶楚伧，原名宗源，字卓书，更名叶，别署小凤，南社巨子也。笔墨雄奇恣肆，主《民立报》有年。著有《古戍寒笳记》《如此京华》等说部，苍凉激楚，似闻易水之歌。又《金昌三月记》，则侧帽吴门，风华绝代，别有一种趣致，《板桥杂记》《秦淮画舫录》不啻也。既而从政，文事遂废，殊可惜也。

五三、许景澄

许景澄，嘉兴人，字竹筠。官编修，工骈文，尤研究经世之学，曾出使俄、法、德、意、奥、荷各国。返国后，官吏部侍郎，兼外交事务。拳乱作，与袁昶联名极谏，忤孝钦后被诛，追谥文肃。有《外国师船图表》《光绪勘定西北边界俄文译汉图例言》《西北边界地名译汉考证》《奏疏录存》《出使函稿》。

五四、陈鹤柴

鹤柴翁，讳诗，字子言，安徽庐江人。辑《皖雅》，著《尊瓠室诗》及《尊瓠室诗话》。与陈石遗殊友善，石遗谓子言平生无他嗜好，惟敝精力于诗，攒眉苦吟，殆贾岛、周朴之流亚也。见人意极亲昵，而口吃不能出一辞，所知无不爱好之者。俞觚庵与交尤挚，提学甘肃，独邀作万里游，穷边唱和，古今亦罕有其匹矣。

五五、徐识耜

徐识耜，字丹甫，皖之歙县人，名士铁生观察之孙。工诗文，精隶楷，善画梅，有祖风，侨沪教授数十年，其诗文曰《芳蠲心室集》。年八十余，腰脚犹健，拾级登楼，不喘不汗。自谓其家歙县南乡柘林村，与黄山密迩，得山林之气为多云。

五六、孙漱石

孙玉声，讳家振，以字行，别署海上漱石生。著说部数十种，尤以《海上繁华梦》为最脍炙人口。又有《退醒庐笔记》《上海沿革考》《沪壖话旧录》。亦工诗，鸣社祭酒，早岁主《新闻报》笔政。

五七、姚劲秋

姚洪淦，字涤源，一字劲秋，又号心僧，吴兴人。清光绪辛卯举人。著有《劲秋诗稿》，为鸣社巨子。喜遨游，足迹遍东南名胜。

五八、朱古微

近世谈词学，无不推崇朱古微。古微讳祖谋，原名孝臧，号沤尹。世居浙江归安之上强山麓。自号上强村民，因题其词曰《强村词》。

少时随宦河南，遇王鹏运，鹏运视为畏友。然古微之词学，实受之鹏运者为多。古微以光绪九年二甲第一名进士，累官礼部侍郎。民国六年，校刻唐五代宋金元词总集四种，别集一百六十八家，名曰《强村丛书》。

五九、况蕙风

临桂况周颐，夔笙其字。官内阁中书，王鹏运以目空一世之况舍人称之。曾参两江总督端方幕府，端方藏碑版甲于海内，辄属蕙风定之。而所自喜者尤在词，尝谓世界无事无物不可入词，但在予能自运其笔，便宛转如意耳！所著曰《第一生修梅花馆词》《二云词》《香樱词》《蕙风词》《香海棠馆词话》《餐樱庑随笔》。

六〇、梁节庵

梁鼎芬，字心海，广东番禺人。少入词林，言事镌级。又避地读书焦山海西庵，肆力为诗，时窥中晚唐南北宋诸名家堂奥。又工书。

六一、曾农髯

艺术界有曾李同门会，盖曾农髯与李梅庵，同以书法称雄也。农髯书法，得《张黑女》神髓，晚年间写枯木竹石，颇有逸趣，当时士大夫争相推崇，砚田所入，甚为丰赡。后患肝病死于海上。

六二、哈少甫

回教人士，有以金石书画名闻大江南北者，当推观津老人哈少甫。治骨董于海上，操其奇赢。所藏以宋赵忠毅铁砚、苏文忠铁如意为两大瑰宝，因以名斋，兼署其庐，且复图像出之。民国廿三年九月二十六日以胃疾卒。

六三、张季直

张季直，讳謇，号啬公，南通殿撰，渊懿简素，有旷世之度。通籍后无意华膴，专于实业，恳恳不懈。以文章书法鸣于世。论者谓其诗雄放峭峻，肖其为人。书神似刘石庵，惟惮于酬应，往往倩费师洪、曹舜卿代书之。盖二人皆其座上客也。

六四、徐志摩

曩有玄想诗人之号之徐志摩，初游梁任公之门，自北大卒业后，留学英伦，后又从诗哲太戈儿游。著有《翡冷翠的一夜》《巴黎的鳞爪》《猛虎集》等书。有谓其所作，形式之美，往往超过内容，遂不免薄弱无力。于民国二十年冬，由沪返平飞机堕死。夫人陆小曼，能画。

六五、胡寄尘

从事旧文艺而具新头脑者，当推泾县胡寄尘，讳怀琛，任六大学教授，犹能贾其余勇，作诗，写小说杂作，以应各刊物之征求。曾撰新派诗，曰《大江集》。病胡适之新诗之多疵，贸然改之。尝与姚鹓雏同居沪上西门白云观附近，故鹓雏诗有"两家清绝白云边"之句。与人论文，谓天下文章，上焉者在名山大川之间，其次在蔓草荒烟之里，乐者在园林歌舞之中，哀者在琐尾流离之际。其兄朴庵官江苏民政厅厅长，彼仍以笔耕舌耨为生，不作干禄求爵想，人以是高之。年五十二卒。哲嗣道静，箕裘克绍，任《正言报》编辑。

六六、胡朴庵

南社耆宿胡朴庵，讳韫玉，为幕友，为记者，为教授，为显宦，始终保持其俭素之风，尤为难得。尝谓中国一千人中，五百人吃饭不做事，四百九十九人为吃饭而做事，不知可有一人为做事而吃饭。吃饭不做事者，倚赖人为生活，禽兽不若也；为吃饭而做事者，禽兽以爪牙觅食，人以知识觅食，觅食之方法不同，而其觅食则一，禽兽类也；为做事而吃饭者，具有人格，出于禽兽之上，始得谓之人。闻者悚然。晚年辟菟裘于胶州路，颜曰安居，盖朴庵亦作朴安也。既而患半身不遂，然犹倔强著书，号半边翁。客岁逝世，文友为开追悼会于静安寺，予亦参与焉。

六七、刘山农

若干年前，海上市榜大都出于天台山农手笔。于是天台山农之名，几乎妇孺皆知。然能举其真姓名为刘介玉者殊鲜。山农曾参戎幕，有胆识，善著诙谐玩世之文，与袁寒云结金兰契。晚年种橘于乡，市间所谓天台蜜橘，山农所手植也。朱大可、其石贤昆仲为其甥。

六八、沈淇泉

淇泉讳卫，浙江嘉兴人。翰林院编修，出督陕西学政，于右任举孝廉，即其时所得士也。曾创宏道大学，罗致中外新书，纂为提要，授诸生。三辅风气，为之开化。去之日，父老士女，攀辕遮道，倾城空巷而来，有送至百里外，而犹不忍离者。入民国，为国史馆编纂。晚岁鬻字疗饥，困居沪上，抗战期中去世。

六九、王鹗士

王鹗士讳泰，字欢农，别署鸦江岳峙生，又署巢云楼主，太仓之鸦江人。诗得放翁法乳，画宗南田，书有梦楼家法，人皆以郑虔三绝称之。平居足不出户庭，书一函，茗一瓯，婆娑啸傲，自得其乐。而神交遍海内，唱和不断绝。民国十七年八月卒，年六十。著有《巢云楼诗稿》《巢云楼画粹》，由其后人保存，将谋付梓。

七〇、孙次青

孙奇，字次青，别署世上余人，皖之黟县人。擅吟咏，驰骋于南北各吟社中。诗宗义山，明畅处又似香山。词则学辛柳，尝与鸦江王鹗士、娄江许瘦蝶称“岁寒三友”。民国十二年八月卒，年六十，著有《余人诗词稿》待梓。

七一、王树枏

新城王树枏，字晋卿，光绪丙戌进士。初善骈偶之文，后屏弃之，浸淫于两汉，而出入于昌黎半山之间，刊有《陶庐文集》九卷。桐城吴汝纶、武昌张裕钊引为畏友。喜藏碑，不喜藏帖，以碑足以备经史考证也。所收唐以上碑至数千种，蔚为大观。其他著述，尚有《希腊春秋》《欧洲列国》《战事本末》《海国君鉴》《文莫室诗》。北方之学者，推为泰斗云。

七二、谢公展

谢公展与其弟介子，人以云间二陆比之。介子工诗，公展则擅绘事，尤善画菊，珉枝金萼，翠叶红芒，秀色清姿，活跃纸上，一时有谢家菊之号。曾与诸书画友结秋英社于海上。某岁，公展为东道主，邀诸社友同游梁溪，合作《五湖秋泛图》，为艺林添一韵事。

七三、赵半跛

汉阳赵种青，周历三江五湖，晚年足不良于行，遂以半跛自号。曾参军幕，任榷政，有廉声。年六十，手编所为诗，刊《藤雪楼诗钞》。散原老人谓其气脉清空，才思宕逸，不斤斤雕琢，笔势控纵舒卷，有飘云在霄之观。上探白苏，近挹袁赵，而自成机杼。又擅写花卉草虫，取青藤雪个之法，而神化之，刊《藤雪画册》。

七四、郑苏戡

闽侯郑苏戡，虽晚节不终，然以诗论，固一代宗匠焉。其为诗，一成则不改，与陈石遗书云：“骨头有生所具，任其支离突兀也。”刊有

《海藏楼诗》。自负经世之略，好奇计，抵掌谈兵。清季，尝以道员赏四品京堂，率湖北武建军，督办广西龙州边防，颇自意得，谓何意以诗人而为边帅。七十九岁卒。

七五、陈伽盦

亡师陈伽盦讳摩，从陆廉夫游，有出蓝之誉。鬻画吴中，山水人物，虫鱼鸟兽，无所不能。花卉轻倩秀逸，不摹本，不临稿，随笔所至，自有韵致。求其法绘者，户限为穿。广交游，朋侣趋谈，往往误其画晷，不得已，乃挟画具，逃往沧浪亭，调铅杀粉，埋头从事。及日落崦嵫，始施施而归，并家人亦不知其所自来也。与樊少云、管一得、顾墨彝辈创冷红画会。晚年喜蓄石，有牛奇章风。

七六、孙东吴

孙东吴，吴人也，别署东吴旧孙。主持《申报》笔政，与陈景韩、金剑花，俱为是报耆旧。撰社论洋洋洒洒，倚马可待。晚年多病，抗战军兴，失于调养死。

题蕉庐漫笔[①]

陈涵度

一

姚惜抱行书，于清人中最为雅驯，盖亦学问书卷胜也。以余所见，桐城叶浦荪丈旧藏一册子最精，写明人绝句，字大寸余，结体疏朗，而恬雅之味，如醴泉芝草。浦荪丈评惜抱书，谓有山林气，信然。

二

高僧弘一法师，专研律乘，苦行坚卓，夙负书名，覃精北碑，笔意恣肆，风骨凛然。皈依佛氏后，意境一变，出以自然，淡而弥隽，盖造诣益深矣。敝斋所藏，写《华严经》句横幅为最精，雍容静穆，真不食人间烟火者。所致繇居士手札一通，书文皆高简。又篆书“莲栖”横额，亦有古趣。袁仲濂居士谓师早岁兼工小楷，入晋唐之室，恨余未尝见也。

---

① 原载《永安月刊》1942 年第 37、39、41、43 期，1943 年第 47—49、53、54 期，1946 年第 83—85 期。其中二〇至二四条原统题为“清娱室漫笔”，四二、四三条统题为“题蕉庐漫墨”，四七至四九条原统题为“信笔所之”，以内容相类，一并录之。

三

余杭褚礼堂丈，今岁七秩矣，神明湛然，发未华巅，故旧后进群请觞，丈固辞，乃已。余夙承丈奖借，既不获称祝，因赠以拙句云："褚公食古饱碑版，卧起一楼慵把盏。偶寄幽情写老梅，高花难入时人眼。"丈工汉隶，精金石考订之学，署其居曰食古堂，藏金石碑版极富，兼善墨梅，意近巢林，间舒幽抱而已。

四

武林许月旦丈，早岁以名孝廉官粤中。鼎革后，栖迟海上，以讲学鬻文自给。年登大耋，明神不衰，杖履矍铄，优游自得。工骈体，高华典赡，溯源六朝。诗雅有唐音，清丽处尤近玉溪。构思极捷，卮言日出，鸣社推为祭酒。近作《岁暮书怀》八绝，朋旧同社和者甚众，汇为一集，如笙镛杂奏，听者忘倦。余于诗稍闻诸名宿绪论，然枯肠蹇涩，艰于酬和，即作亦鲜能自惬，蒙丈奖借，弥增惭汗，若勉应之，恐徒费词耳。转以藏拙为得，惟洛佳章，回环再四，敢涤笔记其景仰。

五

林琴南先生纾，古文辞为近代大家，出其余绪，译《茶花女遗事》，传播一时，浅学者遂目先生为小说家矣。曾任某大学教授，每入席讲授经史，必反复详尽，证据古今。一日诸生得意忘形，哗然群呼好好，琴老正色言曰："我讲书，非唱大鼓调，汝辈何乃尔！"其风义如是。

六

李梅庵观察鼎革后隐居沪垒，改黄冠为道士矣。擅北碑，名重一时，故旧多有赖其鬻书所入待炊者。兼工六法，有别趣，非文人画之专以秀逸取胜者。最精之品，为姚虞琴丈所藏狭长立幅。画层波叠浪，作兼天之涌，其下则写芦苇数笔，遂觉浩然有江湖之思。署款系行书，亦瘦劲，题云："天下滔滔，夫子有逝者如斯之叹。"亦可见其忧深思远矣。

七

朴学大师余杭章太炎先生，晚岁卜筑吴门，啸傲林泉，不问世事，然未忘津逮后学，及新居之成，遂有章氏国学讲习会之设。四方学子多有自远来者，余得堇叔师之介晋谒，数经往返，略闻其绪论。曾作拙句呈章先生云："章公间世一文豪，怅未瞻荆梦寐劳。此日精庐添末侍，携尊问字乐熏陶。"先生深究训诂经学，为文导源班马，不落唐宋畦径。余并得先生行书杜诗联帖："卜筑应同蒋翊径，为园须似君平瓜。"笔意瘦硬，有古穆之致，至今悬诸读杜草堂，沉潜玩索，久而弥爱也。

八

徐文长渭自评云："吾诗第一，书二，文三，画四。"然不知山人兼工铁笔，余旧藏有一印，石质甚佳，边款为："万历己卯天池作。"与其毛笔书无稍异，盎然有古趣，绝不能使赝者伪也。惜印文已为俗人磨去，因请福厂翁补刻"题蕉庐"三字。福翁亦称山人印罕见可宝，颇费经营，作细朱文，隽永似黄秋盦，非同其平日酬应之作。余每于临池喜用之。余读故宫徐天池《折枝榴实图》，成一绝云："天池我越古狂客，健笔凌云书画诗。遗迹久同麟凤比，折枝榴实格清奇。"

九

东坡《夜行观星》五古："天高夜气严，列宿森就位。大星光相射，小星闹若沸。"堇叔师尝评曰："沸字极锻炼之精而不伤气，所以谓之大家。"又评曰："古人有诗眼词眼之称，即指此也。"

一〇

王摩诘五古“遥爱云木秀”，佳处在一“遥”字，遂觉意境层出。渔洋本之而云“夕阳云木秀”，则率直而弱矣。

一一

狄楚青先生讳葆贤，一字平子，别署平等阁主。溧阳狄氏，累叶以名宦词章显。先生幼席丰厚，濡染家学，诗文书法，早岁即斐然可观。其生平精力，尽萃于《时报》馆，又创有正书局，影印碑版画册最富，亦最早也。先生夙擅山水，远法宋元，顾颇自珍惜，尝摹虞永兴，风神绝佳。中岁逃禅，忘怀尘事，卜筑沪西，小有园林之胜，隐居乐志者逾二十载。去岁归道山，春秋七十矣。其《狄园记》，为陈鹤柴丈所作，盖先生与鹤丈交契深久也。《记》曰：“黄浦之滨，静安寺侧。歧路横斜，涧水一碧。五柳当门，狄园是筑。园在屋内，周以高垣。凿池为丘，成功三年。主人肃客，蹑乎其巅。山若伏箕，有亭翼然。掩映朝晖，绿阴四环。幽鸟载啭，轻倏出沫。此间小坐，尘心尽涤。主畅禅机，客则庄列。各有会心，至无言说。相与下山，径不逶迤。长松夹道，白石间之。丛篁霭然，隐蔽柴扉。四时之木，桃李桂梅。池中之花，丹白芙蕖。菊畔纵横，群芳竞爽。芍药殿春，蕙兰争长。霜寒十月，芙蓉始放。各自得时，超然尘网。有老少年，雁来呈状。不畏雪霜，晚景斯像。主人长斋，隙地为畦。植葵与苋，瓜瓠累累。晚菘被亩，新笋钻篱。是曰禅味，与客共之。斯园之成，于今廿祀。往尝有言，当为作记。今君养疴，屏绝人事。不下小楼，又三四岁。彼此耄耋，兵尘遭际。侨居宴然，爰践夙愿。己卯初秋庐江陈诗撰，时年七十六。”

一二

相传唐刘梦得作《九日》诗，不敢用“糕”字，后人遂以“糕”字为俗，而洪稚存《北江诗话》以为附会未确。按《方言》："饵为之糕。"《广雅》："糕，饵也。"则"糕"字出汉魏以前，惟《说文》不收此字，徐铉《新附》有之。诗人用字，固不能尽囿《说文》耳。六朝人有"七月刈禾太早，九月啖糕未好"之语，此"糕"字入诗词之证。然咏糕绝少佳句，乡先辈沈梅史孝廉题某糕饼店一联云："寒夜何妨来说饼，清秋从此可题糕。"句殊新警，先君尝称诵之。

一三

先师山阴任堇叔先生，讳堇，初名朓，未及弱冠，诗名已噪。汤公蛰先见而亟称赏之，尝书赠一联云："死便埋我刘伶酒，语不惊人谢朓诗。"堇师诗风格遒上，极锻炼而不伤气，足自名家，然遭际坎坷，江湖载酒，寥落以终。蛰老此联，殆成语谶矣。

一四

余于文字中，偶用"标准"二字，有不△其同俗者。杜少陵诗："示我百篇文，诗家一标准。"韩昌黎文："夫圣人乃万世之标准也。"见诸杜、韩集，宁谓非古耶？江慎修汉学大师，所著书曰《古韵标准》。"标准"字本典雅，特以世俗用之多，失考者转疑其非古耳。

一五

前人谓碑版旧拓至佳者，下真迹一等，诚然。今则盛行玻璃本，若于此中讨消息，不知又差几许。好古之士，欲求书法深造，必宜购一二旧拓，日夕临摹，庶事半而功倍焉。

一六

梅先生调鼎，字友竹，晚号赧翁，浙之慈溪人，极朴素而有风趣，工书，专宗右军，临摹垂数十年，能得其神髓，庶几腕有羲鬼者。书名重乡里，然不轻为人作，尤力却势要人之求索。先君慕其高致，曾往访之，得先生书联为赠。不肖亦深嗜先生遗迹，积岁月搜求若干帧，拟汇付影印行世，先董叔师为书签记。又得先生画兰便面，题云：“根既固，何妨露。君子不畏首畏尾者，以其脚根立定耳。”殆先生自况也。

一七

吴湖帆先生丑簃，为愙斋中丞文孙，以绘事倚声妙天下。余赠以拙诗云：“闲参玄宰画中禅，更爱楼居作地仙。自是身无烟火气，一丘一壑兴陶然。”起句蓄谓其所△董思白“画禅室”印也。先生尝集宋人词为《联珠集》，夏吷庵丈作序，极推挹之。偶检敝箧，得先生丁卯四月所书小楷便面，调寄《鹧鸪天》二阕，其一集张子野词云：“犹记歌声与舞时。海棠花下醉芳菲。相逢添得人留恋，拟倩游丝惹住伊。菱鉴静，绣帘垂。荼蘼架上月迟迟。马蹄何处垂杨路，燕子双高蝶对飞。”其二集晏小山词云：“家住秦楼更水东。紫骝认得旧游踪。凭谁细话当时事，歌尽桃花扇底风。　　花易落，柳无穷。春寒帘幕几重重。秋千散后朦胧月，人在巫山第几峰。”先生近岁以行书应世，小楷篆隶不书，则此箑弥可宝矣。

一八

吴门吴子深先生华源，画山水为当代一大宗，精岐黄术，儒医也。余尝访先生于威海卫路之桂荫书屋，见其《述怀》二绝云：“秃笔何须计毁誉，卅年结习未全除。高情敢比王摩诘，心与岩云自卷舒。”“写兰漫拟郑思肖，卖药曾呼韩伯休。不信阳春成绝响，古猿声和万年秋。”先生因性乐沉静，近于诊务概由其高弟华幸若君治理。幸若为梁溪华鸿山之裔，清末御医曹沧洲再门人，于医有极深研稽，近出其余晷，编著《伤寒新论》等书，以舒其心得云。子深先生女公子吴国筠，工山水人物，秉承家学，笔力遒劲，设色古雅，绝无女子纤弱之习，肄业约翰大学，中英文并通，余赠诗有“旧学新知两擅场”之句。

一九

余杭褚礼堂丈，今夏归道山，海内耆宿，又弱一个。顾余追随杖履逾十载，稍知金石之学者，得丈之教为多也。哀悼曷能去怀，挽以一联云："早署食古堂，罗胸碑版富；晚称洞霄叟，尘海砚田忙。"

二〇

洪稚存《北江诗话》谓红牡丹诗佳者绝少，盖作富贵语，殊不易工也。近人易实甫之"剪来十万云霞片，收尽三千世界香"，不着边际，洵属大家。

二一

稚存寄杨蓉裳书，下数语云："渊如通籍以后，京洛添一穷官，而大梁少一良友。"细诵之，觉"添"字绝虚灵妥贴，若用"多"字，句便不雅。则知造句遣字，不可不讲也。

二二

十发居士程子大画兰，高逸似徐俟斋，非仅文人余事也。鹤柴丈挽居士诗，有"芳兰白石楚骚心"句，堪称实录。十发居士与易实甫观察交最契，观察没后，居士编缀其遗著，方拟付梓，十发亦寻归道山，此集遂未能行世，可为实甫身悲也。

二三

安吉吴仓石先生《缶庐集》，文芸阁学士评曰"清冷"，此语最为精当。然其集外诗，颇有可存者。如《题嫫凉诗人四十一岁小景》二绝云："世态幻成观益大，学心深处听尤豪。琅玕抱节泉呜咽，公子何时一钓鳌。""懒将涯岸矜三变，笑对穷途赋五噫。脱去乌巾谁领略，溪堂洒酒自娱时。"此诗盖为吾师堇叔先生作也。余近得缶翁手书诗稿一通,《和吷庵春字韵》云:"百壶豪尽送青春,潜志诗书绝点尘。局促柴门归野老,揶揄路鬼识天人。一文见虎狂知武,十日扪鸡木有神。寇难八遭仍独立,堂堂金石视吾身。"按吷庵,夏丈敬观之字也。此稿拟奉璧吷丈清秘,因并录之。

二四

秀水蒲竹英先生华,以墨竹著名,然其写山水实出画竹之上。余家有青绿山水一帧,神韵绝胜。先生兼工吟咏,没后无嗣,诗稿久已散尽。敝箧所藏高邕之山水扇箑,为邕翁生平精品,背面先生题二绝云:"乱山乔木景苍茫,人迹殊稀到远冈。下笔迥无烟火气,飞仙可得此徜徉。""胸无城府自超然,人世谁参画里禅。峻极云峦开梵宇,双峰遥隔密林边。"

二五

洪北江于钱十兰篆书颇有微辞,其《诗话》略谓:"钱州倅坫,工篆书,然自负不凡,尝刊一石章云:'斯冰以后,直至小生。'余尝戏之曰:'是何足道,张景仁浅陋下才,尚作仓颉以来一人。斯冰上视苍公,卑卑不足道耳。'"按余数见北江篆书,亦学阳冰,故少周秦古朴之味,然静穆之气,溢于楮表,堪称逸品。至北江学问之淹博,诚非十兰敢望其项背。若论篆书,实与钱在伯仲间。而北江姑为上说,殆亦自负不凡也。

二六

坊间原迹石印《八贤手札》,首即湘乡文正公,而其书皆与其亲家郭意城述军中事。此翰亦致郭者,且同在平洪、杨时也,弥足珍惜,录存于此,以补其阙:"意城仁弟亲家阁下:接展赐书,感激不既,端仗贤明之力,亦生灵幸福。比得仙舫一缄,辱承嘉贶,被命南征,想粤西小丑,不难歼除。按乾隆时,西师之役,用兵五载,转输万里,而以肃州粮台为中外枢纽。羽檄星驰，士马倥偬，黄公令藩府州县，承办军需，皆同馆一所，邮骑直入，分派咨复，应付河司，毫无隔阂，亦无留滞之弊。杜绝中饱之人，除浮销之费未审能远法黄公之所为也。岷樵读礼山中，谊当为乡里御寇。然墨绖从戎，则非所宜。比奉书劝其勿远出，君子爱人以德，似应如此。新募水勇，果不望风奔溃否，亦须教练使知纪律，用之御敌方妥，以为然否。顺问台安。国藩顿首。”

二七

《寻亲闻秏图》者，宗君履谷请其师陆廉夫先生为先德瑞甫翁作也，事迹见图记中。履谷并乞当代诸名宿发歌咏以阐彰之，复将原迹汇印成册，以广流传。二十年来，履谷孜孜不厌不倦，更请顾墨彝、樊少云、陈伽盦、吴待秋、赵叔孺、吴琴木、吕十千、张石园、汪仲山诸君，补制九图，且遍征海内能文之士题词。于是积篇章之富，不可胜计矣。履谷将付装池为十卷，乃负载造余而请曰：“先君之图咏，庶几毕此愿矣。子工言语，其为我叙之。”余感履谷孝思不匮，不敢固辞，遂涤笔敬跋于卷尾而归之。癸未仲春陈涵度并书于沪垒之读杜草堂。

二八

宋朱弁《曲洧旧闻》载：“东坡尝与刘贡父言，某与舍弟习制科时，日享三白，食之甚美，不复信人间有八珍也。贡父问三白，答曰一撮盐，一碟生萝卜，一碗饭，乃三白也。”想见古人折节读书，其勤苦自得若是。

二九

“花阴数酌陶元亮，日课一诗梅圣俞。”明高仲修进士自娱句也，见竹垞翁《静志居诗话》。余每喜诵之，暇拟书为联帖，用赠夏映庵丈。盖映丈诗溯源魏晋，瓣香宛陵，而读《忍古楼集》，当知此联非溢美也。

三〇

先堇叔师生平服膺三霜，词则师事朱礼霜，诗则极称李怀霜，画则颇嗜俞语霜。按强村侍郎晚署礼霜堂，尔时吴缶翁已耄耋，久废铁笔，因与侍郎交契，破例为治一印，极佳。侍郎葆藏此印，不知何故竟未钤用。礼霜之号，世少知者，因并记于此。

三一

堇师有《送李怀霜先生南行》一绝云："取次霜华鬓发新，星星同是二毛人。好将相送临崖泪，洒向郎当葛帔尘。"

三二

语霜先生在日已以六法享盛名，未及中寿遽捐馆舍。堇师甚为悼念，遇语霜遗墨，多为题跋。余所藏俞画东坡"云水光中洗眼来"诗意直幅，亦有堇师跋也。跋云："云容水态，非胶于物欲扰于利名者所能为役也。语霜性情高简，证以此帧，益可征信。回想生平，良用怃然。甲戌岁暮，题奉涵度仁棣。任堇识于长阿那室。"

三三

余昔从任堇叔师游，颇蒙奖拔，至今不敢忘也。其崖略见拙著《漫笔》及小传，皆短篇，未能尽意也。暇仍当另作一传，细述其生平学行，以报知遇。师于丙子夏归道山，余挽以二绝云："让步原知善诱辞，竟成语谶泪频垂。师逝世前二日，涵持近作立轴请正。师喟然曰：'汝临书精进如是，余将让步矣。'遂成语谶。思之泫然。略窥钟索古遗意，《梲鞠》书联继吾师。师受词学于强村翁，执贽称弟子。生平书联多用《梲鞠录》，尝谓涵曰：'汝他日为余继之。'""犹忆深宵坐说诗，听公心解得粗知。重寻旧物增嗟感，长共灯窗一砚遗。"师数年前遗余一砚，他日拟乞名流绘《授砚图》焉。盖实录也。

三四

吾越人词自袁梦白先生、任堇叔师、先府君、储岩公后，久成绝响，今推鲍君亚白为后劲。亚白敏慧媚学，工诗能画，近专致力于倚声，寓性情于格律，清丽处似稼轩、白石，如《高溪梅令》云："额花半面梦迟迟。懒峨眉，小阁灯昏无尽是归期。报君双泪垂，相逢还惜镜鸾痴。病难支。生怕零香残粉似当时。断肠君不知。"亚白有《小桃花馆填词图》，谬爱拙诗，曾出以属题，稍暇当为之也。

三五

许舜屏丈前岁重游泮水，作七律五首，邮寄同人索和。丈与不慧投契已久，因与内子同作二诗，书扇奉贺。内子适有意兴，并将砚池余墨画荷赠之，颇蒙谬赞，次日作六朝小简为谢云："高轩屡过，有失迓迎。盛惠叠颁，殊深感歉。伏以阁下伉俪济美，如日月之双辉。翰墨功深，恍云霄之一羽。笔非秋而垂露，扇奉仁以扬风。阁手拜嘉，倾心志谢。肃此敬颂涵度先生文绿女士俪祉。"丈夙擅骈体，清丽苍劲似徐庾，曾为不慧序先君诗中画册及《抚松种菊图》。因篇长，不具录。

三六

宋牧仲与王渔洋齐名，有《渔洋绵津合刻》，王诗所谓"谁识朱颜两少年，王扬州与宋黄州"是也。牧仲抚吴时，有《沧浪送侄归里图卷》，今归贵阳陈庸庵尚书花近楼清秘。庸丈《入吴联吟十八绝》之三云："清水沧浪迥隔凡，盘云叠石拥仙岩。西陂送侄图犹在，我喜来游挈阿咸。"西陂送侄，即指此图。阿咸句，盖庸丈适与侄子式君同游也。播之吟咏，又增一故实矣。

三七

仁和王同伯主事同，光绪丁丑进士，福庵翁先德也，幼经忧患，淡于宦情，早赋归田，养亲不出。历主塘栖、慈湖各书院，长杭垣紫阳最久。以实学导后进，出其门者多淹雅之士。盖主事工篆隶铁笔，尤擅猎碣也，博闻强记，著作等身，独罕为韵语。余近检《梅岭课子图》题词，得主事七绝二首，吉光片羽，弥足珍惜，亟录存之："才人多受诗书气，老者喜为山水游。万树梅花书万卷，一庐名迹自千秋。""传经有子已成名，书卷诗篇海内倾。预卜傅岩岩下路，百花头上兆和羹。"

三八

余杭褚礼堂丈，于后进中最喜不慧。曩岁趋谒，往往倾谈移晷。一日偶及先师任堇叔先生，因曰："生平不甚喜其书，而颇嗜其诗。二十年前曾索其题《松窗释篆图》，惜卒未践夙诺也。今子工诗，有虎贲中郎之似，盍为补之?"不慧深自惭感，数日成五言一律云："松密荫几案，堂中食古翁。长年乐探讨，遥夜释异同。秦碣存残蚀，周金纂汇丛。携尊吾屡过，此理叩渊冲。"缮写呈政，颇蒙击赏，评颈联写释字工稳高简，次联入篆字言之有物，一结饶余味。不慧追随杖履逾十载，因得稍知金石之学。去秋丈遽归道山，哀悼不能去怀，挽以一联云："早署食古堂，罗胸碑版富；晚称洞霄叟，尘海砚田忙。"盖实录也。

三九

松窗丈赐题《读画校碑图》并序云："余与吴君湖帆、陈君涵度同有金石书画癖，顷涵度出《读画校碑图》索题，爰成一绝，以志墨缘。余之《松窗释篆图》，湖帆制图，涵度题诗，堪称双绝，因并及之：宝娑罗室四欧堂，画手诗心各擅场。合作吴陈图释篆，籀林素△羡风光。褚德彝记于籀林，时年七十。"丈著作甚夥，皆手自写定，其精审可知。诗词早岁师事谭复堂先生，自言匪所长，垂老益罕作，故无存稿。此诗清雅隽永，录存于此，以见一斑。湖帆先生所藏旧拓《董美人墓志》，有丈填词一阕，他日拟乞吴先生转录，刊入《漫笔》也。

四〇

先堇叔师《长阿那室诗集》，有赠吴待秋丈一绝云："待秋长共秋相待，野水苍茫画里诗。谁与草堂图主客，藕花四壁鹭来时。"此诗当日未写寄者，余拟补书，请待丈正腕也。

四一

姚惜抱作《刘海峰八十寿序》，可谓推崇其师备至矣，然只托他人口吻，不着一实笔，所以得体，文亦疏朗。

四二

慈溪洪樵舲先生，别署佛矢，先君友也。博涉群籍，为文尚瑰丽，尤长于诗。尝自诵其生平得意句"桃花红逐春人去，山影青移画舫来"，足与王半山"一水护田围绿去，两山排闼送青来"可追配也。所著《悲华精舍集》，暮年手自写定，及门诸子为之校刊。王先生晦闻序略，谓："洪子之诗，能自歌其性情，而抒其悲慨，音制犹人，而学养有不可及者，虽方之于古可也。"盖真知先生诗者，莫王先生若也。余客甬上时，以后进礼见，先生须发皤然白矣，犹念及先君，为书联帖相赠，隶古苍劲，其遗墨传世极罕，弥可珍矣。

四三

寝丘秦树声太史，胸次淹博，骈文似徐庾，诗有唐人风味，光宣间一大家也。余曩客故都，偶于冷市获其遗墨一帧，录存如下：

> 江右若梅女士，逾笄未嫁，历落嵚崎，抚时感事，扶病伸纸，戢戢束笋，盖欲徇于诗者。且工画，惠花卉四帧，无以报，案牍之

暇，走笔为十二绝句谢之，兼慰幽寂，亦乐天《画竹歌》意也。用旧藏句骊笺李北海书势写之，以博嫣然于散花之香市云尔：

诗思年来古井波，回回簿领误人多。春风钓渚镇相待，况是香山画竹歌。

画眉须画九秋霜，海水匉訇入肺肠。今日论才到巾帼，始知天壤尽王郎。

多生真想洞灵箫，清病张愁一例娇。纣绝阴天无处所，悬知小劫在牛腰。

无复长沙媚汨罗，美人香草欲如何。自然咳唾生珠玉，羞上青天窃九歌。

心事拏云隘八纮，摊书引镜泪缘缨。汉宫琴曲推云女，谁是人间尹更生。

百感苍茫下笔迟，忍从花蕊赌宫词。银河赤手成虚语，漆室春深两鬓丝。

漫教鹦鹉恼华年，平等冤亲且坐禅。禅榻风微花落未，小姑居处似樊川。

忉利宫中呕血时，琉璃砚匣即军持。诸天花烛无消息，何物茅盈敢赋诗。

廿载诗坛已有家，黄姑何事帝钱赊。于今鹿女移天运，未许莲经隔绛纱。

频年伐木怨何干，群犬狺狺胆亦寒。未及翥山儿女泪，梅花诗价动长安。

左肘楞伽自护持，思愆万里负明时。怜才蘼芦归红袖，夕贬潮阳已恨迟。

月驾青银事有无，郡斋日暮碧云孤。玉台新咏频烦寄，今代徐陵属老夫。

此诗每首皆有自注，限篇幅悉删去。余作一绝书后云：“怜才红粉老词仙，画竹新歌继乐天。聊借酒杯浇块垒，先机烛照积薪燃。”

四四

徐丹甫先生识耜，皖省歙县诸生，乃铁生观察之孙。工诗能书，兼擅画梅。承其家学，侨沪积年，以馆谷自给。著《芳躅室集》，许疑庵太史为序，极推挹之。生平不慕荣利，旷淡似晋魏间人。善于养生，垂老而神明不衰，犹能就灯下作细楷，遒逸秀劲，欧阳公所谓窈窕女老，自有余态者也。后进中最善某，于拙诗颇为人称道。客秋国军凯旋，河山光复，先生欣然赋《后四时读书乐诗》纪事，枉过敝庐，出以见示。越数日，又辱书箑相赠。此诗绩郑文公碑字，故书法亦效北碑，与平日酬应者迥异，弥可宝也，录存如下："昔贤四咏首春天，风物光华诗数联。细叶不除春草长，当前乐趣已无边。""美景敷陈第二诗，桑阴如幄辟朱辉。正声倾听南风奏，大汉民心举国随。""天上风云称下情，三秋传报庆和平。客中我以书为乐，望月观天学秀卿。""天地为心事事真，天公人道见精神。曰归宁独图书乐，乐在空山有美人。"并系以跋云："宋韩驹诗：'空山有美人，寒林弄孤芳。'咏梅句也。翁秀卿《四时乐》诗，以'数点梅花天地心'为结局，意至高妙。拙作四首，乃拟翁诗为主。乙酉八月，涵度仁兄诗家持扇令书，即录以就教。昔以集郑碑字诗就正于陈散原先生，先生评谓构造意境，运用浑切。近所作者亦述近事，亦以碑字出之，不识诗家以为何如也。八十六叟徐十四丹甫识。"

四五

梁文忠公节庵，诗主清新，为近代一大家。殁后其弥甥龙游余越园辑《缀遗集》付梓，颇有遗珠之憾。敝笥藏文忠尺牍诗笺数页，录存四律，《无题》一首云："旧家池馆换春风，莺燕芳魂尽向东。一树桃花轻折损，半帘梦雨已冥濛。门前看竹何须问，径里探樵本可通。画阁清闲人未醒，让他铃犬吠青桐。"婉约似玉溪。《感愤》云："彪虢嗥然各出林，侧身东望战云深。至尊将下忧勤诏，志士都生耻辱心。万树堂前春服满，独松岭上敢兵临。军书日日传都会，知是惊烽是凯音。”《丰湖病榻口占》：“拣药添衣事事休，四更残月在床头。夜长便觉书开眼，水逝真同不断愁。渐识悲欢成隔世，才分香朽悟虚舟。茫茫儿女神仙愿，摇落人间带泪收。”末行自注云：“吴十三兄能歌此诗，一客皆能读，亦奇矣。”《焦厂病起》云：“伴余惟有影，灯灭影还无。龟力支床软，虫声到枕枯。神明独可恃，阴重觉堪虞。待到朝曦上，仍邀影与扶。”此首自注于后曰：“叶损轩极称此诗，以为东野也。”然不愿节庵诗如此。以上诸作，皆写示陶斋尚书者。

四六

题蕉庐所集砖文，晋砖以永嘉六年造旧拓本为最，南陵徐积余先生跋云：“右晋永嘉六年砖，文曰永嘉六年造。旧琢成砚，背旁均作回文。按汉冲帝永嘉止一年，此当是晋怀帝永嘉六年之壬申也。是年汉王刘聪弑怀帝，武帝孙秦王业立。隶法淳古，犹有汉晋风气，当什袭藏之。”考释极精审。金石之学，往往有裨益于经史者。

四七

冬心先生《砚铭》自序略谓：“且余夙有金石文字之癖，金文为佚籀之篆，尝欲效吕大防、薛尚功、翟耆年诸公，搜讨遗逸，辑录成书，有所未暇。”于此可知昔贤学在专精，不以兼综炫博也。又云：“石文自五凤石刻，下至汉唐八分之流别，心摹手追，私谓得其神骨，不减李潮一字百金也。”亦见冬心于八分颇沾沾自喜也。姚惜抱之于王禹卿，犹永叔之于梅圣俞，皆老序其诗，殁铭其墓，尽发其生平相推挹。盖文字之深交，逾于骨肉者矣。

四八

彭绩《息庵翁传》，从真性写出，不加修饰，故能令人读之肃然起敬。世之过誉其先人者，当知愧矣。

四九

“元龙豪气久闻名，佳句传来眼为青。俯仰尘寰多恶疾，流连风月有闲情。交游贤俊樽常满，世事炎凉心自平。读罢新诗才一过，铿锵掷地作金声。”“风流年少说陈思，北斗才华冠一时。未须干戈侵俗虑，且从书画结相知。争看彩笔传梅萼，载好新声谱竹枝。他日若偿识荆愿，西窗剪烛细谈诗。”右上虞田镜湖先生赠诗二律。时余甫弱冠里居，初学作诗，浅劣可笑，不知为谁传示田先生，谬承见许，且惠佳作，真令人惭感无已。近检敝笥得此稿，其诗远追东坡，近接北江，诚名手也。然至今未悉其住所，故未尝通问也。余三十以前所作，多不留稿。近岁自谓稍可也，属内子录存一册，他日或可就正于田先生者。回首前尘，忽忽将二十年矣。

抱山簃诗话[①]

李晓耘

一

唐人张祜咏扬州诗："十里长街市井连，月明桥上看神仙。人生只合扬州死，禅智山光好墓田。"元遗山俳体《雪香亭杂咏》十五首，中有诗云："罗绮深宫二十年，更持桃李向谁妍。人生只合梁园死，金水河头好墓田。"后人有论之者，谓唐人诗妙在"禅智山光"四字，若遗山之"金水河头"，则索然无味矣。按靖康北狩，金人屯青城受降，宋之后宫宗室，尽俘以北。金哀宗时，元兵南下，亦屯于青城，崔立之变，金主之妃嫔及宗室郡主等，亦尽俘以北，流离道路，尤胜于徽钦时。故当时诗人有"万里风霜空绿树，百年兴废又青城"之句。遗山，金之故老，不胜黍离麦秀之感。此诗语极沉痛，与唐人诗意境迥殊，似不可有所轩轾也。曩侍鹤柴师便坐时，曾论及之。

二

唐人谓诗思在灞桥驴子背上，王渔洋《论诗绝句》云："曾听巴渝里社词，三闾哀怨此中遗。诗情合在空舲峡，冷雁哀猿和竹枝。"盖自言其诗境也。后果奉使入蜀，系舟空舲峡下，乃悟数皆前定。民国纪

---

① 原载《永安月刊》1943 年第 49—51、54 期。第一六则原题《抱山残墨》，以内容相类，一并录之。

元前，余旅居芜湖，赭山陶塘，皆鸠兹名胜。陶塘，即南宋时之镜湖，见《芜湖县志》。其西北隅为一土阜，后先伯父仲絜公辟为楼宅。乙丑秋，余由宣南返皖，重过其地，赋绝句云："过眼山移恋夕阳，半营亭馆半锄荒。近来诗思凭谁会，一碧秋荷照晚塘。"以简纕蘅，纕蘅复书云："秋荷晚塘，佳句也。"辛巳仲冬，余复游鸠兹，偶过陶塘，则淡烟衰柳，非复往时意兴矣。因赋一绝句云："楼观依然碧水环，笙歌如沸泪痕干。无情有恨谁能会，冻雀低飞夕照寒。"

三

余弟莼季尝谓渔洋诗如织锦文字，无一字无出处，微嫌太过，似不如近代诗老率意挥毫，直规唐宋也。然清初大家多善五言排律，近代诗集中殊不多觏。余曩游宣南圜丘，见祈年殿内旧藏宫灯数事，制作极精雅，颇思作一诗，又以圜丘为历代祀天之所，似非五言排律，典赡裔皇，不足以尽其美。仆病未能，终恝置而未敢作也。

四

莼季尝述江弢叔诗："邻童读得学而熟，乡梦醒来夜已深。独坐默思家世事，最疑为善圣贤心。"自注用范孟博语。按《后汉书·范滂传》，滂临刑语儿曰："吾欲使汝为恶，则恶不可为；使汝为善，则我不为恶。"闻者皆为流涕。盖弢叔生咸同之际，家属殉寇难殆尽。此诗四句语意融为一贯，后二句更深一层，谓儿时入塾，所读皆圣贤书，然为善不必有报，亦即太史公《伯夷列传》"天之报施善人，其何如哉"，"倘所谓天道是耶非耶"之遗意，非熟读深思者，不能知其隐痛也。

五

先师陈鹤柴先生，著有《尊瓠室诗》《凤台山馆诗》，因爱梅宛陵诗"无人知静景，苔色照人衣"，复以"静照"名轩。余曩有绝句云："旋磨浮生亦可哀，归心牢落比东斋。南州景物余依恋，雨过苔痕欲上阶。"

先生意甚许之。壬午岁杪，先生以微疾遽归道山，诗人陈寥士寄挽诗五古二首甚精炼，中有句云："苔色静相照，寒磬试低扣。"即指此也。

六

辛酉秋，余移家宣南，鹤柴师赠诗云："送子移家北入燕，江湖积潦薄寒天。纪程语踵遗山健，瞻岱情深晓日悬。勾漏丹砂谁炼得，中原劫火总茫然。生平坡谷交期在，文字他年倘藉传。""勾漏"一联，深得规讽之旨。末二语，则称誉过当，愧弗敢承也。余后果以长安居不易，侘傺归皖。丙寅春过沪，值庄吕尘兄招饮，先生于席间又赠诗云："五年相见在江皋，尚有遗闻述旧朝。鲁鸽来巢殊似燕，嘉鱼登俎亦名鲦。自注：吴中刀鱼，古名鮆鱼，即吾乡之参鲦鱼也。蓟门兵甲云翻覆，吴市饧萧境寂寥。不负清樽对明月，德星重聚是今宵。"吕尘赠诗云："君家兄弟各能文，呼酒回灯入夜分。久别顿教偿执袂，一欢宁惜醉沾裙。侵寻岁月蚁旋磨，佚荡诗篇鹤避群。老去后山吟刻意，罪言愁继杜司勋。"时邻座有延妓乐者，歌声清越，吕尘颇谙音律，拊掌称善。余因次韵答吕尘，仅成四句，归皖后乃续成之云："拂衣归诵北山文，座上风流与子分。避地愁来倾白堕，隔墙歌罢惜红裙。闲鸥已绊江南棹，病马真惭冀北群。桑海十年无限意，剩依朋旧策诗勋。"鹤柴师文孙虞仲世兄昨告余曰："吕尘亦于今春物化。"追思畴昔文燕之好，历历在目，再过黄垆，能无腹痛。

七

松江庄吕尘乂初字镂尘，鹤柴师为易吕尘，谓其诗中律吕也。与鹤柴师素不相识，庚申辛酉之交，鹤柴师方编纂时报馆《文艺周刊》，见吕尘投诗，深为惊异，为之延誉于词林间，由是时人多闻其名。初谒拔可先生未遇，有七律云："海上黄尘郁不开，驱车投刺却空回。犹能问字师扬子，倘许求贤到郭隗。仰屋嗟贫殊自误，叩门乞食或非才。归途撩乱平生意，巷尾斜阳向眼陨。"又七言断句："贫贱论交终悱恻，江湖锹羽费商量。”时余方客宣南，曾寓书鹤柴师，转致吕尘一绝句云：“沓拖年少非吾侣，俊语翩然得子同。间执旁人笑锥颖，臣今初得处囊中。”鹤柴师复诗云：“君问淞江庄吕尘，研诗字字肯翻新。陆机入洛年方少，王粲依刘苦为贫。屡向空山求鸑鷟，果然惊座得麒麟。穆生醴酒吾能设，日日长歌当饮醇。”君虽处境坎坷，其所以奉事太夫人者甚厚，集中五古有句云：“庭空众芳歇，寒梅惜未栽。想兹丛菊花，衔冻依墙隈。吾母定念吾，灯下发皑皑。”读之油然生孺慕之思。

八

桐城姚叔节先生永概诗宗惜抱，自成一家，七言断句如：“无奈东风狂似虎，不妨老子道犹龙。”“官道着泥晴尚滑，春山藏霭淡如无。”又赠孙师郑先生诗云：“诗史阁不随世迁，乔松修竹长风烟。开府飘流垂老日，拾遗涕泪中兴年。朱门宝瑟晓寂寂，黄河流水日濊濊。白头久厌人间世，相期绁马阆风边。”余曾因仲实先生之介，谒先生于正志中学。复折简邀先生小饮，乃久候不至。次日先生来，赠诗云：“前日期市楼，忽忽竟忘之。师丹固老人，今未及彼时。我岂武安哉，君亦非魏其。文字异势利，知不成嫌疑。”前辈之襟怀洒落，令人追慕不已。

九

铅山胡子方先生朝梁，一字诗庐，陈散原先生之弟子也。初习海军，嗣折节读书，为当世文人。擅古文辞及古近体诗，尤善以文入诗。尝以《送陈石遗先生归闽》七古一篇为余书条幅云：“平生散原吾师事，乱后岁书奉起居。晚交老苍得陈石遗马通伯，风义师友今所无。近作颇邀散原许，多出两翁论定余。石翁论诗贵自广，蹙国百里无乃疏。又言诗涩味更好，凿幽终须出坦途。奚囊满挂俊人句，一一厘剔如爬梳。桐城一老收朝迹，自比潜夫穷著书。翁今又归领书局，眼前宁惜吾党孤。世事翻覆那可料，岂必来者今不如。东风吹寒入鬓须，柳条欲拂行者车。行过江南闻鹧鸪，还家犹及三月初。”又《赠柯匡二生别》云：“雪意满寒空，风情任转蓬。三余勤不废，二子道能同。寰海犹多故，横流安所穷。无闻行四十，可待更成翁。”案柯即余之同学柯干臣先生，曾有句云：“东风着意吹，披襟而当之。”子方先生之得意门人也。君刻意苦吟，颇似贾阆仙，中岁多病，复作《止诗》一绝句云：“渊明止酒我止诗，止诗之难十倍之。”未久君遂下世，亦自此绝笔矣。

一〇

近人某君谓散原先生诗出于杜，颇具卓识。五言如：“忆汝孤罴坐，传声寒雁先。”“年年花满眼，湖海一归来。”“画船仍晚聚，栖翮避人飞。”七言如：“强卧邮亭数星斗，孤明灯火聚凫鸥。”“鼋鼍夜立邀人语，城郭灯归隔雨望。”似荆公、山谷不足以尽之。鹤柴师尝谓诗人之诗，首贵炼字句，熟字炼生，生字炼熟，而近体诗尤宜属对工稳，用事清切，七律尤难。初学者若能知此，虽刻鹄不成，尚可类鹜。古人诗亦间有不工对者，或以气骨融贯全首，或以章法别开门径。至如玉溪生诗“杜牧司勋字牧之，清秋一首杜秋诗。前身应是梁江总，名总还曾字总持”，下二句殿以“心铁每从干莫利，鬓丝休叹雪霜垂”。东坡诗“人生到处知何似，恰似飞鸿踏雪泥。泥上偶然留指爪，鸿飞那复计东西”，下二句殿以“老僧已死留新塔，坏壁无由见旧题”，真匪夷所思。又如元白诗虽人人易晓，细按之无语不炼。又如七律中杜工部之雄浑，东坡之摇曳，岑嘉州、高常侍之高调，若非有相当学力，率尔追摹，终不免东施效颦之诮也。

一一

己未岁，余与莼季同赁居爱文义路迁善里，后余北游，莼季遂独居于此，其东邻为西人麦边之荒园及牛乳房。莼季所谓孟夏大木扶疏，牖纳佳樾，粗可快耳目者，因自号曰借园云。鹤柴师赠莼季诗云：

"爱汝萧寥味,郊扉守薜萝。荒园牛引犊,虚牖树交柯。琢句西江劲,沽春下若多。风流追正始,佳日屡经过。"是时莼季方肆力于诗,有《闲居漫兴》云:"惊座孟公觇两△谓鹤柴师,归帆伯氏爱三楹谓晓耘。绿阴大木聊相假,牛斗蛙喧若可盟。灯火诗篇频料理,阴晴物态费权衡。管窥沟断平生志,闲送奔车往复声。"又《闻鸠》云:"枝头叶底两三声,唤取朝阴作画晴。枕上梦回空辗转,诗中句好更峥嵘。惯依疾疢伤孤独,坐遗年光逐老成。愧汝东邻择佳荫,春风如马意如城。"又《秋夜偶成》云:"幽思四壁幽虫和,浊世三更浊酒浇。零露坐伤秋皎洁,休灯初觉夜迢遥。持盈倒浣心兵退,行健长随息踵调。更向西风卷帘看,垂云过雁点重霄。"余尝戏谓莼季,"零露"二语得玉溪生之三昧。后莼季复移居通安里,低徊留连不能去,复赋五绝云:"梦里荒园路,依稀总失真。多情春夜月,犹照倚楼人。"乙丑春,余既由北而南,丙寅岁杪避兵沪渎,重过其地,则园已易主,楼阁翚飞,几无隙地,为之惘然者久之,因赋一绝句云:"浮踪重至剧堪思,荒墅斜阳客去时。销尽少年惆怅意,鸣鸠春好借园词。"

一二

子方先生又有《丙辰修禊诗》云:"淡淡春容画不如,草如新麦麦如蔬。我从郊外寻诗返,人有墦间乞祭余。野水初生疑可涉,鬓丝新截不须梳。东风吹面满尘土,浪说临流事祓除。"余曩有句云:"新沐发犹凉。"与"鬓丝"句意颇相类。友人刘晓霆工绘事,尝为诗庐作炭画数幅,子方先生亦酬以诗云:"丹青忘老推曹霸,君更少年家世同。可待结邻淝水上,犹能著我画图中。浴凫飞鹭旧相识,荒涧小桥疑可通。只欠当门五株柳,不然吾学漉巾翁。"同邑刘蘅庄先生朝叙,性耽禅悦,自号瞻明和尚,壮肃公之孙,荃庄先生之介弟也。壮肃公勋业彪炳,与庐吴武壮公长庆,均以好士见称,同为中兴儒将。而壮肃公由武阶洊任至台湾巡抚,尤异数也。尝于常州军次无意中得周虢季子白铜盘,藏之大潜山房,蘅庄曾拓以示人。鹤柴师题诗云:"将军力克常州郡，老抱空山一虢盘。”荃庄先生以古文鸣于海内，而蘅庄乃以诗见长，并轡机云，一时佳话。近数年中，君与余均避地淞滨，咫尺相望。余既疏懒性成，深居简出，君又羁怀牢落，倦于逢迎，仅于前岁邮致七律一首，中有句云：“楼栏掠雨灯初上，里巷回车月未偏。”清耿似宋人名句。近闻君更肆力于古近体诗，所谓愈穷愈工，他日相遇，当谨避三舍也。

一三

曩读陈石遗先生《诗话》，载林暾谷狱中诗：“青蒲饮泣知何用，慨慷难酬国士恩。我欲君歌千里草，本初健者莫轻言。”以诗意测之，似谓戊戌之变宜用董福祥。郑海叟集中亦有五绝云：“戊戌七月间，独宜用裕禄。吾谋卒不遂，野寺余一哭。”则谓宜用裕禄。林诗尤悱恻动人，然均非正论也。德宗一代贤主，无声色犬马之好。是时孝钦春秋已高，且撤帘归政矣。若从容委婉，俟宫车晏驾后，未始不可有为。乃求治太急，所遇又多好名急功之士，年少气盛，卒至勋旧侧目，两宫水火，酿成庚子之祸，天下惜之。友人王熙九尝为余言，德宗龙驭上宾之际，孝钦亦病危，醇邸及诸王大臣南皮相国相继入瀛台，于德宗御榻上，见有手书血诏，南皮免冠力请，始寝其事。熙九盖得诸某贝子云。

一四

甲午之役，文廷式学士数上疏奏劾先伯祖文忠公。道咸以后，海禁渐开，为中外古今一变局。当时士大夫昧于外势，局外人往往不知局中人之苦心，然忠君爱国，则出于至诚，似未尝稍存门户之见也。观其庚子后又有《感事》七律云：“谁怜国弱更佳兵，岂奈狂生愤已盈。铁骑晨冲丹凤阙，金舆宵狩白羊城。何人能届横流溢，今日真怜大厦倾。无分芒鞋迎道左，收京犹望李西平。”可以知之矣。案狂生指端王也。余曩游颐和园，见有大阿哥读书处。庚子后，端王废为庶人，徙新疆安置，大阿哥亦坐废。民国甲子岁，端庶人曾潜回北平，为使馆侦悉，以《辛丑条约》与当道交涉，复逮徙西陲，后遂不知所终。又丁巳暮秋，鹤柴师北游，过天津谒文忠公祠，赋诗云："华发犹能动四夷，灞桥争识令公旗。廿年又沸中原鼎，过客攀条有泪垂。"并附录于此。

一五

袁爽秋京卿官芜湖道时有惠政，庚子难作，袁公时为太常寺卿，一再抗疏谏阻，卒以身殉。南皮相国挽京卿诗云："七国连兵竟叩关，知君却敌补青天。千秋人痛鼌家令，曾为君王策万全。民言吴守治无双，士道文翁教此邦。黔首青衿各私祭，年年万泪咽中江。西江魔派不堪吟，北宋新奇是雅音。双井半山君一手，伤哉斜日广陵琴。"挽诗用事之清切，无过于此。惟对西江派颇有微词，未免稍执偏见也。赭山滴翠轩，黄涪翁读书处，为鸠兹名人遗迹，京卿曾捐廉葺治，亲任其事。嗣京卿殉国，芜湖人士追怀风烈，复于赭山作怀爽楼。后滴翠轩毁于劫火，改为佛堂，仅存涪翁遗像嵌石壁中，怀爽楼亦渐就倾圮。丙子岁庐江柯润甫为赭山中学校长，复醵资重修之，并广征题咏。余表兄刘啸云曾有绝句云："西江谈麈纵横日，东市朝衣慷慨时。共向斯楼话桑海，袁公遗爱继羊碑。"

一六

古今来题画马诗，莫过于杜工部。曩在北平，姚叔节先生为余言，工部《韦讽录事宅观曹将军霸画马》七古，其章法结构出于《孟子》，可谓奇喻。庐江吴武壮公有马曰青骢，戍朝鲜时尚在。公卒马不食死，好事者图之。先公曾赋七古云："延陵爱马如爱士，平生一顾空幽冀。房星夜半临河隍，天使将军老鞍辔。世间凡物聚所好，此马况负拳毛异。兔头虎足瞳如日，青鬃覆地云为帔。不辞十里迷龙媒，要与将军酬素志。将军孝义通神明，论功早授专城帅。熊剑未解拊脾叹，好客△无皮相忌。东海归来白日昏，军中笳鼓喧骠骑。将星一夕陨金墉，幕下健儿争掉背。可怜此马尚依公，毡帷月黑屏刍饲。恋主长思伏枥恩，殉公聊副骑箕意。天闲骨格劳想象，猛气依然战场利。图壮真同骏骨收，搜奇愿勒名山志。”余叔岳高翰湘先生曾以精拓唐昭陵六骏图见贶，工部诗“昔日太宗拳毛䯄”者亦在其内。图共六幅，马有全躯者，有负箭者，最后一幅有豢马者一人立于马前，亦无名氏。案史称安禄山寇潼关，贼势甚盛，方近薄长安，忽见西来羽葆人马甚众，若隐若现，贼为之惊愕，稍引却。是日有人自昭陵来，言石马汗出如渖，工部《昭陵》排律有云：“御衣晨自举，石马汗常趋。”想见太宗当日之英灵，千载之下，凛然如昨。余尝与静照先生谈及，亦颇思作七言长句一篇，自审才力远愧先人，因循未果。乙丑难作，家藏蠹籍散失殆尽，惟此图及先伯祖文忠公手书集东坡句“竹露无声浩如泻，井华入腹清而暾”一联，未忍抛舍，流离颠沛，携来沪渎，置之敝笥者已五六年，暇当与逸梅先生一展览也。

抱山簃随笔①

李晓耘

一

北平庙会，如东城隆福寺逢三，西城护国寺逢八，每月俱照向例，风雨无间。其他如都城隍庙年仅一次，逢五月五日，都土地庙，则逢三月三日，久居北平者方能知之。雍和宫为雍正潜邸，平时开放任人游览，游览券售五角。庙宇深邃，喇嘛多至一二千人。在售券处设警察一，游客人数一一记之于册。收券时凭券核查人数，用意精密，法至善也。其最后一殿为一巨佛，长七丈余，相传为西藏所贡檀香木一株雕镂而成。余试立其侧，仅及其靴口，其高可想见。庚申秋，雍和宫因年久失修，开法物展览会，券价售二元。陈列多旷代奇珍，琳琅满目。有佛经一部，用金丝织成，上以明珠缀蒙古字。又有毗卢佛帽，镶缀无数珠宝于其上。尤奇者巨佛之蜜蜡朝珠，长一丈余，共蜜蜡珠一百另八颗。信乎帝王之力，无所不至也。展览会并出售法物名册，余曾购一册，乙丑难作，已遗失，其陈列法物，已无可稽考。又雍和宫于每岁腊月例有打鬼一次，余虽旅居北平数年，欲往观辄不果，亦始终未能寓目。

---

① 原载《永安月刊》1943 年第 55 期，1944 年第 56—60、63、64、66、67 期，1945 年第 70、71、73、75、77 期，1946 年第 81、85 期。

二

近时物价之高，为亘古所未有，尤以食物为最。余于前岁曾戏作七古以示庄吕尘兄云：“昔时微禄五斗米，今日价重千明珠。布衾偃卧踏里裂，臣朔饥死惭侏儒。平居坐看笋作竹，偶动食指羊蹴蔬。山谷诗注，昔有人常食蔬菜，偶食羊肉，夜梦脏神告曰：‘羊蹴破菜园。’盘餐重肉终岁无，无酒更怕闻提壶。君不见四郊累累多白骨，饫肥择甘非吾徒。我思杜陵在同谷，长镵托命劳歌呼。不如归去寻敝庐，荒园种菜勤把锄。”吕尘为之忍俊不已。

三

余曩作绝句云：“宿墨成冰涩砚池，水仙凝碧衬梅枝。桃符竞卖琉璃厂，苦忆宣南岁暮时。”静照先生极谓为佳。盖宣南每逢岁暮，琉璃厂纸肆以及摊市，春联竞列，笔酣墨饱，耳目一新。自元日至灯节，则琉璃厂内海王村各市肆林立，珠宝古物，名人字画碑帖，儿童玩具，无一不备，各投所好。其中字画赝鼎极多，亦间有真者。又前门外关帝祠求签极灵验，王渔洋《香祖笔记》载签验一则云：“求得二签，其一签云：‘君今庚甲未亨通，且向江头作钓翁。玉兔重生应发迹，万人头上显英雄。’又一签云：‘经营百出费精神，南北奔驰运未新。玉兔交时当得意，恰如枯木再逢春。’其后均验。”余于己未元日，循例晋谒关帝祠，亦求得此二签，与渔洋相同。自甲子岁南归，卜居于鸠兹江畔，来往沪渎。戊寅岁杪，复由湘移家沪渎。所谓江头钓翁者几二十年，与渔洋遭际判若霄壤。所谓玉兔重生，迄不知其何指也。

四

友人王熙九为余言，北平财政部印刷局工友某甲，家寓城南白纸坊，夜归，中途蹶石而踣，起而急行，至家扣门，妻不应。过友人宅，初于门隙见有灯火，闻扣门呼声，烛顿灭。某甲恚甚，复折回，见一人偃卧道上，迫视之，遽然而醒，乃己身也。观此则离魂之说，不为臆造。又北平旧传有四大凶宅，南河沿某巨宅亦即其一，后改为公寓。余友人李师蘧曾寓其中，迄无闻见。或者人多气盛，则怪异亦随之消弭耳。余至戚某君赁顶银胡同一宅，仆御入夜辄自相惊扰，云时见有青衣男子。余居东厢屋，重门深闭，无风忽然自启。又入夜枯坐时，承尘上一石，旋转而下，文采斑驳，颇似雨花台石，此则余亲睹之云。

五

清醇亲王故邸在宣南石驸马大街，其后为太平湖。余初至宣南时，湖水一泓，其深者尚可灭顶。未及二年，渐涸为洼地。每读杜工部《丽人行》，想见唐曲江之威，然以问之余叔岳高楚艭先生，则云西安古迹仅雁塔题名旧址尚存，曲江仅一沟渠而已。陵谷迁移，古今同慨。静照先生《偕觚庵学使过陕》有句云："曲江流已堙，雁塔颓仍在。"非亲临其地者，不能作是语也。醇邸中有一宅，相传为清德宗诞生之所，民国纪元后，改为学校，为美籍教习吉富德所居，余曾数至其地。醇邸正宅之西为一荒园，楼阁亦渐就倾圮。北平园林之结构，远逊江南。虽以亲王之尊贵，其亭榭池沼，亦无足称者。其他更可想见矣。

六

予少时为诗，颇喜香奁体，自乙卯岁遇静照师后，劝以多读韦柳。嗣后略窥堂奥，平时浅陋之习为之一变，盖已二十余年不作绮语矣。丁丑孟春，予因事作沪渎之游，勾留旬日，刘宣阁表兄偶约观圣爱娜夜舞，予口占二绝云："约绰风鬟着意看，新愁旧恨在眉端。春来已是风和雨，还为腰肢护薄寒。""蹁跹裙屐舞天魔，酒渴灯残唤奈何。哀乐未忘人事改，座中空叹病维摩。"时值上元节近，舞厅中于舞蹈音乐中止之际，忽加入大舞龙灯一小时，以佐宾客余兴。予笑谓宣阁曰："此真所谓翩若惊鸿宛若游龙也。"予既不解舞，枯坐未久，兴辞而出。

循静安寺路以至惠中旅邸，冲寒步行，万籁俱寂，乃觉绚烂之后归于平淡。戊寅岁杪，予由湘省转徙沪渎，偶过圣爱娜旧址，惘然赋一绝句云："灯泊江湖梦已非，残宵往事正依稀。细腰舞罢华华焕，犹傍通衢缓缓归。"雨窗中偶然忆及，录之于此，以志鸿泥。

七

端匋斋制府在直督任内因事落职，亟谋开复，辛亥奉朝命为川汉铁路大臣。时朝议以鄂督瑞莘儒调直，而以匋斋承其缺。端氏至汉口，鄂中官吏均纷纷过江迎迓。瑞恕斋衙参时，僚属至者寥寥数人。恕斋大怒，坚持不肯调缺。端氏不得已，惘惘悬川。未几武昌义师起，瑞既仓皇弃城而遁，端氏亦遇难。杨留垞先生曾为匋斋幕客，有诗哀之云："金雁江头路，悲歌蜀道难。随人怜杜佑，并命误裴宽。月冷鹃啼苦，囊空鹤料寒。少陵老宾客，把剑涕汍澜。"匋斋收藏甲于天下，予曩在北平，友人某君曾以匋斋收藏埃及古帝王棺盖石刻拓本见赠，并附有珂罗版译本一册。埃及古文皆象形文字，虫鱼飞鸟之属，森然并列，而人体尤为逼肖。乃知中外文字之元始，殊途同归。人类之智慧，天所赋予者，盖未尝稍异也。

八

韩退之诗："我生之辰，日宿南斗。牛奋其角，箕张其口。牛不能服箱，斗不能挹浆。箕独有神灵，无时停簸扬。"东坡谓："退之以磨蝎为身宫，仆以磨蝎为命宫。平生所得谤誉，甚相类也。"又东坡诗："五行胜己斯为官，官如草木吾如土。"盖本《珞琭子》"人命五行，克我者为官"，木克土，故下句云云。以命理语入诗，可谓奇绝。纪文达公《阅微草堂笔记》云："推算干支或奇验，或全不验，或半验半不验。无锡邹小山先生夫人与安州陈密山先生夫人八字干支并同，小山官礼部侍郎，密山先生官贵州布政使，均二品也。论爵布政不及侍郎之尊，论禄则侍郎不及布政之厚，互相补矣。二夫人并寿考，陈夫人早寡，然晚岁康强安乐。邹夫人白首齐眉，然晚岁丧明，家计亦薄，又相补矣。此或疑地有南北，时有初正也。”薛庸庵《笔记》云：“左文襄公有中表弟曰吴伟才，与侯相八字‘壬申辛亥丙午庚寅’干支均同。少有奇童之目，与侯相亦同。道光壬辰侯相与兄景桥中书宗植同举于乡，而伟才改业屠豕，侯相勋业烂然，而伟才禄命中之煞刃，仅用之于屠豕。”案子平论命，以五行为主，间及星宿。中国以星为全国分野，见之载籍。国家政事之臧否，吉凶休咎，又往往上应天象。如日食、月食、荧惑入南斗、太白昼见之类，史不绝书。近代天文家以科学之进步，仪器之精详，所谓星球，如金星、木星、天王星、海王星，自有其当然之轨道，与人事初无牵涉，而旧史乃言之凿然有据，此又何说欤？北平有许君者余已忘其名，精于推算，曾著有《人鉴》一书，近世要人八字干支，搜罗殆遍。谓清圣祖康熙八字“甲午戊辰戊申戊午”，年月拱禄，时日拱贵，年支午，时支午，午以子为帝阙，而辰与申遥合之，不落空亡，是以为六十年太平天子；谓项城八字“己未癸酉丁巳丁未”，年月拱财，时日拱禄，年支未，时支未，未以丑为帝阙，而巳与酉遥合之，惟丁巳旬丑落空亡，同而不同。又有慈禧太后八字，所论亦甚微妙，余已不复记忆。其批命润金甚昂，非百金不肯落笔，余始终亦未往问津也。

九

陈鹤柴师先世葑池公，讳大化，曾官南阿粮道。乾隆南巡，召见，赐洗沙宫饼数枚，怀其一以归，因传其制法。嗣后鹤柴师故里庐江县以洗沙宫饼著名，甲于邻邑，尤以宛谷生所制者为佳。鹤柴先生追怀祖德，生平极嗜此饼，某岁曾以之分馈朋好，一时赋饼诗者甚众，惟郑海叟七律中二句云“佐茗不妨油齐重，彻煎尤喜豆沙甘”，真能道尽洗沙饼之风味。予曩寓鸠兹，每得洗沙饼，必邮致鹤柴师。近数年中道途间阻，求之未获，而鹤柴师旋归道山。癸未仲冬追纪前事，曾有五言绝句数首，中有句云：“五年惭一诺，宫饼未曾来。”时距鹤柴师之殁已历年矣。

一〇

鹤柴师之侄陈玉度君，为徐东海时代前陆军次长罗仲芳先生之快婿。玉度在北平结婚时，鹤柴师曾北游，延罗仲芳次长家宴，邀余作陪，座客有王君寿乾丙坤，亦余之同邑人也。未几王君赴湘省任省府秘书厅长，嗣又调任陕西某处道尹，旋卒于任所。同县县长缪君与王同乡里，过从甚密，一夕方独坐，忽见王君搴帘入，寒暄道旧如平时，且云："吾不久即归，君与吾至好，宜相送，且此处亦非乐土也。"缪当时已忘其死，曰："敬诺。"族送王出，出则不见其人，乃惊悟。此事曾见之北平某报。乙丑岁余在某公筵次，曾与缪君同席，余与缪君素不相识，座客中有以前事问缪君者，缪君自言其所见，与报章所载者大略相同。又余姨侄女刘明曾女士，其幼时在姻戚张氏宅中嬉戏，时方上元夜，室中童稚仆婢方围坐作骰子戏，明曾忽怖而欲归，至家自言见有一神将如王灵官状，手执巨鞭立某媪后。迄今已十余年，若问以前事，亦言之历历不爽也。

一一

近阅宗谱，见先伯祖文忠公御制碑文，中有二句云："方资八柱擎天，共赞再昌之治；何意四时成岁，竟为代谢之期。"盖用唐张说作姚崇碑文中语也。案姚崇与张说素不协，一日崇奏事上前，足微跛。玄宗问之，崇曰："臣非足疾，乃心疾也。"因言张说交通藩邸各事。玄宗大怒，说几蹈不测。后姚崇病革，语其子曰："我生平与张说不睦，说虽任智数，然性贪，见事稍迟。我死之后，可将我平生所藏玩好，罗列柩前，说必来吊。若徘徊观望，即以我遗命赠之，而以碑文为请。得即奏闻镌石，可无患矣。"崇既没，说至，其子如其言，说果大喜，援笔为文，推崇备至，中有句云："八表承天，高明之位列；四时成岁，亭毒之功成。"既而悔之，已无及矣，乃叹曰："死姚崇犹能算生张说，我不如也。”此与死诸葛能走生仲达，后先相映成趣。骈文入于公牍，其佳者往往足以动人。史载宋高宗《登极诏》云：“汉家之厄十世，维光武以中兴；献公之子九人，仅重耳之尚在。”千古传为名句。又南宋末降将《上全太后表》云：“非曰子弟，叛其父母。视以犬马，报之寇仇。不得已也，尚何言哉。”虽其文有悖于名教，然于无可着笔处居然着笔也。又李闯檄文：“狱囚累累，士无好礼之心；征敛重重，民有偕亡之惧。”闻者皆太息。以此见明季之苛政，而载籍不厌详书者，亦以示戒于后世而已。民国纪元前己酉岁，余年方十四，随侍家慈侨居沪渎。时端匋斋制府由南洋调直督，其谢恩表见于报章，堂皇矞丽，心窃好之，当时曾熟读，今亦仅记其末二句云：“君命召，不俟驾，心已驰夫九重青琐之班；皇建极，锡庶民，惧弗胜夫三辅黄图之重。”端在直督任内，果因事落职，末句竟成语谶矣。乙丑之难，家藏蠹籍及手抄本散失殆尽。略就所记忆者，杂书于此。

一二

同邑童茂倩丈挹芳，张靖达公树声之甥也。美须髯，谈言微中，解纷排难，有鲁仲连之风。尤长于诗，著有《存吾春馆诗集》。其《古酒器歌》七古一篇，已见鹤柴师《尊瓠室诗话》中。《过靖达公旧邸》云：“寥落人间事可哀，十年谢墅首重回。帘栊寂静蛛垂网，庭榭荒凉犬卧苔。旧仆衔恩常自语，幽花溅泪为谁开。西州应是回东路，悔杀羊昙醉后来。”庚子岁，与先公同车南行。先公见背后数年，茂丈应皖抚朱经田中丞之聘，留驻省垣，数与先伯父庚余公过从，每以余兄弟为问。乙卯岁，余在北平，闻茂丈来宣南，寓吕祖阁胡同，因往趋谒。陈二庵将军宧微时为茂丈所器识，及贵，所以事茂丈者亦甚周至。茂丈因为言其轶事。二庵将军，固黎黄陂之乡人也。初尝读书某破寺中，寺颇荒废，以一巨梃自随。群言寺中有鬼，二庵何以独无所见。或曰：“二庵亦穷鬼耳。”及黎为副总统，二庵将军亦洊升显要。于是乡人述其旧事，皆云陈二庵白虎星也。大抵世论以穷达为转移，率多类此。后十余年，茂丈家居，奉鲁军掩至合肥，围城数日，其统帅中有深器茂丈者，得茂丈一言解围去。晚年尤侘傺，长公子东甫先生早卒，杜门却扫，以佛经消磨岁月，旋卒于里寓。芜湖乡人士为开追悼会，上私谥曰贞惠先生。余曾作一挽联，匆匆未能送悬，兹附录于此："与先公患难至交，京洛车尘，沧海桑田悲旦暮；论私谥古今非一，乡阁柱石，围城玉貌见生平。"

一三

张弢楼表伯，光宣间以古文辞雄于坛坫，世称竹居先生。忆余十九岁过天津时，曾趋谒。公为余话先君旧事，欷歔叹惋，并题余诗稿略云："中表李郊云门子小云过津，以其诗卷来谒。小云年少开敏，为诗又得家法，郊云为不亡矣。回忆与郊云倚津桥听啼鹃时，忽忽已二十余年。怅宰木之成阴，喜秋柏之已实，愉慨交心，此又可收悲以欢欣者也。"先公题弢楼石刻四律，中有一律云："幅巾归里自萧然，检点琴书绝世缘。跋浪鲸鲵喧海市，还家鱼麦就江田。伤春王粲情思永，感旧羊昙涕泪涟。记否酒楼凭眺侣，天津桥上话啼鹃。"盖即指津桥闻鹃旧事。甲庚以后，朝局日非，此借用《宋史》洛阳天津桥闻杜鹃声，天下将乱，地气自南而北。语意巧合，如天衣无缝也。

一四

先公方外交常明上人，为庐江冶父寺住持，谙内典，并擅岐黄。余少时曾尼一见，须发皤然，一高僧也，年八十余始圆寂。庐江山水清秀，泊舟城外十里，即隐约见群山绕郭，尤以冶父为最著名，相传为欧冶铸剑处，其上尚有遗址可寻。戊申九日，余曾随塾师往游，亦仅及山下冶父寺为止。寺门外茂林修竹，似与后来游云栖寺时所见者相类。寺中有所谓一壶泉者，味殊清洌。又有所谓壁虎龙者，状似蜥蜴，其腹朱色，若捕置盎中，携归置院落中花砌上，遇阴雨往往失所在。此亦得之传闻，非亲睹也。余往年过庐江缺口有绝句云："缺口没平水似环，孤帆浩淼客心闲。重来倍觉秋光好，淡扫晴湖对远山。”过缺口即为黄陂湖，湖山之胜，似不亚于江南也。

一五

余曩寓鸠兹，时与故友汪镜潭先生过从。镜潭为余言，其至友某公曾宰安徽某邑，邑之缙绅某先生，与狐仙所谓三老太爷者相友善，某公闻其异，思一见之，属某先生为介。一日某先生过衙署，语某公于斋室，中置红毯毹一，白酒一瓶，鸡子数枚，以俟其至。俄顷红毯毹蠕蠕动，突见庞然一物巨如獒，毛黄色，目光如炬，因言："吾辈方外人，不喜预人间事。公今之贤宰官，既见召，不能不来。"问其何以能人言而形不化，则笑曰："我辈兽面人心，较之人面兽心者又何如?"问其年，则曰："吴大帝赤乌二年间诞生，盖已二千余年矣。"旋取白酒略尽一樽，食鸡子二枚，瞥然已杳。镜潭所言某公，似即前芜湖专员高公也。镜潭为庐江之名秀才，喜诙谐，亦时作韵语，年六十余，撄微疾而殁。曾以"霜降茅檐如小雪"七字，属余作对，迄未能应。又为余言一巧联，以安徽地名作对者："宿松猛虎，当涂一过潜山走；秋浦孤雁，太湖不落望江飞。"

一六

昔人论杜牧之诗"东风不与周郎便，铜雀春深锁二乔"，谓为吴中恶少语。王渔洋《三国志小乐府》："腹痛思前事，分香惑后人。二乔得佳婿，不是洛川神。"又《官渡诗》："别驾亡来事已非，夕阳官渡客行稀。袁家新妇应惆怅，剩与陈王赋宓妃。"语意亦稍嫌轻薄。国破家亡之后，一弱女子岂能幸免，君子悯其事，哀其遇可也。吴梅村《听卞玉京弹琴歌》，言金陵明中山王徐氏有淑女，容德兼备，福王初立，册为后，未及入宫而难作，清兵渡江，遂不知所终。其诗中最精炼之句："闻道君王走玉骢，犊车不用聘昭容。幸迟身入陈宫里，却早名填代籍中。按代籍，用《汉书》窦太后事。依稀记得祁与阮，同时亦中三宫选。可怜俱未识君王，军府抄名被驱遣。漫咏临春琼树篇，玉容零落委花钿。当时错怨韩擒虎，张孔承恩已十年。但教一日见天子，玉儿甘为东昏死。羊车望幸阿谁知，青冢凄凉竟如此。”以明妃作喻，词意凄婉，深得诗人忠厚之旨。其下忽接以“我向花间拂素琴，一弹三叹为伤心。暗将别鹄离鸾引，谱入悲风怨雨吟”四句，令读此诗者，迷离惝恍，如置身座中，亲聆绝调，余音绕梁，三日不绝也。世多言清豫亲王多铎娶刘三秀事，而于徐妃事知者甚鲜。以是知一代之诗史，远不如《过墟志》《孀姝奇遇记》说部入人之深。北平内城东三条胡同协和医院，即豫亲王之旧邸。世运迁移，勋华旧业，往往随之俱尽。民国纪元后，豫邸后裔已式微，乃能以旧邸宅售之美孚煤油大王，得数十万金，较之梅村诗中所谓“妆田粉碓豪家夺”者，已判若霄壤也。

一七

吴三桂之于陈圆圆，见之梅村诗。冲冠一怒为红颜，千秋定案，几于无可置喙。然余曾见某明人笔记言李闯入燕京时，百官多縶于萧寺中。及闯败后数日，闻从贼言，闯初以吴骧书约三桂降，三桂不答。嗣以东宫太子手谕往，三桂复书约降，惟必须闯携太子亲往，以辨真伪。闯乃率从贼万人，携太子并吴骧同入三桂军中，三桂涕泗出迎入帐中。闯与太子上坐南向，三桂东向坐，吴骧则置之下坐焉。坐甫定，闻笳声四起，闯知有异，急夺太子出，并挥从骑缚吴骧，跃马而驰。及至军，三桂兵已四集，从后追击。闯军不知所为，遂大溃。闯归至天津，斩吴骧全族三十三口以殉。是闯之败，败于三桂兵，非清兵。而三桂初意尚欲夺太子也，或者传闻异词不足为信史欤！梅村诗中“若非壮士全师胜，争得蛾眉匹马还”，“全家白骨成焦土，一代红妆照汗青”，谓三桂之意，不恤牺牲闯族以为圆圆也。其末四句“换羽移宫万里愁，珠歌翠舞古梁州。为君别唱吴宫曲，汉水东南日夜流”，“汉水”句用李太白诗“朱颜富贵若常在，汉水亦应西北流”，语殊酝籍。是时吴三桂方雄据滇南，炙手可热，而梅村已料其必败，时人多服其先见云。先公《滋树室遗集》中有《咏圆圆》四绝句，其末首云："皓首青灯古佛台，昙华絮果尽堪哀。遗将尺幅生绡影，不共昆明化劫灰。注：曩于沪渎见圆圆小像。"盖三桂为云南王时颇蓄异志，圆圆屡劝不听，遂缁衣归佛，亦明末一奇女子也。

一八

前见《永安月刊》有梅画数幅，疏影横斜，别饶深趣。逸梅先生爱梅见称，足与古之高士相颉颃。梅花诗，前有林逋，后有高季迪。然如东坡诗"数枝残绿风吹尽，一点芳心雀啅开"，元遗山诗"留残瘦骨犹堪画，未展幽香已可怜"，皆从侧面善写梅花者也。先公《滋树集》中有《题程醒园醒园，程学启之子。墨梅》二绝句云："传家蒲璧旧通侯，老共逋仙索笑游。春画空山明月夜，自吹铁笛按凉州。""邓尉山遗堕泪碑，胥津晚树尚垂垂。何人解唱江南乐，拣取春前未发枝。"予于梅诗不善作，因着笔甚难，惟弱冠时，有"余雪不欺梅"五字，鹤柴师谓造句新颖。又《和蘅庄梅诗》绝句云："照眼闲庭雪作堆，新诗盘薄吐琼瑰。何应共泛西泠棹，认取孤山几树梅。"又《丁巳岁除》绝句云："岁除委巷门虚掩，风急闲庭雪未休。赖有寒梅伴幽独，去年今日滞真州。"又曩居宣南，因事感赋一绝句云："自是清闲自觉忙，东斋花事去堂堂。傲霜残菊无多态，又着新梅试晓妆。"以示莼季弟，莼季复诗云："知君冬晚斋头味，缀语梅花试晓妆。"又莼季曩寓居余宣南宅中时，适友人以红梅二盆见赠，以一置其所居室内，为炉火所熏炙，花忽怒放，莼季赋五言律一首云："新妆巧贮盆，室小斗炉温。怒蕊酣吟调，飘香铸梦魂。疏狂容有恨，消渴竟无言。夜久支癯骨，荣枯莫更论。"又余家藏有彭雪琴宫保墨梅四幅，每幅均题一绝句，仅记其一云："前身许我是林逋，输与梅花作丈夫。莫笑藐姑太消瘦，仙人风骨本清癯。"雪琴宫保与梅花之轶事，传者已久，率皆里巷之谈。余继室魏氏为刚直公之弟，讳玉麒公之外孙女。戊寅岁，余避居衡阳，彭府曾折简相迓。余颇思一往，亦因循未果。友人汪镜潭曾为余言，刚直公之裔孙某，曾一至余外舅魏公舜琴芜湖宅中，其人能生食蛇蝎蜥蜴诸毒物，与清初之海兰察事相类，亦奇人奇事也。并附识于此。

一九

近授家曙侄《史记》，《梁孝王世家》云："藏金四十三万斤。"又《陈丞相世家》云："沛公捐黄金四万斤。"足征中国古代藏金之富，皆以斤论也。史称："宋钦宗时，金人围汴，诏搜括民间金银，仅数十万两，而汴城为之一空。"薛庸庵《笔记》载："清初和珅籍没时，藏赤金数十万两，列为罪款之一。"乾嘉为有清一代盛世，和珅又为炙手可热之亲贵，藏金虽富，亦以两论矣。有谓南北朝时，拓跋魏及梁武帝皆好佛，古代之黄金，多耗于佛像，一经烽火，遂与沙屑同尽。理或然欤？民国初元，友人童东甫即童茂倩丈之长公子曾随陈二庵将军入川，偶为余言及川边藏人，多以金环易汉人彩绘物品，为贾者往往致富。又言西藏产金极多，藏人视同沙石，不甚珍惜，亦不知其确否也。近来沪渎黄金买卖，澎湃一时，然均在一两至十两之间，甚至公司发股息以金二分计算，见之报端。若以梁孝王藏金观之，仅太仓之一粟而已。

二〇

余少时即慕范肯堂先生之为人，惜生也晚，未及一见也。曩负笈北平时，曾以先叔祖太常公遗墨求姚叔节先生题跋，中有数语云："余少时三谒文忠公于天津，颇蒙青睐。公与范肯堂言，谓此子有英气。"盖肯堂先生是时即在先伯祖文忠公幕中，而叔节先生为肯堂先生之内弟也。嗣又读陈石遗先生《诗话》，见有肯堂先生《中秋望月》诗，仅首二句云："噫予瘦削不成影，见汝盈盈在上头。"石遗翁谓语殊衰飒，未久遂下世云云，又深以未窥全豹为憾。未几，友人高子冰复以下六句见示云："一世闺人齐下拜，八方果饰竞前投。移灯读曲重重怨，杖倚看云片片愁。病起不胜寒彻骨，萧然掩袖若为秋。"文为心声，信如石遗翁之所言也。近见《古今半月刊》徐一瓢先生《记通州范伯子》一文，谓姚范之姻为吴挚父先生所玉成，并载肯堂先生绝笔《赋落照》诗云：“落照原能媲旭晖，车声人迹尽稀微。可怜步步为深黑，始信苍茫有不归。”又载先生挽先文忠公联云：“贱子于人间利钝得失，渺不相关，独与公情亲数年，见为老书生穷翰林而已；国史遇大臣功罪是非，向无论断，有吾皇襄忠一字，传俾内诸夏外四夷知之。”挽挚父联云：“君今安往乎，吾未之也已；不无善画者，莫能图何哉。”又挽吴夫人联云：“又不是新婚垂老无家，如何利重离轻，万古苍茫为此别；且休谈过去未来现在，但愿魂凝魄固，一朝欢喜博同归。”所谓情生于文，令人读之，增伉俪之重。挽联不知始于近代何时，古人有祭文墓志铭，而无挽联。若唐宋间有此，以韩苏之大手笔，必将有堂皇瑰丽之作足以为后世法者。予生平所见挽联，殆不下数千轴，求其词藻充茂，能恰合身分者，已不可多见。至若融贯古文词句，以为挽联，语重情长，如肯堂先生所作者，虽名下士见之，亦当为之心折也。吾乡前辈江润生太史云龙亦善为挽联，挽先伯祖勤恪公联云：“于公为通家子侄行，叹我生磊落多奇，亲携游客看山，笑送闲云过沧海；群季皆一时俊杰士，为国事摧伤殆尽，独剩元臣卧阁，愁深春草梦池塘。”时文忠尚在粤督任内，故末句云云。挽先公联云：“平生以孤介自期，看君如龙马走天衢，揽辔误为贵胄子；此日有何大事可办，先我驱狐狸于地下，饰巾犹作未归人。”此二联亦久为乡间人士所传诵。润生太史著有《师二明斋诗集》，挽联即附存集后。余旧藏一编，丁丑之难，毁于劫火。所谓师二明者，王阳明、诸葛孔明也。

二一

逸梅先生赐书，谓今岁双十节，瞬将届临，值兹日月重光，昭苏万象，嘱为短文，以为《永安月刊》之点缀。欢娱之词，苦难把笔，惟讽咏杜工部诗“却看妻子愁何在，漫卷诗书喜欲狂”以自况，亦深合吾人目前之情景也。溯自“七七事变”以至今日，为时仅阅八年。此八年中，烽火遍于全国，虫沙过眼，玉石俱焚，触目惊心，固非一人一家之事。

蒋委员长以天纵神武大有为之人，具坚忍不拔之志，领导群流，挽回劫运，山河再造，七戡不惊。予一介细民，叨逢盛会，痛定思痛，颇思暇日作一长篇笔记，追述中间流离转徙，由皖而赣而鄂以至湘南，所过名山巨川之胜迹，所遇乡村中牧竖野老之风土人情，以备他年采风者之一录。回忆戊寅岁杪，由衡阳经浙赣路至金华，复由金华经丽水、永嘉而来沪渎，索处海滨，闭门却扫。而户以外甚嚣尘上，多为不入耳之言。惟予自念爱国为国民之天职，宁肯后人。处此中国历史数千年未有之时局，妻孥幸能瓦全，自谓得天独厚。虽囊在鸠兹侨遇，平生蓄积，抛弃殆尽，为值以巨万论。身外之物，视同敝屣，决不愿枉己干人，以求不义之富贵。家又屡空，米珠薪桂，不得已则又变易先人田亩，以求苟活。间为诗词，又恐触犯忌讳，遭遇奇祸。藏诸胸臆，郁而弗宣。时至今日，又安能不一吐耶！附录旧作若干首，非敢言诗，亦聊以见志而已。《将之长沙旅邸口占》："浩淼烟波客去时，梦中家园只堪悲。长沙自古伤心地，被发行吟却语谁。"《江靖船阻风洞庭湖口占》："落日君山没涨痕，孤舟何处望中原。湖波未解湘累恨，一夜狂飙荡客魂。"《衡阳集宾滩雨夜偶成》："湘南重巫觋，入夜鬼为雄。密雨疏灯外，荒村矮屋中。存亡三户在，飘泊几人同。去去将安往，江船倘更东。"《有感》："濯足来沧海，飘流岂夙因。屡空能一饿，交谪又兼旬。蹙国谁哀郢，盈庭正美新。为留坚白质，终古叹缁磷。"《次韵答庄吕尘》："南冠相对话归田，烽火惊心已二年。乡梦乍醒窗外雨，市声如沸井中天。偏安自古存龟鉴，正统何曾系鼎迁。独喜故人诗句好，万波穷海一灯悬。"按庄厚诗中有"颇闻荆楚师仍壮，遂使成周鼎不迁"之句，盖是时长沙方获一胜仗也。《消息》："消息梁园愿久违，山河带砺是耶非。漫愁绣户蛛丝密，又见雕梁燕于飞。自古三分曾有例，紫阳《纲目序例》：帝蜀寇魏。只今四海更无归。高楼一角斜阳里，望断觚棱暮霭微。"《闻安南近事有感》："谁谓唇亡齿遽寒，艰危来日事尤难。忍教霸业归陈宝，定有威仪复汉官。从古冤禽填瀚海，几时突骑渡桑乾。江湖魏阙君休问，皂帽终惭管幼安。"《鸠江陶塘晚眺》：

"积雪春回着意融，敝裘缓步不禁风。池塘浅草怡情碧，儿女新妆照眼红。八表穷荒谁独往，四时亭毒果何功。丈夫出处非闲事，青史从来有至公。"附庄吕尘和诗："李侯佳句过阴铿，江海栖迟苦被兵。举世谁知臣虏耻，望京忧国涕纵横。""载诵湘南咏，艰难道路时。燕飞巢已毁，书远梦俱迟。夜雨居夷感，秋风破贼师。未知天祚否，国命细于丝。"

二二

王溪生《咏泪》诗："永巷长年怨绮罗，离情终日思风波。湘江竹上痕无限，岘首碑前洒几多。人去紫台秋入塞，兵残楚帐夜闻歌。朝来灞水桥边问，未抵青袍送玉珂。"句句是泪，末句以"未抵"二字，折入平生遭遇，哀怨缠绵，令人不忍卒读。按义山初因令狐楚拔识，成进士，后娶王茂元女，背牛附李，令狐绹恶其无行。及绹为相，义山复往依绹，绹虽外示优礼，口惠而实不至。遂坎壈终身，年不满五十，官未挂朝籍而死。见冯浩注。其诗中之獭祭廋词，多诋毁令狐氏之作。绹固一时显宦，后世作者，未必人人能知其名，反附义山诗以传，非义山所及料也。夫为贫而仕，虽尼山之圣，亦尝为委吏乘田。陶靖节不肯为五斗米折腰，晋亡之后，藉词高蹈，胸中另具一段痛史。高常侍诗："我本渔樵孟诸野，一生自是悠悠者。乍可狂歌草泽间，宁堪作吏风尘下。"乃骚人洒脱一时寄兴之语。东坡诗："治生不求富，谋身不求官。譬如饮不醉，陶然有余欢。"善哉言也。

二三

唐刘禹锡为太子宾客时，牛僧孺以后进持诗卷往谒，禹锡对客挥毫，点窜词句，牛意颇不怿。后十余年禹锡因王叔文党贬居外郡，牛以节度使出镇扬州，禹锡趋迓，牛当席赋诗云："粉署为郎四十春，今来名辈更无人。休论世上升沉事，且斗樽前见在身。珠玉会应成咳唾，山川犹觉露精神。莫嫌恃酒轻言语，曾把文章谒后尘。"禹锡答诗云："昔年曾忝汉朝臣，晚岁空余老病身。初见相如成赋日，后为丞相扫门人。追思往事咨嗟久，幸喜清光语笑频。犹有当时旧冠剑，待公三日拂埃尘。唐制，宰相宣麻后，三日方视事。"牛吟和诗，前意稍解，曰三日之事，何敢当也。于是移宴竟夕，方整前驱。按禹锡固一代才人，惟热中仕进，奔附权贵，卒至一蹶不振，故元遗山《论诗绝句》讥之云："乱后元都失故基，看花诗在只堪悲。刘郎也是人间客，枉向春风怨兔葵。"

二四

余同僚姚让庐先生本廉，"八一三"前曾为市府幕僚，胜利后因复员入财局，其同辈数人，皆一时显要，君乃以微官自隐，淡然于名利之场。君为人恂恂儒者，言呐呐然如不能出诸其口，善治汉印，规摹篆隶，目无全牛，昕夕相对，日以雕镌为事，亲旧有请辄应，并出囊蓄佳石，镌以相赠。曾辑有《清华印存》一卷，其表兄丁传绅先生民初曾任钱塘道尹为题一绝句云："勒石所期存姓字，燕然膴下事非殊。无人为向扬雄说，篆刻雕虫亦壮夫。"一艺之精，足以泥途轩冕，所见盖胜梦得远矣。

趋庭载笔[①]

李家咸

一、一分铜币

六十六期本刊《繁星》中载贾观军先生《潜修片羽》一则云，于青年会好癖展览室中，得见罕见之一分铜币，外圈“中华民国五年”六字，内圈“二分”两字，正中一小孔焉。此币铸造本末，予尚能言之，益家君主币政事所铸也。是时，予虽尚未生，后趋庭侍坐时，家君语予各金银币、各纪念币，暨其他各币曾及此也。

按民国三年厘定币制，定二十元、十元金币，一元、中元即五角银币，二角、一角银辅币，五分镍辅币，一分、五厘铜辅币，共九种，均十进。而鼓铸颁行只一元、中元二种，正面袁项城像，背嘉禾文之币也。中元，民国八年币制局复令废止。金币，以金本位政策未定，五分镍币，因成本过重，均未铸，只成样本。各币厂银铸法定一元币外，亦铜币并铸，但非十进之辅币也。重庆、湖南两铜元局自为风气，模由自拟，仍作小洋。南京、武昌两造币分厂则铸共和纪念铜元，亦非法也。天津造币总厂自不便效分厂，紊乱币制，但利之所在，未能置之，乃取清代铜元旧模而铸之，委之于清代所铸，亦掩耳盗铃也。民国五年，吾

---

① 原载《永安月刊》1944 年第 67 期，1945 年第 68、71、73—77、79 期，1946 年第 88、89、91 期，1947 年第 92、93、101 期，1948 年第 104 期，1949 年第 116 期。

父主币政，拟遵条例，取十进辅币。照例分厂只可铸一元，由总厂颁祖模。银铜辅币，惟总厂铸之。盖皆十进银辅币，纯银只七成，利厚，防滥铸也。吾父既铸十进一角、二角银辅币，五厘、一分铜辅币各数万，而不易推行。一分者，即贾观军先生今所见也。银铜各二种之文，皆罗瘿公所书，总厂所雇之义大利技师鲁乔奇所绘图雕模。而大元、中元，亦罗书，义技师雕刻也。父因不能推行，乃先收市间通行之小洋二角，改铸大元。市间小洋既日少，新银辅币乃得畅行。其文亦袁像嘉禾，同大元、中元也。而铜辅币终难推行，盖银则一元，大小洋有二角之上下，市间尚可并行。铜币则当时一元易一千三百文，大小洋相差只三厘。论价时，零数一分，即给以旧币铜元一枚，亦绝不争，不必给以一分铜辅币，故铜辅币乃终不易推行也。时惟中、交两行领取，备公债发利尾数之用。自民国五年鼓铸一分者一百万枚，合大洋一万元，五厘者二百万枚，亦合大洋一万元。至八年，尚未发尽，后亦未再铸。清代民国，所铸银币皆无数可稽。惟此二种，能知铸数也。至此铜辅币花文，乃父命义技师绘数种，谓此富有美术意，乃取而为模。中穿者，因见比利时铜币有孔，遂效之，以易别于旧铜元也。陈澜生长财政时，吾父上《统一币制》说帖，废两为元、币制十进各办法，陈总长称善不已，而以窒碍多端，未能实行。因不关本题，姑从略焉。

二、金币镍币

前以贾观军先生之《潜修片羽》中述及有孔一分铜币，予因详纪是币之鼓铸本末，见于六十七期本刊矣，并及民国币制。尚有二十元、十元金币，五分镍币，只成样本，世人得见更鲜，非曾主币政者无由知，更无由见也。今据趋庭所闻，笔之于篇，以供藏泉家之参考焉。

十元金币，而袁项城之五分侧面像，背上“中华民国八年造”七字，中“拾圆”二字，夹以嘉禾，式同大元。惟面背皆宽边，作火藻纹。字则魏某所书，八分体。绘图雕模，皆总厂技师义人鲁乔奇手。币重库平二钱二分，金九百位币制名，即九成。二十元者，亦如之，惟重倍之，背嘉禾中作“贰拾圆”三字，书字、绘图、雕模，亦魏君与义技师也。民国八年，北京政府有币制借款之议。实则安福系借款供军费，以币制为名，为掩耳盗铃计，而不得不佯言将改金本位，饬造币总厂试铸金币，故各只得铸四十枚即罢。二十年，袁寒云曾于上海《晶报》中谈金币，谓民八金币袁像模即洪宪金币旧模，大误矣。洪宪币为狭边，轮齿纹，同一元通行之袁像币。民八金币，则宽边，火藻纹。两币袁像式虽同，民八币，因边宽，像小多多矣。想必寒云惟见洪宪币，未见民八币也。以寒云之博雅收藏，且居显位，尚有此误，甚矣考据之不易也。

至五分镍币，花样格式一如袁像大元，而袁像，上“中华民国三年”六字，背上“每二十枚当一圆”七字，中“五分”二字，夹以嘉禾。书者亦罗瘿公，绘图雕模亦义技师，皆民国三年与一元、中元、二角、一角同时成模，而当时只铸得一元、中元也。民国八年，家大人曾拟铸五分镍币，以成本重而罢。当时只成三枚，今真麟角凤毛矣。又有铜质者四枚，乃铸镍之先试以铜印也。至贾先生所言，一分有孔铜币，正面孔之下，尚有“每一百枚当一圆”七字，而未之详。五厘者，则下“每二百枚当一圆”七字，当时所铸，虽未能通行见前篇，但一则一百万枚，一则二百万枚，若只供收藏，为数已多，且为通行品，实不足珍也。至今日之罕见，又作别论。昔日满坑满谷，不可计数之铜元，亦将绝迹，遑论此币。而此币之可珍者，中无孔也。乃初铸时，父命无庸印孔，留以备玩。其只六枚，惟吾家有之，留苏宅，因战事，同其他各币失去，今不复可求矣。

三、毕乃尔

古者外国之人入仕中国者，以汉武帝时金日磾为最著。元祖声威远及西欧，时中亚细亚、欧罗巴人随营者实繁有徒。惟即留居中国子孙永不回籍者，亦无从考。清代朝鲜人金简，以女入掖庭，仕至侍郎，子孙遂为中国人。但朝鲜本为属邦，其臣民即我臣民，与他外国有不同也。至南怀仁、郎世宁等欧人，入仕我国，薙发易服，随同跪拜，固已入我国籍矣。惟当时国籍未若今之严，而我则谓“率土之滨，莫非王臣”，既仕于我，自是我之臣民，无庸再申明出籍入籍也。道咸以还，欧人通商传教，来者益众，传道教士及海关人员因劳绩奏赏顶戴者亦多。在西人，不过视同他国君主之奖勋章，于国籍无涉也。驻沪常胜军以助饬太平军之功，其将领则赏总兵参将、副将等职衔，或巴图鲁勇号。膺赏之人，除阵亡者，事后仍回本国，当时亦未薙发易服，盖终未肯入我国籍。即总税务司赫德，仕我四十余年，叠晋崇阶，至尚书衔、太子少保，恩隆爵显，远过南、郎诸人，亦终以客卿自居，不入我籍，不薙发易服，随朝跪拜，仍老归故土。惟美国华尔，率常胜军随征，因功迭保至以副将用，平日在营，多著中国礼服，同治元年阵亡于慈溪之半浦，遗命以中国衣冠入殓。先文忠奏闻，奉旨议恤，于松江、宁波建立专祠。是华尔虽未脱本国籍，入中国籍，然已心焉内向，倘非阵亡，终必入籍服官也。且闻其已娶华妇，无子不传。英人戈登助战，以功至总兵，亦未入籍，返国后，中俄以划界之争，戈登再来云：“苟有战事，将舍身相助。”英廷阻之，愤将脱英籍，入华籍。后战端未开，戈登亦未改籍归去。

西将入籍者惟毕乃尔，且入吾合肥县籍。按毕乃尔，法国人。同治元年在上海投效，为刘壮肃公铭字营教练。后随征，先后攻克杨库、江阴、无锡、金匮、常州等府县。积保官至记名总兵，赏戴花翎、法什尚阿、巴图鲁名号。毕亦早薙发易服，同治五年，乞先文忠代奏入合肥县籍，且奏于合肥略置田产为子孙世守计。奏上，自无不准。而乐居合肥者，自以同营多合肥人故也。其时我无国籍法，毕乃尔已位至专阃，将来有补缺之望，不似商民，可听其去留。又事为创例，不得不专折请旨也。惟后来闻毕乃尔补缺何省，亦未闻归老田园。想毕未及补缺，亦未及归田，即病殁军中也。迨至民国十年左右，忽传毕乃尔有兄，居法致富，知弟入中国籍，殁时遗言，以一部分财产赠弟之后人，但初知弟入华籍，而不知何州县。兄之子孙秉遗命，久访不得，嗣辗转托驻合肥天主教士，始访得端倪。毕乃尔娶华妇，惟生一女，嫁某氏，早殁。时存者，非毕女之子即其孙，已夷为农民，粗鲁不识字，于先代事亦模糊不详，闻可得多金，往谒教士，自承毕氏为外家。教士云，法国来函云必有确证及毕乃尔当年遗物方可。而某氏子既不能举证据，亦无外家遗物，终未得资产，徒懊丧而已。

四、日本第一次国书

东邻日本同治十年与我通使，订修好通商条约。日使将来，先照会先文忠公，实为中日第一次正式公文，已录之矣。当时议定草约，定来年换正式约章。乃同治十一年四月初九日，日本复派柳原前光来津，商改前约数条。文忠公未允，谓向无此例，惟词句中略有变动，聊事敷衍。柳原返国，又派外务大臣副岛种臣率同外务大丞柳原前光，外务少丞平井希昌、郑永宁来津换约，并充大婚贺使。同治十二年四月初四日，文忠公率前山东藩司潘鼎新、津海关道陈钦，及天津道府、通商委员等，与日使等齐莅公所，正式换约。礼成，尽欢而散。日使之来，赠送文忠公日本书籍、铠甲鞍镫等件，潘藩、陈道各馈赠有差，亦各报以土仪，文忠公并以奏闻。按中国与各国通商订约，英法美俄等在先，康熙朝虽已与俄国订《尼布楚条约》，与后之情形不同，亦未遣使驻京。日本之遣使订约为后。当时太后垂帘，不愿见外使，且恐觐见时有所要求，难以应付，国书皆交总理各国事务衙门转奏。各使以不得觐见，亲递国书，深为不怿，屡有烦言。文忠公亦屡奏，公使亲递国书，乃万国通例，且外人最重礼节，觐见时例语外，绝不至有他。朝廷始允俟皇帝亲政，再见外使。日使此时适来，文忠公又奏，日本与欧西各国平等，召见使臣，亦当一例。副岛种臣在津换约后，即进京觐见，呈递国书。文忠公已于同治十二年四月初七日奏闻换约，并先抄国书附呈御览。是时日本国书与近时者亦略有不同。按自隋代与日本通国书后，近世援欧西国交例，正式国书，此亦第一次也，因录之以助外交家之谈资。至日皇命使前来敕旨，副岛亦呈文忠公核阅，公并抄附奏，兹未录。旨尾署年，则为“神武天皇即位纪元二千五百三十三年明治六年三月九日”，与今纪年微异。敕旨收句，亦“钦此”二字。日皇敕旨，近时固无此，往时当亦然，或译文时仿我国上谕式也。

日本国书

大日本天皇敬白大清国大皇帝，曩者两国俱与泰西各国交通往来，而独两国未修亲善，故于去岁简派亲臣大藏卿伊达宗城，经与贵国议定条约，已予批准，允宜派使互换。适闻大皇帝既成婚，且亲政，朕深欢喜，乃特遣外务大臣副岛种臣，于贵国交换和约，并伸庆贺。朕固知种臣堪为喉舌，专令总理各国事务，无不代朕担当，言归于好。冀大皇帝思交谊，笃邻好，待该使臣优加仁厚。从此两国，蒙庆永久弗渝。特兹敬白，并祈大皇帝多福眉寿。

明治五年壬申十一月十九日

亲笔御讳 国玺

外务大臣副岛种臣画押

五、四唐

我国论诗，向推唐代，而于有唐二十朝二百八十五年中分时别体，为盛唐、中唐、晚唐，称为“三唐”。因风韵格调，因时变迁也。后又于盛唐中，选出在前诸人诗较淡永者为初唐，是为“四唐”。“四唐”之称，读书者人尽知之。但问某时至某时为某唐，则又多不能答。非不知也，不易记也。今胪举细晰之，以备谈诗者之易于检寻。

高祖武德九年，太宗贞观十三年，高宗永徽六年，显庆五年，龙朔三年，麟德二年，乾封二年，总章二年，咸亨四年，上元二年，仪凤三年，调露一年，永隆一年，开耀一年，永淳一年，弘道一年，武后光宅一年，垂拱四年，永昌一年，天授二年，长寿二年，延载一年，天册万岁一年，万岁通天一年，神功一年，圣历二年，久视一年，长安四年，中宗神龙二年，景龙三年，睿宗景云二年，玄宗先天一年，此九十四年为初唐；玄宗开元二十九年，天宝四十四年，肃宗至德二年，乾元二年，上元二年，宝应一年，代宗广德二年，永泰一年，此五十三年为盛唐；代宗大历十四年，德宗建中四年，兴元一年，贞元二十年，顺宗永贞一年，宪宗元和十五年，穆宗长庆四年，敬宗宝历二年，文宗太和九年，此七十年为中唐；文宗开成五年，武宗会昌六年，宣宗大中十三年，懿宗咸通十四年，僖宗乾符六年，广明一年，中和四年，光启三年，文德一年，昭宗龙纪一年，大顺二年，景福二年，乾宁四年，光化三年，天复三年，此六十八年为晚唐。昭宗天复癸亥之次年，又改元天祐，未卒岁，哀帝嗣，仍称天祐。只三年，朱温篡。此三年天下益乱，权在朱温，故诗人未列入唐统。唐去武后并哀宗，为二十帝。合武后，为二十一朝。自高祖武德元年戊寅，至哀帝天祐三年丙寅，则共二百八十八年也。

六、状元幸运

状元之名，乃唐宋时旧称。明清两代，已无状元者，乃殿试取第一甲第一名，明清只有三甲，宋代有四甲。赐进士及第，其余翰林赐进士出身，赐同进士出身。不须大考，即可留馆，当即授职修撰，故人称之曰殿撰。状元乃袭旧称，榜眼、探花亦然。修撰不过六品耳，位甚卑也。而人艳羡之若天上人者，盖昔时无捐纳，仕途不若后之滥。三年大比一次，而魁多士，为天下一人，实有足令人艳羡者也。既以试文而魁多士，宜文章优美矣，而实不然也。殿试之第，实为空文，不以为重。定高下，以字之工劣。所谓字之工劣，亦非若书家所能效法之名碑法帖也，不过时字耳。时字，又非朝考之白折体、乡会试卷体，别所谓大卷体，外袭颜柳之貌，俗所谓黑大粗也。状元之名，惊人若此，说来真不足为异。即得点中者，亦非文字果工于他人，不过偶然得之，实幸运耳。吾父尝谓点状元如买彩票，中头彩，诚确喻也。中彩，尚可中可不中，无标准。状元尚有犯规则，绝不能点而竟点者，非幸运而何？如张謇、孙家鼐诸人是也。

张季直京卿謇，未第游京师，见赏于翁叔平相国同龢，录为门人，光绪甲午科必思之点元，且可绍己衣钵，翁亦状元也。翁为阅卷大臣，固有权衡，例前十本卷须进呈御览，三鼎甲由皇帝亲定之，每有更易。时光绪帝甫亲政，翁又为师傅，圣眷极隆，自不至更动。但士子交卷后，先送泥封房，将大卷前列姓名、三代籍贯卷而折于背，封固之，不使阅卷大臣知为何人。故若不识笔迹，纵相识之人，亦无由辨也。故翁使其侄翁曾原状元供事于泥封房，阴察之。殿试卷表成，厚一钱，而无横格，文字虽无凭，但不能有一字添注涂改。如有误，可挖补，士子皆携小刀极利，将错字刮去，别备纸融贴之。因卷纸厚，故不见痕迹也。张卷误杨字之半，挖补后未干，拟全卷书成再补写，但卷成已晏，监考者已叠催，遂忘补写即缴呈，出场始忆及，懊丧而已。及卷至泥封房，某君见曰："噫，张君休矣。"翁曾原闻之，即肘某君，请其无声，思为之补，又虑笔迹不符，时黄自元状元亦在房中，向工卷体，请其代补。黄与张同乡，又以翁相投，自如其请。先摹张笔迹十次，乃代补之，张遂得大魁天下。

咸丰时，孙燮臣相国家鼐殿试卷虽进呈，而在五六本，鼎甲无望也。文宗亲阅，定甲乙，原拟六卷，有小疵，再阅榜探卷，均不惬意，已觉不耐烦，又时因皖北捻匪甚炽，欲有示恩，孙为寿州人，遂置孙为状头。旋发卷传胪，阅卷大臣始见对策中"董仲舒"误"舒"为"书"，因已钦定，不敢再声。

张之点元，尚云翁相国有意成全，实弊端也，孙则可谓侥幸矣。又有世称闾面榜眼者，光绪初，文芸阁学士廷式殿试，卷文"闾阎而"云云，而落"阎"字，时已晏，不及挖补，亦本无鼎甲之望。但"闾而"二字，易发觉，乃"而"加数画为"面"字，自觉"闾面"或可混过。阅卷大臣翁叔平相国及潘伯寅尚书世恩，阅至"闾面"，潘问翁曰："公亦知此出于何处，作何解？"翁思良久，答曰："似有之，出处不记，似昔人以

'闾面'对'檐牙'者。"潘遂不疑,以之置第二名,遂点榜眼。"闾面"何尝有典,何尝有"檐牙"之对,翁亦非有意成全,依稀仿佛,信口答之耳,尤为幸运。此三人,若误谬处发觉,不特鼎甲无望,翰林亦不可入,不过用主事中书耳。光绪末,状元王寿彭本不在鼎甲之列。时德庙有病,折泥封,见王之名,有王者彭祖寿之意,遂拔置第一,冀取吉兆。此又因以名而魁多士,尤意外也,岂非幸运而何?俗云:"买举还逢中举年。"岂不然哉?向例取前十名,阅卷大臣捧入进御览,帝朝服起接,式多士,重人才意也。次早,阅卷大臣至午门,呼十人名,即引见。前三名即鼎甲,如三呼未至者,以次递补,谓之小传胪。

七、马钱羊钱

马钱羊钱者,式如银铜币,而面铸马形羊形也。不曰币者,以等玩具,非通行币也。钱亦货币之名,而曰钱者,因古有马钱,亦非通行币,而曰钱乃袭其名也。古之马钱,大如折二,或平钱,面铸一立形马,背"骅骝""追风""逐电"等字,盖马名也。各泉谱虽载此,但铸此何用,始于何时,均不详。今马形者,既袭用钱名矣。羊形者,遂亦袭用焉。而铸此者,吾父所命,以纪念凡姊之生也。按民国七年,八兄家晋生,是年生肖为马,吾父时主币政,命铸此以纪念。大小三种,大者如二十文铜元,中者如十文铜元,小者如五厘铜元。面立马一,乃取名人画马而缩小,命造币总厂雕刻学生摹刻,择其精者铸之。背则平夷无文,缘钱面马形过起突,背即不能复有文矣。即只一面,平时铸币之印花机尚不适用。盖用印花机,马形不能尽突起如模,普通之币花文,不若此坟突之高也。故铸此,必用压力机。此机印花缓,费工费时,故平时铸币,不用此机。此机专为祖模、翻印祖模之用。祖模者,技师铸雕为凸文。别煅钢,合所模,入压力机压之,钢遂有文,为凹文,名铸模,即以之印币。一铸模印币,八千枚至一万四千枚,遂暴裂,不可再印。祖模翻印铸模,可二三万枚。吾父既戏铸此马钱,见者叹精,争相索,云作斗牌筹码之用,故各铸数千枚。民国八年,九姊家济生,是年生肖为羊,父亦命铸羊钱为纪念。则以银质为之,式之大小,介半元二角之间,厚则倍于大元,因花文亦坟突,必片厚压力机方可两面印也。面为羊立山坡,羊之须毛,丝丝皆现。背则大海无涯,波光潋滟,红日半升,霞彩万道。此钱尤精美绝伦,惟只成百枚,亦罕馈人,而因战事,留苏宅被劫,两钱无一遗留,良可叹息。恐将来流入世间,传诸后世,不测此钱当年何为而铸,考古家聚讼纷纭,今我不言,世孰知之。故趋庭有闻,遂记其始末。

八、单方补

古谚云,单方气死名医。盖谓单方有神效,医多不能解也。实则单方,或古人所发明,或由经验而得知,后世医者无学,且不知化验,遂无由知其生克物理。近世习西医者,只知崇拜外人,以单方多传自愚夫愚妇,鄙视之,不足置论,遂使良法奇方,多所沦没,良可慨也。本刊七十四期《繁星》中载知止文《单方漫录》,予读而好之,因忆予趋庭所闻者实夥,惟多取田野草本,各处土名不同,恐误采而致他患,姑不录。今取吾父前所亲试有效者,笔之以告阅者。

父患胃疾三十年矣,初则胃剧痛,如痧症,痛有高下,愈痛愈高,遂至不支,有生命忧,必注射或服麻醉剂方止,幸不常作,数年或数月一作。三年前,病胃溃疡,愈后,宿疾之胃痛,亦改常态。其痛不似昔之剧,不至不支。但痛兼胀,每日下午即作,中夜始止。日日如此,数月方愈。亦遂饮食日减,精神日敝,历中西医及单方均无效。有乡人鲍君胃痛情状,与父正同,惟历时较久,症较重耳。去秋忽剧痛,医治无效,一日夜而止。故父之疾,暂虽无危,终可忧也。友人授以单方,即以鸡蛋壳,焙微黄,研为细面,痛时服一汤勺,开水送下,或加洋糟少些,痛即渐减。日服之,一月全愈。今已岁余,痛胀不再作矣。父诏予曰:“胃痛有多酸少酸之别,鸡蛋壳本含石灰质,予之胃痛,殆多酸欤。”父又曾偶举以告吴君。吴君云:“鸡蛋壳有效,我亦知,但知能肥儿,尚不知能愈胃疾也。”戚人某,幼子二岁,黄瘦如有病,他人告以服鸡蛋壳粉，每晨以箸蘸少许，和粥中食之。今三阅月，是儿面转腴润矣。某医云："鸡蛋壳中，实含某种最珍贵之钙质也。"

又民国元年，父侍王父居沪塘山路宅，距予生尚十余年前也。时宅北一二里即麦田，每夕阳时，父携叔姑兄姊等散步畎亩间。一日，觉飞尘入目，遂不能启，亟归，初以为洗拭即愈，讵愈拭而愈剧，目磨甚，泪簌簌下。强启睫视之，目之白球，肿而突出，黑球赤如血。举室大恐，不知所措。老媪陈氏，数十年前外家旧仆也，适来谒，见之曰："公子飞丝入目矣，向传飞丝入目，目必瞽。"家人闻之愈惊恐。陈媪曰："无伤，以高粱酒熏之，丝即出。"并详其法。父曰："平时酒最伤目，况今目已伤，村媪焉知医理？妄言耳。"不之听。又须臾，目磨痛，不可耐，姑如法试之。用高粱酒半斤，煮热，贮碗中，俯就碗上，强开目注视。碗周围以巾，使热气无外溢，口衔竹管，插酒中吹之，使热气易上腾。如是约十余分钟，目不觉磨矣。以长针挑酒中，果有细丝，长数分，乃闭目卧而休息。半小时，目平复如旧矣，可称奇效神速。若延医疗，纵不瞽，不知须几日也。或曰飞丝，九毒虫所吐之丝，为风所吹，断碎荡空中。或曰鸟高飞，出空气，即全体崩碎化为丝，即飞丝，而毒甚。且鸟有病难耐，即任意高飞，至体崩溃始已。鸟至死皆如是，故旷野林中，未见有死鸟也。前说似近情，后说未必可信也。

九、日使照会

东邻日本与我国交最早，隋唐之世，日本僧人屡来中国，青年学子亦有随僧来求学者，经商则日禁其国人出国，惟我国往商于日者，络绎不绝。日专官管理而无歧视，由流寓而入籍不归者，亦不乏人，彼时固不知由我派遣领事驻扎也。其间亦有派使往聘而递国书者，公使既不久住其国，国书仪节，与今均不同。盖国界无今之严，亦无国际公法也。道光之世兵败，受英美法等国逼压而订约，欧美各国接踵而来，多由英美等介订约，而派公使，久住我京。日本受侮于欧人，亦与我同。明治初，锐意维新，效法欧美，亦仿西例，派公使与我签订商约。清廷主政，向由军机大臣，嗣因外交，设立总理各国事务衙门，即后外务部，亦多军机大臣兼领之。先文忠公坐镇畿辅，未入军机，固无政权，未入总署时总理各国事务衙门之简称，亦例不预闻外交，惟功高望重，中外推崇。而天津教案，法人因残杀领事，无理要挟。曾文正公督直办理，外为强邻所陵逼，内为舆论所攻击，狼狈而去。先文忠公继之，适普法失和，法人不暇东顾，遂得和平结案。国人不知外情，谓公外交才略远过曾公。嗣后以外交专宜，朝廷每先垂询于公，或即命公为全权大臣，在津订约。同治九年，日本先遣委员来津，称愿与西国一律，订通商条约。时朝廷闭塞，不愿交邻，西国之约，本出于迫挟，日人之请，初欲拒之。文忠公言于总署，谓日本同种同文，交通本早，实为友邦，非属国，与英法同例，而异于朝鲜越南。今其国维新，取法欧西，蒸蒸日上，遂亦援西例，遣使通商，互订条约。若我拒之，转乞英法等介，我不得不允，反见轻于人。总署乃奏请允准。次岁，同治十年，日本乃遣正使副使随员，来我京驻扎。朝廷遂命公为全权大臣，在津与日使议约。日使至沪，即先照会文忠。是年六月初七，日使到津，公先奏调江苏臬司应宝时来津，会同津海关道陈钦，随办日约，叠次辩论，始于七月二十九日签订草约。此为中日第一次正式外交也。而日使递公照会，亦为中日国交第一次正式公文也。公于十年五月二十日奏闻，并抄照会原文，附呈御览。日使官衔等，与今日之照会皆有不同。国家档案，自已不存，因从公奏议中录出，亦外交之掌故也。

日使照会

为照会事：去秋明治三年九月，本大丞赍书到津，预议通商事宜。叠蒙贵中堂，暨大理寺卿、三口通商大臣成林，款接优待，成就远使来意。俾得再奉总理王大臣，准以换约信函回国。乃于客冬闰十月二十五日到京缴差，外务卿及大辅接准兹函回文，甚为欣悦，当经奏呈睿览，即召本大丞等渥赐奖赏矣。回维所以然者，皆由鼎力栽成，衔感宪德，实无涯涘。兹我朝廷以贵国总理衙门函文为凭，于本年四月二十八日，特简从二位大藏卿伊达为钦差全权大臣，带从另单官员遣于贵国，委令结好定交。又援国廷接遣各国公使成案，我天皇特具玺书礼物，寄奉贵国皇帝驾前，永以为好。所有使员准于本月中旬由横滨乘舟启行，理合亟由全权大臣照会贵中堂，预请照料一切事宜。惟以素未拜韩，姑令本大臣即就邮便驰报，除外务卿及大辅所有谢覆总理王大臣之公函应附由全权大臣赍呈外，本大丞赶紧先报贵中堂，祈即查照。预为咨部从优施行，须至照会者。

计开使员名单：

钦差全权大臣从二位行大藏卿藤原朝臣宗城伊达氏

同辅翼正四位行外务大丞兼文书正藤原朝臣前光柳原氏

同参事从五位守刑部中判事兼外务权大丞源朝臣真道津田氏

同同　正七位守文书权正郑永宁

同随员　后文书大佑叶重宽颍川氏

同同　前大学中助教源朝臣惟清宫下氏

同　外务权大录藤原朝臣知一斋藤氏

同　文书权大佑叶雅文颍川氏

同　文书少佑藤原朝臣远津久井氏

同　外务权少录藤原朝臣丰宪土子氏

同　大藏省附属源朝臣丰明小曾氏

同　大藏省附属橘朝臣成种满川氏

仆从约计二十人

一〇、中国金币

世界各国多以金为本位，独讥我国为银为铜，且不完备。实则我国亦早行金钱，不过一隅之地耳。清初西藏即行金银钱，惟土法所造，不知配合，式同一文制钱，面汉文“乾隆通宝”，背满文，边藏文也。至合法配合机器所铸者，如洪宪纪念币、云南唐继尧纪念币，及其他所印银印金者，予父《中国纪念币考》中已详纪靡遗矣。但此作专以纪念币为限，尚有金币非纪念未录者，予补录之，以饷收藏家。

（甲）大清金币，赤金一两，面中“大清金币”四字，上下左右并列，绕一联珠圈，圈外上“光绪丙午年造”六字，下“库平一两”四字，左右各五星相聚，边细线纹，背一正面蟠龙，绕以云彩，边联珠纹。别一种，载光绪丁未年造，余均同。此盖袁世凯督直时，逢岁暮，命北洋造币厂铸千枚，进呈慈禧太后，奏云备慈圣岁赏之需。丙午、丁未两年所铸也二千枚，数亦不少矣。慈禧既崩，诸后妃相继殂，逊帝亦被逐出宫，此币外间未见，或已销毁欤。然此币之铸，既不合法，亦毫无根据，袁世凯私意为之，借名贿君献媚，以固权位耳。实不得谓之正式金币也。

（乙）十元金币，九成金，重二钱二分，面袁世凯，军服露顶，五分面及肩像，露顶即无冠面左向，背嘉禾，夹“拾圆”二字，上“中华民国八年造”七字，面背皆宽边火藻纹。

（丙）二十元金币，九成金，重四钱四分，惟背嘉禾中易“贰拾圆”三字，余均同十元者。两币皆民国八年造币总厂铸，由义大利技师鲁乔奇雕模。铸此本根据民国三年所颁之《币制条例》，时安福系将用兵借款，以改革币制为名，令铸此以掩人耳目。旋借款未成，亦罢铸，只各成八十枚耳。廿年前，袁寒云先生著文载上海《晶报》，谓此十元金币，袁像，即洪宪金币旧模，误矣。两模像虽相似，皆义技师所雕，但洪宪币袁像较大，八年币像较小，且两边花纹宽狭皆不同也。寒云固藏有洪宪币，想未见民八币，惟耳食之。两币皆予父任内所铸，予时虽未生，今家尚藏之，予趋庭习见，故能详之。且凡中国金币，此篇及父《纪念币考》中所未及者，皆可断为伪造也。

一一、鲟鳇

八月本刊中言及鲟鳇鱼，去年本刊某君已言之，并释苏州名“著甲”之义，复夸味美，而怪沪人之不尝。按此鱼，生于海，游于江，身极大，“鲟鳇”两字，固含长大意也。其味固美，而肉腠理，似猪肉不似鱼，色黄，乃油多所浸也，味亦异他江海所产者，且有骨如结晶，脆嫩可食。吾郡如无为庐江县滨江，鱼每入江滨港汊，渔人得捕之。鱼长如人，力甚大，网乂所不能及。渔人棹小舟，下滚钩于水以俟之。滚钩式，予不详。大概铁钩甚屈，有倒刺，数十钩比连。一钩着鱼身，鱼逃则诸钩皆着身。逃愈速，钩着身亦愈速。曳力愈大，钩入身亦愈深。钩入水贯以绳一端，系于舟。钩着鱼身，曳舟动。渔人以篙棹舟，随之行。稍挣扎，舟覆矣，鱼力猛也。舟随行，钩着鱼身渐多，鱼行渐缓。一日夜，或二三日夜，鱼怠力微，始合数人曳鱼登岸而割之。舟即随行，亦每覆没。鱼着钩多，身痛，大者力猛，纵横跳跃也。渔人皆善游水，舟覆亦无伤。此吾郡捕法，不知江浙如何耳，或较完善也。至某君谓沪人不食此，非不食也，不可得也。予父亦嗜此鱼，清末就学于沪，求此鱼不得，一日偶遇十六铺至华界，见路旁售此鱼，问何不入租界。曰西人不准，谓此鱼有毒也。因鱼露陈路旁，日臭尘蒙，蝇虫麇集，恶其秽，亦未敢购食。惟此鱼实无毒，西人谓有毒禁售，不知何所见而云然。疑见其蝇集尘蒙，过不洁，恐传染，遂禁售欤。彼时中西人愈隔阂，国人畏西人，负贩者尤甚，因其有禁，不敢违，亦不敢问，遂只售于十六铺。是处时皆极贫苦工人，本不讲卫生，售者亦不求净洁。陈售愈污秽，租界中人愈不敢食。久则视为此鱼本污秽，为下级人之食品矣。近年租界中有无售者尚待考也。再吾郡无、庐人，初简称此为鳇鱼，后因其肉色黄，遂误为黄鱼矣。其不常出外之人，闻上海之黄鱼，误为一种。不知上海之黄鱼较小，亦迥然不同，本名石首鱼，脑中有骨，洁白，大如指头，与他骨不相联属，研为细末，流鼻血，以之塞鼻孔，血立止，有奇验，予家昔固备之也。至鲟鳇能补益人身体何种，未之考。但其腹中之鱼肚，则为大补品，或谓妇人日食之，宜男，恐未足信也。

一二、江太史灯虎

吾乡江润生太史云龙，博学工诗文，名满辇下，为清季名翰林。从叔晓耘已纪之，并挽先伯曾祖勤恪公联语载前者本刊《繁星》中矣。按太史，为吾大父行，少孤家贫，育于兄嫂。兄种菜，日担入市，逐什一利，以供弟读书，而督之尤严，故太史终身事兄嫂如父母。及入翰林，兄斥责，惟恭听不敢辩，退亦无怨色，以是人益贤之。太史博览群籍，尤笃阳明学，久官京华，得交海内名流，学益进。虽由科目起家，不为帖括所囿，而心敏思捷，灯虎无不中。怀宁姜韵生茂才射筠，亦博学工山水，与吴县顾鹤逸先生齐名。近世称画家者，北姜南顾。顾以清健胜，姜以雄厚称。惟姜久旅北方，且早卒，故迩年苟非收藏家，只知顾，鲜知姜矣。清季姜旅北京鬻画，新正设灯虎于门，中者酬纸笔，欲借以结交辇下名流也。太史偶过其门见之，射尽中。姜大惊，亟延坐献茗，互通姓字，一则曰姜韵生，一则江润生。姜乍闻色愠，以二人姓字三字，一同音，一同字，一音相似，以为戏己也。迨详道字体画，乃哑然失笑，遂订交焉。太史曾云，某年于北京见有灯虎，为刘文"往来无白丁"五字，射四书一句，思之不得，归而取书读之。逐句思之，达旦，终不得，乃往问制者。曰："问管仲也。"初仍不解，曰："拆字也。拆'问'为二字，非门口乎？拆'管'为三字，非个个官乎？拆'仲'为二字，非中人乎？门口个个皆官中之人，岂非往来无白丁乎？"并笑曰："今日难倒射谜王矣。"由此是联遍传都下，而太史因苦思竟夜而焦急，左耳遂失聪矣。东瀛文士某昔曾云："中文对联之巧妙，有不可思议者，举世文字，无有能与之比也。"旨哉斯言！而吾谓灯虎、诗钟尤然。吾尝侍座长者，所闻工巧灯虎多矣，都不省忆，惟记射"一"字四句云："上不在上，下不在下，天无我大，人有我大。"盖谓"上"字有一画，反在下，不在上。"下"字有一画，反在上，不在下。"天"字去上一画，则为“大”字。“人”字中加一画，则为“大”字也。因语俚极不可解，而极工切，故未忘。嗣见某笔记亦载此，下二句同，上二句已不记，惟觉空泛，不若此远矣。

一三、江公灵魂

江孝潜茂才藻，润生太史之子也。太史已专文纪之矣。太史家固贫，入翰林，虽清贵，无以疗贫，况性狷介不苟，以文章学术见赏于张孝达相国。相国时署江督，为太史改官知府，委署镇江，清廉多善政，逾年病殁于官，旅榇归里，行李萧然。茂才甘贫笃学，能世其业，文章道德亦为吾乡泰斗。父辈固多显贵，惟课徒养母，不肯往干。泗州杨文敬公士骧，与太史为至交，但久未通闻问，督直时，遇吾乡人，讯知太史有子，贫而家居，招之往，却之。坚邀始至津，文敬相见甚欢，考其学，益喜，即延入幕，旋欲为之纳粟为官，坚辞。居幕岁余，外间人知为总督故人子而见重，皆愿纳交，避若浼焉，亦从无所干求。文敬尝曰：“此吾幕中清凉散也，故人有子矣。”文敬殁，归里不复出。以先世故，与吾父亦为至交。二十六年春，父携吾等回里扫墓。茂才闻父至，投袂来访。父大惊曰：“君何面色灰败若此？”茂才曰：“昨者病，今已愈，无伤也。”茂才去，父叹曰：“孝潜恐不久人世矣。”返苏不匝月，讣音至，父伤感久之，制联语邮里挽之，见者称沉恸，恰如平素交，惜予忘之。吾乡丧家旧俗，凡亡者，阴阳家以其生卒时日推测，某日某时亡者魂当返家，谓之回煞。至时陈祭品于灵前，且云有鬼差偕来，别备鬼差食，而举家匿别室，遇亡魂固不佳，遇鬼差尤不祥莫大焉。他处多有此陋俗，不独吾乡，每讥术士欺人，人多不悟，且有明知其谬，为绝无之事，而亦为之，谓久沿乡俗，未可遽革，尤不可解也。讵知竟有此事而出吾意外者。茂才既殁，奄柩于堂，至回煞日，家人自一切遵俗例。其甥某，菁菁学子也，独不信有此等事，欲穷其究竟以破诸人之惑。人尽匿，独守柩旁，家人强其同匿，不可，遂听之。家人本将信将疑，姑循俗例，亦不以为亡魂鬼差必同来也。所推来时，当申酉间，日尚未暝也。至时，其甥闻灵堂窸窸有声，搴帷窃窥，舅果来矣。负手徘徊，仰面历观灵堂所悬各挽联，不觉震慑失措，伏地掩面，不敢再视，惧舅知，搴帷入也。久之无声，再窥舅已去，奔告家人，初以虚构相戏，无其事也。迨察其面无人色，恐惧尚未销，始信。父闻之，莞尔曰："孝潜虽死，文人结习犹未除耶。"尚疑传言失实，迨避兵返里，吊诸江宅，遍询其情，皆云非虚。予初绝不信，既言者凿凿，且其甥如与江家人朋比造此伪状以欺人，于义无取，况其甥向持无鬼论者，予实百思不得其解也。今日笔之，非提倡鬼神迷信也，愿世之哲学家加以穷研焉。

一四、中国人口

我国人口向称四万万，乃据道光朝编审户口之册也。又称洪杨之役，死亡之数甚众，近数十年来，生齿日繁，乃得复旧。又某人笔记则云，洪杨之役，死亡一千余万。调查不但不确，实未加调查，以意约略言之也。据民国调查，云已四万万五千万，而只汉满回三族也。蒙藏不确，更未及苗族。盖初因苗族人微，包括于汉族内也。苗酋高玉柱曾云，湖南苗族不计，即四川、云南、广西边境，苗人即七千万，中枢定为五族，而无苗，实贱视也。土地亦极广，无人往测，舆图亦不详，虽不若蒙藏之地大，但蒙藏人稀，苗疆人烟稠密也。高玉柱为苗女，幼居昆明，习汉文，曾游西贡，已汉化，自言湖南苗族别一事，君四川、云南、广西等苗族，虽百十小土司，统之而分辖于二十七大土司，二十七大土司又共辖于一人，即苗王，是其父也。苗例，传位以长，不论男女。父已殁，虽有弟，己为长，应嗣位，然年至二十为成年方可。今已始十九，暂由母摄云。此二十六年春，高苗女代表苗族，携苗族秘书随员等至南京，与中枢有所计议。湘苗以不为所属不足代表全苗而反对，议无成。游沪上苏杭，至苏州，予父宴之，所言如此。操汉语，而近川音，云即云南语也。考汉元始二年，户一千二百二十三万，口五千九百五十九万。后汉永和间，户一千零七十八万，口五千三百八十六万。隋大业五年，户八百九十万，口四千六百零一万。唐天宝十三载，户九百零六万，口五千二百八十八万。宋崇宁四年，户二千零二十六万，口四千五百三十二万。元至元二十七年，户一千三百一十九万，口五千八百八十三万。明洪武二十六年，户一千六百五十万，口五千三百二十八万。清乾隆六年，各省大小男女一万四千三百四十一万一千五百五十九名口。乾隆十一年，大小男女一万七千一百八十九万六千七百七十三名口。乾隆十九年，大小男女一万八千四百五十九万零四百九十三名口。乾隆四十三年，大小男女二万七千二百二九四万名口。乾隆五十三年，大小男女二万九千四百八十五万二千零八十九名口。五十九年，三万一零三百二十八万一千七百九十五名口。道光十五年，大小男女四万零一百七十六万七千零五十三名口。所称四万万者，即始此也。试观古者，千年虽有增减，相去有限。清代百余年，骤增几至十倍。说谓前代土地纳粮，人口丁赋，增者丁，即增赋。贫者无土地，无可一纳丁赋，生子多毙之，故人口不繁。康熙五十年，圣祖有永不加赋之谕，不以添丁而增纳，于是生子不加担负矣。雍正朝，世宗并丁于地，更谕子孙，永远不准加赋税，于是无土地者无纳赋之累矣。民既免添丁之累，生子皆育之矣。夫清代并丁赋，固历朝未有之善政。而生齿日繁，未必因此。前代以不胜丁赋而自戕其子者，究为少数。当因避丁赋，人口匿报，编审之数，恐未确正也。雍正以降，知添丁不加赋，遂实报无隐矣。且自顺治朝力事修养生息，康熙、雍正、乾隆三朝，尤重民生。百余年，海宇又安，民物丰阜，人多寿考，实前代所罕有。生齿自繁，亦理所当然也。迩者构兵连年，武器之厉，远过洪杨之时，死亡自较昔为重。兵士死亡，数或可稽，当尚其次，人民颠沛流离，死于兵镝，死于疫疠，死于饥馑者，数必更多，然无可考也。或曰，并转徙困苦，而生殖减者，当万万左右，亦悬揣之数，无从确计也。

一五、说芒肠炎

芒肠者，大小肠间之支肠，细如指，长三四寸，一端通大肠，一端不通，如囊。往时西医考究芒肠，乃无用物，其说已久。近时又谓此肠有助运化之功，苟食物入芒肠中，不得复出，则发炎，最忌甫食后急行。而痛不可支，名芒肠炎。我国昔称肠痈，有缓性、急性之分。缓性者痛不剧，药之可愈，急性者痛甚，非剖腹去芒肠不可，且须速割，越二十四小时即不治。盖芒肠初发炎旋溃烂，近及大肠已难治，再及腹膜，更不能治矣。西人往非洲等地，以医药器具不备，为防患未然计，先剖腹去芒肠而后往。昔者吾七姊家复，慧敏好学，试辄冠其曹，教师称誉，父极爱之，年十七，忽患芒肠炎，即延医为剖割。医曰："尚不剧，姑药之，不须即剖割。"乃是夜大剧，黎明，父伴至医院，医云："疾不可为矣，已成腹膜炎，盖剖割晚也。"父曰："无听之之理，姑剖割，作万一想。"及剖腹，大肠破处，满腹皆脓。医虽竭其技能，缝补洗割，终不起。至今十余年，父犹有余恸焉。此盖急性芒肠炎也。越两年，八兄家晋，又患芒肠炎，惩前事，举家忧惶失措，即延医剖割。医曰："无庸也，有脓必割，否则不必，剖腹究伤人也。"时时抽血，测有脓未，治法则绕腹以水而注射，果数日亦愈。盖缓性芒肠炎也。吾父因此凡遇戚友患斯疾者，莫不殷殷询其病情医法。父固轻中医者，家人有疾，不论轻重，皆就西医，不取中法也。父尝曰："我国医理，非不精微深奥，但疾病随时代有变迁，我国医法，知古而不知今，已不备。况悬壶者初从师，本未能深学尽其能，且有未有师承，惟自阅古书，亦未能洞彻，即率尔应世，其不杀人也几希。至于药品，采种未宜，收藏未善，煎烹未当，功力尤减。数百年前我之医学，远出西人，可断言也。今则古之良法已多失传，而西人医法日进不已，中医如不精研改善，必终归淘汰，亦可断言也。"父之持论固如此也。若遇芒肠炎，急性者，不剖割必死，纵缓性者，徒由中医治以汤药，亦未有不死者。凡稍有医药智识者，皆如是云也。讵知竟不然也，危急若是之芒肠炎，西医遇之，尚惟恐不及，乃中药寥寥数品，竟能愈之，岂非奇事耶？中表戴广述，执蒲鞭于云南，昨来沪，寓予宅，言曾见中药治愈芒肠炎者。父命其即飞书滇省，求其方。顷其友钞方附覆书来，方为：败酱草二钱五分，粉丹皮五分，剖麦冬三钱，生薏仁三钱，紫丹参一钱，妙赤芍一钱五分，桔梗一钱五分，小生地三钱，赤茯苓三钱，生甘草一钱，生姜二片。戴君亲见此方治愈二人，且云最要者为败酱草、粉丹皮二味，无此即无效矣。但败酱草之名甚奇，从未见医生有用之者，然列方中，自非俗传单方也。容访诸药肆，倘无有，当即方言之不同，当嘱戴君再函滇求其标本也。滇省寄来此方，标治肠痈，即芒肠炎，中西今昔名不同也。惟缓性、急性，尚不知也。然别治急性者，方更简。某家厨役有戚人来省，忽患腹痛，不可支，以痧药治之转剧，乃送至宝隆医院，曰急性芒肠炎也，不剖割，十二小时内必死。厨本愚人，将信将疑，以医药之资猝不易措，尤不肯代签负生死责之据，复同之返，将改就中医。西席徐君闻之曰："传有老佛藤能治斯疾，盍试之。"即往药肆求之，皆曰无，且不知为何物。嗣至一肆，曰："此治肠痈之药也，吾肆则无，无人购也，道旁草药摊中或有之。"乃遍觅，果得之，枯藤数环耳，不知应用分量，姑剪一段，煮浓汁饮之。须臾痛果减，次晨再饮之，逾时如厕，下脓血甚夥，霍然愈矣。此征甫从兄见告，乃属亲见，亦不虚也。吾父闻之，即飞函八兄陕县差次以告之，因兄曩有斯疾，恐将来再作，预为之备也。予趋庭有闻，亦录之，以实本刊。迩日，青年学子患斯疾者较多，运动过激烈所致也。苟居穷乡，值无医院，患此只束手待毙耳！即都会之地，不患无医，而剖割等费，今非数百万恐不办，亦寒士力所不及。吾愿读者，广为传人，实功德无量焉。

再戴君所授治盲肠炎方之主要品，败酱草也，倘不可求，灵方亦等于无。吾父乃走询诸吴君，友人中知医悬壶沪市者也。吴君云："败酱草，见《本草纲目》，非罕见之异品，药肆中多有之，且有他名，已不记，治攻腹中瘀血，妇女月经闭亦用之，惟不知治盲肠炎耳。"父乃试购于巷外药肆，则无有，因招戴君详询之。戴君云："授课昆明大学时，初见此方神效，奇之，即访诸药肆，曰：'败酱草本省不产，运自外省也。'越数月，校中师生采标本于昆明山中，忽见有此草，大喜。叶形上圆下锐，略小于手掌，夏秋之交始花，先自根中挺生长茎，花即丛生于茎，朵小，瓣重，色黄，花与叶嗅之，有臭恶气刺鼻，山中产量亦不多。采之归，后校中生遇有患盲肠炎者，即以此鲜者，一味煎汁饮之，亦立愈，先后愈者六人。”且言商务印书馆出版之《植物图说》亦载此草。予初以为不易求之异卉，自笑陋矣，兹补录之，以备需此者得按图索骥焉。至老佛藤，则已询多人，无有能道其详者，容于地摊觅得，再考研布露之也。

一六、慈禧画像摄影补记

慈禧太后自受拳乱之创，至西安行在，即降谕变法自强，命内外臣工，条陈奏闻。回銮后，日谈新政，揣摩风气，接近西人，以联邦交。与前之深禁闭绝，迥若两人，然亦徒饰皮毛耳。因力求趋时，遂有托美使之介，招美女卡尔入宫油绘御容之事，中成巨幅，赍至美国，预圣路易博览会，会闭，像赠美国政府，长留海外。而由宫行时，曾命摄影以留，即今外间所流传翻印者。吾父素藏翻版，九月已见于本刊中，而附以说明矣。惟所纪未尽，虑阅者或有未明，予补之，乃濡笔而恭录焉。

像旁左右高几，陈二盘，中有累叠如塔者，乃应时果实也。宫中各堂殿，例皆陈此，即王府亦然，不知何所取义，自满洲风俗也。至太后，手抚几下垂，无名指及小指长各数寸，颇觉可异。盖在昔，国人以无名指及小指之指甲愈长愈美观，闺阁中尤甚。时妇人日静处深闺，足不履户庭，日惟刺绣诸事，皆徐而缓者，故指甲可长。若操劳之农妇，则不能矣，亦不蓄矣。有长指甲者，益足表见为贵族妇女。但既长而脆，易于断折，培蓄多年，亘无意断之，不胜惋惜，势所必然也，故遂有保护之法矣。富贵家妇女，二指则加以指甲套，纹银所制，上镂花珐蓝，长三四寸，面椭圆，底平，首尖，如指甲式。太后则以金制，或玉琢。惟绘像时，卡尔女士请去玉指套，恐有碍御指天然之美也。太后然之，若是修而长者，太后自有之长指甲也。今人见之，必讥谓野蛮之俗矣，实为浅见也。风尚习俗，随时地有不同，无所谓是非当否也。即如指甲染红，昔年妇女，捣凤仙花，敷指甲上，为一小圆点，下承以半圜式，包裹之，隔宿红不褪矣。一时以为美观，后以野蛮俗尚，见讥于大方。通衢大族，不复为此，僻壤村姑偶尚为之。近年见西妇，以豆丹染指甲，为以美观，一时影从风偃，合计岁费，亦复不少。此与昔之凤仙花染指无异，昔则诮为野蛮陋俗，今则誉为文明美饰。我国人向崇拜西人，专效皮毛，无意识之盲从，如此者不胜枚举也。

摄影中，上悬横额“大清国当今慈禧端佑康颐昭豫庄诚寿恭钦献崇熙圣母皇太后慈禧”等十六字徽号也。徽号之制，由来久矣，如宋宣仁太后，即徽号也。不过前代如今之十六字之多者则鲜矣。按：太后以秀女选入宫，初为宫人，旋封懿嫔，晋懿妃，再晋为贵妃，终晋为皇贵妃。定陵弥留时，皇后问：“何以处那拉妃？”定陵曰：“由卿主之。”帝崩，后本长厚，援母以子贵例，并尊为皇太后，称圣母皇太后，后则称母后皇太后，并垂帘听政。而圣母以与母后称有轩轾，不怿。群臣为调停计，去母后、圣母之称，各上徽号，母后曰慈安，圣母曰慈禧，每逢庆典，例增二字，或四字。每上徽号，两宫太后上一字皆同，如行辈命名然，但亦非定例。如清前代亦有以子为帝之故，后妃均尚存，并尊为皇太后，各上徽号者，亦非同上一字也。慈安早崩，徽号字较少，每上徽号二字，内务府进太后御用帑银，岁增二十万两，一字值十万金矣。迨慈禧崩，即以此十六字而增成二十字为谥。以徽号改作谥，亦非定例。帝后谥概以二十字，不足者增之，亦宣统元年始定议，就上代谥字，数最多者而定也。但此二十字之谥，非先代议定美恶之谥例，实为颂扬誉美之词，虽不能二字皆同，上代一字同，无碍也。不似谥之不能同上代也，如慈禧谥为孝钦慈禧某某显皇后。“显”字，帝之谥，取而用之。如后崩于帝先，后再补之。第一“孝”字，皇后例有之，遵先代所定。数十字之谥，而议择者，只“钦”字一字耳。公文述先帝后及奏疏中，只称孝钦显皇后，至二十字全谥文者，惟太庙神位中用之。生时称皇太后，从子也。殁后仍称皇后，从夫也。

《慈禧外纪》一书，多纪太后佚事，固未可尽信，且谓慈禧名兰儿。

著者素称博雅工文之士，不知何以不辨齐东之语，竟著于篇，浅陋一至于此。兰儿乃汉人之名，慈禧为满世族，何得名此？不待辨亦明矣。按：慈禧名翠格，翠字取意未详，格乃满语译音，如我之姑、媛、姐等字之意也。历代皇帝庙讳御名，均须敬避，先帝名为庙讳，今帝名为御名。皇后名不避，人亦不知也。女子名不示人，汉满俗皆同也。惟翰詹大考，多并避翠字。虽非功令，不讳亦至受谴。但为玉堂中人，理宜知之，避之愈见敬畏耳。久居辇下之翰林，类能知之也。

一七、清帝南巡

清乾隆朝，裕陵六次南巡，脍炙人口，俗所谓乾隆皇帝下江南也。初辑为小说，近摄入银幕，不特全非事实，乃凭空结纂，如谓裕陵隐名微行，曾入狱，又为人雪不平，而与人斗，不稽之甚，未有过于此者！我国本多文盲，往古近代之事，一概茫然。小说戏剧在文明国家，本可助教育所不及，增人见闻，况在见闻本陋之我国。居今述往，不特附会，更捏造事实，颠倒是非，贻害实非浅鲜。乾隆皇帝下江南，不过一端耳，宜加以纠正。

裕陵之巡狩，妇孺皆知。康熙朝，景陵亦六次南巡。裕陵本踵乃祖之遗规，谕旨亦以为言。今人多不知，即学者亦几不能道其详，令人莫解。推原其故，皆小说纪载、戏剧表演之不符事实有以致之也。乾隆时，承平已久，民物丰阜，又值盐商称盛，迎迓供张，不惜踵事增华，尤易惹人民之留象，与康熙时俭朴不同矣。康熙时，既俭朴，好事者觉无可纪，戏剧亦遂无所依据编制矣。更因康熙时疮痍未复，喘息甫安，未遑粉饰，不似乾隆时，朝廷方稽古右文，民间亦遂喜铺张渲染也。今将康熙、乾隆两次南巡时日、地址胪列，以备谈掌故者之参考。

康熙二十三年甲子冬十月庚子，帝幸济南府，壬寅至泰安府，登泰山，祀东岳。自泰山南行，庚戌驻郯城。壬子临视天妃闸，见水势湍急，指授河臣机宜，改为草坝，设七星太平二闸，以分水势。是日过清河县，乙卯自仪征宣统纪元避御名改为扬子，民国复旧称。渡扬子江，泊镇江府西门外。丙辰幸金山，游龙禅寺，戊午驻苏州府，庚申幸惠山。十一月壬戌至江宁府，登雨花台，谒明太祖孝陵。甲子幸江宁教场，命各将军副都统、总兵官及内大臣侍卫校射，遂回銮。丁丑经泗水东境幸泉林寺，戊寅幸曲阜，己卯诣先师孔子庙，庚寅还京师。

康熙二十八年己巳正月丙子，帝南巡。甲申至济南府，壬辰乘舟由中河阅视河道，由清河县渡黄河，乙未至扬州，泊舟镇江府金山寺。二月辛丑至苏州，丁未至杭州，辛亥渡钱塘江，泊舟会稽山麓。乙卯由杭州回銮，癸亥至江宁。三月戊辰由江宁发，壬申泊舟淮安府，甲戌阅视高家堰一带堤岸闸坝，以前任河督靳辅修治有功复其官，丙戌还京师。

康熙三十八年己卯春二月，帝奉皇太后自京启行，三月庚午渡河，泊清江口，阅视高家堰、归仁堤等工。辛未阅烂泥浅等处，壬申阅视黄河堤岸，驻淮南府，丙子驻扬州府，癸未驻苏州府，戊子至浙江，辛卯驻杭州，戊戌回銮。夏四月庚子驻苏州，己酉驻江宁，庚申驻扬州。五月庚午命张鹏翮扈从入京，以陶岱署浙江江南总督，辛未泊舟仲家闸，乙未还京师。

康熙四十二年癸未春，帝南巡视河。正月壬戌由京启銮，庚午过济南。二月丁丑由宿迁县渡黄河，遍阅徐家湾等堤，至烟墩登岸。己卯自桃源县登舟，遍视河堤，入清江口，泊天妃闸。壬午舟过邵伯更楼，驻扬州府城内。甲申渡江，登金山江天寺。丙戌驻苏州，戊子登舟。庚寅驻杭州，癸巳回銮，辛丑至江宁。三月戊申阅高家堰，翟家坝等堤工，庚申还京师。

康熙四十四年乙酉春二月癸酉自京启銮，甲午泊舟济宁，浙江巡抚张泰以浙民望幸奏，允其请。三月壬寅渡黄河，阅杨家庄堤闸。乙巳驻扬州，辛亥驻苏州，己未驻松江。四月丙寅驻杭州，癸酉回銮，乙酉驻江宁，辛卯驻金山江天寺。闰四月癸卯登陆，幸高家堰，遍阅河堤。丙午阅视黄河九星冈，甲寅泊舟故城县，乙卯过景州，辛酉还京。

康熙四十六年丁亥春正月丙子自京启銮，二月壬寅次清河，阅武家墩。癸卯阅视溜淮套，由清口登陆，详看地方形势，驻曹家庙，见沿途所立开河标竿，多在坟墓上，命尽行撤去。江南人民请临幸江南，许之，三月己未驻江宁，己巳驻苏州，丙子驻松江，四月甲申驻杭州，五月癸酉还京师。此圣祖仁皇帝，六次南巡也。

乾隆十六年辛未春正月辛亥，帝奉皇太后南巡，由京启銮，二月丙子渡江，阅天妃闸，丁丑阅高家堰，癸巳至苏州。三月戊戌幸杭州，癸卯渡钱塘江，乙巳祭禹陵，丙午还杭州，癸丑驻苏州，辛酉至江宁。三月丙辰渡江，四月癸酉阅蒋家坝，甲戌渡河，丙戌驻泰安，五月庚子还京师。

乾隆二十二年丁丑春正月，帝奉皇太后南巡，二月丁卯渡河，至天妃闸，乙亥渡江，甲申幸苏州，己丑幸杭州，回銮，四月至阙里，释奠先师，五月还京师。

乾隆二十七年壬子春正月丙午，帝奉皇太后由京师启銮，二月壬申渡河，庚辰阅京口兵，有副都统率旗兵驻此。辛巳幸焦山，出内府白玉，补苏轼留镇山门玉带之缺。乙酉至苏州。三月甲午幸杭州，乙未幸海宁，并幸陈氏安澜园。阅海塘，丙午自杭州回銮，戊午驻江宁，壬戌渡江。四月庚午渡河，癸酉命庄亲王胤禄等奉皇太后由水道回銮，帝遵陆路，由徐州阅河，丁丑阅峄山湖，庚辰谒先师庙，辛巳谒孔陵，壬午诣岱庙，五月丁酉还京师。

乾隆三十年乙酉春正月壬戌，帝奉皇太后由京启銮，二月戊子渡河，丙申渡江，闰二月丙午幸苏州，辛亥阅海塘，壬子幸杭州。三月丙子幸焦山，辛巳驻江宁，丙戌祭江神，渡江，乙未渡河。四月丁巳驻德州，丙寅还京师。

乾隆四十五年庚子春正月辛卯由京启銮，二月己未渡河，丁卯渡江，戊辰幸焦山，壬申至苏州。三月辛巳幸海塘观潮，壬午幸尖山，癸未幸杭州，壬寅至江宁。四月己酉渡江，丁亥阅高家堰堤工，渡河，丁亥还京师。

乾隆四十九年甲辰春正月丁未由京启銮，二月壬戌至泰安，丙寅至曲阜，丁卯谒孔陵，戊寅渡河。三月丙戌渡江，幸金山，丁亥幸焦山，辛卯至苏州，己亥幸海宁，庚子幸尖山，观潮，阅视塘工，辛丑幸杭州，庚戌自杭州回銮，甲寅驻苏州，壬戌驻江宁，戊辰至张家楼，登舟渡江，壬午渡河，四月丁未还京师。此高宗纯皇帝六次南巡也。

考两朝南巡，景陵多为治河，亲临视阅，面授机宜，且别具深意。时入关未久，人民犹有故国之思。况三藩之乱甫靖，江浙素称士气浮嚣，恐不免伏莽。翠华幸临，察民情而示镇压。裕陵则不然，虽踵乃祖陈规，托言视河，实爱江南风景，志在游览也。故江浙私家园林，苟蒙宸赏者，皆绘图携归，仿筑于圆明园内。至传辇路所经，民受其害，实不尽然。千乘万骑，所过骚扰，势亦难免。但南巡资用，皆由内帑携出，而未取诸民间也。且一再降旨，地方官概不得借口有摊派皇差事，更成官吏远迎。而所过地方，概免本年租税，体恤人民，无微不至矣。康熙时，各地供张殊简，有因奢华遭斥责者。乾隆时，惟扬州迎銮，不免踵事增华，然皆出于盐商自愿，以悦宸意，于地方人民无干也。裕陵亦美其富，闻还京后，某皇孙生，戏抚之曰："何不生江南盐商家?"又闻后民舶黎明开驶，船首鸣锣，谓辟不祥者，实仿南巡御舟也。康熙时某次南巡，途遇暹罗国供狮至，遂载以舟而前驱。民间误会，以辟不祥也。狮天明必鸣，民间安得有狮？以其有金石声，近铜锣，遂以锣代之云。

一八、安得海伏诛拾遗

叶叔瑜先生纪太监安得海伏诛事，可称翔实矣。予趋庭所闻，犹有未尽者，乃补记之。安得海聪慧狠黠，能以小忠小信得人主心，随帝后奔热河，定陵弃臣民，肃顺与孝钦后争权，恭亲王奕䜣哭临行在，肃顺恐与孝钦后谋不利己，防察极严，而孝钦与恭王传消息，皆安得海。迨回銮，定垂帘制，孝钦益宠信之。安得海遂潜通朝臣，渐用事矣。恭王素严正，时以议政王领军机班，闻安得海不法，屡面加斥责。安恨之，谮于孝钦前，恭王之出军机，职是故也。往年吾父闻诸某巨公，今不复详忆。孝贞后知之，而碍于孝钦后，不便直言，乃与恭王密谋诛安策，醇亲王奕譞亦预焉。安虽通朝臣，然无显证，难以为罪，且如此牵涉者众，亦不利，乃定计诱使出都，援祖训而诛之。适山东巡抚丁文诚公入觐，恭王告之，嘱安过境即擒斩而后奏闻。丁初尚犹疑，恭王曰："此东朝意也。两太后同听政，孝贞后座设东，称东朝，孝钦后座西，称西朝，故又有东宫西宫之称。迨后孝贞崩，孝钦独听政，设于皇帝之东，座下设数寸小台，略高于帝座，故又称东朝。西朝前我与醇邸当以死力争，绝不至相累，君无恐。"文诚谨诺。叔瑜先生谓惠陵亦预谋，实非。惠陵虽事孝贞尤孝谨唯命是从，且时尚幼，读书，不预朝政也。计既定，孝贞使其宫刘太监说安得海曰："南方富庶繁华，广东尤盛，君得西朝欢，盍请懿旨出游，可开眼界，且冀有得，岂不胜终岁困于禁地耶?"安闻之欣然，乘间乞于孝钦。孝钦亦知祖训太监私出城杀无赦，而又无明谕奉使至外省，如明代之例，有难色。安伏地固乞，且云："只须太后作主，诸臣何敢弹劾，奴才亦自谨慎，不敢招摇，致惹物议。"孝钦乃商于孝贞，孝贞曰："妹如使之往，孝贞长于孝钦一岁，并尊后，改以姊妹相称。既不可明降谕旨，亦当命其谨慎，无访地方官，内外臣工不使知，当不至入弹章也。"乃使之赴广东织造府，催贡品。织造府向称优差，皆满人司其事，直辖于内务府，与地方官无干也。

安既出京，恭王即八百里加紧驰驿，命丁文诚擒拿，先斩再奏。丁得王谕，即擒斩，裸尸暴市三日。因时有流言，使众知实为太监，流言不足信也。斩后始拜疏请旨，孝钦览奏大惊，即趋孝贞宫，商救免策。孝贞曰："初不料安监出京即招摇，既形诸大臣折奏，祖训俱在，无法庇。"孝钦默然，知为所卖，折留中，三日不发。丁文诚既驰驿奏，三日无消息，恐中变，大惧，彷徨斗室，寝食俱废。恭王亦忧，力争于朝，请就地正法。孝钦曰："既不可赦，命解来京，交内务府审讯。"

恭王知安已诛数日，何能解京。恭王严正，每援祖训绳孝钦，孝钦虽不免畏惮，但恶而疏之。醇王较和顺，又为孝钦妹婿，孝钦亲之。退朝，恭王又使醇王独入宫力请，且言如审讯，倘安诡称曾面奉懿旨，外人不察，未免为盛德累，不如就地正法之为愈也。孝钦知众议难违，乃降就地正法，无庸审讯之谕。先文忠公闻而拍案曰："稚璜成名矣！"稚璜，丁文诚字，亦知其无此胆略，有所受也。

一九、鼻烟壶

烟草之嗜，我国向无。昔时葡萄牙人至美洲始知此，携种至欧洲，盛行于法兰西。凡有疾病者，谓不需服药，吸烟可疗之。至明季，我国尚无，而满洲人已先嗜之。故我国内相传，满人可畏，而喷烟吐火也。欧人又以烟叶制成细粉，以鼻嗅之，名曰鼻烟，义大利人嗜之最广。嗣由义人亚博尔噶尔传至我国，满人初效之，而达官显宦继之，久亦成瘾，虽不若雅片瘾毒之入人之深，但不嗅，鼻亦流涕不已也。欧人早断斯癖，不复制造。我国既已嗜之成癖，来源已断，所余留者惟富商巨室之宿储，故价已昂。昔时普通之品，如大金花小金花之类，清末皆为稀有珍品。即昔日舶来所贮之玻璃瓶，亦列入骨董，俗谓古董实误。名十三太保，价值连城矣。更有所谓霉干菜味者，尤为稀世之珍。此品亦非欧西特制，某次帆船运货东来，附载鼻烟，中途遇风，船幸免覆，而各货为海水所渍。鼻烟本与霉干菜同盛一处，海水浸淫，经晒干后，菜味入烟，遂成异味，国人好奇而珍之也。其癖既传至我国，不特争烟之优劣，变本加厉，并及盛烟之器矣。其器名鼻烟壶，清代达官显宦相遇，各探怀出鼻烟互请尝，实则以烟之优劣、壶之贵贱以相夸耀也。以互夸而见拙成隙者，往往有之。

清光绪间，予从叔祖季皋侍郎，偶过那琴轩相国桐邸，出所藏鼻烟壶示叔祖，亦宝玉所制，叔祖殊蔑视之。时叔祖年不过二十左右，相国以后辈视之，正色语曰："此品如何难得，公子未有深考，勿可轻视。凡事知者为知之，不知为不知，未可强不知为知也。"叔祖少年，性气高傲，阴衔之。庚子拳匪之乱，那邸被劫，珍物多流落民间，此鼻烟壶亦同被劫。乱定，偶为叔祖所见，忆前事，以重价得之，而遍示人，且云："那相国昔视为至宝以骄人，今居然为我所有矣。"或以告相国，遂有人讽以原物还相国，叔祖不可。一日，相国宴诸王公，叔祖亦在座。相国话及此鼻烟壶，曰："壶之珍贵不必计，乃妻父某公所赐，乱时失去，至今思之。倘有人能令合浦珠还，感且不朽。"叔祖佯为不知，终不归还，相国憾甚。但朝廷以先人之功，优遇叔祖，庆亲王亦以先人交厚，遇事维护。那相国虽为军机大臣，预密勿，无如之何也，而其隙终不解矣。

鼻烟壶以珠玉凿成为贵，而亦有烧料者，昔时已珍，今更逾珠玉矣，且为骨董，为专门考据如康乾瓷器。赵扮叔先生著《烟壶考》，言之甚详。略云，烟壶初制比古药瓶式，故呼为瓶，后唯称壶 。壶皆五色，玻璃为之。时天下大定，万物殷富，工执艺事，咸求修尚。于是列素点绚，以成文章。更创新制，谓之套。套者，白受采也。先为质曰地，地则玻璃、车渠、珍珠，其后尚明玻璃，微白色，若凝脂，或若霏雪，曰藕粉。套之色，有红有蓝。康熙间套红蓝色，今仅存者，俗称三十六天罡。有绿黑白者，或蓝地，或黑地。无红地者，套蓝有红地者，然不多见。更有兼套，曰二采、三采、四采、五采者。或重叠套，雕镂皆精绝。凡所造作，或称皮。著者曰辛家皮最精洁，其色屑珍贵为之，光彩夺目。曰勒家皮藕粉地，若冰雪，设色亦异，红紫苍翠，天然间迭。曰袁家皮与辛家皮相近。别有古月轩，地则车渠，亦具五色，上为画采，间书小诗，壶足题古月轩，其题乾隆年制者尤美。又有雕镂仙山楼阁，珍禽异兽，点如星在天，曰桃花洞。自此制行，遂有琢玉石，异珍宝，以示夸耀，争相引重，不知其为耳孙也。昔时造壶，取通用，式多别异，器但逾寸，且小如指节者。嘉庆后始务宽大，漫至盈握。贵家陈设有玛瑙壶，中容二升，其初壶口径或逾四分，其后改为窄，不得逾二分云。

赵扮叔之考可谓详矣。区区一壶，见重于名家若此，可见当时之尚矣。皮者，制套料，专门名词也。辛家、勒家、袁家者，即初制此种壶之人姓氏也。初式尚小，故有以巨东珠一粒凿空为壶者。东珠最大有逾桂圆者，珍珠则无也。吾父旧藏一壶，藕粉地，套红，色如紫宝石，光彩夺目，后世无此料，亦无此艺，洵勒家皮也。父不嗅鼻烟，夏日贮人马平安散嗅之。北方人夏日多嗅此。存苏寓，战时失去，良可惜也。赐者为父之母舅吴子恒都尉，有如那相国之烟壶矣。清代嗅鼻烟，风行一时，垂二百年，入民国，不禁而自渐绝迹，殆亦时运使然欤。

二〇、要挂面

姜汉卿将军桂题，皖之亳州人，由行伍起家，位至专阃。入民国，年已八十余，夙将之硕果仅存。世人以将军为皖人，遂谓之为淮军灵光。实则将军初隶皖军，非淮军也。淮军外，复有皖军，犹湘军外之别有楚军也。惟皖军楚军，兵既不众，将亦无赫赫功，故名不甚显。姜将军于袁项城为前辈，项城任总统时优遇之，特授上将军，久任热河都统。后徐、曹时，名器滥，上将军乃不胜数，亦满街走矣。初项城定将军府官制，将军锡嘉名，内威外武，将军之上，又设上将军，只五人，姜及段祺瑞、张锡銮、张勋，其余一人，忘之矣。冯国璋在彼时之声名尚不及，王士珍则本在冯上，又越数年，因辞国务总理不就，始授德威上将军。同时五人之一，或龙济光欤，容查考之。后张作霖扩充疆宇，既有东三省，复攫三特区。中枢不得已，召姜入京，特设陆军检阅使，虚名授之。姜初不赴，终以势不敌张，怏怏入都，旋亦下世。姜初充步兵，从征捻匪，积功位至提镇，目不识丁，终不脱旧军人之堕落恶习，然坦白忠厚，不失长者风范。光绪时，姜在都，乡人每以不识字戏之，姜亦不为忤。一日，公宴之际，某太史书“要挂面”三字，示曰：“公亦识此三字否？”姜曰：“毋相戏，老姜虽不识字，岂并己名亦不识耶？”众为哄堂。盖某太史以“要挂面”三字与“姜桂题”三字笔画多相似，知姜不能辨，而突示之，使出不意，不暇加思，必至误，以博诸人一笑也。自此传为笑柄，凡语及姜者，皆代以要挂面矣。予并忆及往昔寓吴门时，李印泉总长根源与予父以世交故，时往还，李面有麻，吴人道及李者，多称为李麻子。一日，父与人道及李，而称为季康子。人不解，问故。父曰：“有三家村教师授牧猪奴四子书，多别字，如王曰叟讹为王四嫂，季康子讹为李麻子。

季康子既可为李麻子，今以李麻子称季康子，不亦可乎？”闻者皆绝倒。

二一、享国之久

前者郑逸梅先生胪列耆年之士，载于本刊。今予亦考历代帝王享国之久者缕述之，以助读者之谈资。按三皇五帝享国之年，虽载诸史册，但荒渺难征，姑略之。唐虞以降，享国最久者，夏桀五十二年，商太戊七十五年，武丁五十九年，周昭王五十一年，穆王之久五十五年，宣王四十六年，平王五十一年，敬王四十四年，显王四十八年，赧王五十九年，汉武帝五十四年，蜀汉末帝四十年，梁武帝四十八年，唐玄宗四十六年，宋仁宗四十二年，理宗四十年，辽圣宗四十九年，明世宗四十五年，神宗四十八年，清圣祖六十一年，高宗六十年，尊太上皇帝，训政又四年。自商迄清，太戊之外，享国未有如清圣祖高宗之祖孙者。且自古圣君明辟，当推汉文帝、唐太祖、后周世宗、清圣祖。汉文帝仁慈有余，英武不足，守成令主耳。唐太宗虽文治武功，皆有可称，但杀兄弟，纳弟妇，不无尚有惭德，且甫杀建成、元吉，高祖即告内禅，或有被迫不得已之势。后之秉笔者，皆太宗之臣，自为尊讳，不免屈笔。周世宗威德俱备，实兼汉文、唐太为一人，惜盛年遽殂，未竟设施，倘天假其年，自能扫除僭据，统一寰宇，亲致郅治之隆，继远祖成周之业。清圣祖圣能天纵，允武允文，儒释中外学术，无一不知，而政治之良，武功之盛，尤超越前代。清以胡人帝中国二百余年，实圣祖致之，亦三代后未有之英主明君，未可以非我族类而歧视之也。

二二、王揖唐遗事补缀

第九十期本刊载凤侣先生之《死刑王揖唐》一文，并引日本园田龟一所纪，可称翔实，不同道听途说者，但仍不免略有遗漏舛误处，爰补出之。

原文称王本名赓，号志洋，后更名揖唐，民八和南方代表唐绍仪谈和议，“揖唐”二字，断章取义，误矣，且附会。王初名志洋，字揖唐，入津补廪皆此名。中举人，中进士，乃改名赓。后冯华甫代总统，王组织安福议员时，因关外马贼有名王赓者，就逮正法，王遂通电以字行。又数年，别署逸塘以为字云。

王为合肥人，庐州府学生。庐州辖五属：合肥县、庐江县、舒城县、巢县、无为州此为散州，等于县，隶于府。若直隶州，则直隶于省，不属于府，且下辖县焉。各县各设一县学，一府设一府学，五属公之，府治在合肥。凡入津者，拨入学。入县学者，县学中廪生缺出补之，限于一县；拨入府学者，府学中廪生缺出，五属秀才皆可补。补廪生后，称贡生，可保童生之应县府院试者，已可应优贡拔贡试，而乡试时，可免先试录遗。王既补府学廪生，应光绪癸卯江南乡试科，中式举人，次年甲辰会试中进士，殿试用主事。是秋诏废科举，王赴日本留学，入振武学校。是校专为华人而设，中无一日人。毕业后，例入队实习。王不耐实习之苦，又改入法政学校。原文谓法政大学，亦误。乃法政速成科，一年毕业。此亦专为华人而设，中无日人，且无须通日文日语，校中备有翻译，皆日人欺骗我学生金钱之计也。我学生未尝不知，但求博得文凭，回国为官当差耳。故尚有购买文凭者，日人自谓得计，实可耻。而国人不求实学，只思得一假文凭为作官计，亦可叹矣。此王之中外文武学籍也。

王既回国，徐世昌诸人均称为学贯中外，才兼文武。适东三省改行省，徐世昌任总督，试行新官制，东三省先改官制，拟有效，各省再改革，未及而清亡。王遂任军事参议、吉林督练公所参谋、陆军协统等职，且随使欧洲，并自游巴尔干土耳其等国。原文谓曾随贺俄皇加冕，实误。按光绪二十二年，俄皇尼古拉斯二世即位，先文忠公奉诏往贺时，王年未及二十，尚在合肥读书，未入学也。尼古拉斯至上次欧战国内革命被弑，后无复有加冕事矣。中西史册，均可考也。民国肇兴，王历充总统府秘书、顾问、参议等职，组织统一党，旋任吉林巡按使，内任为内务部总长，原文皆序之详矣。初授陆军中将，加上将衔，民国三年，任吉林巡按使，注销武职，改授少卿。巡按本奉天将军段芝贵所推荐，袁项城取消帝制，威信顿失，芝贵为张作霖所逐，王自亦不能安于其位。民国二年，曾设中华大学，自任校长。校址在太平湖，即德宗潜邸也，后并入北京大学。此后王所历官阶任务，原文均详述靡遗矣。但稍有出入，谓任南北和议总代表，无何辞职，因安福派失势而亡命日本等语。王继朱启钤为总代表，移住上海哈同花园，所费既多，一无成就。皖军既败，王如故。旋江苏督军李纯电呈王勾结江北土匪，潜谋不轨，电令通缉，始遁匿。至段执政时，任安徽省长，兼督办。奉势伸张，张作霖必姜登选督皖，段不敢违，王不得不去。原文谓奉军假道，愤而辞去，王无此气节也。北方沦陷，王降敌，再起再废，原文亦详之。起而又废者，王时任伪政会委员长，某伪署督办殷同病死，王未待命而自兼之。日酋怒其专擅，招之前，加以严斥，且批其颊。势不能恋栈，伪政治生命，亦遂告终矣。

原文谓王想在中国旧诗坛上占一席地位，所著《今传是楼诗话》，于五十年来诗家评述很多云云。王始终科举之学，余无所知，后谬托风雅，喜印典籍，而于目录学茫然无知，《今传是楼诗话》搜罗尚富，而取材评论，亦未尽当，尚多由其门人曹某捉刀。平居亦尝作诗，实敷浅，未窥门径，与海藏楼大有霄壤之别。某年出外，获谋刺之嫌疑犯，因赋诗纪之，有句云："闻说大隈曾折足，马关洞颊又文忠。"日本大隈重信伯爵，昔因政策被炸断股。光绪乙未，先文忠公赴日本议和于马关，为日人小山丰太郎行刺几殆。王引此二事自比，读此断句，可概其余，尚能成为诗耶？

王之父为老贡生，授徒为业，虽不免迂腐，尚不失乡党自好之士。王妻蔡氏，悍妒甚，王畏之如虎。王旅日本时，蔡氏传闻其嬖下女，乘轮东渡大哄，为日警所拘。王为总代表时纳妾，匿于哈同花园，终被蔡氏所知，逐去。蔡氏死，王无所惧，任意为北里游。王克敏纳妓女小阿凤为妾，王亦纳阿凤之鸨姆顾氏为妾，已徐娘矣。人多非笑之，不顾也。旋乞段执政证婚，称继室。子女大哗，登报誓不认为母，与父遂不相见。王久被系，今春顾氏病死，两女始赴北平视父。长女为张岱山儿妇，次女为予再从嫂。两子，一任伪义国公使，一任伪西班牙代办，惟与父不洽，不假其力，而别有径途，然附逆降敌则一也。顾氏昆山人，虽贪鄙，但王降敌时，顾氏惧祸，力阻不听。顾氏后遇戚友，每涕泣曰："良人者，所仰望而终身也。今若此，他日必祸及全家，奈何！"不图进士公知识，反不若风尘中人也。

王为秀才时，才气纵横而好事。及作官组党，似为纵横游说家，实不然。胆怯无能，热衷尤甚，惟性尚不险刻耳。事敌时，日酋尝谓，王揖唐无才而听命，王克敏有才而不听命，梁鸿志既无才又不听命，诚确论也。盖王事日酋最谨，事无巨细，皆不敢专，欲长保禄位也。历次为官，及初事敌时，均不过贪。再为伪委员长时，大改故态，夜辇之金，源源受纳矣。据云迫于顾氏也。顾氏本贪，其言曰："与其将来杀头，今日姑多得金自娱。不然，更不值矣。"去年王被逮，今春顾氏病死，藏黄金数万两，尽被男女仆窃之去。传者虽不免过甚其词，要亦数量非微，非所谓悖入悖出欤？王与予既同邑，复姻娅，与予父相识多年，又甚佩赞者，故予趋庭之际，闻其事甚详。王兼伪考试院长，南来时寄语欲与父晤谈。父久不往，王乃自来。父以私交，亦未逾垣。王坚劝驾，父婉却之，某报固曾纪之也。

二三、陆凤石早识梁鸿志

梁逆鸿志字众异，梁章钜之后人，书香世族，代有文人。鸿志雅擅文章，而诗尤工，中清末举人。入民国，附段系，为安福系健将，历任国务院秘书等职。日寇内犯，首降敌，充伪维新政府行政院长。嗣附汪，历充伪监察院、立法院院长。自罪不容诛，已正法于沪矣。临刑留书家人，亦载诸沪报，中有云："龚怀师视予如子，闻必大恸，请其舒悲。"又嘱以龚赐玉鱼为殉，示不忘师。所谓龚怀师者，吾肥龚怀师西太史心钊，亦予之从祖姑婿也。入翰林后，复游学美国，嗣任坎拿大领事。其尊人仰蘧钦使，曾出使英国，固得风气之先者也。光绪甲辰科会试，太史已先考取，为同考官，鸿志卷，极赏之，加批二十余字，上荐，而大总裁不录。太史亲诣总裁陆凤石相国润庠力争之，质问其文何处不佳。相国曰："文佳矣，诚如君批语。"太史曰："既佳矣，何不取中？"相国笑曰："难言哉，吾细玩是卷文之气势，非正人，他日甚或谋叛逆。知君必不见信，俟至吾语之年，当知吾言不谬也。"太史虽不能再争，而终不谓然。今太史已七十有七岁，甲辰才三十余也。荐卷时泥封未拆，不知何人。落第举子，取回落卷，中式卷，解部不能取回。知某人曾荐卷，有知己之感，多往谒，定为师弟焉。若荐而中，则固定为师弟矣。鸿志既取落卷，读批语，又闻争中事，感甚，即谒太史，执贽称弟子，终身师事弗衰。在沪时，遇太史生辰及年节，必趋前叩首维谨。顷太史以语吾父者，而叹相国衡文藻鉴，有不可及也。

二四、蔡松坡遗事补

本刊一百零二期载叶叔瑜撰《蔡松坡遗事》，可谓详矣。但尚有误漏者，所谓松坡设疑阵出京，非也。松坡初日迷花丛以自讳，又虑他日出京，家室为累，密与其妻计，乃借挟伎故，妻日与之哄，继则互殴，诸友皆知，恒来劝解，终则妻一怒去天津。松坡本一妻一妾，松坡欲留妾，妻不可，曰："君有新宠，何须旧物，我尚须人奉事。"盖指伎女小凤仙言也。妾亦愿事夫人，不欲留京争宠，遂相偕至津，赁庑而居。松坡独留京，日夜沉迷伎院，无复忌惮。而妻尚居津，时邮函互詈，提离婚条件，又经多人劝慰，妻乃返籍。杨度诸人，尚就伎院设筵款松坡，曰："雌虎已去，君免絮聒，可贺也。"无何，松坡谒袁项城云："民党远迹日本者多，群谋为乱，我受极峰之恩遇，愧无以报，当亲赴日本，为察动静，随时密报，俾为之备。"项城嘉奖者再。松坡出公府，即赴先伯祖仲仙公寓所告以如此，且云极峰如有疑，请师解之。先伯祖默然久之，曰："君真为项城侦探耶？"松坡笑而不言。次日公府会议，项城以松坡之去日告众。或曰不可，若听之去，时纵鲛龙入海矣；或曰极峰遇之厚，南人不复反矣；或曰高官厚禄，人所同欲，松坡亦明民主不宜于我国，赞成君主实出至诚。项城沉吟久之，转询伯祖，曰："君于松坡师生谊深，驱策年久，当知其人，今留纵当如何?"伯祖曰："松坡诚人杰，其怀抱我亦莫测。久去兵权，未必能为患。云南军民长官，唐、任二人倾向中央，未必听其指挥。羁留不遣，未免示人不广。且日本原有密探以察民党，固不恃松坡，今再遣之，亦可互相印证，互相监察，于计亦得。"项城然之，遂祖饯松坡东行矣。松坡抵日本，日有密报，不日松坡已潜归，而密报仍日至，盖行时嘱友密报日递也。数日，项成又得他人密报，知松坡已去日，乃分电云南，沿途密拿，而松坡已微服间道抵昆明矣。迨会议后，电达项城，限四十八小时取消帝制。项城招伯祖曰："以君一言，放虎穷山矣，君当为我已之。"伯祖曰："以公之威力，何患一匹夫？我一电固不难也。"乃电松坡，劝勿为戎首，终无覆。嗣松坡告人曰："我向事李师，言无或违。此次方命，为国家大计也。亦知吾师此电，出于不得已也。"盖宣统纪元先伯祖总督云贵，新军中称三杰者，蔡松坡、李协和、李印泉也，伯祖均重之，礼遇亦隆，三人遂执贽称弟子焉。旋清廷密电云："蔡松坡、李协和皆民党，与海外通声气，望留心察访，倘逆迹渐露，即奏明正法。"伯祖覆电云："二人年少气盛，语言或有失检，致启人疑，实无他也。"同官满人某，以协和嫌疑较重，必欲惩之，屡言于伯祖。伯祖虽为解释，而终觉可危，以满官与亲贵通声气也。乃借调查某事为名，札委协和他去，故诸人皆感甚。迨辛亥起义，松坡、印泉率将领至督署，推伯祖为都督，宣布独立，伯祖不可，曰："虽大势所趋不可抗，但我私人受清恩重，义不可背，君等好自为之。"遂礼送伯祖并眷属衣财至香港。旋各省响应，讨檄纷驰，项城忧恚身亡，黄陂继位，各省罢兵。松坡时肺病已剧，亦解甲赴日求医，旋殁于日。国内闻耗，震惊哀悼，开会追悼，各界争挽以联语，非但无交义，且或政见素相反者。盖松坡时负盛名，皆以谬托知交为荣也。北京追悼会所，眷伎小凤仙亦致联语，传诵一时，联云："极目南天鹏翼，直上扶摇，那堪忧患余生，萍水因缘成一梦；伤心北地胭脂，自甘沦落，赢得英雄知己，桃花颜色亦千秋。"时传梁公代作，实非，杨度手笔也。杨度为筹安会中健将，松坡在京，假赞成帝制，与杨度往还最密，宴小凤仙室，几无次无杨度也。松坡貌瘦削如书生，无猛将英悍之气，惟两目炯炯，如岩下电，外似无城府，而实沉毅。虽感先伯祖之知遇，时至寓所，无所讳言，但及国事，始终谓民主不适国情，统御八表非项城莫属，从未稍露不可帝制意也。吾父于先伯祖之侧识之，曾赠其家庭摄影一张，松坡中坐，左右坐妻妾，子女二人侍，战时失去云。

二五、古洞异人

芜湖东八十里，有巨镇水阳焉。东北约二十里，有名犁头桥者，乡镇也。去三四里，有两山对峙，相距约三里，左巅有巨洞，不知其深之寻丈也。俗传仙人居其中，望日土人入洞拜之，施供檀香及菜油焉。

吾乡有朱华三者，曾侍母入洞拜瞻，供以菜油五十斤，归以其异语人，谓洞中暗不见掌，有石级，挈灯下，历时约五十分钟，豁然开朗，如巨室，阶石平坦如镜，中设草蒲团。有道人盘膝坐，着灰布道袍，躯干甚伟，白须垂胸，低首闭目。闻人至，举首张目一视，复垂首闭目如初，终不言也。座前炉烟袅袅不绝。又前，石低洼如盆，中贮菜油，上浮一灯，光荧然。旁有池，满贮菜油，有管通灯处。朱氏母子询所供之油是否倾池中，道人颔之。环视洞中，无粒米，亦无炊具，且无他物。座旁尚有一洞，亦有级在，欲再下，探询道人以可否，不答。乃试缘级下，约历五分钟，雾气上腾，灯昏暗欲灭，惧而返。右之山巅亦有洞，未闻有异迹，亦从无入探者。询道人是否与此洞通，颔之。询能入视否，不答。遂懔然涉级出，道人亦不视也。盖凡有所问，道人可则惟颔首，否则不答也。洞口植菜两畦，终岁青葱，不因霜雪而枯萎也。昔有人盗刈之，归视筐，无有也，后遂无复有敢盗者。右山巅之洞，道人虽未颔，朱华三好奇竟往探，则草遮洞口，斩刈而入，亦有石级，但不平，似从无人出入者。强入其中，甫履数级，寒气逼人，懔栗不敢入矣。询土人石级何人所辟，道人何年来居。土人谓石级相传天然者，道人之来，曾闻七八十岁之父老云，幼时亦闻诸先人言，相传初月夜，山巅偶见人影，后有樵者入洞，见道人坐其中，垂首闭目，白须及胸，亦如今日也。供之檀香菜油，则不知何所见而然，亦不知始自何时也。土人复云："吾侪居此数十年，亦未见道人出。每逢望日入供，坐从未稍移，姿势未稍改，似始终未离座者。而细雨阴霾之际，山巅似有人倚立，及之无睹也。"朱君之所见，民国二十二年也。又皖鲁之交有巨山，忘其名，崇山峻岭，林壑幽邃，人迹罕至，中建佛寺。清光绪末，有张君道出此。寺不宏，僧不众，依山斸田而自耕。僧年多七八十，健如少年。僧言祖师尚在，为明季末僚奉省命解饷银入都，遭流寇，道梗，始避山中。寇平已易姓，乃以饷银建庙于此，而己亦削发为僧，不欲易章服，臣异族也。张君请导谒祖师，寺依山，山有洞，祖师居其中，盘膝坐蒲团，合掌闭目，指甲长盈尺，眉长数寸，覆目，顶则童童，礼之不答，呼之不应。张君曰："死而僵者乎?"僧曰："非也。实尚生，凡三数日须注清水于其口，亦惟少许，不须食也。苟以箸启其睫，眸子如碧琉璃。"张君将取箸试之，僧不可，欲抚其体以试温度，掩口鼻试呼吸，均不可，惧亵渎也。乃讯仍衣明代之衣乎?曰："非也，闻曾一易，已百年矣。"询顶童，发不长，时剃割乎?曰："非也，不剃，亦不长也。"张君行，复遍询山内外农人，皆△僧言不诬也。以吾考道书所载，道人乃练气之流。一旦婴儿出，即弃其躯壳。但婴儿不得出，则不生不死，终古如斯，所谓活死人也。山中老僧，盖内典所谓入定，定千年亦可，自有毕时，实均不足异也。

感旧漫录[①]

高吹万

一

当有清光绪癸巳甲午之际，余年十六七，读于家塾，业师为同邑顾莲芳先生。时同学四五人，类皆志气奋发，不可一世，先生之弟顾君镜渊其一也。君与余及余从子天梅皆喜为诗，余年最幼，所学亦不逮君远甚。君家寒，余常购书为赠，君辄作诗谢。今忽忽二十余年，君已久成宿草，偶一思之，殆如梦寐。顷检箧得两诗，皆君当时答余赠书作也，录之以志鸿爪。其一为答余赠《明诗选》者，诗云："架上无书最是贫，寒斋一夜顿生春。胜朝玉尺归才女，千里荆州赠故人。感子高怀追鲍叔，怜余无力致龙宾。夜深频向灯前读，风雨潇潇扫俗尘。"其一为报余赠《瓯北诗钞》者，诗云："得书还自比丁添，争奈苍颜压背嫌。与尔邻乎非小惠，受他或者未伤廉。一灯挑尽不知久，此味尝来自觉甜。多谢故人堪一笑，诗肠枯寂韵多黏。"

二

自镜渊殁，同学之士皆星散。稍后一二年，则有张君仲传为余兄之妻弟，当时尤英英露爽，乃未几而病，病而染鸦片癖，颓然废弛矣。

---

① 原载《永安月刊》1944 年第 60、61、63—67 期，1945 年第 69、73—75、77—79 期。

越数年则又大发，愤往医院戒之，逾月而断绝。余尝以诗为贺，今稿已无存，但记“不断亦断断亦断，名医辣手男儿心”两句而已。诗颇有斩钉截铁之致。

三

何君卧帆为余伯氏姊之子，长余三岁，于同学中最为醇谨。尝从奉贤庄瘦岑先生游，间学为诗，殊拙滞，先生不之善也。年二十六，以咯血疾卒，无子。妻冯氏，烈妇也。方新产一女，求死未得，为状甚惨。余曾作诗吊之，诗云：“闻道高堂欲丧明，狂呼哭子泪如倾。最怜垂死情何迫，但冀宜男了此生。”“而今伯道竟无儿，莫说天心有报施。留此呱呱二日女，九原回首泪应垂。”“病攻暑酷复悲侵，泪到枯时痛更深。寄语闺中且莫死，茹哀好慰舅姑心。”其后数月，所生女遽殇，烈妇亦竟追殉其夫以死，伤哉！

四

烈妇之死也，余既为作传，镜渊亦有《何烈妇诗》一首并序甚佳。今录于此，以见其人与诗，皆可不朽也。序云：“烈妇姓冯氏，同邑何君卧帆之妻。卧帆以去年六月殁于瘵疾，烈妇即誓不欲生。以新产一女故，未忍引决。女以今年正月某日殇，越三日而烈妇死矣，年二十有七。某于何、冯两姓，均有瓜葛亲，故知之颇稔。卧帆之死，吊其丧，复为文以哭之。烈妇之奇节伟行，顾可使泯没无闻也耶？爰不揣固陋，衍成诗篇。诗云：“何君讷讷无瑕疵，两年同学颇相知。娶妇曰冯人谓宜，西鹣东鲽每双飞。吁嗟鬼伯扬其旗，临风玉树危乎危。明珠十斛安所施，卧帆病时药物极珍贵。三年漱血豹留皮。自知不起难为词，新婚死别泣如縻。冀留血胤稍释悲，忍死求睹腹中儿。一朝堕地鸣声雌，赍恨长往吁可追。斯时烈妇神若痴，伤哉视死真如归。坐蓐三日逢百罹，匍匐哀怆屏食糜。求死不死生何为，褓中有女谁畜之。减衣欲寒食欲饥，冀犯霜露与世辞。我心匪石不可移，须臾不死为儿女。春来秋去日月驰，洒泪变血血湿衣。露倾掌珠难求医，斯时决绝更无疑。上天入地会有时，金石难阻神难违。丹心耿耿万古垂，他年定产连理枝。茕茕弱女百世师，志士殉国亦若斯。荣辱毁誉将安持，独为其是甘如饴。嗟哉中夏士气衰，前者已死后日非。茫茫四顾堪累欷，脆弱畏缩祸发机。烈妇不死人谁讥，而独然确无淹迟。普告众人保孑遗，堂堂七尺岂行尸。生存竞争方自兹，遗羞巾帼非男儿。"

五

烈妇之兄冯君镜清，于余为中表兄，亦同学四五人中之一也。年最长，诵读颇猛，而为文迟钝，久之得翻胃病，每遇文课，坐间必狼籍吐满地。故镜清之殁，余挽以联云："记昔年砚席同亲，角艺共一堂，惟君语必呕心，好学深思侪辈少；叹此际病疴莫挽，晤谈方旬日，讵意耗传转瞬，旧情中表感怀多。"

六

冯君敏儒，为镜清之兄，性亢爽，富膂力，行八，故少年时有八大王之目。尤喜酒，尝一饮尽数巨觥。后得奇疾，腰部坟起，坚硬痛甚，被庸医一刺而逝。余挽以联云："胸多块垒，须知借酒难浇，溯平生矢侠魄照人，慷慨常余豪士气；身试刀圭，毕竟养痈差认，叹到死流满腔热血，光明无愧大王风。"

七

庄瘦岑先生诗古文词皆清奇精悍，卓卓可传。余与天梅当时初学为诗，即持以奉质，极承器异。先生游幕鄂中，曾有怀人绝句见寄，中有高、顾、张、何诸子一首，即余与天梅及镜渊、仲传、卧帆五人也。诗云："吾乡后起多俊髦，年少便弄五色毫。读书万卷行万里，他年三舍我焉逃。"今卧帆、镜渊、仲传三子，皆次第作古，而先生亦久归道山矣。瘦岑先生之卒也，以庚子之秋，时先生在京师，而拳匪乱作，竟忧死京邸，明年遂以柩归。余既为公祭之文，又有诗哭之，今录四章于后："跌宕才华性不驯，一生蹭蹬困风尘。九州未历非男子，先生诗有'男子要当走天下'之句。百劫遍经有妇人。先生歿后两月，其夫人易男装携其两岁稚女于乱兵中由京返里。悲惨之状，令人酸鼻。隐寓滑稽伤曼倩，四月中北省拳匪蠢动以后，先生与其友作《纪变百咏》以寓规讽。空怀抑郁哭灵均。先生诗有'楚人醉倒屈原醒'之句。孤棺万里豺狼满，些些招魂剧怆神。""大笑西风载酒过，千金一掷唤荷荷。热肠自是兼忠义，同郡张子和宦闽客死，身后酷贫，先生代其孤上书于翁相国。其后张子和得以归葬，其妻子亦得安全者，先生力也。硬骨何堪屡折磨。先生四上春官不第。经济无机难痛哭，先生曾举经济特科，后因停止不赴。英雄失意例悲歌。痹风致嘅陈同甫，天下酸儒几辈多。'儒者风痹陈亮哭'，亦先生诗句也。""虎倒龙颠痛不支，需才中夏此何时。风尘莽荡悲奇士，家国沧桑续楚辞。知己无多今已矣，当时以拙诗就政，蒙先生许可。才人绝少古如斯。两当本是君同调，一样年华一样诗。先生诗学黄仲则两当轩，而仲则年只三十有五，何图先生亦如之。""消息天涯魂梦劳，头颅未许鬓萧骚。十年狂走貂裘敝，万里饥驱马骨高。侧足危城余涕泪，伤心大地半蓬蒿。闰秋自古多奇变，竟遣先生厄共遭。先生歿于闰八月廿三日。"先生檠檠抱经世才，其诗每抚时感事，发为激楚之音。当甲午之际，尝效白香山体，为《何处难忘酒》十首，至为沉痛，不可磨灭之作也。诗云："何处难忘酒，和戎乍解兵。天骄纵西极，海气墨东瀛。越雉贡不至，秦狼贪欲并。此时无一盏，慷慨弃儒生。""何处难忘酒，危哉燕雀堂。西京失颇牧，南渡走汪黄。瘴海朱崖掷，降城白草荒。此时无一盏，剑气郁苍茫。""何处难忘酒，重关锁不牢。六州铸大错，万里瞰神皋。干净中原土，纵横使者旄。此时无一盏，怒激北溟涛。""何处难忘酒，苍苍欲问天。江河同一决，烽火况频年。王母停天乐，司农减俸钱。此时无一盏，痛哭泪成川。""何处难忘酒，狐鸣篝火红。江淮仍伏莽，关陇忽弯弓。圣主忧西顾，强邻劲北风。此时无一盏，推毂想英雄。"

“何处难忘酒，承平战不闻。入关天策将，横海水犀军。儿戏真堪劫，兵多转自焚。此时无一盏，刁斗咽寒云。”“何处难忘酒，中原物力殚。烹羊嗟卜式，市马衅仇鸾。碧眼行廛贾，黄金献币官。此时无一盏，风动漏卮寒。”“何处难忘酒，穷荒利未开。山川不爱宝，晋楚岂无材。榷铁西京策，屯田老将才。此时无一盏，中夜舞徘徊。”“何处难忘酒，民穷吏更苛。羊头拜爵易，虎冠食人多。荒岁循良老，赀郎父母歌。此时无一盏，愁叹动桑禾。”“何处难忘酒，青衿士习殊。衰周来横议，弱宋误迂儒。中论强徐干，权书穷老苏。此时无一盏，热血向谁濡。”

八

镜渊之兄，业师莲芳先生，性孤洁，与余兄望之最相契。好吟咏而僻处乡隅，见闻隘小，不足以助其思致。余与天梅少时，率多狂态，见先生所作，窃不自量，辄私相非笑之，而不知先生之诗，固非无足传者也。先生有遗诗两小册在余兄处，名《芦溪渔唱》。今余兄嘱为删定，当择其尤雅者。录数首于此，聊见一斑。《咏兰》云：“绝世风神绝世香，清名遐播冠群芳。美人生小居幽谷，不学时流斗艳妆。”《读庄瘦岑濠濮吟稿》云：“一卷清吟世界开，但教笔到即神来。新诗尽入庄生梦，稿中有‘新诗多半梦中成’之句。旧侣谁如王涣才。化理半从濠濮悟，长吟初罢夕阳催。偏余不解推敲事，惯负年年几树梅。”《书怀》云：“瘦于老鹤拙于鸠，身世飘飘信若鸥。天壤贤愚谁醉醒，古今兴废亦春秋。半生多病常成寐，万事随缘不用愁。惯把啸吟酬好景，未知好景待酬不。”《销夏词录》五首云：“芰荷十里绕渔矶，久立矶头未忍归。静夜微风来水面，飘飘几阵送芳馡。”“穿来仄径又平堤，散步追凉柳岸西。忽见画桥飞柳外，日光斜漏吐虹霓。”“修竹疏松一字排，绿阴当午满庭阶。染人衣履皆成碧，相对无言亦自佳。”“闲时约得几知交，携取棋枰石上敲。风亦有情知我热，吹来阵阵到墙坳。”“栏干十二径三三，蕉叶连阶绿意酣。香篆微飘风引入，情深好向此中探。”《秋日即景寄庄瘦岑》云：“虫吟四壁伴幽居，风满空庭月满庐。倦后不随秋气爽，闲来但觉故人疏。深林暖酒晨烧叶，古树闻声夜读书。君擅奇才我善病，两人合是一相如。”《寄何静渊》云：“近时旅况益萧疏，谈笑无人慰素居。客思三更虫自语，离愁万种笔难摅。不知旧雨来何日，聊把新诗代寄书。偏是多才恒善病，茂陵千古马相如。”《游超果寺登一览楼》云：“晚泊茸城棹，寻途扣寺门。荒凉千佛圮，突兀一楼存。极目斜阳里，寒声古树喧。兴衰皆俗事，莫与老僧论。”《答泰云宗叔见怀》云：“锡我鸾笺两首诗，诗情雅似好花枝。风流自是真名士，莫道侬家叔氏痴。”“猥荷先施感至情，惠然肯赐厕宗盟。比闻欲作荒斋顾，拟效松阴野鹤迎。”《乞巧词》云：“瓜果纵横庭下陈，怪他祈祝太谆谆。天孙即有千般巧，那有工夫遍与人。”《落梅》云：“夜听风声动古梅，朝看雪点积苍苔。呼僮拥彗阶前扫，阵阵清香扑面来。”《芦溪秋泛》云：“飘飘一叶逐轻风，双桨微摇荡碧空。溪绕苍葭秋意足，波涵落日水光红。人非郭李舟同济，是日与望之同舟。迹类渔樵术未工。淡尽纷华还自朗，况教明月满归蓬。”

九

先生诗中有《寄何静渊》一律。静渊为余表兄，居五区头，称五区何氏。何固大族，而静渊具干才，能任事，尤方正不阿，虽族之尊长行率严惮之。办学最早，开邑中风气之先。岁己酉，余与君及君之弟叔嘉，并张君仲传，泛舟西湖，相偕甚乐。翌年而君遽以卒，未几叔嘉亦卒，仲传亦于岁乙卯卒。回思昔游，渺如坠雨。三君者余皆挽以联语，录之以志旧感。挽静渊云：“去岁忆同游，饱看湖山，此日方回西子棹；多君真先觉，热心教育，昔年久着祖生鞭。”挽叔嘉云：“佐难兄兴学育才，奈元方既逝，小宋云亡，一病竟无医，痛折先枝才五月；有令子能文饬行，看旧泽长绵，新知克迪，九原差可慰，忍抛慈荫即千秋。”挽仲传云：“朝露等浮生，嗟君壮志空怀，撒手遽成千古恨；晨星俄落尽，忆我少年同学，抚膺顿坠廿年欢。”

一〇

我家所延师，在莲芳先生之前，则有俞贞甫先生者，余开蒙师也。师居秦山之阳，去吾家不过二三里。其太翁恕堂征君，曾举孝廉方正，以硕德而享遐龄。当师殁时，太翁犹健在也。余挽以联云："数载积沉疴，奈方今椿荫犹浓，彩舞凋残娱戏色；卅年如转瞬，记当日师恩殊渥，斜阳喜溢罢书时。"及恕堂征君之殁，年已八十余，余亦谨挽一联云："丈宿西沉，上寿足增珂里色；秦山南望，胜朝长殿制科荣。"

一一

其同受业于莲芳先生而稍后起者，以余从子南溟为最诚挚好学。自莲芳先生殁后，余与天梅则遥从青浦孝廉黄渊甫先生游，而南溟等则仍延师课读，矻矻不辍，如黄君少山，李君芑香，相继设教于家，南溟皆敬礼不懈。受业之外，兼师事余，未弱冠，即肄业于马桥之强恕学校，学行冠侪辈，归后稍不自振，继复痛悔猛省，读书穷日夜，年二十六，发狂投水死。余检其箧，得诗文若干首，颇有可喜之作。发狂后所为，尤多奇气。今录两绝于此，以见斯才之横绝为可惜也。《咏蚊》云："成群千百来相袭，稊米微身大可怜。血肉布施真普度，笑他个个腹便便。""弱肉强食由来久，尔果何能敢啖人。莫道我无匹雏力，一指可当十万兵。"

一二

当时知交年长中之以能诗名者，则有华亭顾泰云先生。先生居我邑之松隐，娶妇张氏，小名蟾圆，亦能诗，极夫妇倡随之乐，故先生自号俪蟾仙史。先生与余兄望之为姻娅，时时来我家。余初学诗时，黄渊甫师以陈芸曙太守《泖峰官隐图》属题，余成二律，适先生来，遂写以就正，先生颇为称许。略忆评语，有某联为俗吏痛下针砭，尤令人拜倒不起云云。至余所题之诗，则早经弃去，不能记一字矣。泰云先生平生诗甚多，其酬应之作，尤轻圆周至，为人传诵。余时年少，不敢索观也。未几而先生遽捐馆舍，无后，遗稿亦未得见。惟予婚时，先生有贺诗一什，今犹留箧中，因亟录之："画就眉痕妙入时，兰房静好证心知。圆灵文体新妆镜，淑慎闺仪戒旦词。至味亲尝熊胆苦，太夫人守志待旌。深情合学虎头痴。新夫人为家复斋太史女公子。清华济美传佳话，冰玉相承系后思。"蟾圆夫人名端文，字耐寒，工诗善刺绣，当时戚党咸称之。余编先外舅贞献先生集，有《张耐寒女史吟稿序》，称其诗和平温厚，虽处忧伤憔悴中，无几微身世之感，谓得于诗教之深者。惜其稿未梓行，余不能见。今适于故纸堆中，得《金山鸿泥偶存》一册，系光绪间竟陵刘公赤帆进士宰吾邑归田后所辑之诗文，内载耐寒女史《送刘公赴金陵文闱襄校》一诗云"为有鸿才量玉尺，应如鸳绣度金针"二语，诚佳句也。

一三

黄少山先生居邑之横浦界，夙与余兄望之相友善，且与齐年。人颇高雅，长于制举文字。清癯鹤立，喜养指甲，一甲之长逾三四寸，每以竹管护之，偶或折损，则涕泣沾襟。自设帐吾家后十余年，当庚辛之际，余兄于实枚学校设国学专修科，复延先生教之，未几卒，年才四十余也。余挽以联云："兄事长我十年，看冲怀足式，雅度可风，何堪教泽方宏，遽痛秋飙传赋鹏；小别才逾一月，叹旧雨无多，晨星又落，瞥见澄波云逝，空贻手迹怅留鸿。"

一四

孙君念椿为邑之卫城人，亦曾设教于实枚学校，饬躬圭璧，品学粹然。岁壬子，君以其母氏《方节孝行述》征为题句。孙君孝思诚笃，故所作至为沉痛。余作四绝应之，其卒章云："凝成血泪剧悲酸，下笔能真一字难。事愈寻常情愈挚，鲜民竟作蓼莪看。"盖钦敬者至矣。乃诗甫就，而孙君忽以病卒，为之叹悼不置。余更挽以联云："式孝足垂型，天不永年，留得遗文传母节；征题才脱稿，恨迟觅句，愿将挂剑慰君魂。”

一五

黄渊甫先生为兴化刘融斋先生弟子，博学穷经，用力沉笃，早年开门授徒，门下士甚众。余年十七八，即遥从先生受业，承许为学问中人，时先生门徒已不多收录。后先生又为余作伐，订婚顾氏。逮余娶后，外家离先生所居最近，亲炙既深，情谊尤厚。先生殁于民国癸丑，余尝欲为一传而未果。兹录挽联于此：“廿载记元亭，幸婿乡伊迩师门，时喜琴樽沾化雨；兼旬违道范，叹文宿遽归碧落，那堪桃李失春风。”

一六

顾贞献先生道德文章为郡人士所宗仰，黄渊甫师及顾泰云先生，皆尝受业焉。余既为私谥，议及行状，并为编辑诗文遗稿为《素心簃集》行世。先生之卒也，以庚戌九月，时我母弃养未久。先生享寿七十，与我父同，余曾挽以联云：“鲜民衔恤，痛未逾期，差欣杖履时亲，得共承欢留爱日。半子叨恩，悲同失怙，追忆蓼莪废读，何堪并厄古稀年。”

一七

贞献先生早岁曾究心词章之学，晚年道力益进，不常作诗。先生既殁，余始于残箧中搜得百余首刻之，大抵多早年作也。兹检读遗集，偶录其晚年数什，尤见不磨。《笏东先生七十揽揆之辰先期买小舟探梅于九峰间同人为作生朝探梅图率题一章为寿》诗云：“笏东先生有梅癖，花时屡蹑寻芳屐。兴酣落笔写琼姿，十指拂拂香风随。雪花如掌朔风峭，巡檐惯索幽人笑。或向深林绝壑间，香妃蛟背窥奇妙。人谓先生太振奇，探梅远道不知疲。吾知先生与梅有神契，非徒光景流连为世间。百卉供人赏，春秋华实不相强。山林台阁位置殊，性所偏嗜识未广。梅花生质本超然，早春独步全其天。红罗绮丽東阁贵，孤山馨逸罗浮仙。和羹事业听遭际，天地心从数黠传。菀枯肥瘠等闲事，岁寒不改丰姿妍。先生风骨自天挺，少年文誉播华省。珠辉玉照艺苑间，凡艳缤纷资管领。中原澒洞风尘昏，片帆天际归荒村。水边篱落足啸傲，犹话阳和雨露恩。江湖踪迹觚棱梦，元都有树皆新种。缟袂羞争时世妆，空山自制承平颂。义粟分甘仗砚田，指书画助赈事。笔花墨沛丐时贤。分明庾岭香成海，夹道繁枝气泽绵。品格双清压流辈，花耶人耶真沆瀣。得意都教行迹忘，健步移来犹俗态。吾闻江北江南都古梅，清芬累叶天所培。先生硕望灵光推，定卜癯仙同寿咏台莱。”《杨苏盦以东坡生日作十平十仄诗索和偶效二首赠之》，诗云：“苏盦先生今东坡，辞官归田耽吟哦。登山跻巅凌陂陀，珠溪之湄常经过。圆津禅林收藏多，霜天怀铅穷编摩。茸城张筵宾朋罗，酣嬉淋漓颜皆酡。仙禽南飞间高歌，奎垣文光辉如何?”“玉局诞降岁丙子，八百七十载至此。试向宋室考历史，介甫用事国运否。此老倔强直似矢，海外谪逐气不靡。卓卓我友有百起，薄视禄秩等敝屣。众谓曩哲足媲美，一笑与尔饮绿蚁。”《醉白池观荷》七绝八首诗云：“命俦挈榼此徘徊，畅好池塘一鉴开。叶叶似云花似锦，置身疑在小蓬莱。”“水木萧疏二百年，亭台历劫尚岿然。无多结构饶幽赏，留缔闲鸥世外缘。”池为国初顾见山水部别墅。“消夏湾头早岁嬉，胜游裙屐许追随。即今耆旧凋零尽，认取苔边话履綦。”少时尝侍先君子暨诸父执游宴于此。“翠盖红衣几盛衰，分明人事有推移。烟波也籍闲经济，又见秾华冒绿池。”池荷屡有兴废，去年陈楚庭孝廉重植之。“姑射神人太乙仙，两般颜色一般妍。文章大块原如此，较瘦量肥见总偏。”“露绽风轻日上初，绕廊香气袭襟裾。个中领得天然趣，滴粉搓酥总不如。”“万柄高荷始叠钱，花开还许藕如船。孤根一例资培植，亭育工夫在眼前。”水部别墅今归育婴堂公所。“笏东诗老兴婆娑，旧雨相将载酒过。随意壶觞真率会，蹁跹蝴蝶狎鸥波。”竹屏前辈约同人醵饮，各携一壶，谓之蝴蝶会。“截碧为筒酌巨觥，暮看雷雨敛骄阳。酒人自诧回天力，沾足农田喜欲狂。”先时苦旱，醵饮之日，适大雷雨。“蝶翅重飞晒粉迟，髯仙折柬又催诗。会须共祝花生日，再订吟朋酹酒卮。”此期醵饮，同人多以宿雨未至，竹屏前辈以诗征和，且订后约于荷花生日。

一八

笏东先生姓仇氏，松江之娄东县人，居笏溪之东，晚年建笏东草堂，故人称笏东先生。先生受业于顾贞献之先人荃士先生，于贞献先生则为词林前辈，尝主讲我邑柘湖、大观两书院三十余年。贞献先生表其墓，称先生古文取法欧、曾，诗笔清丽，不假雕饰。居京师日，自晋入秦，旷览河山，凭吊今古，得诗甚富，归田后为之益勤。书宗颜鲁公，能变化自出新意。工画梅，气韵雅洁，人得寸缣尺幅，争相宝贵。余少时僻居乡里，未获识先生，及为顾氏婿，时往来于松江，则先生已归道山。今又二十余年，先生后嗣渐微，诗文遗稿不克刊以行世，遂无从得见。间于他人集首，得读其序跋一二，神韵独绝，真不朽之文也。诗则所见尤少。书画皆精卓可传，昔晋豫旱灾，先生与同志创书画助赈社，夙夜挥毫，得钱千余缗，悉畀赈所。有句云：“江湖有梦怀孤阙，沟壑分忧仗砚田。”先生之怀抱，亦略可见矣。

一九

顾荃士先生当清嘉道之际，以诗雄峰泖间。早岁即负盛名，与郡中诸老相倡和。长洲王惕甫学博，一见惊异，叹为泖东七子之冠，为绘《泖东莲社图》，共二十四人，先生年最少。既而入翰林，宰剧邑，星霜三阅，遽赋归田。跌宕词场，执骚坛之牛耳，当时风雅之盛，几与王述庵司寇三泖渔庄相埒。先生之殁也，我外舅贞献先生年未冠，其后亦以翰林出宰。贞献出翁常熟门下，濒行，袖先生《城北草堂存稿》，求序于常熟，常熟序中称为“年时方盛，蜚遁自高。牖迪贞髦，行为儒则”者也。先生诗皆清超拔俗，顾自喜者尤在词曲。兹录题“莲社图”

《买陂塘》一阕，以志词宗："一凝尘、卅年弹指，红衣销落都尽。藕丝爱结情千缕，又把佛香徐引。风隐隐。是叶底声来，掺入钟鱼韵。溪边路近。每踏月僧归，携琴客去，相视笑难忍。　　鸥池畔，只有苔衣成晕。笛声还听蚯蚓。倪园水石犹无恙，可惜飘零金粉。佳节趁。笑老子婆娑，似把前身认。宗风再振。待果证三乘，禅参一指，医我钝根。"笏东太史序《城北草堂词稿》，称先生词学上追竹坨，又与述庵司寇时相后先，得闻绪论。余读其遗集，美不胜收。集有光绪戊子家刻本，久已行世。余又曾得其集外诗，有《悼亡诗》一百首，情深若海，悱恻缠绵，乃先生早年悼其俪王夫人作也。诗亦不胜录，录其《悼亡诗自叙》一篇于此："名士途穷，才人花光。愁轮堕地，恨顶穿天。肠断懊恼歌，神伤宛转曲。每当玉笛歇哀，莲漏断滴。壁影无语，琼霜流声。一魂悄然，穴户而出。如醉如梦，杳不知其所之也。孤鹳一警，飒然惊寤。则明螺半床，灯粟一粒。坠欢不续，心兵交煎。弱骨竛竮，与冻草而俱化矣。嗟乎，辽鹤不返，湘瑟罢弹。叹美玉之褫颜，怅明珠之晦色。香埋玉葬，千古魂销。蜻引蛾飞，一时泪竭。况乎香兰琢句，翠管题笺。黄娟多幼妇之词，红豆记霓裳之曲。莺花一劫，锦绣成灰。恨海茫茫，伊于何底乎？兹者寒流莽莽，征云苍苍。独梦无悰，么篇当哭。击唾壶而口真欲碎，近棋局而心最难平。斑管一枝，画出离鸾之影。蛮笺十幅，难招蜀帝之魂。他日古佛一龛，闲云半榻。镜花无着，沙凫同眠。试检箧中旧本，读之辗然一笑，如隔世事。"

二〇

荃士先生之室王夫人，讳清霞，字湘波，亦工倚声之学。贞献先生跋其母氏残稿云："太夫人旧有《小琅嬛室词》一册，约百余阕，附以古近体诗数章，经先府君点定。咸丰辛酉，避粤寇于高桥陆氏，其冬寇猝至，寓庐毁，词册被烬。比寇退，检搜遗集，仅得残稿诗余数阕，附于《城北草堂遗稿》之后，真可惜矣。余内子幼芙，亦略能为词，未始非渊源之留遗于无形也。”兹录王夫人词数阕于此。《一剪梅》云:“云影波纹透碧纱。粉晕梨花。脂晕桃花。黄鹂树底语喳喳。怕损兰芽。休损榴芽。　　隔道红墙燕子家。人影花遮。花影人遮。秋千架畔日西斜。风意些些。雨意些些。”《虞美人》云:“飞飞鸦影浓于墨。天际欺孤客。夜深扶影上妆楼。忍看菱花分照两边愁。　　一灯摇曳莲枝冷。彻夜风威紧。翠帏愁寂绣衾单。小小熏笼怎抵恁般寒。”《梁溪道中调寄浣溪纱》云:“水隔风帘一桁排,隔篱红透碧桃花。篱边花下是谁家。　　呗梵铃声齐放鸽,湔裙人影尽堆鸦。竹炉新试惠泉茶。”

二一

余尝以未得读笏东先生诗为憾,兹于顾贞献遗文草稿中,检得笏东先生诗二首,片羽吉光,弥足珍贵,因亟录之。一为《东坡生日同人集笏东草堂分得东字即送香远九兄之任梁山》,香远,贞献先生字也。诗云:“潇潇寒雨寥寥风,云中招手云濛濛。翩然笠屐画图里,相逢一笑髯乎翁。酒人献酒为翁寿,八百年后追前踪。翁也不饮亦不醉,但觉纸上酡颜红。玉堂太史今小谪,蜀江千里膺花封。翁昔峨眉山下住,茅檐疾苦忧心忡。为言此邦久凋敝,要使元气苏疲癃。蛮獠杂处喜争斗,抚驭无术徒汹汹。武侯治行文翁教,谁欤继者君其同。太史唯唯谨受命,诸君亦若开心胸。洗盏更酌互欢乐,惜哉此会无张融。复园梅花尚待雪,眷怀诗老东门东。”一为《戊寅人日奉邀香远九兄暨诸吟坛同集笏东草堂赋赠》,诗云:“几社不可作,此事谁与论。吾党数张老啸山丈,坛坫开复园。去腊十九日,髯乎一笑掀。赋诗互酬唱,中峰推独尊。我今续良会,所期同心言。七种共挑菜,沽酒近前村。草堂梅未开,雪花缀石根。翩然裙屐来,言欢古谊敦。昔侍张顾师张温和师及尊甫荃士师,诗学窥篱藩。自惭汲不深,空负此渊源。壮游入京国,橐笔谋盘餐。鼎鼎陶侍郎凫香先生,搜讨及晨昏。长安酒价高,朋辈约鸡豚。归来十七载,觅句聊闭门。比邻章次柯,奇气天可扪。谓予颇不俗,联吟笑语温。乃兹群彦集,相约一开樽。况复楚才多魏君盘仲、李生爵卿,湘江采兰荪。会当求画师,写此雪泥痕。题诗寄草堂,松风今犹存。”

二二

笏东先生所称温和师,为华亭张温和公,即世所称诗舲尚书者也。有《小重山房集》,曰《诗舲诗录》六卷,《诗舲诗外》四卷,《诗舲词录》二卷,为宝山毛申甫、同邑姚春木两先生所选定。《续集》十六卷,则公自定稿也。张啸山先生文虎跋云:“诗之有云间,犹文之有桐城也。自乾嘉以来,以青浦王侍郎兰泉先生为一大宗,而温和公继之。然侍郎从征缅甸,干戈戎马间,不能无忧劳愤激之语,出以变调。公扬历中外,自道途行役,以至登临宴饮,宾朋赠答,皆安和浑雅,俨然《皇华》《四牡》《鹿鸣》《鱼丽》之遗意,盖所处不同也。”顾荃士先生为公妹倩,故集中尤多唱和之作。第余所见顾氏藏公手书诗笺,尚有一二为集所未及刊者,兹录于此。一为《得荃士书知以楞严经遣闷却寄》,诗云:“慧业三生觉悟新,六根何处净浮尘。消熔火宅先△△,慰藉高堂善葆身。禅榻香温猫念佛,画帘风定鸟窥人。临池我亦空诸障,自浣溪藤貌应真。”近自画阿罗汉一帧。第三句因笺有残破,故缺二字。一为《咏白丁香》二律,诗云:“繁蕤簇簇发浓馨,点染晴光屈戌屏。艳雪攒枝春琐碎,暖烟接叶玉伶俜。缄情粉结搜奁具,扶病香闺检药经。弱质不禁风力甚,只宜轻絮罩闲庭。”“钗朵分明异样妆,隔帘偷舞白霓裳。洛妃攘腕垂垂洁,玉女传言叩叩香。几处冰蟾添夜朗,一年粉蝶送春忙。略无羞涩青衣态,瑶馆开时并海棠。”海棠以丁香为婢,见《瓶史》。

二三

张啸山先生为南汇之周浦人,先后馆我邑钱氏三十余年。钱雪枝通守辑《守山阁丛书》《指海珠丛别录》,鼎卿学博续辑《艺海珠尘壬癸集》，梦华少尹辑《小万卷楼丛书》，均延先生校雠。综计无虑数百种，一时考据家称为善本。曾文正闻其名，以书招致幕下，极称叹之。曾忠襄刊《王船山先生遗书》，即延先生与仪征刘伯山先生分任校雠之役。李文忠督两江，议开书局，刻经史各书，亦延先生校理。其所校刻，世称善本者，又无虑数十种。其诗文皆精粹，非止长于校雠已也，著有《舒艺室集》行世。先生殁，笏东先生挽以联云："穷则善其身，文正有言，寡欲似徐伟长，多文似刘中垒；殁可祭于社，吾侪私议，硕学若王司寇，名德若姚征君。"王司寇谓述庵先生，姚征君谓春木先生也。

二四

舒艺室全集，总名为《覆瓿集》，共多种。其《舒艺室诗存》及《诗续》存八卷，为全集之一种。中有《题蒋树本种花图并谢赠兰》一诗，质朴可喜。按蒋为我邑高士，此诗亦我邑之文献也，因录于此，诗云："花各有性情，种此谨其始。培溉量所宜，正与毓材似。寒暄与燥湿，失度判生死。裁剪颇赖人，岂徒天工恃。蒋君志风雅，妙理契花史。庭宇无冬春，芳葩烂红紫。客来但惊诧，悦目竞夸侈。岂知费辛勤，朝夕劳抚视。嗟予晚学圃，余事亦喜此。竹树连瓜畦，杂花覆苔阯。横斜任开落，懒拙还自耻。君应笑荒芜，健仆特走使。馈我双白璧，碧叶纷绕指。恰如蓬荜中，入座得佳士。无言趣已远，不待启唇齿。世路方荆榛，君心自兰芷。作图寄所适，亦足乱意旨。萧艾争充帏，滔滔彼谁子。"

二五

蒋先生字卓如，负书名几六十年，书出《争座位》，而不名一家，能变化自成体格，高超拔俗。喜为淡墨，狼藉满纸，世人未之识也。先生长身鹤立，兀傲自喜。忆余少时，先君小邀先生来我家，下榻十有余日，即就卧所布设作书工具，淋漓挥翰，旁若无人。先生著有《临池偶笔》一书，极讲执笔诸法。顾余观其作书，握管如握帚，骈五指为一束，无大小各指之分异，亦无掌虚指实之形，惟觉其作书时，直立卓尔，姿态绝佳耳。先生为吾邑之舟里村人，所居室名三径草堂，抚松种菊，泊如也。自先生来我家后二十余年，又曾一遇于留溪途上，时先生年已八秩，神采犹矍铄，未几卒。曩时庄瘦岑先生有题其《披莽寻碑图》一诗，能得其神似，录之以为先生写照。诗云："先生好花兼好书，行年六十未白须。粪松灌菊辟三径，迥俗士驾聊自娱。论书不夺芝素席，眼底不着欧褚虞。一日写尽三百纸，手腕欲脱神未劬。自言学书五十载，剔抉金石如搜珠。索靖碑下三日卧，辨才梁上一箧储。有时窥古成独笑，浩然振策凌烟墟。以手扪字暗中读，荆针棘刺牵裙裾。蜿蜿长蛇擀石黑，娟娟缺月悬云孤。狂呼绝叫不可止，惊集野老逃榛狐。归来双眼忽如水，担夫公主胡为乎。笔落风雨姿神怪，天门凤阙无才隅。我不习书解书理，饮酒一斗头欲濡。君书未为世所重，姿格不媚人弗趋。壁上真龙骇俗目，江边奇服嗟穷途。世人好古孰真赏，题君诗句三长吁。"

二六

卓如先生之《种花图》，尚有杨苏盦题诗三律，与上录张舒艺所题五古一首，皆名人名作，可以传也。诗云："留溪一湾水，蒋诩隐其中。但以花为命，能令酒不空。养闲宜饵鹤，托兴等飞鸿。此意凭谁解，邻家卖菜翁。""肥溪问老圃，卉木旧清华。自叹田园殁，徒兴末路嗟。予家旧为李氏园，后有肥溪，高大父退谷老人尝自署肥溪老圃，今已易姓矣。感君三径扫，招我小船划。故里频回首，情怀等乱麻。""旧游湖上好，花事几追寻。劫火成离别，余生托醉吟。何时平寇乱，与尔入山深。饱啖青精饭，桃源一古今。"

二七

杨苏盦为娄县杨古酝先生，以名士为县令，诗名遍江浙间，生前早刻有《苏盦集》行世，即顾贞献先生诗所称为“苏盦先生今东坡”者是也。自十余年来，云间老辈，零落殆尽，而先生几如硕果之仅存。至民国元年，年八十三卒。当己酉八秩诞辰，举行重游泮水之典，余曾以四绝贺之。诗云：“泖峰钟毓气清明，跌宕湖山见性情。文教式微风雅贵，乡邦硕果属先生。”“对酒挥毫老肯辞，归田十载未嫌迟。茸城明月珠溪梦，岁岁莼鲈系旧思。”“西风浩荡足心惊，学校谁开弦诵声。六十年来成道丧，巍然一老仰高名。”“万鸦如叶扑宫墙，泮水全荒草不香。觅遍茆芹何处是，归来且进一千觞。”

二八

闵颐生先生为张舒艺入室弟子，生而左右手各诎一指，故自号闵八指，人称八指先生。书与画皆精绝，书法苏眉山，画宗恽南田，惟不多为人作，亦无家藏之品。哲嗣瑞之老友，于先生殁后十余年，曾收得遗画数帧，每索余题句。岁乙卯，题其金鱼画幅三绝句云：“数枝垂柳覆双鱼，傍藻依蒲足自娱。别有隐沦风味好，一生从不羡江湖。”画为二金鱼游傍蒲藻间，上有垂杨一枝。“南田石谷两传神，二十年来手泽新。腕底居然活泼泼，谁言指不若他人。”画署丙申夏，于今适二十年，下钤“指不若人”小印。“绝妙天机道气深，悠然一勺动沉吟。愿君尊重珠还意，展卷吾钦孝子心。”此幅为沈君景刘所藏，今瑞之以先人遗迹向之乞还。画有先生自题“写此一勺水，悠然见天机”二语。先生非特工书画而已，其诗古文辞皆承先正义法。尝与顾贞献先生等同修《华亭县志》及《松江府续志》，考核详慎，去取不苟。贞献先生每言及，未尝不叹先生之精敏，且谓先生殁，而商榷更无人也。忆曩岁甲辰，先生曾有《岁朝杂感诗》四律写寄贞献先生，贞献先生即命余属和。时余初学为诗，诗殊不足存，今检先生遗集，原唱已不得，而余之和诗则尚留箧中，因录于此。《岁朝杂感次闵颐生先生韵》：“字蛤茫茫剧怆神，吾生久矣渺根尘。漏舟未醒人间梦，乐土难寻世外春。大势已看成浩劫，横流宁得障孤身。哭残热泪知无益，退作神州冷眼人。”“披衣高咏杜陵诗，报道梅花放几枝。魑魅纵横愁不极，河山破碎咎伊谁。文章百怪伸龙爪，世界群魔戴虎皮。按剑寒窗空独立，雄心且复好羁縻。”“朅来美雨更欧风，簸荡潮流势未穷。群虎安能资托命，巨狼莫可测深衷。病夫睡汉难成国，取媚争怜未是忠。日暮瑰云堆万叠，凄凉空对月如弓。”“摇动全身一发牵，由来巨祸昧机先。积薪已迫燃眉火，疗疾应须击恶鹯。惨惨适逢多难日，蚩蚩忍贺太平年。满腔忧愤凭谁诉，搔首悲歌欲问天。”其后于贞献先生家搜得此诗原写稿，为之狂喜，遂补录于此。诗云：“昨宵尊酒送穷神，旧债应教扫积尘。蹇马久怜驰绝返，和风才喜入芳春。愧无学术偿初志，虚有文章润此身。也读八纮新译史，识时且让少年人。”“朝来霡霂酿春膏，日夕西风霁色高。大运渐随枢柄转，治安谁握虎龙韬。萑苻未刈东吴蘖，蛮触方争北海艘。卧榻可堪容鼾睡，几人肉食算能操。”“鹰瞵虎视太猖狂，借室操戈意不良。弱肉争思强者食，中枢犹事外绥方。九天风阙云衢远，五夜鸡声剑气张。袖手江干观鹬蚌，可能睥睨学渔郎。”“忧心悄悄托新诗，健骨惟撑笔一枝。东海风霆恫在昔，北门锁钥弃凭谁。汉家疆土宁髦弁，吾道千城岂鞟皮。勿使庸人群俶扰，巨精未必遽销靡。”“即今泄沓已成风，蹊磴兴嗟寸步穷。正是尝荼尝胆日，难言事楚事齐衷。吹沙作饭终无济，刺口论时敢效忠。谁复将心盟赤石，临边一挽铁胎弓。”“外忧方亟内忧牵，攘外还从治内先。可奈广庭滋蔓草，未闻灌木弋苍鹯。欲抒蚁悃陈三策，默对梅花又一年。借问溪边捕鱼者，桃源何处别开天。”

二九

贞献先生所时时称道者，又有王君企张。企张，娄县人，为贞献先生姊子。先生尝为余言，企张至性过人，笃于内行，余未之见也。企张以进士官京师，岁己亥，返里门省墓，来贞献先生家，信宿而去。余往则知企张即于是日行，至江宁忽撄疾卒，年四十有三，无子，娶盱眙吴氏，为四川总督勤惠公孙女，贤而工文墨，君卒后，屡欲以身殉，不食数日不死，吞金饰不死。越五年，以病卒。余妻今犹记其一诗，为企张殁后之作，读之可以见其志矣。诗云：“别未经年缘已终，柏舟血泪洒吴淞。江流有尽情难尽，金鼎能融志未融。倚母半生难互舍，约君五载定相从。此身未死心已死，魂魄长期梦里逢。”诗中有“约君五载”之语，盖当时屡不得死，而自矢之，言后竟如其愿，盖亦奇已。

三〇

吴氏既求死不得，乃茹痛强起，为检其夫遗稿，请顾贞献先生甄定，刊为《达斋遗文》。企张故贫士，赘于吴，平日财用，一资于妇，妇屡生子，皆不育。企张殁，乃立夫兄斗槎之子为嗣，复购田数百亩，以与嗣子。经营才毕而病，病而死。贞献先生曾挽以联云：“生长华阀，作配英流，风雅能吟柳絮，自中岁童乌屡陨，寡鹄旋歌，肠断眼枯，孤怀愤欲填东海；奉祀置田，遗文锓版，经营足慰稿砧，至今日化石望夫，倚闾累母，影徂心在，冥路知犹恋此堂。”皆纪实也。

三一

企张奋于用世之志，未暇事著述，故所刊《达斋遗文》，多为昔时考课诸作，不尽足传。惟所为其先考妣行述，皆一字一泪，至不能卒读，贞献先生称为至性过人者，于此等文可以见之。企张其他之作，以余所见，只有挽黄安之联云：“期君在明圣湖边，霜雪重阳，商约持螯觅秋饮；滞我于长安市上，月明千里，惊闻控鹤化神游。”措词亦甚超妙。

三二

黄君安之为我邑之朱泾人，贞献先生之长女婿也。慷慨有大志，惜不幸早卒，逮余娶妇时，君卒已四年，故未之见。其后始得交君之弟公续先生，先生律己谦和，而规模宏远，承其累世积德行善之志，更廓而大之。时当清季，锐意兴学，先生遂毅然引为己任。计先后开设学校，资遣游学，为数不下十余万金，而用诸赈济慈善事业者称是，顾自视欿然。初无德色，下笔斐然，书法尤秀媚，而终身不入试场。遇地方疾苦之事，则力争奋勇，如谋其私。若先生者，真我邑之大善人矣。乃年近四十，亦卒。先生之卒也，识与不识，无不悼叹。当时哀挽之作，极一时之盛。记有汤蛰仙先生一联最佳，联云："望战云层叠，每共欷歔，救国慕弦高，有此好人偏去世；缘路事牵连，甫相邂逅，论交倾叔度，并时知己孰如君。"

三三

杨古酝先生《苏盦集》刊于清光绪癸未，而先生殁于民国壬子，其三十年中未刊之稿，又盈数寸。近由友人委为删定，得集中《为黄公续部郎继曾画海隅观日出图》诗一首，因录于此，亦可以考见黄君之为人矣。诗云："黄君吾郡之人杰，自其髫龀已郁勃。竭来海上汗漫游，庄惠濠梁自活泼。生平重义轻时流，动慕古人期仿佛。是时四海已多事，文武恬熙本根拨。君独慷慨嗟时艰，有志澄清愿振拔。海隅久滞有用才，何日能令海氛歇。一朝天下庆承平，独无旭日排空出。壮志轩昂绘此图，向日葵心烛毫发。知君夙具爱国忱，如凤朝阳晴景豁。每怜寒素囊屡解，或逢佳士目为刮。如此热肠间世无，遂令爝火同时灭。他年琛赆万国来，君倘平施救时术。"苏盦以诗名，然其书尤胜于诗，画尤胜于书。黄君此图，真宝贵之品也。

三四

黄君虚心从善，而富于毅力。其办学之始，在光绪癸卯之际。君招余兄弟至沪商榷，议既定，即夜恳余由沪命舟至松江，晤沈君镜贤，请其规划校事。迨沈君既为规划草创，而一二年间，群材毕呈，各校次第举立，要皆发轫于此时。而沈君之学之足以取重于人，亦可概见。沈君天资过人，而品诣卓尔，中外之学，几无所不窥。自经史性理舆地算术，以及蟹行象寄之书，电机灵鬼之术，皆绝无师承而能通晓，真不世之才也。年三十四，以肺病卒。沈君正当盛年，方以日进为志，未遑事著述。平生所学，惟略见于《泖东草堂笔记》。此外以余所见，有《拟郭景纯游仙诗》七首，不知其何时所作，未足以见其学也，姑录于此。诗云："巍壑无要途，华璑无安宅。朱门何足游，云霞是我僻。枕泉鉴清流，漱石饫灵液。天涯缩易近，脱屣视魏阙。葛仙餐丹霞，安期炼白石。养性可葆真，凌虚亦换骨。愿从赤松子，千龄谢夭伐。""鸳鸯戏兰池，藻耀波光妍。修篁夹危磴，猿鹤同盘旋。寂寥避红尘，松阴常闭关。日月照颜古，逍遥采药间。仙翁穿羽衣，碧空来蹁跹。骑鲤琴高从，骖鸾陵阳先。奇龄永无极，坐看陵谷迁。""大鹏期南溟，老骥志千里。得谐沧州愿，富贵浮云耳。貂珥虽雍容，春梦为时几。阳冈擢霜条，阴崖媚冬卉。不为炎凉殊，吾心世外寄。青峰最敻绝，谁结茅于此。""窗前涧云生，户外石泉驶。可是浮丘公，灵踪驾言止。惜无同怀客，偕往参妙旨。鹤声天外来，吹笙何徙倚。子晋凌风游，共驾窃自喜。""逝水不西流，去日不东骛。瞬息年运徂，彼美恐迟暮。微虫有变化，人生犹朝露。仙乎缥缈间，同驾罡风度。往者倏成昔，来者莫能御。何不取长绳，系此羲和驭。""四运犹鳞次，已夏倏及秋。清商应候至，满树声飕飕。芙蓉含露泣，杨柳摇风愁。鸣蝉叶底咽，吟蛩阶前啾。是非腾丹阙，百年忽已遒。去去辞尘缘，从此崆峒游。古人皆已迩，广成独长留。""灵鼍抃沧海，浪动声如雷。首戴三神山，高下纷相猜。中有仙之人，乘云常往来。吹笙引姮娥，博戏随洪崖。湘灵鼓云璈，壶公举霞杯。导引身益轻，有术能驻衰。挥手谢世人，蝉蜕出尘埃。秦皇无道气，周穆亦凡才。"

三五

自沈君而外，其有品学兼粹，一本程朱而用力笃猛者，莫如李君芑香，与余先后同受业于黄渊甫先生。余之识君自岁戊戌，时芑君方肄业融斋书院。余一见后，定为拘谨卓绝者流也。其后我家延以课诸兄子，与君相处最久。及学校既兴，乃出任教授。又数年，得黄君公续之资助，东渡留学法政，更以余力，专习德文六年，学更大进，气质亦变矣。自民国以来，曾任司法部，既又任法曹之职于浙杭。与君久不相见，癸亥四月，余游杭州，走访君，君则大乐，遂相与同领雨湖之胜，访碑印社，摄影三潭而返。徘徊终日，余则惟同访旧书肆数处而已。盖身历仕途，而能以道德自律，萧然不失书生寒素之色如君者，正不多觏也。乃别后一月，遽闻君以中风卒。余痛极惘然，不知所以为言，故至今尚未有所作，只为挽联云："缔交近三十年，文章共析，道义同商，念斯人非今世人，记当时下榻寒斋，朝夕相亲如旧梦；握晤才余一月，竹阁言欢，月潭话雨，讵此别遂成永别，纵他日重游胜地，湖山无恙已前尘。"

三六

余甥朱君志贤，为我邑之廊下镇人。富于赀，而慷慨能识大体，不幸天不假年，中道赍志，以民国六年丁巳二月卒，远近惜之。余为追悼会启，拟之于黄君公续，人皆韪余言。故哀吊之作，以君与黄君并称者，比比皆是也。其业师张翰生先生有挽诗一首，明白详备，为录于此。诗云："问君年几何，君年三十六。平生有大为，抗希黄公续。人生天地间，年命风中烛。为善日孜孜，犹恐日不足。富家翁何求，良田与华屋。屋以安吾身，田以饱吾粟。农人来输租，租价恣所欲。业主钱万串，贫佃泪一掬。年岁有丰凶，不问荒与熟。租差如星火，无钱困桎梏。称贷苦无门，典尽寒被褥。哀哉蚩蚩氓，不如经沟渎。君家夙忠厚，格言铭租斛。少收多几年，'少收几合，多收几年'租斛铭辞。恩泽穷檐沐。吾昔馆君家，安坐门侧塾。君兄弟二人，中心悦诚服。先后撷芹香，君冠全军独。县元入学。君少曾多病，家居甚拘束。自学复旦回，崭然露头角。辛亥光复时，出资助军毂。是时年三十，慷慨超凡俗。组织保卫团，邻里相亲陆。商业日凋敝，君意锐兴复。投资十余万，各肆富储蓄。毫无谋利心，为民谋事畜。既设商店外，尤急兴教育。廊下小学校，无一善可录。自君为校长，校舍立建筑。开智焕然新，景阳立附属。三等嘉祥章，奖给寓勉勖。鸿业甫初创，天夺善人速。黄君丧于前，君又痛不禄。苍苍本爱民，吾民何无福。就君一家言，言之欲痛哭。高堂需奉养，稚子赖育鞠。茕茕鲜兄弟，又无胞伯叔。犹子才十龄，辕下驹局促。令尊好藏书，书待儿孙读。是在良师资，因材以为笃。吾为下里吟，吟罢殊枨触。”

三七

翰生先生为浙平湖之新仓人，重然诺，好善若渴，德望著于一乡，以名孝廉淡于荣利。余家有质肆在新仓，家兄邀先生主其事，镇静严肃，数十年如一日。民国初建，国学就衰，余窃慨之，因有国学商兑会之设。先生闻之，即欣然入会。岁己未，以中风卒，年六十二。余挽以联云："斗山望重，共式楷模，旧学赖商量，瞻此灵光存鲁殿；道义交深，正资倚毗，老成叹凋谢，含将清泪洒芦川。"

三八

先生五十学诗，自比高达夫。其诗每振笔疾书，未尝留稿，曰我以自写性情而已。然先生之诗，正惟其自写性情，故弥觉真切而有味也。忆甲寅之夏，余殇幼子丰，有哭儿文以志哀痛。先生一再寄诗为慰，可感也。其诗曰："昔吾有五儿，今止存其一。欣儿始生时，吾年正卅秩，十三九经毕，游庠年十七。苦学得瘵疾，遂于是年卒。三儿年十三，一病才三日。口噤不能言，痛苦难殚述。通儿甫三岁，依依绕我膝。鬼伯殊不仁，摧残到弱质。更有二岁儿，冬得春已失。无乃我平生，作事伤阴骘。遗祸于诸儿，长此藏幽室。顾历年已久，勾销付一笔。今读哭儿文，文辞何哀溢。顿触旧时悲，聊尔挥不律。一字一泪垂，气愤机为窒。吾本不能诗，言之多未悉。益以大悲伤，措辞尤草率。吾儿命何薄，有父无学术。丰生有名父，伤昙录以出。人生天地间，谁能长无疾。疾至托庸医，杀人是参术。吾欲语高君，无过悲亲昵。莫寿于殇子，庄言讵失实。珍重著书身，子孙自逢吉。"又七绝四首曰:“栽培子弟似栽花,解语花犹爱护加。何物风雨偏酷妒,无端摧折蕙兰芽。”“童年即甚爱其亲,谁似黄香体贴真。母善教儿儿善学,而今温被又何人。”“珠还合浦十旬中,又一君家女孔融。底事愁深难痛减,断肠原只为神童。”“了公一语便捐金,此是儒流道德心。假说为儿资冥福,先生用意一何深。”

三九

余曩者有《感旧漫录》,所记录都为已故朋旧师友之零星琐事诗文,随笔所记,绝无次序。既而辍笔不写,忽忽遂已二十余年矣。人事变迁,沧桑屡易,居夷八载,已成老翁。今虽河山还我,而故乡在望,尚未能归。回忆昔日故人,多登鬼箓,穷老踽踽,殊难为怀。因念丁丑之冬,于古历十月初三日,日兵在金山卫登陆,长驱而至张堰,吾乡骤然沦陷。余仓皇避难,伏处舟中者及二十日,继后潜返家,仍不可居。乃于十一月二十日辗转至沪,艰难困苦,得至于今。虽顽躯无恙,而此数年间,亲故朋旧之死亡者,不可胜数矣。其始暂居威海卫路之中社,偶阅报,知友人胡君寄尘死矣。因即驱车往中央殡仪馆吊之,时十二月十八日也。寄尘为皖之泾县人,胡君朴安之介弟。朴安、寄尘,皆三十年老友,二君久居申,惟余每来申,朴安常晤见,而寄尘久不相见。昔岁一晤于市中心区之博物馆,几不能识,嗣后亦未通问。今市中心区鞠为茂草,而寄尘遽作古人,不觉为之于色。余挽以联云:“交契垂三十年,我学愧蹉跎,西抹东涂成底事;沧桑经百千劫,君才独卓荦,人亡国瘁不胜悲。”寄尘著书至多,其刊于朴安所辑《朴学斋丛书》第一集中者十有五种。然未刊及别刊者亦多,虽小品而甚精。近得其《古书今读法》一书,亦精确有兴趣。

四〇

寄尘辑有《兰闺清课》一册,所选皆为闺房温腻之诗,殊多静好之味。书印甚精,时在民国元年间。余曾题诗二律云:“欲倩樱桃口,来宣美妙音。略谙儿女性，别具蕙兰心。宛转言尤雅，温馨思不禁。妆台留一卷，并坐费沉吟。""合号相思子，情深不自持。芬芳千种媚，尔我一般痴。红袖添香夜，青山偕隐时。家常磨慧骨，此事却怜伊。"今此册已同被失于戊寅五月书劫，欲更求觅而不可得也。幸余题句尚存，姑录于此。

四一

沛平女史讳渊，为寄尘之侄，朴安之女公子也。能诗善书画。画卓尔雄健，有大家气息。书法篆宗石鼓，真仿北碑，诗则生尊公。朴翁云："沛平之诗，无脂粉气，若有夙慧，一如寄尘也。"卒于民国十五年，年仅二十有五。岁辛巳，朴安曾以女史遗画一册，计八幅，每幅皆有朴翁题诗一首，册后题者多人，朴翁属余加题，余为书绝句五首。诗云："生来家住万山中，夙具烟岚漂渺胸。一自学成方点笔，固夜倾倒老宗工。"女史曾毕业于书画专门学校，后何诗孙、顾鹤逸、汪沤客、黄宾虹诸先生见其所作画，皆极口称誉。"无须老寿羡南楼，绮岁挥毫已不作。遗画流传绝苍厚，诗钞画语并千秋。"女史之卒，年仅二十有五，所著有《南香诗钞》《南香画语》。"一回读画一回思，处处吾踪遍历之。曾与而翁共游屐，廿年前已有题诗。"岁己未，与朴翁同写京口锡山之游，有《京锡游草》行世，尚在此诗画前四年，去今已二十三年矣。"黄岳看灵记昔游，当时巨帧我珍留。而今亦付沧桑劫，万壑烟源底处求。"曩年辛酉，余游黄山回，朴翁会质女绘《黄山看灵图》巨幅见赠，今同被失于戊寅书劫。"八幅丹青幅幅齐，最难女画父留题。五年我亦珠沉痛，几度含毫不忍提。"朴翁装记此册，在民国十二年，距其令爱之殁已五年。今我题此，去吾女之亡，亦已五年。朴翁读余此诗，以为首首皆有故实，非他人所题比也。

四二

钱子景蘧为吾邑之钱圩镇人，守山阁后裔也。景蘧性干练，而雅喜文字。入南社，与吾侄天梅、姚甥石子相友善。后迁居沪上，蓄古名人书画至多。岁癸酉之寿，余在沪，造其居，君尽发所藏予观，皆精品也。其后余不常至沪，亦鲜获晤君。至丁丑遭乱，故乡沦陷，余于岁暮避地来沪上，而君卒矣。余曾挽以联云："曩岁访精庐，旧梦堪怀，古画名书陈满座；故乡数佳士，晨星易落，扬风扢雅更无人。"

四三

钱氏以刊《守山阁丛书》名海内，张文襄《劝刻书说》以金山之钱，与歙之鲍、吴之黄、南海之伍并称，谓可决望五百年中必不泯灭，而云刻书者传先哲之精蕴，启后学之困蒙，亦利济之先务，积善之雅谈。信矣！故钱氏虽未有杰出之士，而世泽之长，至今未已，可证也。惟《守山阁丛书》以卷帙浩繁，刻成以后，当时所印不多，未几即遭洪杨之难，版片悉付一炬。即其书钱氏自藏者，亦无一矣。钱君选青，为景蘧之叔父，为人最谨厚，其族之读书种子也。以《守山阁丛书》无自藏之本，引以为憾，因辗转向旧京购得一部。当时吾邑人之有是书原刻本者，除君家自藏一部外，尚有吾所藏一部，吾侄君定亦藏一部，及姚甥石子藏一部，如此而止耳。此次之乱，吾书被劫殆尽。闻选青所藏，亦已不存。选青本居别墅松江之复园，丁丑遭乱，亦避于海上。询及藏书，相与扼腕。乃不二年，而选青亦卒矣。悲夫！余挽以联云："溯邑里故家，君死定应关气数；叹晨星旧友，我生长觉感沧桑。"

四四

钱氏所刻书至多，至其巨集，则《守山阁丛书》外，其次当推《小万卷楼丛书》。《守山阁丛书》刻自钱翁雪枝，《小万卷楼》则刻自钱翁梦花。梦花，雪枝翁之族子也，居张堰。书刊于有清咸丰四年甲寅，印行甫竣，亦缘遭乱播迁，版片尽散，靡有孑遗。至光绪四年戊寅就原印翻刻，后版片藏于张堰里第之小万卷楼。至廿八年壬寅楼毁，版片烬矣。其初刻重刻，以至毁烬，岁皆在寅，殆有数存者耶。岁戊午即民国七年，余曾为梦花翁之曾孙文渊题《重绘小万卷楼图》，述此书此事颇详。今又二十七年矣，知往岁文渊亦已贫病死，不知此图尚存焉否？追忆此诗，而重有感也。今录于此：

题重绘小万卷楼图

百年以来考里乘，好书独数钱氏翁。梦花先生刊《小万卷楼丛书》。牙签玉轴缥缃整，百城自足南面风。四部七略资探讨，西园东观勤研攻。收罗既富不自秘，孤本悉付梨枣工。庋藏木册贵得所，一楼特起称豪雄。锡名雅副小万卷，留溪溪畔书香浓。琳琅四壁充栋宇，宝光直上腾苍穹。贻谋再世亦文秀，欲绳祖复追厥踪。为念先世不朽业，思以图画诗无穷。寓公乃得吴道子，延揽位置楼当中。然后再拜请绘事，墨妙直使天无功。此书此楼此图画，居然三绝欣相逢。梦花先生之孙秬伯曾请秀水吴秋农绘《小万卷楼图》，并丛书版片俱藏楼中。岂知竟遭造物忌，嘻嘻出出来祝融。画图版籍同一炬，石渠变作阿房宫。蠹鱼诉天天不应，谁从灰烬搜残丛。岁壬寅，楼毁于火，图版烬焉。吁嗟往事成陈迹，孙曾继起心有忡。当湖画师道子亚，笔补缣素△弥缝。梦花先生之曾孙文渊今请平湖徐君百梅重绘斯图。吾题此图三叹息，惟觉梅花香濛濛。图中设绘梅花绕围楼外。

呆斋随笔[①]

顾佛影

民国二十八年秋，佛影在四川乐山嘉乐门外牛咡桥一农家赁屋二椽居之，名之曰呆斋。呆者，即《儒林外史》“季恬逸每天唤了两个烧饼呆在刻字店里板凳上”之“呆”也。若柳愚溪、方憨窝托意远矣，不可并论云。

一

《寄答李涤云北碚》云：“到此天垂尽，回头地欲倾。”《步周平澜原韵》云：“讲学也如秦吉了，著书争似顾宁人。”

二

《与二弟书》云：“考据如钱侩，锱铢必较；词章如荡子，流浪无归。一切学问中最切实者，莫如科学与佛学。我人以飞机大炮入世，以芒鞋破钵出世，最是彻底办法。若儒家扭扭捏捏，道家鬼鬼祟祟，已是不成气候，而基督教徒，满嘴白沫，更觉可笑，只可为低能儿说法耳！”

三

国内都市，陋恶莫如贵阳。天惨若缁，人犷如兽，山陵皆地狱相。

---

① 原载《永安月刊》1946 年第 88—92 期。

余去冬过筑，滞留半月，日在危疑震怖中，一夕忽梦得句云："亭亭一朵贵阳花。"醒而大噱。

四

钱名山寓沪，见五妹诗画，盛誉之，录为弟子。此翁诗，瘦劲中特挟风趣，惜气格欠雄大，然自可药五妹浮弱之病。五妹近作绝句云："野菊如钱略自黄，负根泥薄战浓霜。哀蝉黄叶无情物，不复高枝媚夕阳。"已居然名老口吻。

五

二弟谓钱名老倔强乖僻，甚确。倔强固可爱，而乖僻却要不得。大之可以误国，如郑海藏是也。

六

谢玉岑词实胜于康竹鸣，以玉岑有物，竹鸣无物也。玉岑悼亡后诸作尤佳，《咏柳》起句云："黄已堪怜，况教绿后带雨拖烟。"真神来之笔，然而凄感若是，宜不永年矣。

七

倪尚德为中央大学教授，当初入川时，有友托运洋钉八千箱至渝，代为销售。时钉价已渐涨，余劝其自留一部暂贮之。尚德犹豫未决，而货存堆栈，轰炸堪虞，其物主又急于脱手，乃以每箱三十五至五十元之价格，陆续售尽。成本为十八元。今渝市有人悬每箱一千五百元之高价征求而不可得，尚德闻之大悔，谓余曰："吾辈书生，真所谓韭菜命也。黄金入手而逸，倘当时留得五百箱，今日便可成富豪。若留其全部，可以独造一无线电台而有余。"盖尚德为无线电专家也。

八

王小徐撰《佛教与科学》一书，引相对论诠证唯识，颇自得意。将付印，请胡适之作序，强而后可，乃序中仍斥佛教为迷信。小徐大愤，又作《读了胡序以后》一篇以驳之。其实适之纯是一副美式头脑，于佛学为门外汉。小徐震于其名，强之作序，已犯佛家虚矫之戒，辱由自取。然适之未读原文，莽莽下笔，而又浅陋若是，诚可齿冷也。

九

早岁月旦时流，尝谓胡适之明明是一个政治家，而偏好谈文学，汪精卫明明是一个诗人，而偏好干政治。盖人之恒情，率喜以己之所不能为能也。章太炎经术自负，晚年不复收弟子，执贽登门者，辄为摒绝。某君忽上书，请从习医。太炎大悦，竟录之矣。

一〇

以政治家而玩文艺，不过贻笑方家而已。若以文艺家而干政治，则如小儿弄火，辄肇大祸。盖为政之道，必须运用理智，注视现实，工作紧张，而态度严肃。而文艺家则大多富情感，好幻想，其生活必任诞而弛缓。以是秉政，安得不败？李后主、宋徽宗皆翰苑英才，不幸而生为帝王，难逃亡国之惨。若身属齐民，宁不可以已耶？

一一

戊寅春，余闲居北碚，侘傺无聊，日往市上茶社，与诸寓公清话为遣。时北碚繁荣日甚，胜流云集，茶座诸老，尤称耆宿，依齿叙之，扬州朱虚白八十二，宜兴陈漱六、南京李幼卿、龚铭三皆七十，南京胡慕周六十五，江阴杨惠卿六十二，常州李涤云五十二，常熟周平澜四十四，而青浦许玄谷与余同龄四十二，为最少。

一二

朱虚白一子为师长，杨惠卿二子皆任旅长，同在前线。余赠诗云："白须老子朱虚白，黑须老子杨惠卿。生儿与国为名将，捷报来时杖履轻。"又赠杨翁云："稗官倘续杨家将，要自封翁说起头。"一座掀髯。

一三

龚铭三，前清咨议局议员，民初国会议员，以廉直敢言闻。今虽暮年，而神明不衰，酒后婆娑，笑声若银钟也。长子某为优婆塞，欧阳竟无高弟。三子稼农，则上海电影明星。余赠诗云："大郎独得舍利珠，三郎幻作天魔驱。世出世法皆胜殊，拈花一笑翁如如。"

一四

陈漱老旅居东北三十余年，历任安东、铁岭县长，辽东交通银行经理等职，时与中东交涉使史曜五、哈尔滨市长储铁生并称宜兴三杰。曜五机敏，铁生豪爽，漱六肫挚，而办事之精练则同。三人以同乡之故，交谊亦最笃，遇外交金融重案，辄相磋议。曜五生前挥霍，死后亏公帑三十万，漱老独拨私产代偿焉。

一五

周平澜曾任江浦、溧阳等县长，与余同寓魏家湾之冯家院子，旦夕相见，如通家之好。丁丑秋，北碚大水，市肆湮没，我二人赤足携篮，同往三里外之天生桥买肉。平澜见路旁有售卖落花生、村酒者，忽尔流涎，则立而饮之，陶然自得，其风趣如是。

一六

李幼老霭然长者，寓在峡西高坡上，自号西坡老人。余赠诗云：

"杖藜日日碧山下，归去倘逢春梦婆。"

一七

许玄谷工画梅，尤善篆刻，漱老称其能从汉印化出者，嗜酒，赤其鼻，自号赤鼻山人。襟怀潇洒，有隐士风。一日忽发愤报国，出任军政部某职。平澜私谓余曰："山人志可嘉，而身不逮，必不胜艰苦，计不出一月归矣。"旬日后，玄谷果以病返，谓部中每日须工作十小时，星期不得息，孱躯无以堪也。自是绝意功名，筑屋天生桥畔，养花染翰，以待河清。

一八

玄谷避兵较早，不似我等之狼狈。其行箧中尚有陈年白兰地酒一瓶，法国雪茄一匣。某日出以享客，同人久不尝此味，皆大欢喜。余留句云："顿令我舌喜忘语，亦使客心醉自哀。"

一九

玄谷作《江上思归图》，同人皆有题咏。余题《菩萨蛮》一阕云："嘉陵江接长江水，长江一去三千里。到海不回头，回头即是愁。

依将身化鲤，逐水能归矣。只恐网罗多，风波又若何。"

二〇

陈漱老生平政绩，以创办储蓄会为最著。先是东北未有国家银行，地方金融为日人所操纵。漱老乃创办一储蓄会于安东，手订章则极完密，用人尤精审。行之綦年，信用大著，各县闻风兴起，会员遍于辽吉。往日国人存贮于日本银行之款，为之提取一空，有数行几破产，而漱老亦因是名闻全国。时陈陶遗掌苏政，拟延长财厅，未就，但以会章一卷赠之。陈决心推行于苏省，而所托非人，竟中辍。

二一

漱老宏奖士流，南北青年之受惠者，殆不可数计。家有奚童，幼侍砚席，因其颖慧，亦资遣就学，其后竟成显宦。又今水利专家某君，留德时资斧中绝，或偶言于漱老，立斥三千金赠之，初未有一面交也，而某君得以卒学焉。

二二

漱老颇喜余诗，屡属写为屏幅。余涂鸦之字，向不敢污人缣素，只以重违雅命，勉书近作，成小屏四条。漱老装池悬斋壁，逢人称诵，窃自惭也。余《重九诗》云："历劫人如千锻铁，未亡国似九霜花。"又《温泉公园》云："一样梅花身世异，未经风日不知愁。"又《高阳台》云："乱叶飙风，肯留几树栖莺。渔樵事业黄金梦，念家山破后无凭。"此等句，皆漱老所爱诵者也。

二三

漱老短躯无髯，双瞳奕奕，肤色如小儿，步履若飞，状貌绝类吴缶庐。然缶翁七十以后，即远不如漱老之精健，盖寿者相也。今岁诞辰，余寄奉短古一篇，起云："世人习杀公习医，嘉陵江畔春霏霏。铁乌满天人入地，公对斜阳冷吟醉。有时探胜矫如龙，公不倚杖杖倚公。有时茗底须眉绿，长笑君平误蓍卜。平生经济一卷书，国谁尊之霸有余。平生风谊千顷澜，僮奴一一为达官。"自谓语语贴切。

二四

李涤云，毗陵巨富，而修洁若处子，淡宕如道人。平生爱花如命，其毗陵故园，嘉木异卉，无虑千百种。国难后，遂成焦土。今寓北碚牌坊湾一小院中，而仍不忘旧好。姹紫嫣红，时在几席，瓶盎无虚日。性亦嗜饮，家常酒肴，极精致。客至，则随意陈小碟数事，大都为素品，而味美非市肆所有也。其偶得断句云："为爱名花忘出户，偶思佳酿便归家。"襟怀可想。

二五

涤云交友最诚笃，每宴客不令醉。余素豪饮无节，有君同座，即不致乱。

二六

涤云夫人杨令茀，国内名画家。诗古文靡不精，尤长于技击，有红线、隐娘之风。顾其伉俪间甫结同心，即成劳燕。涤云引为终身之憾，尝述其事云，夫人于归时年甫十九，合卺之夕，锦衣甫卸，忽见其袖服上下，皆以康熙钱叠缀而成，有如鳞甲，腰悬短刀，银烛下寒芒缬眼，大骇，叩其故。夫人曰："令茀非嫁人之女也，今迫于父命，不能不暂作君家妇。衾裯之外，唯君所欲，若之何？"涤云坦然，竟许之。自是闺房相处如友朋，亦怡怡无所忤。半月后宁家，遂不复返。逾岁，涤云既从其意，纳一姬。而夫人则北游燕赵，入清宫为教习，因得遍临历代帝王御容，及内府诸珍藏古画，即昔年展览欧美而誉满世界者也。旋匹马出山海关，往来长白山下，行踪飘瞥，矫若游龙，顾犹不时以书抵涤云，许寄陈吟稿。某岁，涤云母太夫人丧，万里驰归，哀毁尽礼。时涤云已儿女绕膝。夫人顾视欣然，曰："今而后我可以无憾矣！"遂渡海至美利坚，消息竟绝。陈漱老云："当夫人至辽宁时，病困逆旅，尝延至家居数月，每夜佣媪闻楼上蹴踏声震震然，潜窥之，则夫人方习拳击也。自曰薄技聊以防身，不习且疏，虽病不敢废耳。"涤云既至碚，遇漱老，因拟挽其作书相劝，俾海外仙槎，翩然竟返，白头翁媪，重话沧桑。不知能如愿否耳。

二七

二十八年二月一日晚，余与玄谷饮于涤云处，畅谈至夜午，涤云步月送余至魏家湾，翌日记以诗云：“明月照我心，岁寒得三友。忆从离乱间，脱命各奔走。磁铁忽相合，万里若户牖。衔杯罄素衷，深谈情益厚。疏灯只隐约，薄馔忘劣丑。所藉气谊同，金石期毋负。送君惜途促，不觉至林薮。归来踏清光，一步数回首。”余报以七律一章云：“门掩沧江动客愁，一灯灵气说常州。恨相见晚犹堪醉，约古人来始与游。淡月轻霜随步屧，冷蛩清籁入吟讴。前尘只在微茫里，取次风光到白头。”是为我二人订交之始，因特记之。

二八

丁丑冬，余曾离碚赴滇，漱老设席相饯，并赐以诗云：“避乱渝州幸识荆，新诗洛诵慰平生。闻名五载劳魂梦，觅句三秋洽性情。方喜买邻云水窟，不图迁地僰蛮城。德星会聚知非偶，交订忘年怅远行。”

二九

李幼老作《感怀》七律一首，以“新、因、尘、秦、身”为韵，同人和者甚多。余连叠至八首，其中秦字韵较难，如“有杜陵才宜入蜀，具张仪辩肯归秦”，“要能叱咤驱狂虏，安用咿唔说过秦”，“奇勋谁续将军戚，谬论齐咻宰相秦”等联，皆为同人所称许。涤云问更能作否，余曰：“易题则可。”因又撰二首以赠涤云，诗固不佳，惟甚贴切，姑存之：“黄金掷去酒怀新，转说贫闲是福因。花比诗秾浑欲醉，室如心净了无尘。雁能寄字频瞻汉，凤果闻箫定入秦。指点清凉亭畔月，与君同证劫前身。君寓所即在清凉亭坡下。”“客愁诗梦一年新，遍识山花亦夙因。国难最伤和氏璧，君常州故第金石字画书卷之富甲于一邑，国难后尽毁。家书都挟庾公尘。邻栖病鹤时呻楚，君同寓有无锡孙氏，方患肺病甚剧。墙走涎蜗辄篆秦。却喜酒奴能解事，红泥炉畔且安身。君有一仆，善温酒作馔。”秦韵二联，皆用借对法，小作狡狯，以资一笑而已。

三〇

北碚为民生公司经理卢作孚发祥地，初仅一破烂小市，匪盗如毛，自卢氏荣富，乃割江北、璧山、合川三县之地为三峡乡村建设实验区，区署设北碚，努力于治安及建设，成效甚著。国难后，遂有天府乐园之称。然当余初到时，仅见一公园，一图书馆，一运动场，一畜牧研究所，规模粗具而已。所谓西部科学院者，渠渠夏屋，虚无所有。及两年以来，客如潮涌，一切建筑，突飞猛进，市屋几已全部翻造，而市外新村，亦逐渐完成，大商店均自渝迁往，以言口福之享，如京厚德福、苏松鹤楼、扬新来鸿、粤栢庐之菜，及西餐西点等，已靡不备，其他可知。今所缺者，惟浴室与电影院耳。余于四月间赴合江，八月返碚，则市容几不可识，亦可见改变之速矣。市区居户，十九为下江客，而无锡宜兴人特多，或戏称之为锡宜租界云。

三一

长江有夔门三峡，而嘉陵江亦有三峡，称小三峡，以温泉峡为最胜。峡外一滩极险峻，水位相差几二尺。舟楫过之，往往肇祸，复旦大学数生遭灭顶焉。窃谓此种险滩，若能利用水力，装置发动机，厚生之益无穷，惜未闻有专家设计也。若果无法利用，则宁炸去为是。

三二

余所居曰魏家湾老冯家院子，离镇里许，主人为本邑大地主，故其宅亦为北碚旧屋中之最佳者。庭中老桂二株，皆百年物，花时香闻数里。宅旁小阜，长林丰草，亦幽阒可爱，惟四围群山踦龁无画意。余戏作一绝云："前山童童小秃子，后山僪僪老妪齿。先生避难偶居此，拙丑相逢转谐美。"

三三

两年来，北碚房屋供不应求，租价日增。而自重庆被炸，各机关奉令疏散，又多首选北碚。每一机关迁来，必有职员眷属若干家随至，屋少难容，则有一间住二三家者，而房租之贵，至于不可思议。我寓房东以毛厕半间，略加粉刷后赁出，每月二十元。又有一猪圈，逐去其猪，以板横隔成楼，楼上租十八元，一秘密太太居之。楼下租二十元，则为某局长之公馆。是时惟余独占三楼三底，有灶间及客堂，为难民中之最阔者，而月费仅八元。房东一度迫迁，适政府有处理房屋法令之公布，该房东乃无奈我何也。

三四

四川向无西瓜，西部科学院试植于北碚，味甚甜美。至己卯夏，产量大增，畅销重庆。每斤一角半至两角，每个须一元左右，而金皮瓜仍无有。

三五

敌军陷苏州，刘公鲁以惊死，或云鸦片瘾死，不可得而详也。公鲁为上海著名之遗少，年龄与余略同，乃一辫垂垂，至死未剪。常服三十年前高领窄袖之衣，出入北里间，而坦然自若。然其人实颖慧多能，词章篆刻，无不精妙。粉墨登场，歌声如金石。书法山谷，亦欹仄有致。余所撰《词谱》之眉签，即公鲁所题也。

三六

余到碚未久，即患回归热病甚重，盖四川白虱所传染。高热十余日不退，在碚治疗既无效，乃送重庆宽仁医院，抽血两次，验明病源，始得治愈。当疾笃时，内人适自阆中返碚，余自以不起，曾请同院姻戚石肖春君，与内人同坐榻前，立一遗嘱。今为补录于此，日后一旦奄化，仍有所据也。嘱云：余少参大乘，了然于生死去来之途，无所系恋。望吾妻及上海诸弟妹亦勿过悲伤为要。世变正亟，吾儿将来必须精研科学，以应时需，至少亦当习薄技糊口，切勿作文学家也。关于身后料理，另列数条于下：一、棺木，不得过五十元，以随身衣入殓，余衣亦勿烧去，可消毒后，改作小儿衣；二、殓后即火葬，如火葬不可能，山中买小地埋之，一切世俗仪式，完全废除；三、切不可用一僧一道，及锭帛刍灵等迷信丑恶之物；四、通告亲友，谢绝吊唁，礼金礼物，一概不受，如必欲送挽联，请书于信笺上赐寄，以免耗费纸墨；五、诗词稿第七八卷，俟战事结束回沪后交朱大可兄付刊，余稿悉付一炬。

三七

病起时，得朱大可兄来函，悉张丹斧、胡寄尘、戚饭牛皆在沪捐馆，因报以书云：弟途中遇难不死，此次大病又不死，殆天留双眼，以观世变，亦颇可高兴之事。大时代雷轰电掣，瞬息万变，不久当有一幕新奇景出现，固万年难遇者，彼张、胡诸君，何其要紧死耶！

三八

张丹斧，扬州人，任职于上海《晶报》馆十余年，日撰俳文以媚世。顾其人颇饱学，词章敏妙，邃研金石，书法冶甲骨、钟鼎、汉隶于一炉而变化出之，奇恣不可方物，真神品也。余初不识之，当拙集出版时，丹斧忽在报端大加揄扬，有清媲王维、秾齐李贺、并世罕俦之语。又赠以诗云："大漠山人诗，读之可悟道。字字舍利光，极圆通微妙。具多生般若，莫讶其年少。"余报之云："昔于小蝶扇，曾见丹翁诗。诗字两奇绝，嗟赏神已驰。日日读晶报，谐语何纷披。语谐心悱恻，岂独解人颐。今年我集成，翁评予好好。以此益念翁，缘悭一面辞。不面实无妨，所重在心知。"厥后亦终未一见，而丹翁死矣。翁死后，《晶报》主人余大雄即通敌，使翁而尚在，其能免于垢污耶？然则翁之早逝，亦翁之幸欤！

三九

胡寄尘，安徽泾县人，余商务书馆编译所同事，顾彼之办事处在四层楼，而余在底层，不恒见也。面目枯瘦，拙于语言，虽友朋酬酢，终席不发一语，人或疑其傲慢，实则非也。资秉小慧，而好自炫，胡适之《尝试集》出版，则亦著一卷诗曰《大江集》，自谓新旧诗之折衷体，其实仍浅薄五七言句，略嵌新词汇耳。又治考据，忽倡言墨子为印度人，著论刊布。某生戏拟一文曰《胡寄尘为印度人考》，引胡之姓氏及其面貌为证，用以讽之。一时学术界资为笑谈。当其兄朴安任持志大学国学系主人，寄尘亦为教授，上课时诵讲义一遍，即更无他语，负手彷徨，其状颇窘，学生渐渐引去。至学期终了，听讲者只一侄、一同乡而已。构小说杂文，则时有隽思。

四〇

戚饭牛名牧，浙江余姚人，早岁与南汇奚生白等有“九才子”之目。诗尚纤佻，率以评伶赠伎为题。余在上海女子文学专门学校任教时，翁亦共事，年已六十许，烟瘾甚大，颓唐无以聊生，则日撰弹词开篇及山歌之类，售之游戏场及小报，而笔墨益俚薄。后数年，沪上播音事业大盛，翁能操吴语，故各台多延其播唱开篇，或讲四书古文，插以各商店之广告，收入大丰，浸至易包车为汽车云。

四一

内人常与余讨论儿辈将来之教育问题，余谓此须视其天资而定，若系绝顶聪明之天才者，则于初中毕业后，竟可不必再升高中，而令其补习中、英、俄、德、法五国语文及数学，将根柢打好，大约须五六年，再令入图书馆，博览史地、法政、理化、博物之书，约二三年，常识已经充足，乃径送外国，有钱入大学，无钱任其流浪作工厂学徒、报馆记者，以至擦皮鞋，均无不可。又三五年回国，斯时当在三十岁左右，无论有无大学文凭，其学问之宏博，经验之丰富，决非常人所可及。即不能为爱迪生、斯丹林，亦必成一社会杰出之才。然此仅指具有天才者而言也。若果资质平庸，仍以循序渐进为宜。我意中学应离家不远，择其课程切实，而管理较近人情者。因余常见有若干中学，专事装点门面，章程厚如讲义，开会忙于上课，学生饭菜菲劣，食不得饱，而又借口军事管理，严禁添菜，遂有因营养不良而致病者。我爱吾儿，宁使失学，不令挨饿也。高中毕业，更入大学，欲习何科，听其自择。但有二点宜注意，即此校必须有丰富之图书设备，可供自由研究或实验。又此所习之科之教授，必为一真正之学者，若二者不可得兼，则舍教授而取设备者也。内人曰："若系低能儿，则如之何?"余曰："习泥水匠，或木匠，此我浦东人之老行业也。"其实要发财，反以泥水匠、木匠为易。

四二

二十年来，中学生国文程度之低落，有江河日下之势。余常默察历年各中学生所嗜阅之小说，而得一综合概念，曰：二十年前为林琴南时代，十五年前为徐枕亚、周瘦鹃时代，十年前为张恨水时代，五年前为张资平、郁达夫时代，而最近五年，则为巴金时代。当徐枕亚时代，中学毕业生尚能勉强作文言之记事文。至张、郁时代，文言已不成章，但写白话文尚可达意。今则已并白话文而写不清，满纸皆"一切的一切""憧憬着将来的寂寞而且空虚的我"等等，拖沓习套语，几于千篇一律。细按之，竟不知作意所在。夫余本不反对采用外来词汇或语法，但作文而使人看不懂，则文字之效用尚安在？余今春在第五中山中学班高中二、三年级任课时，深知彼辈中巴金之毒太深，因介绍鲁迅、张恨水著述数种令读，而结果无效。盖鲁迅陈义太高，恨水取材太旧，均未能投其所好也。

四三

大同大学英文教授平海澜，常喟然叹曰："今之学生作英文，乃肖国文，作国文乃肖英文。"余曰："作国文不独肖英文而已，所肖者并为恶劣之英文。"盖英文之美者，何常不简净而流利，若拖沓晦滞，当亦非彼邦人之所喜也。今作国文而悉用外国之语法，已觉钩辀难读，况复益之以拖沓晦滞耶！

四四

学习国文而但求达意，实不甚难，语体文只须照口语老实写出即可。常见拆字先生代乡下老妪作家信，尽使别字连篇，文法乖谬，而受信人总可念懂，以其与口语符合也。然假令今之中学毕业生为之，反将束手无措。盖乡妪所欲言者，为抽屉角里有两块旧尿布，亲家太太那里送去一只老母鸡之类，而并不要什么一切的一切，憧憬着将来云云也。

四五

夫文字之用，果仅在达意，则有拆字先生之程度已足自豪。而何如吾人今日作文之旨趣，除达意而外，更须求其优美而感人，于是不能不注意于文法修辞等问题。凡一种文字之历史愈悠久者，其文法之变化必愈多，而词汇亦愈丰。以文法多变化故，凡语气之轻重，神态之舒迫，均可传达入微。以词汇丰富故，能以简语括繁义。词汇多为若干语句精练而成者，例如掩耳盗铃、投鼠忌器等，紬绎其义，非多句不能详也。此我中文之所以胜也，而其难工，亦正在于是。顾以余之教学经验，在中学六年间，每周有五小时之讲习，更加以课外自修，果能指导得法，则中资者总可几于通顺，然而今日一般中学生之程度，竟低落若是，果谁之咎欤？

四六

抗战前，上海各私立大学聘请教授，其束脩率以钟点计，而又甚菲薄。为教授者，乃不得不兼职，每日挟其皮包，仆仆道途，以是又常有临时缺席之事。持志学院乃于某年度忽施行一种按时给薪制，即每次上课前，由教务处将每人每一小时之薪金，分别置于粉笔匣内，教授取匣，则纳其金。时尚未有法币，所用皆银元，以故教室门外辄闻钱声锵然，大为学生所笑。此制实施只一学期，因一部分教授反对而罢。窃谓此与商务印书馆之欲以科学管理法，管理编译所同人之脑筋同一荒唐，盖皆极端唯物论之流弊也。有郭任远之行为心理学，然后有王云五之科学管理法、何世桢之洋钱教学法，视学者教授如轧米机器、黄包车夫也。

四七

余住重庆青年会养病时，忽堂弟庆礽来访，相见惊喜，问所从来，则云随其舅氏颜福庆先生由沪到渝，已数月，亦住青年会。因见旅客牌有余姓名，姑一探询耳。问以家乡消息，亦不甚了了，但知周浦未经焚劫，有敌军数十人驻守，而瓦屑村以东，则纯为游击队势力。黑桥曾有敌军一过，东西宅均经搜查，惟我家老屋，以密树荫蔽幸免。结果杰弟家损失热水瓶一个，三好老家失去衣服一包，小劫而已。书叔曾以田事下乡，向码头敌军鞠一大躬，认为平生恨事云。又谓彼现任卫生署会计科主任，月薪三百元，一人独用，仍觉不敷。余问如何用法，则曰署中包饭不能吃，每顿须上馆子，至少两元。晚间一有应酬，耗费更大。若无应酬，又不能不以京剧电影为消遣。而茄力克之价，每罐须四元。试问区区三百金，如何够用。此犹去年春间事也，今物价又涨三倍，不知吾弟生活之窘迫为何如也。

四八

宜兴储铁生先生，陈漱老中表弟也。历任东北水利局长、哈尔滨特别市长、青岛土地局长等职。国难后，入川为司法行政部秘书。丁丑夏，余初访于重庆，时先生方与漱老同居鸡街一陋屋中，溽暑郁蒸，童孺扰攘，而二公相顾晏如也。嗣后漱老移居北碚，而先生亦随部迁歇马场，复时时见之。先生体貌丰腴，仪观甚伟，清谈滚雪，豪气凌云，常为余述往年政绩，如清剿胡匪，惩治猾吏，及办理日俄交涉诸事，尤令人色舞。余赠诗云："盛世簪缨乱世艰，黄金散尽抱琴还。从来治蜀须能吏，伫看春云再出山。"先生亦有和作，书作苏体，绝秀拔。

四九

张书绅先生嘱代拟一联，挽其太亲母刘太夫人。刘氏世居湖南永州，先生前年避难过湘，曾登堂一面焉。联曰："屐盖记前游，孟宅曾颁逋客惠；盘匜垂后训，谢庭犹诵太姑贤。"

五〇

余往年所撰联句，随手抛弃，素未留稿，今仅忆二联，姑存于此。一挽傅氏表婶，并唁怒安即艺术批评家傅雷表弟云："自己吃苦，甘让别人享福，是谓墨家哲学；老弟多才，要替母亲争气，勿做浦东少年。"末句谓浦东少年，多小市民气习，阘茸无远志也。一代罗锦圭女生挽其寄母马太夫人。罗沪人，而马则武昌籍，书札之外，未尝一面云："母如江上慈乌，吐与温情留梦寐；儿是天涯乳燕，衔将红泪致迢遥。"

五一

周斌权，湖南沅陵人，字铁汉。少隶军籍，民国十八九年时，为第五师营副长，驻吴淞。忽一日，至商务书馆编译所相访，戎服临门，遽曰："先生即某耶？愿受业为弟子。"余谂其伉爽，笑颔之。问所学，则稍稍读书，能韵语，亦武人所难能者。嗣后辄相过从，时往吴淞江畔，藉草痛饮，以手枪击水相乐也。居无何，君奉命移师入赣，临别之夕，余微与言性命之理，盖平日所未言者，君瞿然若有悟。而笳声既发，风雨如吼，君遂拔帜行矣。未几，一二八沪战突起，余仓皇避难，消息遽绝。二十二年中秋节，忽得君长书，并百金之赠，据书中所述，始知君自东省沦敌，愤慨填膺，乃约其友某连长，乞假北行，时锦州已陷，敌军长驱薄山海关，君加入义勇军，任骑兵营长，与敌相持塞上凡月余。一日出战败衄，其友某连长殉焉。君悲愤不自胜，夜率队所部冒险袭敌垒，燔其幕，竟俘敌二十八人以归。归而设其友灵座于营，命诸俘跪座下，一一手刃以祭，自谓平生快事云。逾日，敌援大至，遂有最后之肉搏战。是役也，尸积如山，不辨敌我，凡三日夜，而两军同覆，盖即当时报纸盛传之九门口剧战是也。君全营俱尽，身中数创，幸而获救，卧保定医院数月。创愈，拟再出，忽闻塘沽协定已签字，则拊膺长叹，遂复返浔阳。书盖到浔后之所作也。于是余曾作《爱国少年行》一篇以赠之，诗载报端并存我集中。既而第五师辗转调防移蜀，余沪寓亦屡徙，消息复阻。及至此次抗战后，余间关入川，乃又不期遇于渝市，彼此惊喜，询其近况，则云戆直不能自达，依然一少校营长耳。余为太息久之，赠诗有"一昔早应知大计，此才何以滞中途"之句。二十七年十月十二日，君又奉令出川，赴前线，先一日，急足到碚，邀往一面。余因赴渝送之，与其友冯汉东副旅长等同摄一影以志别。入夜，饮于成渝饭店，君举觞谓余曰："弟子此次出川，为国杀敌，乃平生之大愿，顾生死未可卜，请吾师尽此觞，更作一词见赐可乎？"余遂即席填《阮郎归》一阕付之曰："江风吹面酒阑珊，夜沉刁斗寒樽前。起舞一为欢，征人誓不还。　　千万里，碎河山，男儿事业艰。沙场有句付归翰，写将虏血看。"君大喜，高歌慷慨，尽数巨觥，旋出其诗稿二册，檀函锦袱，珍护备至，以付冯副旅长曰："此平生心血，谨以托兄，设有不讳，请师删定，印一小册子，以留微念也。"于是酒罢，竟登舟而去，去未旬日，而武汉已陷，君抵岳阳，即与敌战，迭挫其锋。

长沙之得以保全，盖深有力焉。今君转战湘楚间，又一年余矣。汗马之功，殆不胜书。惟祝天护英雄，克成大业耳。君诗如："国仇未报犹需血，壮志能偿不吝头。""帐前星斗生奇彩，甲上冰霜作异声。"均佳。

五二

我国自抗战发生后，教育方面所受损失之重大，殊可惊人。兹据最近统计，我国全国专科以上学校，总数本为一八三所，在战区者达一二二所。中等学校总数三三三〇所，在战区者一四〇七所。公私立图书馆总数二九一二所，在战区者一四三六所。财产之损失，国立专科以上学校二二四九万元，各省市中小学及社教机关一八三七九万元。

五三

抗战以来，沦陷区专科以上学校，除燕京等有特殊情形者外，大率皆迁后方。据余所知，中央大学在重庆沙坪坝，金陵、光华、朝阳皆在成都，清华、北京、南开三校联合为国立西南联合大学，在昆明。北平大学、北平师范大学、北洋工学院联合为国立西北联合大学，在南郑。北平艺专与杭州艺专合并为国立艺术专科学校，在昆明。江苏省立医政学院与私立南通学院合并为国立江苏医学院，在北碚。私立焦作工学院与西北联大工学院、东北大学工学院合并为国立西北工学院，在城固。西北农林专校与西北联大农学院合并为国立西北农学院，在武功。浙江大学在遵义，大夏在贵阳，复旦在北碚，武汉大学及江苏蚕丝专科在乐山。此外有新设者，中央技术专科在乐山，国术体育专科在昆明，重庆商船专科在重庆。

五四

东京二月十六日，哈瓦斯电民政党众议员北聆吉，曾向众议院预算委员会提议，政府应将全国狗猫军用者除外悉数屠杀，以节省饲料。

其言有云："狗一头，每年约食米一石。日本全境共有狗猫约一百万头，如实行屠杀，则每年约可省米一百万石。"当时陆相畑大将，因自豢爱犬二头，表示反对。农林省当局，因恐屠狗之后，窃贼横行，而屠猫之后，鼠类繁殖，故亦未表同意。又前日敌阁某发言，谓对华战事虽事实上一时难以结束，但名义上亦应暂作结束，以便应付环境云云。捉襟露肘，情见乎辞，殊可喷饭。拙笨往往化为幽默，日本人有焉。

五五

汪精卫之叛国，早为人人所唾骂，与敌酋签订亡国密约，尤罪浮于天，虽秦桧、张邦昌所不忍为，丧心病狂，莫此为甚。然以昔年引刀成一快之人物，而奸恶昏昧至此，我终不能无疑。香港某报称之卖国为戏剧化，其言可深长思。总之，非俟河清，未敢论定。

五六

我昔尝评汪氏为一诗人，而非政治家，而汪固不自承也。读《双照楼集》，缠绵刻挚，令人神移。用笔微微生涩，乃愈见其妙。夫苟就诗观人，亦将安解其刺谬耶？或以比之冯延巳，窃谓亦不尽然。延巳专蔽欺君，以排异己，犹可云狡。今则自系其颈，而授组于人，即犬马有所不愿。岂汪氏之愚，并犬马不若耶？

五七

前年春，遇女弟子汪桂芳于北碚轮埠，匆匆数语而别。逾月，余卧病重庆宽仁医院，桂芳来视，馈以柑子一大筐。因详述近况，始知在沪时，因其婿徐君眷一舞女，至取其奁资挥霍，一怒仳离，遂只身赴粤，又转道来川，将谋就业。余为太息不已，而桂芳性素豁达，侃侃而语，殊无感怨之意。其风貌亦一如往日盛妆，未见秋痕，小翠所谓"娇小常如十五年"也。时余伏枕，填《浣溪纱》一阕赠之云："叠叠群山似剑芒，盈盈一水百回肠。者番相见是何乡。　　乱后佳人霜后雁，天教身世不寻常。那堪重话少年场。”未几，桂芳以朋友之介，入经济部战区迁川工厂调整委员会供职，翌年调任叙府地方法院书记。近日书来，知又已离叙，在重庆海棠溪新绥公司服务矣。

五八

前年冬，余过贵阳，悉老友朱凤美方任中央农业实验所贵阳工作站主任，因驱车往访，欢然话旧，痛饮茅台佳酿。凤美出其太夫人近作《寄怀》七律四首见示，慈母深情，增人感怆。句如“已无筋力供奔走，尚有襟怀感晦明”，“身多老病思贤妇，案有新书忆可儿”，皆真挚可诵。

五九

朱大可兄沪上来书，谓郑质庵有《己卯春感》四律，一时和者数十家，兹录原作及大可和诗于下。原作云：“唤得春魂一缕回，应怜陌上又花开。漫从北郭寻诗梦，犹见东风卷劫灰。浮海不容鸥浩荡，登楼苦盼燕归来。避秦触忤居夷感，如此桃源亦可哀。”“哀时词客太无聊，愁听春江上下潮。半夜犹啼感野鸩，一枝难借苦鷦鷯。眼前故国旗仍展，梦里新亭土亦焦。滑滑泥中行不得，雨丝风片冷花朝。”“几番读画忆沧洲，闭户何妨作卧游。听雨谁怜春易老，移山莫道国难谋。箜篌引里风波恨，敕勒歌中草木愁。无奈两行寒食泪，年年洒不到松楸。”“纵横禹甸暗烟尘，牖下沉吟负此身。长烛烧愁聊待曙，好花溅泪不宜春。昏昏海上成孤屿，莽莽天涯有恨人。何处青山容独往，危栏徙倚兀伤神。”大可和作云：“老去逢春又一回，忍看花落又花开。蘼芜巷陌寻如梦，杨柳楼台认已灰。乱世漫为身后计，名流多自贼边来。凭谁说似庾开府，不独江南是可哀。”“白门回首镇无聊，寂寞空城打晚潮。三匝无依怨乌鹊，一枝易托羡鷦鷯。收京争盼将军李，避地难随处士焦。草长莺飞人不见，惊心上巳又明朝。”“萋萋芳草满汀洲，选胜何年赋远游。风雨惨闻雄鬼哭，江山悔与竖儿谋。失身宰相称长乐，倾国佳人唤莫愁。不信是非终不白，有人冷眼对枰楸。”“东风陌上动芳尘，潦倒谁怜老大身。把酒纵拚千日醉，临流已负五湖春。边城跃马看儿辈，细雨骑驴忆故人。一例伤时兼惜别，花前那得不凄神。”

六〇

廿九年一月八日，《申报》载上海华德路西牢中所羁押之囚犯，达八千三百名，打破历年记录。又普善山庄报告，去年收埋露尸，达四万一千〇七十五具。此两项惊人数字，正与大菜每客价目遥相映对，为孤岛中阴晴之两面云。

六一

曩寓松江，沈瘦狂编《茸报》，特来索稿，曾信笔作《与人笺》数首为补白，而所与者，固未必见也。国难后，缣楮灰飞，而此稿偶存，今录于后六首。

其一云：“客腊移家，忙似搬姜之鼠，及春小极，懒于偎灶之猫。大札自沪寓转来，已及新正六七，薄病淹煎，又羁裁答。唯我故人，宜若可谅。此间地促人稠，一城如钵。西门外有长街，沿河而伸，渐远渐荒，率仆所寓，即在荒率之一端，狗吠风号，多于履屐。其屋新建，凡双间两进，后进有楼，素壁文窗，明净可爱，惜屋外无园池可游骋耳。地既繁庶，居民殷实，盗丐俱鲜，而物价亦高，人力车尤奇贵骇人，百码之距，索价一角，试与商减，则掉头不屑，其意若曰：‘汝无力雇车，不妨我坐而汝曳之。’以是仆常怯于尝试。入春多雨，往往张伞，自烟中出，踏水老鼠而行。闻小巷人家油火气，滋适余鼻，自顾如修蛇入壑，不能夭矫，然亦夷然无所忤。夫以上海之繁艳，东京之温腻，以仆居之，犹同戈壁，则寂寥于我何有焉？孤山梅花开未？寄语萼绿仙人，风日晴时，即有裼裘客于于来也。”

其二云："律师，玄妙之职业也。女律师，则玄之又玄，妙而奥妙矣。然君自悬招开业以来，出庭者几次，箧中袍服，常留樟脑之馨，座上推官，罕见胭脂之面，此何可哉！如何可哉！所幸阿翁怜爱夫婿贤才，月费数十金，赁取一炉一桌，以供小书记喷烟打盹，或亦一种消遣法耳。旧游隔世，春梦无痕，昔五云玉皇登临之乐，不可复得，而仆亦垂垂且老。去腊过杭，阿芷再三道相念，谓君半年无一书，懒耶？病耶？此间事创始艰难，障碍百出，幸仆近来学得大套魔术，足以随缘应付。自喜身有俗骨数根，颇可发财，而君又何以称焉？诗曰：谁将哀乐付红妆，论法谈诗渐老苍。独少一枝魔术杵，秋风黄叶冷观场。"

其三云："汝初自欧洲归，见地板上唾痕，跳避如中巨棒，口诵马克司翻澜而下。犹有一事，汝以二十金买法国妇人编织器一匣，家人不知所用，置抽斗中，黄梅后，锈如烂铁，汝尚忆之耶？机器磨汝十年，发渐星星老，酒吃上喉，痰霍然而出，亦辄喜谈唯识云云。马克司一变而为马鸣，大师非此马彼马之异也，汝心境变耳。因念我与汝幼时坐门槛上，看《七侠五义》，闻父足音而逃，此是一境。及天涯流浪，生命之火炎炎然，极苦亦极乐，此又一境。乃至儿啼女笑，大局已定，人情洞达，世趣全无，虽欲不吃吃老酒，看看佛经而不可得，此又一境，亦即人生最后之一境也。今日之我，岂即当日之我耶？然禅理不必谈，世人亦有胃口特别好者，如樊樊山八十岁犹做香奁诗，郑海藏捧溥仪而发痴之类，怒安名士气太重，将来结局，恐不如我辈多矣。"

其四云："手书拜登，知兄移居四谷，与弟旧寓密迩，良喜。佐佐木夫人无恙耶？虎雄无恙耶？清晨卖豆腐童子、吹哨呐作惨厉声者无恙耶？弟在东京凡四易寓，而以四谷印象为最佳，其境不喧不寂，其屋不华不朴，窗外楼台灯火不疏亦不密，据地婆娑，恰到好处。佐佐木夫人者，右邻妇也，颀颀有风致，闻吾辈支离杂凑之日本语，辄作艳笑。长夏课余，常招之雀戏，其技甚劣，又不知算和数，得好牌必举以示人，纤指莹腻，节骱有小涡甚深，或搦之，低鬟而笑，略不羞避，此与吾邦闺秀异者。足下有便，试往访之，言上海顾样寄声问好，彼或且以御果子飨君也。惟勿在星期日去，因其夫甚可厌，自言为留美学生，而英语较弟尤劣，见我辈好以满洲事相问，盖糟蛋一个。虎雄为佐佐木幼弟，亦慧黠可念。”

其五云：“我行年四十，百无一成，躯命霜磨，声华泡灭。今携其劫后残书，来小市中，治微业自活，诚无可言，诚无可言矣。或时夜梦有少年英雄人者，著绿锦战袍，手持长矛，立马巫山之巅，冠上朱缨，迎风而颤，其下则万峰森立，大江奔流，心以为足下也。而醒后失笑，盖今之将士，乌有作如是装者。然足下以龙骧虎卧之姿，拥貔貅卒，坐镇夔门天险，霜晨月夕，引杯高啸，亦颇自得矣。承招游蜀，今秋定偿所愿。仆拟先绕道永嘉，访一故人，便游雁岩，然后遵浙赣路，至南昌一视谭将军君，但置酒兵书峡畔待我可也。顽躯良健，惟酒量大不如前，饮醉即头痛。内人仍在南京做小官，近益衰老，颓然一妪，君见之，恐不复识矣。小儿以去冬蒋寿前一夕生，余命名曰蒋兄，其母以为不庄，改名寿石，今五个月，只眼睛像我。”

其六云：“足下为文扬我，只增惭汗，而其间似有借题泄愤语。项庄之剑，倘有所指，尤期期以为不可。夫诗者，心灵之物也，受用爱怜，惟在作者，若其披诵他人之什，而欣然有会，乃至摩挲往复，不能舍离，是为鉴赏之极则，时语谓之心弦共鸣，厨川白村则称为自己发现的欢喜见《苦闷的象征》其说尤精辟。夫他人诗中既有我在，则他人何必非我，佛家以众生心相如大海沤，虽各自起灭，而实无分别，众生妄增我见耳。即撇去哲理，仅言常情，文艺之事，非同粟帛，一二佳篇隽句，人人喜爱，即人人可共，偶署己名，聊自娱悦，正如揽月入怀，延花登几，无伤雅道，安用讥弹。其尤有进者，诗人首重胸襟，章句乃其末事，论人宜恕，律己当严，惟有涵容万物之量，而后万物皆备于我，夷之介不如惠之和也。足下明慧，幸三思之。三月廿七日。”

六二

王季同居士，现科学家身而说佛法，谓第八识绝似爱因斯坦相对论中之“事间”。按爱氏之公式如下：

$$\pm s^2 = ct^2 - X^2$$

X 为两事空间之距离，t 为其时间之距离，c 为光之速度，s 为一个量，即“事间”(interval)。其子守竞因谓科学上所说之相对绝对，与哲学上所称者微异，盖哲学所指为质之确定不确定，而科学所指为量之确定不确定，于是季同又引天体动静之相对说，以证爱氏所指，亦为动静二字之质，守竞遂不复辩。季同又谓第七识即理性批评派哲学家纳尔松所谓非经验非逻辑的认识，如我及时间空间等认识，是我法二执，盖有二种，一分别即后天性者，在第六识。二俱生即先天性者，此复有二，甲长相续在第七识，乙有间断在第六识，或有以心理学上之“把住”(retention)当七识者，实为大误。因“把住”乃后天经验遗留，即所谓刺激留痕，尚非有间断之俱生二执，安可附会末那心理学之“把住”。依相宗判之，乃前六识薰第八识而生之。六识种子，亦即过去六尘之落谢影子也。

六三

读刘文岛自传记少年时穷困之状，殊足感人。如留东五年，早餐但以白水镇心，午后散课，一手书包，一手白菜、红薯、粗米，归寓自炊，习以为常。日间须在早稻田大学听政治经济，故住牛迂，晚则往神田区正则学校学英文。两区距离甚远，而无钱坐电车，又无鞋袜，则每晚赤足草鞋，来往步行，如是者五年。后在巴黎生活更苦，致房东笑其食如家畜。而每日必须撰文一千字，时又病目，看书必用发光镜。其后回国，川资罗掘俱穷，仅买得一甲板间船票，上船后，始知此票无伙食，乃以仅存之五佛郎交厨房，取得一罐，日乞厨中残羹冷饭充饥，经三十五日而抵沪，幸未饿死云。

镂冰室话旧[①]

刘铁冷

一

民初，余任职徐汇公学，见所谓周刊《益闻录》为有光纸印，据云出版于《申报》之前，为中国报章之鼻祖。时编者为邹老翰飞，笔名梁溪酒丐。所有新闻，胥用修饰之文言撰成，典丽风华，别饶意趣。盖酒丐习为骈四俪六，而微嫌冗泛，未近于古，然诗则秀美可诵。余出校，每见其绨袍一袭，手提酒瓢，倘佯于徐汇镇上，老境似不甚佳妙。

二

同一读书，入手方法各不相同。在昔科举时代，津津研究帖括，固非方家所齿，间有自圈《纲鉴》，先习为论说文者，虽已胜人一筹，然不若从《说文》入手，先识字而后言文。余童年就学于扬城之笃材学校，监督徐老为湖南人，即沪上主编《银行周刊》徐君沧水之父。徐为经学专家，时在两淮候补，运宪委为学校监督，即今之校长，授余等以《说文》及齐鲁韩三家诗训。同学颇以难记为苦，初不知其为读书之好方法也。

时沧水仅十一二龄，言时有舐唇嗅鼻之癖，徐老管教极严，恨极

① 《镂冰室话旧》原载《永安月刊》1946年第88、90期，1947年第93期。第七至一二则原统题为《民初之文坛》，以内容相类，一并录入。

时，即推铁杠撞其身，以为恐吓。后此蜚声银行界中，殆非幸致。主编《周刊》时，余曾与同学李君祝生往见焉，翩翩年少，非复当日情景。

徐老不喜食米饭，每日令仆人送高装馒、大肉圆若干，以果其腹。目架双镜，严厉之情，犹在目前。惜余尔时不知其教法之佳也。

同时为笃材教英文者，即后之共党先进徐谦。逮余入校，徐已他适，未睹使君面目。惟闻阍人侯福，啾啾话徐先生不置。最后知徐为淮阴萧婿，与曾任上海知事之沈宝昌为襟兄弟云。

三

民四五间，余与枕亚、定夷、双热、醒独诸子爰作骈语。亦值袁皇帝专制期间，受淫威之压迫，不得不文饰其词，以为谤诽。乃者文字革命家谥为蝴蝶鸳鸯派，愧何敢承。且人当少时，每不知其丑，而谈情说爱。一入老境，重阅一过，如粪在口，直欲作呕，不知其如何吐尽而止。前日偶行小径中，有题小像诗数绝，料亦好事者所为，录之于此："杜宇声中麦又黄，绵绵长日最难忘。玉颜依旧人何处，几度低回我欲狂。""寝食相随不忍离，此心眷恋问谁知。频频展玩频频吻，最是无人隐息时。""散尽云霞日又曛，香沾耳鬓我曾经。似犹依恋垂青眼，万唤千呼不我应。""发拳如虿两边开，绝世丰姿绝世才。倘似飞蓬能运转，晴空应见美人来。"余阅竟，料此公至余年华重睹此作，不知将抱如何感想。

四

族兄刚养，年七十余，性亢爽，爰周人急。戚党及宗族中，受彼救济者不知凡几。彼曾随蒿庵冯老及兄扑生办义赈多年，亲查亲放，日行数十里，戴星而出，荷月而入，不以为苦，食物随身携带，并茶水不愿扰人。每极颠连困苦，办完一处，即黄瘠如病人。彼所用人员，亦择警敏清廉者为之。是以愿牺牲精神与金钱，实地行善者始与之偕行。顷已垂垂老矣，步履不健，心益恬淡，惟课孙自娱而已。前见其

《视王公铭九六秩》诗云："晚景爱山深，衣冠多古处。情真款故人，不吝鸡与黍。忆昔居南乡，欢恰忘羁旅。咫尺颜不违，晨昏相笑语。春来课桑麻，冬尽倾椒醑。催租不到门，傲世侪巢许。宇宙腾烽烟，何由固吾圉。市井虎纵横，仓箱盈硕鼠。烈火宁燎原，豆萁连豆煮。懿欤我王公，恬淡心所与。花甲年已周，谊深忘尔汝。交不在黄金，何必降缟纻。愿效陶朱公，浮舟泛烟渚。愿学灵均子，款款怀三楚。携手寻桃源，尚友羊求侣。九老尊香山，谁连茆与茹？"读此诗可见此老愤世之深，爱国之切，虽在敌伪恶势力下，初未尝忘却中央也。并闻伊兄朴生，在庐山曾购地，以为隐遁之所，故诗之末句，如此云云。

五

伯高祖端临公与嗣高祖宝临公，同为朱安人所出。而建临公与本生高祖纬临公，则钟安人所出。宝临公无后，由余曾祖百泉公继承。故余本支在所好轩支祠下，实以四房而承祧二房者。顷端临公直系无后，又由余次子景伊继承长房宗祧，是又以四房血胤继承长房也。嗟嗟！仁者无后，宁有天理！端临公长子巨源公，年十七而殁，著有《黍略斋诗钞》，与建临公之《星槎游草》，同为阮氏所刻。因蘩荣姑曾祖母，字涧芳，善画能诗，适阮氏芸台之子小芸先生，故诗为阮氏所刻。当未通婚时，芸台曾有书致端临公云："忆在京师，暂晤道颜，足慰渴慕。嗣因文旌，遽返江南，未得备聆雅教，至今歉然。吾乡言学者尚多，求其精确而公明者，惟先生与怀祖先生足为师法也。元肤才末学，过蒙圣恩超用，私心辄为惶恐。近又奉敕校勘石经，以元之孤陋庸愚，曷克胜任？今已分得《仪礼》一经，此经唐石经经文谬误，似尚不少。如《士相见礼》言'忠信慈祥'，以大戴卢注校之，多'忠信'二字；《丧服传》冠'绝缨'条属右缝，以释文校之，多'右缝'二字。此外似尚不少。元识钝学浅，不能有所校正。且系官事，具有程限，亦未能缓缓研究。素谂先生于礼经之学，尤为深邃。其于经文讹误，订正必多，字画偏旁，不少更正，务祈赐一详札备言之。将来此札，可存大集中，使后世知某经某字，由用某人说而正订之也。再元校勘此经，亦有底稿。如用某人说，皆自注于下，不敢掠美，斯亦博访通人之义也。下略元在后学之列，因与令弟即建临同谱，故称谓妄附，尚希宥之，以见相亲之至意。”笔者按，此书载余伯曾祖楚桢公所辑《清芬外集》中，迄未刊行。

六

解、会、状三大元，吾邑俱备，惟无传胪。相传春闱榜发，先点传胪，所谓“初唱鸿胪第一声”也。其被点者，应自唱其履历科第姓名后，即起立为传唱之人。所有解、会、状，以及榜眼、探花等，均由彼传呼。某科传胪，为吾伯祖缦卿公。公口吃，不能应，遂落选。公生时，梦白公梦有张青盖诣门者，曰“孙应科”三字，寤而生公，不解其义。后冯抚梦华为作《墓志》，谓公祖端临公生辛未，其乡举也以辛卯，公生辛卯，其乡举也以辛亥，所谓孙应科者，殆以此欤？公后因禄不逮亲，遂告归，淡泊自甘。曾主讲高邮之珠湖书院，靖江之马洲书院，镇江之宝晋书院，清河之崇实书院。冯抚梦华曰：“教士循循，勤而有法。”纪实也。镇江为春宇公秉铎之所，越三百年，端临公复秉铎丹徒。阅年八十，公又主讲书院二十载。时以无忝所生为念，适塘西春宇公墓侧有田数十亩，族人辗转相鬻，将落于外姓之手，公立斥资购之，盖不愿使春宇公及练江、曲江二公墓葬他人田中，受其侵削也。且蓼墅公有遗命曰：“先世坟田，力可受则受之。”公其善继志者欤！

七

《民权》当洪宪将成未成时代，因邮局停止寄发，苟延二年，不得不宣告停刊。时文艺版主编人为箸超，而文字最受人欢迎者，为枕亚之《玉梨魂》。《画报》之《兰娘哀史》，为双热所撰，亦誉满一时。余与醒独、仪鄦等，仅作游戏文及笔记而已。报纸停版，人多星散，惟箸超住申，枕亚入中华，醒独入湖州旅沪公学，余与仪鄦入徐汇公学焉。

时《中华小说界》主编人为沈瓶庵，枕亚编一高等学生尺牍，不许列名，别任小说一二篇而已，意颇郁郁，且彼疏懒性成，不惯书局拘束。余与仪鄦、东讷、留氓等集股数百元，即力邀枕亚脱离中华，仍奉月薪卅元，供其宿膳。余遂与彼奔走印刷事宜，得倪君易时之绍介，因由文明书局代印，讵知文明无纸版，后来重排，受亏甚巨，而《小说丛报》诞生矣。

编辑处住址为七浦路，即新衙门之前，赁一厢楼，西晒颇甚，与女监狱遥遥相对，第一则手足受其拘挛，一则思想受其束缚而已。枕亚昆仲及何君其愚日日沉湎于酒，余则坐守稿件，自任校对，发行则专托国华书局，局主沈仲华，湖州人，与醒独为同乡。第一期一月后即重印，第二期销数更增。一方印刷与纸均须先付资金，一方国华账款不易收回，重以一月开支甚大，此区区数百元可以立罄，因赁四马路长乐茶楼对面之半间门面为发行所，由留氓之侄独司其事。余等书生，冒危险而不知，居然大敲锣鼓，辉煌若此，其不失败，真侥幸耳。

出至第四、五期，书刚装订送所，即一轰而尽。国华不甘寂寞，遂邀定夷作主编，别创《小说新报》。定夷因退股而别树一帜，由醒独司其校对。此一对孪生小说月刊，因对立于福州路上。

八

余等之组合，以《民权》为基本，一时凑集，全无派别。近人号余等为鸳鸯蝴蝶派，只因爱作对句故。须知尔时能为诗赋者夥，能为诗赋，即能作四六文。四六文之不适世用，不自民国始，不待他人之攻击。然在袁氏淫威之下，欲哭不得，欲笑不能，于万分烦闷中，藉此以泄其愤，以遣其愁，当亦为世人所许，不敢侈言倡导也。文字革命诸君，其首屈一指者，又孰不由旧文学中来。叶绍钧圣陶先生之旧小说及旧体诗载诸《小说丛报》中，今犹存在。文坛名宿赵景深先生为余等所编《中国儿童故事》，今亦依然，十数年中，景深先生因译俄国文学而文字大进，更进修不已，而杂学亦大进，胥由旧文学中陶镕而出。

曹聚仁先生余亦曾一面，因饱览古籍，笔乃精悍，亦潜修之志士也。或谓汝胡甘作下流，不思上进，应知余之墓木已拱，八十老翁，尚想学吹鼓手耶？

九

余等同辈，为会稽蒋君箸超、松江胡君仪鄦、常熟吴君双热、徐君枕亚、武进李君定夷、湖州包君醒独，并余七人而已。无锡倪君易时与定夷为同学，均交大之高材生，倪善英文，后入海关，近为广东盐务稽核所所长，人尚健在，子女已成人。松江沈君东讷，云间师范毕业，年十六即入泮，与王君钝根为同案，善作散文，尤工日语，所译《拿后徐世宾传》及《世界文明之悲观》，皆自日文译出。《世界文明之悲观》尤与近日中共作风相似。最可笑者，东讷君曾译《俄国虚无党壮史》一册，销行至南洋巴达维亚，荷政府厉行禁止，以为此为社会主义者所宣传，搜查华侨学校。适为余友王君鸿文所知，哄然大笑，曰东讷为余友，一教书匠耳，乃视为虚无党人，亦冤矣。君习王字，书法文秀，与钝根先生异曲而同工。君娶同里亭林陈碧仪君为配，生子一女一，年二十余而卒，子毕业中华职业学校，已服务他埠矣。

一〇

张君留氓，原名仲良，善英文，所译小说与仪鄦合作，杰构颇多。所述笑料，名《水心谐译》，皆君所搜集。君为天主教友，时金钱不济，多为君所负担。后又迁编辑所于华德路余庆里，则君所经理也。近闻君曾西上，料已返沪，余尚未探得其住址，多年老友，渴欲一见，竟不可得。至若虞山徐君天啸，则黄钟大吕之材，专为论说，不作雕镂之小技。

一一

一时以文字接交分任撰述者，有湖南杨君南邨。君为湖北陆军预备学校毕业，因奔走革命而来此。君所著述，除《摅怀斋诗话》及短篇小说外，有单本《孽海双鹣记》，盖纪实也。君住东武昌路时，余曾往访，见与一雏同居，鸨则随之而为仆。又一日，吴淞有水上飞机停止焉，余与东讷往观，途中亦曾遇君密语而前，鸨则远远继之。君白皙而长，一见知为书生，且与余辈等，口讷讷不善语言，更不愿交际，是以没没无闻，不能得志。韦君秋梦为广西人，工诗善文，人极严正，不苟言笑，断弦后，挈一女来此，不知何干，料亦革命潮流中人。其他如崇明徐君吁公，诗文俱佳，赴京时遇余，虽曾一见，然后此踪迹则不可知。

一二

沃丘仲子，为余社著《慈禧传信录》及《近代名人小传》《当代名人小传》《骈散文谈》等书，读者无不叹赏。因被骂而认错，因被奖而歌颂者，函件日数十起。更有寄其著作多种，求其指正者。不惟他人不知彼为何如人，即余等亦不知其真姓氏。初，君自谓贵州遵义人，姓孙名寿昌，字仲约，二十后始专心读书，能过目不忘。人见之，彼如知汝为何地人氏，彼即举汝之家乡，谁为官僚，谁为学术专家，地方有何古籍，如数家珍，无不通晓。君自谓为湖南王湘绮门生，复任仓圣明智大学教务长，见者无不以教务长称之，今仍居慈惠南里守穷。君在沪曾为四川刘成禺作代表，一时与汪氏精卫、李氏仲公、杨氏庶勘过从甚密。而汪氏附敌后，君竟卖古玩卖书籍度日，不愿依附权贵，诚有节之士也。尔时费君有客，来谓余曰："沃丘仲子，与余同姓，汝知之乎?"余不敢信，后侦之，果然。君名行简，字闰生。余亲闻杨庶勘为其两姓绍介曰："此为吾川历史专家。"余始恍然。一日又曾见其检阅《后汉书》，余又以为君盖精读两《汉书》者。空疏如余，妄事猜测，老友毋亦笑我妄乎？余不再赘述矣。

镂冰室碎墨[①]

刘铁冷

一

任何杂志，分类文字可以延专家撰述。惟补白一项，虽附属于各类之后毫无制限，然材料非特别，文笔非精峭，趣味非隽永，不合补白之用。当年《丛报》中补白最精且多者，首推我友郑君逸梅，读书既多，笔亦精悍绝伦，此补白王之封号所由上也。次则以《红楼百咏》为佳，著者为同邑沈君慕韩。君皖人，时读于江湾复大，复大原址在今法学院左近，本为参将衙署，非今之校址也。君嗜饮，来沪必与枕亚痛饮，醉则抱头而哭，盖亦多情人也。毕业十数年后，郁郁家居，极无聊赖，除吟诗外，即饮酒。嗣为家庭烦恼，因醉惹火，自焚其身而死，惨哉！其子战前服务南市电报局，曾集其丛稿为一集，嘱托枕亚为之序，枕亚疏懒，卒无回音。《丛报》补白之又次者为水心谐译，水心张君自渝归沪，仍任职农民银行保险部。余于客岁残腊中，曾往徐汇一见，面貌丰满，憨态依然，惟膝下四子，均已长大，非绍介殊难认识。并闻故人夏静斋、卫聘臣、赵霭亭三人年近八十，人犹健在，可喜之至。

---

① 原载《永安月刊》1947 年第 95、97、99 期。

二

《丛报》同志中，沃丘仲子及云间仪鄦二人，年齿既长，实学亦富，余均以师事之。之仪鄦胡氏，名常德，字啸云。君精许学，故以仪鄦为其笔名。君曾肄业苏州学古堂，吴县小学泰斗雷甘溪，其恩师也。又曾游学东瀛，毕业宏文，归为南汇师范教授，一时从者风靡。君自谓精于古文，曾文正后一人而已。实则君之骈偶，乃优于古文。著有《学古堂日记》《说文管见》《仪鄦漫稿》等。今之司法行政部长谢君冠生，君得意高足也。沃丘仲子铭其墓曰：儒林守实，文苑耀华。唯君兼之，亦正亦葩。钻研孳乳，南阁未遐。何有铉锴，卓然成家。发为文章，华瞻典重。表里调敷，干蟠条茂。从事说部，亦成奇构。追踪士龙，云间之秀。若厥体貌，唯见朴野。衣敝冠损，节疏言寡。若厥性情，犹至蕴璞。坚温中含，浑然莫瞩。文异乎人，人殊乎俗。值兹晚近，松孤鹤独。贞士永狸，子衿为咷。陇云黯黯，我思莫昭。敢铭幽珉，以补青瑶。

三

云间二雏，一为朱君鸳雏，一为姚君鹓雏，均聪颖绝伦。余社曾刊行《二雏余墨》，一时读者极众。鸳雏身小而弱，夭殇后夫人殉焉。鹓雏为琴南老人高足，初读松江中学，入其卧室，书册狼藉，碍足不能举步，君独处其间，优游自若。嗣来沪任《民国日报》笔政，时与朱宗良君来余社闲谈。为《丛报》用名伶冯春航事作传奇，更用朱竹垞《风怀》诗作说部《燕蹴筝弦录》，演述竹垞与小姨事。又有《风飐芙蓉记》，销数稍逊。君后入省府为秘书，写作俱佳，名震一时，今则归老云间，与野鹤为伍。

四

叶君楚伧，十数年来行政界一红人也。初毕业于苏州高等学校，与余舅居君式陶为同学。君不喜作琐屑文字，而精于史学，《眉语》杂志问世时，君有《史谈》附焉，笔极浑厚如其人。嗣以小凤笔名，为余社作《古戍寒笳记》说部，由鹓雏为之评，今犹有存者。君运用明季史事，成此佳构，现代学子，竟罕知者。相传君有季常癖，未敢遽信。

五

画家高剑父、高奇峰，民初设审美书社于棋盘街，今商务书馆对过，专售美术画片。余时见奇峰所画老虎，雄健逾常，即奇之，与谈甚惬。《丛报》三期封面，则剑父所布景，女像为伊三弟所画，珂罗板亦由彼承印。剑父人极短，不如奇峰之长，然一见即知为有道之士，不类市侩。余继娶夏氏系由顾君佛影、翁渔冰先生所绍介，沪上例须谢媒以金钱，余则秀才人情，折扇一柄而已。扇为奇峰所画，剑父所书，不知佛影兄亦视为先人手泽珍藏之否？余本书痴，心犹时时惦念。剑父字略似丹翁，古朴可爱，前十年见彼设函授学校于海上，不知今犹健在否？

六

《丛报》五、六、七期封面，则郑君曼陀所绘，亦奇峰所绍介。讵料曼陀得此宣传后，声价大高，至八期付印，则不可仰攀。相传曼陀君喜猎艳，所画女像，非花即叶，模特儿不须代价，此后月份牌之生涯，乃非数百元不画，几与生人之值相等，亦竟昙花一现，不知所终。君有目疾，当亦古公之好所致。

七

但君杜宇亦善画，后为余社绘书面极多，待二春献身银幕，及娶影星殷明珠为室，余仅于城隍庙一见其面，迥非当年郎当情态。不知杜宇是否但运司之后，余再见时，定当一问。

八

昔余祖醉樵公，工于诗，其纪红羊事有打油诗十六首，其第二至第五首云："骑鹤名城跨凤来，旗旄遍野起尘埃。公卿自有新奇策，传令城门四面开。"凤谓甯扬之林凤翔。时邑人江寿民请但都转与之议和，但遂信之，故三首又曰："春老江郎笔一枝，无端挟策献鹾司。黄金万镒牛千尾，从古商人善犒师。"其四曰："太平二字仿宜春，赚尽城中亿万人。却值晚凉茶话后，纷纷传说看红巾。"按苏北至今每岁夏季傩童设会，必写"太平"二字于各户门口，即其遗事。其五首曰："二分明月古山河，独有银台主议和。载得红妆赋归去，兰桡桂桨起笙歌。"此首即谓都转临行，多载佳丽。余置疑久矣，今连类及之，不敢自信，非强鹿作马也。

九

小说家号冷红生者二人，一为翻译家林琴南，一为现代小说家吴绮缘。绮缘在《丛报》中专撰短篇小说，尔时隽秀英挺，人如其文，近垂垂老矣。余避难乡里，劳知己注念者，逸梅外，仅君耳。去夏往见陈蝶衣，蝶衣即告余曰："绮缘系念甚殷，可即往一谈。"余如言，知彼有子宗文，已能嗣其业，为《铁报》作柱石，快慰无已。余念余家十七世业儒，以经学理学词章相传，将至余而斩。余两子均习电机，四女均习会计，对家传旧学悉为门外汉，其他幼弱者更不必言，至堪慨叹。绮缘得此佳儿，颇足自豪。近见其报章所刊作品，益臻老辣，惜时鲜知者，人皆胡适门徒耳。君曾撰长篇小说《冷红日记》，由《丛报》社发行，闻犹有存者。

一〇

近日闻教育当局及现任教育领导者，有期望高中学生作文言文者。余为之狂笑不止，非喜其故技得售，笑其开倒车甚急耳。此时不知注重科学，反欲加重发表意思之文字工作，固有背时代潮流。试问在四十岁以下之大学毕业生，能不能作文言文？目前之中学国文教员，除老朽者外，能不能作文言文？改语体文时，有人笑文言文解放作语体，等于小脚放大脚，终不能自然。余今忽忆及一故事，至堪譬喻。在满清末年，余乡一农家妇，为其夫在苏当苦力别有所恋，乃弃其三岁幼子于姑而去。不意至镇江荷花塘，乞一测字者为之卜其吉凶。测字者窥其愚，谓汝夫在苏何处，余甚稔，可伴汝往。骗至申，售入十六铺之花烟间为妓。不逾月，逃入一客栈求援。栈主叩其故，曰他皆不惧，惟此一双大脚，缩之至小，日立街头十数小时，不能耐耳。后畀以一口钟之外衣及鞋帽，易作男装，始得乘轮返镇而归。盖余邑乡村农妇均天足，不耐缠裹，实亦有至理存焉。彼缠小足者，四五岁时即乘其骨嫩，束之使断。彼已成之骨，使之亦断，实刻不能安。今使读语体文至二十余年者而使之习文言，非以大脚装小脚耶？其愚可想。有友见此次私校作文比赛有工文言文者，曰此非学校所习耶？余谓此必贵家子，未入小学，延师预备后插入初中者。即能至此，亦复何益。当本市第二届会考时，《晨报》曾刊出第一名之国文，纯系清末经义作风，时当局未尝不以为豪。不知此犹科举遗臭，并桐城古文而不如，遑论其他。

二

枕亚之《玉梨魂》，久已脍炙人口，实则文人点缀，事不尽实。梨娘之鹏郎名鹏，蔡其姓，似为无锡荡口人。曾至《丛报》社视其师枕亚，时已成人，体瘦而长，面白皙似银杏，极文雅，显为诗书人家子弟。闻梨娘足微跛，貌不美，已中年，确能诗，亦仅三四十首，不甚老练，经枕亚点窜始工，此为东讷亲见。当《民权报》初刊此说部时，梨娘曾拟出面交涉，嗣为人所阻始已。然心中愤恨，未尝不病其轻薄也。书中谓以小姑嫁梦霞，实非小姑，而为侄女。曾住申多年，人亦温和敦厚，与徐母较，当然不能相容。徐母身短，面红而尖，口齿极利，毫无福像。天啸夫人被逼而缢,姑诚不慈,然其小姑嫁钟君者,似宜从中斡旋,以免家庭之变。闻徐母对钟君颇钟爱,钟君在六中服务时亦尝来《丛报》社。

一二

余友张君柏延,松人,善画山水,嗜饮。余在云间师范任学监时,彼为图画教师,作事颇干练,与朱子绶、沈授方极欢洽。彼在泗泾教读时,亦能得东家欢。东家知师嗜饮啖,日必以嘉肴美酒相饷,间亦亲自作陪。相处多年,后虽入师范为教师,然年必一二次与儿偕来谒师。来时买棹为家,盛备酒馔,延师痛饮,数日始去。其生时亦十数龄,家虽丰裕,面甚寒薄。张君饮后善哭,殆有不可言之隐痛欤。后为南高师训育员,与陈处素、谭翼珪当不无关系。余偶一见及,鬓亦颁白。其竹竿院之故居,不知存在否。

一三

尤爱梅,同邑人,幼从先君读,习于诗,曾一度来沪助施济群办《金钢钻》小报。为人聪颖,短于行。顷闻为中共所杀,已赴泉台。君在敌伪时,曾以《爱梅杂俎》索序于余。余为之序曰:“萦怀荆楚,正则著骚。眷念萧梁,开府成赋。丁兹熏粥猾夏,朝那危邛,玄鸟破巢,鹦哥弄舌,正班生略远,终子图南时也。奚暇吟弄风月,顿忘禾黍之伤。取则苏辛,竞作铜琶之唱。洎乎侯封违命,文诮美新。始知色改山河,玄覆盆瓿,惧已晚矣。然西伯受谮于崇侯,曾演《周易》;宣尼致厄于陈蔡,亦作《春秋》。尤子爱梅,运蹇命舛。毁遇椒兰,变惊蜥蜴。每流贾生之泪,致兴微子之悲。是其所著,非徒韵斗尖叉,词研七九,仅供遣兴,聊以咏怀已也。冷衰朽余生,罔识时务,驽骀下乘,徒玷英名。知贻平子之讥,难望士衡之笑。潸然出涕,既愧袁安,率尔操觚,尤惭介甫,用书数语,藉报故人。休置卷头,聊附骥末云尔。壬午仲春,叙于潭溪之茅舍。”君得书,知余意与彼未合。不惟无揄扬之处,多坦率之辞。实则时已受辱于奸宄，不知匿迹，反而合流，取快于一时。遂贻杀身之祸，当亦文人无行之戒也。

一四

刘堪字枚先，原名春涛，江都人，现任民厅视察，余之童年友也。清末，运使程仪洛创办笃材、仪董中小两校于江都，君与王君翰芬为余级两级长，王君现任京江中学校长，旧学均有根柢，为余中小同学中两畏友也。君与余同姓，而非同族。余爱其名，遂署以松涛，几似弟昆，见者异之。时秦邮宋先生子联、寿县孙先生传绮、江都桂先生蔚臣，均文史地专家，君为其得意门生，嗣又得兴化李详审言之心传，君学益湛深，独身至老而未婚。君曾任汉冶萍煤矿公司文牍、江苏通志局编辑及民厅秘书多年，生平所蓄者惟书，藏有廿四史，板本不一，君所零星购集者，可见用心之专，以实行阅读为主，而非徒装门面者。所藏綦富，而记忆力亦强，与民厅王公屿为患难交。当倭奴陷苏时，君辗转江淮间凡六年，有纪事诗廿余首，可当史乘，留诸久远。其沉痛处，有不堪卒读者。其诗曰：

拂晓先闻怪鸟飞，出门相约避郊畿。无端日午城△合，虎豹当关不许归。

虏骑长驱十里亭，满城惶骇客心惊。一身自笑无余物，也作踉跄黑夜行。

仓猝登舟便北移，盲人瞎马赴深池。直从炮火光中过，身在危舱总不知。

舟行浑不辨东西，村舍停桡路已迷。幸遇里翁勤问讯，不然孤艇落荒溪。

联珠弹发响隆隆，又见飞机绕近空。才离顾庄闻汽艇，百船争避疾于风。

假寐连宵苦未安，途穷觅饱亦艰难。稍停喘息高刘舍，每日登盘始二餐。

舍南舍北皆春水，疑是花源且避兵。时泛一舟存故旧，迂辛短李各逢迎。

多恐春光漏泄轻，藏舟于壑暂销声。七人三日篷窗底，首下尻高雁鹜行。

一叶渔舟罥网罾，有人辛苦摄衣登。波涛可涉凭忠信，翻笑籧篨覆庾冰。

北行咸畏路艰修，各自轻装寄钓舟。炬火微明天似墨，五更风雨过沙沟。

故里臧陈一水望，忽来兵子强登航。湖天十里风波恶，依旧回帆宿射阳。

喜达丰湖谒所知，相逢旧雨杂欣悲。劫余听话连朝事，每到惊心辄叹噫。

朱云岳岳志嶙峋，讲学匡时妙绝伦。斯士竟散成义烈，人如可赎百其身。

李氏诸昆尽旧游，佛农雅艺擅研修。如何伉俪悲同命，蝼蚁才贤共一丘。

不死交绥死于走，我哀壮士赴奔涛。倘令三日婴城守，绝胜零星弃甲逃。

煌煌金印苦难赍，缠缚船腰竟失之。莫笑刻舟求剑易，珠还自有弄潮儿。

巨裹黄标更紫标，羁舟之下任波漂。村人认是银交手，失喜相呼草屏捞。

处世无奇仗朴忠，短躯心敌百夫雄。随身一印依然在，涉险曾经虎穴中。

为避兵尘远市嚣，西行觅路更迢遥。柳芽半绿湖波涨，十里平堤认蒋桥。

历尽艰危避地游，嘲诙谈笑不知愁。奚奴一担惟行李，儿女平分坐两头。

有客郎当携爱子，征途茧足走趁趕。且先买布成春服，相约联床作夜谈。

贫家敝帚享千金，积稿飘零感不禁。伧语原知供覆瓿，故情未免惜遗簪。

忽又严程逐队趋，斜穿泾口身盘纡。荒庵草荐权栖宿，一幅流民过境图。

晓行墟里趁春光，官渡盈盈水一方。共夹清漳分赁庑，张南周北我中央。

相访幽栖寂寞滨，乱离闲话倍情亲。山民诗什云林画，都是逃虚汐社人。

藕孔何方觅避兵，嗟君躄躄苦难行。谈诗且喜同僧榻，一笑名应署更生。

间道无由出水津，握蛇骑虎走踆踆。五人相失还相聚，同是修罗历劫身。

兼旬痛定还思痛，到此言愁始欲愁。家国茫然徒愧负，哀歌斫地不能休。

按诗中所记事，为苏之流亡政府，自兴化沦陷，逃至蒋桥时所作。盖李守维在黄桥失败后之现象也。君最后来吾邑，辗转迁避，以无县民证，不得出境，备受艰苦。后得某军医之绍介，为陈同家西席，始得军士护送返扬，脱离虎口云。

蝶窠偶语[①]

许瘦蝶

一

余辟鹤怡堂之东偏为还读我书处，大仅如斗，因名之曰蝶窠，盖纪实也。并自撰楹帖，倩虞东董子天怀书，而悬之壁间。联曰："觉当世事几无一可；读古人书或有全材。"人见之，目余为狂，余笑谢曰："然则当世事果何一可哉？且古人书中之全材，求之今宁可得耶？"友亦无以难。蝶窠之命名，可与胡子寄尘所居之螺屋作对，天造地设，不谋而合，诚非偶然。

二

高勇士福柟，吾邑之赵市人，业商，年少气盛。共和肇启，君投袂从戎，战死于山东黄县，乡人开追悼会，余挽以联云："与君识面转嫌迟，去年血战沙场，黄县争传高勇士；为国捐躯诚得所，此日魂归赵市，白衣竞拜汉英雄。"余与勇士初不相识，君赴申日，曾偕冯君心侠顾寓。一度相逢，去而不返，殊可痛也。又代友挽云："我公其已矣！拚掷此大好头颅，要为同胞谋幸福；国民勉乎哉！各放出本来面目，相期世界跻共和。"时党派权力之争甚烈，故藉此寄讽。

---

① 原载《永安月刊》1947年第95、97、98、100、102、103期。

三

孙总理长逝，海内同悲。吾乡曾开会追悼，以志哀忱，余挽以联云："仰中山若高山，立志在三民不变；爱祖国如己国，临终无一语及私。"总理之为人，忘身殉国，薄海同钦，余之联不足表扬其万一，第纪其实耳。

四

甲子秋，江浙战衅既开，刘河首当其冲，一般流离失所者群集吾乡鹤王市。经李颂韩、闻冠尘两先生向同乡会及他处募款，并由乡人士尽力赞助，于市南大悲殿设施粥以济难民，余亦随诸君子后聊尽绵力。偶得一联云："观世音大慈大悲，坐九品莲，现慈悲宝相庙中供观世音；同乡会救苦救难，施数弓米，活苦难众生。"以"数弓米"对"九品莲"，颇见新巧。

五

教育家顾某，精算术，其母望孙之心弥切，卒难如愿。某年腊尽，其病殁，年二十有九。除夕大殓，余戏挽之云："缘悭一子，寿靳卅年，死有余灵，问君何以慰慈母；毕命残冬，盖棺除夕，算无遗策，如公诚不愧畴人。"语含讽刺，微伤忠厚耳。

六

曩年余主《商铎报》附刊"新园地"笔政时，尝以"商铎"二字征求诗钟，收卷中颇多佳著。余亦见猎心喜，漫拟八联，诗钟与联语同，因附记于此。嵌字格云："宫商拍案齐天乐，铃铎郎当蜀道难。""辅汉王商威陕右，拥兵多铎虐江南。""夏鼎商彝饶古趣，铃声铎韵惹新愁。"分咏格云："操纵市场通战术，发施政令播宏声。""都市金融凭鬼攫，衣冠木立向人摇。""学府设科研实业，汉家奖爵秉军功。"出《史记》"篇赓周鲁歌三颂，化杂华夷舞两阶。”“书称放桀都于亳，图纪皤夔铸自周。”出《西泠续鉴》此联“铎”字甚狭，极难出色也。

七

在逊清时政海中以教官为冷宦，自撰联语，或嘲或讽，多有可发一噱者。如李诗盦题大门一联云：“扫雪呼童，莫认今朝点卯；轰雷请客，都知昨日逢丁。”屠筱园广文亦有联云：“教无所教偏称教；官不似官却是官。”于自嘲中却占身分。南海何淡如素工谐谑，为潮州某县教授，薄俸不给，即在彼处授徒讲学，或拟上联榜其署前去：“何教官何可以官教馆。”淡如见之，欲续其下联，苦索半年不能得，一日有绅士姓亲者来谒，忽有所触，遂题云：“亲生子亲见其子生孙。”盖何字从可，馆字从官，而亲字从见，孙字从子，洵绝对也。

八

贳湖许汉勋，别署铁汉，余之畏友也，善诗文，尤长于制联，生平为人捉刀甚多，类多可诵，惜散佚不自存。记其挽陈英士其美两联，雄壮简峭，传诵一时。其一云：“救世有苦心，瀛海十年，沪江百战；祭公无别物，同胞万泪，国贼一头。”其一云：“被难与郑汝成相同，此流芳，彼遗臭；其人为袁项城所惧，昔渔父，今先生。”

九

挽联之难，难在恳挚，一着色泽，便易空浮。有某君挽其妇云：“如此艰辛，知卿必死，所恨者夫妻十六载，眉皱未舒，顿教夜榻风凄，梦里时惊儿觅母；几经飘泊，于我何堪，今已矣云水数千程，归期难卜，从此秋砧月冷，天涯应叹客无衣。”沉痛不忍卒读。

一〇

苏城某校某生，年方龆龀，颖悟异常，周旋举止，俨若成人。校中教师爱之甚，一日挈游观前街，适有旧货店开市，教师出联曰："新开旧货店。"生立应曰："少年老成人。"教师大喜，奖饰逾恒。下联五字，不啻某生自道也。

一一

光绪丁未初春，京师外城厅丞为朱启钤，左分厅为祝书元，右分厅为贺国昌，有人于前门外正阳桥牌楼张一匾云："开印大吉。"左联云："祝书元春王正月。"右联云："贺国昌天子万年。"人名职务，次第井然，如天造地设，诚巧思也。

一二

柯逢时为赣抚，时以加赔款事，赣人怨之，赠以联云："逢君之恶，罪不容于死；时日曷丧，予及汝偕亡。"又额曰："执柯伐柯。"集成句如己出，巧合"柯逢时"三字，且极尽诋諆之能事。

一三

直督杨连甫喜唱戏，而酬应甚奢，殁后，予文谥敬，或戏挽以联云："何谓文？曲文戏文，声出若金石；恶乎敬！冰敬炭敬，用之如泥沙。"谑而虐矣。

一四

张南皮哀启闻为梁节庵等所撰，有人节启中语作挽联云："无一日不办事，无一事不用心，疆寄三十年，竟至如此；行治术十之四，行学术十之六，存诗五百首，呜呼痛哉。"句句皆哀启中语，洵集句之能手。

一五

清季都中传诵一联云："今古三更生，中垒北江南海；宇宙一长物，孔兄佛郎墨哥。”以三币对三人，而妙在孔、佛、墨皆教主也。

一六

某神童幼时游土地祠，父以“泥土地”命对，童答以“铁金刚钢”，甚佳。盖三者皆一类也。

一七

曩岁长夏，杜门避暑，日惟二三旧雨时相过从。一日，吴子寄鹤、盛子小鹤、陆阮无悲集鹤怡堂，相约戏嵌在座者别篆成诗，以消永昼，爇香为限，系钵以催。结果，余得三首，无悲得二首，小鹤得一首，寄鹤则香尽未成，一笑而罢，兹特录之，藉留鸿爪。小鹤诗云：“伶俜瘦蝶上花枝，小鹤梳翎映碧池。兴寄鹤鸣兼蝶舞，尘缘勘破自无悲。”无悲七绝云：“鹦哥娇小鹤氄毨，瘦蝶花间晒粉浓。兴寄鹤南飞一曲，总无悲感到丝桐。”又五绝一首为赠余作，诗云：“少小鹤立群，吟踪寄鹤市。消瘦蝶腰围，岂无悲秋思。”余三绝云：“海天孤寄鹤相随，心事寒蛩瘦蝶知。小鹤痴云自来去，了无恩怨了无悲。”“幽花瘦蝶费扶持，老骥襟怀小鹤姿。身世萧闲同寄鹤，达观到处总无悲。”“玉腰消瘦蝶惊心，小鹤寒梅遇赏音。遥寄鹤书报知己，应无悲喜扰胸襟。”文章游戏，兴到笔随，自饶风趣，中以无悲五绝为最佳，小鹤所作较逊云。

一八

偶理敝箧，得《诗牌成绩》一小册，盖曩年与吴丈痴隐、无悲、小鹤，暨长男、仆人等斗诗牌所得之诗也。其制任选唐宋人诗七律两首，计一百十二字，分书于纸牌之首，入座者依次拈取，以牌尽为度，拈得不合用者，则斗出之，即以手中所存之牌，凑成诗篇，或联句，有时拈题限作，颇费心思。册中如《秋色》云：“△鹭明泥雪，新来晓袖凉。舫人应兴倦，滩后蓼花香。”《秋声》云：“花明鸥鹭处，池曲暗平桥。篷外催孤梦，钟楼雁字遥。”《秋蛩》云：“孤壁凉蟾度，高楼惊到谁。添君剪短烛，霜露话羁时。”《秋砧》云：“敲到疏灯暗，城西旅枕闻。虚帘应起恨，一梦去看君。”《秋笛》云：“野桥霜雁歇，钓舫湿烟浮。一动翻难寂，渔乡话断愁。”《秋月》云：“雅韵动邻笛，环池浮镜孤。去鸿斜度枕，饮断酒船沽。”《扇》云：“年来茗阑处，细笔钩菊花。醉乡沽杯酒，步屐镜溪斜。”《杯》云：“花鸟一楼里，莫愁沽饮难。细步穿帘镜，起立催三乾。”《镜》云：“日高檐雾断，摇管度三秋。寂处怜霜镜，何时忆玉楼。”《钟》云：“霜滑初敲动，遥钟度短亭。红阁怜露立，秋兴唤谁听。”《床》云：“琴书牵雅兴，丛菊曲窗西。频许诗怀懒，倚来角枕低。”《枕》云：“樱花钩月景，近拂暖香多。到晚依清卧，留题引漫歌。”《中秋》云：“梦醒闻笛引，饮酒旅愁开。诗兴谁家好，明窗相赏来。”“轮光依笑玩，涵露翠池通。想见五更尽，浓阴度碧桐。”他如律句云：“倦游遥路还因剑，光照清池懒理棋。”“长剑虹生孤榻晓，野巢鸟唤曲池昏。”“树生云岸芳阴满，桃带渔乡韵趣深。”“入楼晴日曙，闻枕晚霞流。”“砧远雨声碎，波流月影传。”虽为字限，然尚有天趣，录此以见一斑，惟不辨为何人之句矣。回忆当时入座诸君，钩心斗角，逸兴遄飞。痴隐丈每成一诗，辄掀髯大笑，如获至宝。或就所得牌，攒眉苦思，冀成偶句，一索而得，欣然色喜。旧游回首，历历如昨，自痴隐丈归道山后，此戏久寂矣。

一九

余少从吾乡陆茂才彦卿夫子游，师居普安桥南，盖明太帝陆彝之裔也。循循善诱，诲人不倦。时余方学试帖诗，师颇加奖掖。一日微吟云：“静夜雨敲松子响。”命余对之。余应声云：“隔溪风送菜油香。”师大为击节，盖书室适瞰清溪，隔溪有陈氏油车，好风时来，油香扑鼻，洵本地风光也。又尝以“李白是仙才”对师出句“狄青真将略”，亦蒙称赏。回首前尘，惝怳若梦，师资缅想，不禁泫然。余游其门者四载，后吾女汝漪亦尝受业其子。师归道山，余挽云：“半生爱我莫如师，回思函丈从游，面命饫四年，沐手待登耆旧传；十载劳人常作客，惊报象山仙去，心丧切两代，销魂怕过普安桥。”

二〇

盛师仲英作古后，余挽以联云：“经传函丈，居接德邻，廿载叹飘零，虚坐春风惭后死；潮咽杨林河名，星沉鹤墅镇名，百年同泡幻，愁听秋雨哭先生。”师与吾家比邻，七龄时，即从受业，迨舞勺，乃从彦师焉。

二一

余挽四叔厚甫公联云：“七十年蔬布自甘，言足表，行可师，晚景正优游，桑梓共推吾族冠；三千里烽烟告警，川未平，鄂又乱，老成忽凋谢，竹林倍切阿咸悲。”叔久客娄东，晚岁归来，优游乡里，自乐天真，以杯勺娱情，殁于辛亥八月二十四日，时川中铁路风潮方亟，距武昌起义仅五日也。

二二

余挽六叔厚堂公云：“早岁痛孤雏，荷长者关注独深，伫苦停辛能自立；新居悲招鹤，倘爱子偃儴幸遇，嘘寒问暖许相依。”是岁戊午四月，余迁居东市，而飞儿遽陨，故下联及之。

二三

余挽姊倩彭志清君云：“鸟倦识归林，回首前尘，天生君材岂无用；鸾孤悲吊影，伤心后顾，吾为姊痛宁有涯。”君偕姊久居吾家，迨病始买棹返里，生平精算术，好围棋，徒以懒散，久赋闲居，故上联云云。

二四

姊倩卢鹿亭病故，余挽之云：“未了向平心，回忆佳儿，此去应留遗憾；倘逢女婆面，见询弱弟，为言幸获粗安。”时姊已前殁，其子尚未成婚，故云。

二五

畅园茶社创设于沙溪，余为制联云：“畅达得其所；园亭无此幽。”又长联云：“争甚么名，夺甚么利，担甚么忧愁，爱楼头月朗风清，聚首约朋俦，试向闹中取静；品一回茶，读一回报，听一回评话，看座上珠辉玉映，平心论今古，好从忙里偷闲。”嵌园字用反缴法，拍合长联，亦茶社应有之景象，以素描出之。

二六

璜经三余公司为品茶呼酒之俱乐部，余为撰联云：“三沸腾波，碧浮甘乳；余霞成绮，红映酡颜。”又联云：“喜今朝握手相逢，吃杯酒去；爱此地谈心最好，泡碗茶来。”嵌字尚不生强。

二七

嵌用干支春联，颇难动目。甲子春，老友施济群君泥余制嵌字联，辞不获已，撰得十余联，兹录其尤云：“甲解务稼穑；子游能文章。”“博学甲科重；丰收子妇欢。”“镜卜甲年运；琴调子夜歌。”“嘉树荫甲第；长松啼子规。”“甲士盟心卫中国；子公食指动新年。”“愿挽银河甲兵洗；笑看玉树子孙贤。”“甲乙部分经与史；子民世守读还耕。”“果木喜孳甲萌动；江山待苏子留题。”数联嵌字吻合，似尚可观。

二八

余尝拈“知心”两字，撰楹帖数联云：“青白看人双眼换；酸咸殊俗甘心知。”“乡味难忘莼菜美；遥情只许菊花知。”“闲身偶向乾坤寄；壮志难期燕雀知。”“不信冰霜能炼骨；只余松柏算知心。”“疏狂未具媚人骨；贫贱何尝移我心。”“泉出深山饶有味；云飞远岫本无心。”皆有寄托，他日当倩人书以补壁，或以赠旧雨之当斯语者。

二九

余挽戈靖之君云:“立身持气节,励学振精神,冠冕娄水英贤,社主嘤鸣启后觉;技击补余闻,清史编杂咏,珍重名山事业,天留著作厚先生。”君著有《碧葡萄馆诗集》《技击余闻》《补清史杂咏》等,并组嘤鸣社以提倡国学,固有志青年也。天靳其算,惜哉。

三〇

代冯壮公挽王筑声云:“肝胆论交情,溯当年出亡沪渎,过从弥殷,揽胜京江,约期待践,煮酒数英雄,看剑纵谈天下事;须眉成终古,慨此日衰亲堂上,孰哺慈乌,贤妇闺中,空悲别鹄,薰香书小传,投笺聊慰女媭哀。”王为南社健者,其姊方乞壮公作传,故云。

三一

为赵恂如表兄挽其原配王氏云:“欲频年贫贱夫妻,举案相庄,忍向清流撒手;看此日娇憨儿女,凭棺痛哭,那堪后顾伤心。”盖其妇无故沉河而死也。既而其子安福病没,余代其兄挽之云:“哭母泪犹新,讵知蕙折兰摧,又哀弱弟;呼天心欲痗,此后霜寒露冷,孰慰衰亲。”恂如晚时效君平卖卜自给,余赠以联云:“惟达人乃能知命;问此老可以决疑。”恂如笑曰:“此联殆为余作广告也。”后数年,恂如病卒,余挽之云:“卢李感情深,每把行藏问詹尹;宗祧遗憾在,未能志愿酬向平。”指其子尤未成婚而言也。

三二

金寿芝介弟梦薇授课于苏,工诗,殁后余挽之以联云:“娄水著英名,洵不愧南国寄才,百夫之特;苏台闻噩耗,只留得西楼吟稿,万口争传。”

三三

鸦江傅梦溪，知医能诗，曾主乡政，余挽云："筑岩才奉帝召以归，遥想精神托箕尾；医国手赋仙游而去，剧怜事业剩诗篇。"上联用传说事，切其姓。

三四

为友挽其甥云："念吾甥英俊多能，偶抱微疴，不遇庸医那得死；叹汝舅尘劳万状，来挥热泪，转怜慈母又增哀。"又代某君挽云："生同里，幼同游，学业又同门，契合频年，证到交情逾手足；妇哭夫，兄哭弟，慈亲尤哭子，哀声一片，听来凄感入心脾。"君误于医药而卒，某君与之为总角交，情谊甚笃云。

三五

钮中将惕生于壬子孟夏续娶，杨了公贺以联云："不破坏焉能进步；大冲突乃有感情。"又额云："饮中将汤。"滑稽中含有至理。京都名旦赛兰芳新婚，其名公赠联云："焉能辨我是雌雄，想华月金尊，也曾脂粉登场，为他人作嫁；毕竟可儿好身手，趁椒风锦帐，莫把葫芦依样，舍正路弗由。"谑不伤雅。

三六

昔津门某富翁尝自拟一联曰："三径渐荒鸿印雪。"登报征对，应者纷纷，迨揭晓，则所取第一名曰："两江总督鹿传霖。"时鹿督两江。按此为楹联中活对，亦名无情对。都门有名伶丑角杨三病卒，或出联云："杨三已死无苏丑。"有人对以"李二先生是汉奸"，时李鸿章方炳政也。又如："木已半枯休纵斧；果然一点不相干。""春眠未觉花心动；夏礼能言杞足征。""欲解牢愁须纵酒；兴观群怨不离诗。"皆能别开生面，巧不可阶。又有以"岑春萱拜陆凤石"征偶者，或对以"川冬菜炒山鸡丝”，亦无字不工。又“将军下笔开生面；狂士如琴张牧皮”“公门桃李争荣日；法国荷兰比利时”，亦铢两悉称。

三七

陈散原挽陈弢庵云：“沆瀣之契，依慕之私，幸及残年偿小聚；运会所适，辅导所系，务摅素抱见孤忠。”语重心长，溢于言表。

三八

宝竹坡五十岁撰联云：“人见恶犹如往日；自知非岂独今年。”又五十九岁撰联云：“藏书粗足五千卷；开岁便成六十翁。”颇饶风趣。

三九

刘豁公之文孙昌华，幼颖敏，善属对，友人试以联云：“风送云行星似走。”昌华应声云：“水推舟去浪如飞。”友人奇之。

四〇

上元王芹生，风雅士也，纳海上某花魁为妾，未几妾死，芹生哀之，刘寿若挽之云：“莫漫叹红颜，自古无霜鬓美人，一死名归亦奚憾；不教偕白首，但得遇风尘佳士，半途缘尽又何伤。”真解人也。

四一

贵池刘世珩，风流倜傥，有友向索赠联，笑应之，为书一联云：“酒中三百六十日；座上东西南北风。”盖友好饮，兼嗜雀戏也。全椒薛慰农主江宁讲席时，有某翁日陪薛作叶子戏，年已六十，索赠联，顾薛与翁无深交，其为人亦无可言，时薛年五十九，遂撰联赠之云：“与君作叶子戏；先我过花甲年。”此两联皆能具君房言语之妙。

四二

丹徒应简人为地山先生文孙，尚气节，擅文章，年未四十而殒，士林惜之，其自挽云：“忽然有，忽然无，纵完成上寿，百年莫非做梦；何处来，何处去，倘果有轮回，一说更要伤心。”大智识，大慈悲，兼而有之。

四三

周沐润宰常熟时，榜一联于县门云：“五日风，十日雨，岁乃常熟；三年耕，九年食，民其姑苏。”以姑苏对常熟，殊巧思。

四四

逸梅兄征生挽诗联，自是文人游戏，达人疏放之举。余实具有同情，曩尝作自挽联甚夥，兹忆录之。甲子岁时，余病肺初愈，戏作挽联云：“蝶梦醒今朝，笑一度红尘，剩有诗词属我；鹤归期异日，论卌年素行，何妨毁誉随人。”时年四十四。戊辰又得联云：“毋思亦毋悲，几曾见百年上寿；有生必有死，譬如作万里浪游。”时年四十八。后十年戊寅，元室郑定芬已先逝，块然独处，悒悒寡欢，又有联云：“来何自，去何从，来去匆匆，只留得新诗数卷；死胡哀，生胡乐，死生了了，好觅将老伴双栖。”时年五十八。近庚辰周甲之岁，复制一联云：“六十年尘海相羊，藉商为隐，橐笔成家，结习证三生，抒写性情余著述；七八载命宫磨蝎，感逝衔哀，焚墨被累，归欤还一笑，维持门户仗儿孙。”越四载甲申，又成一联云：“著二十种书，买两三间屋，晚景优游，还望儿孙延世泽；看沧桑演变，结文字因缘，浩歌归去，要将尘劫诉天阍。”时抗战未终，吾邑沦陷期中也。又撰楹帖云：“乱世长生宁是福；达人视死恰如归。”“世情勘破寻归着；诗债偿清好散场。”“万卷诗书遗泽在；百年岁月幻泡同。”并以戊寅所撰联及乱世一联，于辛巳元旦自书之，储以待用。天佑老鳏，今尚视息人间，或将续有所制以自娱也。

四五

元室郑孺人，字定芬，以末疾卒于壬申四月，余挽之云："卅二年内助辛勤，回首痛如何，从此酬君惟有泪；顷刻间外邪侵袭，伤心愿未了，忍教别我竟无言。"又门联云："忧增内顾；悲从中来。""三雏失恃；独弦不调。"楹联云："鸿案抛残悲晚景；鹍弦吹断怨薰风。"又："心伤垂老别；肠断懊侬歌。""噩梦惊炊臼；悲吟感逝波。"沉痛低徊，至今诵之，犹有余痛。

四六

定芬逝后三阅月，而吾女汝漪又以病肺殁，为联挽之云："一瞑出尘寰，从此脱凄凉身世；九京倘团聚，居然成美满家庭。"盖其翁姑前卒，堂上惟继姑，而其夫婿及儿女均先逝，倘能相聚，诚生不如死也。

四七

甲戌秋九，家媳顾霞病殁，余挽之云："天胡酷哉，夺予妇，夺予女，今又夺予家媳，如此迍邅，令人扼腕；儿竟逝耶，舍汝母，舍汝夫，更复舍汝妯娌，居然解脱，彀我摧肠。"又为材儿挽云："来嫔才九年，事亲应世，诸务能谙，儿女幻昙花，回首前尘拚一恸；沉疴缠八月，茶灶药炉，终朝相对，人天参絮果，伤心孤影抱三更。"病为肺瘘，所生儿女，均不育，致悒悒而逝也。

四八

吾婿李士伦歌波，英发有为，商于海上，罹肺疾卒，余挽以联云："病肺诧家传，父死于是，仲死于是，儿女死于是，吾婿今又死于是；伤心谈宅变，母将如何？妇将如何？弟妹将如何？而翁痛更将如何？"又云："沪上早抽身，数月来到处求医，未许灵丹乞南海；客中方病齿，小暑后陡然闻讯，更挥老泪哭东床。”两联皆沉挚真率，首联尤妙在虚字传神。婿家连年逝世者，均染肺疾，吾外孙吟梅，迎凉，亦死于瘵。余尝戏称李氏为肺病世家，据谓由于祖茔风水，其然岂其然乎？

文坛忆旧录[①]

许瘦蝶

一、记陈蝶仙

予与蝶仙交垂四十年矣。清光绪丙申，予客印溪，越四载庚子，海上《同文沪报》创刊，并辟《消闲录》以荟萃海内风骚健将，角逐于文坛。予于《消闲录》中得读君所著《洗红词》及《和王建宫词》《和花蕊夫人宫词》，心仪其人。时君尚少年，署名泉唐惜红生，于是遂与君开酬唱之端。癸卯夏，予客刘江，既而《消闲录》停版，君创刊《著作林》，予投笺入社，兴益高而交益密。丁未春，予又返印溪，鱼雁之使，未尝或间。戊申以后，君从政苍山，音问遂疏。辛亥革命，珰札乃阻。迨民国初元，钝根主《自由谈》于《申报》，于是复得以文字续因缘。前尘追溯，历历在目，而君之生平，亦可得而征焉。

君名寿嵩，字蝶仙，一号太常仙蝶，盖尹本有太常职也。后易名栩，号栩园，一号天虚我生，又名樱川三郎。泉唐诸生，科试得列第三人，赴春闱报罢归，遂绝意进取。君少年时聪颖绝人，于书无所不览。工诗文词曲，精音律，善琴，常于花前擪笛歌自度曲。十三龄时已能吟咏，刊印《惜红精舍诗》。厥后所著随时刊布，得《一粟园丛书》二十六种。与仁和华痴石谌、何颂花春旭游，气谊甚笃，时称为杭州三才

① 原载《永安月刊》1948 年第 104、105、107、108、112、114 期，1949 年第 117 期。

子。主杭州《大观报》笔政时，为苕溪倪绿华女士刊印其小青墓题诗并诸家和章为《断肠草》，又刊秋柳唱和诗为《西泠唱酬集》，不胫而走海内焉。

幼时与姻戚某氏女两心默契，愿作鸳鸯，卒以名分所限而不果，即所谓小桃花馆主者是，君谱《桃花梦传奇》十六折以寄其绮感。又有邻女九香楼者，深情缱绻，时相过从，后为奸人播弄，仇结不解，女不得已避祸举家他往，于是有《筝楼泣别图》以纪其事。乙巳四月，女忽翩然来归，与君情话深宵，悲喜交集，乃复绘《筝楼聚影图》以志相见之欢。两图曾征题海内，琳琅满目，予亦与焉。

君别有《九香楼纪事诗》一百八十首以纪其艳迹，又有《筝楼聚影图诗》七律三十首，惊才绝艳，海思云愁，不是过也。先是君谋与女便于相见故，辛丑岁设萃利公司于杭城太平坊，小楼临市，华灯夜明，情话笙歌，辄至夜午。公司专售书籍文具仪器。壬寅复设石印局于杭，为宵人所弄，坐蚀甚巨，弥补煞费苦心。丁未、戊申之间，君游海上，创《著作林》社，提倡风雅，保存国粹。同时有《国魂报》，附有丽则吟社，故都有著涒吟社，青衫才子，白袷词人，坛坫争雄，一时称盛。《著作林》刊至二十二期告停。旋君游幕浙东，历蛟川、苍山、越州、岱山等处。所至，骚人争奉为盟主焉。

民元七月，《申报・自由谈》由钝根主编，君于报端见予名，即驰书问讯。当君在苍山幕时，其所居为汤玉茗旧署，有亭曰绿玉，修竹周绕，中有老树蚁穴，即所谓南柯者是。君尝于丝竹海酣之际得予书，即谱新词以见寄，调寄《沙头雨》云："寥落晨星，漂离身世如萍梗。万千愁病，欲说成悲哽。书剑飘零，尔我皆无幸。罗浮境。梦都惊醒，何况筝楼影。"又尝为予题诗词稿，题《我梦园十二金钗传》，和予《摸鱼儿》《高阳台》等词及诗什甚多。其题合肥李可亭《殿秋集》【莺啼序】第四段云："天涯地角，同病相怜，数几人知己，除非是刘江瘦蝶，原注：许仲瑚别字。时予客刘江。镜水痴龙，原注：山阴周子炎别字。爱菊夫妻，原注：白门陶巽人及其室爱菊轩主。悼棠兄弟，原注：南通张峡亭别字悼棠子，其弟峰石亦工诗文。襟怀磊落，一般如此。”其谬许如此。君旋来海上卖文，丙辰十一月起主《申报·自由谈》辑务者二载，同时编《家庭常识》《女子世界》《香艳杂志》，及代钝根编《游戏杂志》。以上皆中华图书馆出版。既而又创办家庭工业社于静修路，悉心研究，出品日精，营业亦蒸蒸日上，不复有余暇顾及文字矣。己未十月，予刊行《蝶衣金粉》，君为序其端，中有云：“人生百年，有如泡影。回首前尘，俱若烟梦，渺其无痕。其有痕者，惟文字耳。一时兴到笔随，初不计其工拙。及数年后，从头自读，其味之永，乃如醍醐。传之子孙，亦较胜于造孽钱多多矣。……惟君之稿，既已裒然成集，此后正不妨焚弃笔砚，不复使墨磨人，是足为君贺也。”壬戌，予病肺，遂辍笔不复写稿。甲子江浙启衅，于是消息顿寂，盖予之疏懒弥甚，而君之业务，冠绝一时，功业大著，已成富家翁矣。

中日战起，吾邑沦陷，海上成为孤岛。廿七年戊寅秋，予有《怀人诗》四律，刊诸《新园林》，君其一也。继闻君已西行，心大快慰，旋以老年体弱，忧国伤时，病殁于昆明，其岁月不详也，惜哉。君与予虽久订神交，顾从未谋面。君尝贻予三十五岁之小影，英姿飒爽，如见其人。今良友已归道山，摩挲玉影，不禁增黄垆之痛。按：此影已赠逸梅保存。

君之德配懒云楼主朱夫人，及文郎小蝶、爱女翠娜，均工诗词，兼擅绘事。君亦间作小品画，楚楚有致。介弟蓉仙名华同，别号蓉城仙尉，及其妇汪咏霞夫人，亦皆能诗词。一门风雅，殊不易得也。君著作等身，民国以后，将《一粟园丛书》所刊加以整理，复裒集新著，汇刊《天虚我生诗词曲稿》，都凡诗十二卷，词五卷，曲三卷。其言情之作，芬芳悱恻，绝类温李。感慨之作，则沉痛排奡，绝类杜韩。写景之作，则明媚幽茜，绝类王孟。尤能明白晓畅，情文相生，达人所不能达，道人所未曾道，斯为可贵。予酷爱读之。其所著小说尤夥，约百余种，脍炙人口者，如《泪珠缘》《黄金崇》《他之小史》《玉田恨史》《娇樱记》《续海上花列传》《新泪珠缘》等，传奇则有《桃花梦》《花木兰》《桐花笺》等，弹词则有《桃花影》《自由花》二种。皆能引人入胜，各有意境。而《泪珠缘》与《黄金祟》皆自写其影事，哀感缠绵，读之能令人断肠雪涕也。君于词曲音律，辨析毫芒，精校同异，著《九宫曲谱正宗》《音律指掌》《惜红轩琴谱》。又尝为万红友《词律》正误，又校正《白香词谱》，足推词苑功臣。尝与华痴石、何颂花合刊《三家曲》问世。

君少年时，于《大观报》主持钱江花选。及光绪末，游海上，人有江南七才子之目，谓吴门戚牧饭牛、南汇春柳词人谢其璋企石、桐乡张长心芜、南沙奚囊燕子、丹徒吴清庠眉孙、泉塘毕羁庵与君也，惟姓氏或有记误。当时亦有戊申花榜、万寿菊榜之盛举，亦文人韵事也。

君生于光绪五年己卯六月初四日，长予二岁。貌昳丽，性温厚，多情善感，富于思想。左手蓄长爪二，后以忏情断之。君交友以诚，有求辄应，抱不负人之旨。顾人每负之，萃利公司失败后，受其惠者转远而避之。故君于感愤之余，郁勃之气，发之于诗。所居在紫阳山下，即所谓一粟园也。君同怀四人，长次均早卒。丁未为仲兄寿臧营葬于龙驹场先茔之左，并自营生圹于右偏，作短歌勒石以代志。时君年才二十九，其达观如此。一代才人，今不知已归骨于此否。人天搔首，为之黯然。

二、记王恩甫

有清之季，小型报林立，如《繁华报》《笑林报》等。《繁华报》主编者为海上漱石生，《海上繁华梦》说部即附刊报中。《笑林报》为童爱楼主编，旋《笑林》停版，爱楼即与吾友王恩甫君创办《娱闲日报》，于光绪三十一年四月十五日出版，即西历一九〇五年三月十六日。每张仅售制钱八文。越半载，报价增为九文，至三十二年，乃改售大洋一分。其内容分论说、杂文、译要、谈助、丛录、艳谑、诗词、小说八门，而特载稿尚不与焉。爱楼主人名侃，四明人，自署石窗山民。工诗画，谐谈，涉笔成趣，间著小说剧本，尝有《爱楼赏月图》及《天乐图》征题海内，多得佳什。恩甫与之笃好，襄理《娱闲》笔政，甚相得也。

恩甫名祖余，慈溪人，别署溪西渔隐。其他笔名尚多，如赭袍绣豸使者、桃花醴面儿王蛮官、天壤王郎、浙东痴书生等。工诗词小品文，善书，熟花丛掌故，写来香艳绝伦。时《同文沪报》附刊之《消闲录》，与之并驾齐驱，行销海内颇盛，分道扬镳，堪称伯仲。而又有征题图画及诗钟联语等举，互相值课，以鼓文人雅兴，予亦时一应征焉。

溯予之纳交于君也，先与鸦江王鹗士订缟纻，继由鹗士述及君之令兄威甫，旅食娄城，时与鹗士通音问，因知君之行踪。威甫函告君，乃获证文字因缘。《娱闲》出版年余，以经济竭蹶而告停。君乃与春柳词人谢其璋企石，及洞庭蔡君忘其名字创刊《国魂报》，日出一大张，内容略载国事政闻、译述趣史等等，其他与《娱闲》相似。而以篇幅扩大，所载文字较多，因辟丽则吟社，推云间杨葆光古酝为社主，俊彦云集，一时称最盛。君特出心裁规画，除正幅文字外，其后幅仿书版式，区为六页，可分裁集订成帙，便于收藏，分文辑、诗词辑、小说、专著。又搜采有价值之前人著作，为入专著刊行。报纸之仿书版，盖自《国魂》始也。其时小说盛行，词藻典实之品，有苏台尤泣红之作，颇为读者欢迎。而予与君亦得以诗词辑之区域，而互相酬唱。海内扬风扢雅者群萃于斯，因与国魂七才子之目。见《记陈蝶仙》篇。岁戊申，都门诸词人又组著涒吟社，南北对峙，气求声应，国粹精神，为之发扬不少。又有戊申花选及珠选。是年冬，值慈禧万寿，又有万寿菊榜之举。君咸与其事，以点缀升平。《国魂》停版，消息遂疏，闻君已归里，伴在山之泉矣。

其夫人杨氏，字霞卿，别署勾章绣余吟馆。工诗词，擅簪花小楷，得灵飞气韵。尝题《深柳读书图》，作回文体，成圈形，凡分七层，回环洛诵，无不如意。共得诗四十二首，名之曰《花团锦簇图》，并登《娱闲报》广征海内才人题咏，予填《花发沁园春》一词以张之。笙磬同音，唱予和汝，闺中倡随之乐，从可知已。鳞鸿消息，瞬隔多年，想君当豪吟犹昔，而爱楼烟云供养，度亦康健如恒。云树迢遥，为之系念不置。

三、记施济群

海上以医家而兼擅写小说家言者，陆子士谔外，厥维吾友施子济群。济群居南市王家码头二二五号，精于医，其所制脚肿丸，治脚气病如响斯应，疟疾丸亦神效。喜著小说及幽默文字，署名济公，或老衲，有时署痴和尚，故人咸戏呼为活佛。予与通函，辄书济公，而下具名合十，君不以为忤也。

君体肥硕，不善饮，不工诗，偶有酬应，辄以诿諈，予乐为提刀人应之。民国初元，海上杂志蜂起，若《自由杂志》《游戏杂志》《香艳杂志》《女子世界》《小说丛报》《小说新报》《礼拜六》等，以及星社各刊物，皆能不胫而走，风行海内。君乃纠合严子独鹤，创刊《红》杂志问世，于民国十一年壬戌六月六日出版，由世界书局发行，每周一次，每册售洋一角。执笔者皆一时俊彦，所刊第一部长篇小说，为海上说梦人之《新歇浦潮》。出至一百期，改组为《红玫瑰》。君乃别创《金钢钻报》发行。于时丹翁所主辑之《晶报》，销路甚畅，故君名其报曰《金钢钻》，熠耀光芒，与《晶报》争胜焉。是报出版于民国十三年甲子正月二十日，每张售洋一分，第一部长篇小说为程瞻庐之《奈何天》。笔歌墨舞，分道扬镳，一纸风行，几欲夺《晶报》之席。时予兴佳甚，写稿辄寄之，不计酬也。二十一年壬申一月二十日，由三日刊而扩为每日刊。四月九日，又刊《金钢钻小说集》。二十二年癸酉附刊《小金钢钻》。轮值辑务者七人，旋停止。至二十三年甲戌九月，又复刊。轮值辑务者增至十人，如海上漱石生、程瞻庐、周瘦鹃、范烟桥、朱枫隐、郑逸梅、许指严、朱大可、顾佛影诸君等皆是。惜予健忘，不能列举，且或有讹误也。同年七月，刊行《金钢钻月刊》十六期，旋中辍。又刊行《新声》杂志凡十期。举凡文坛才俊，说界名流，无不与君有文字之缘，而予亦获附骥焉。同年十月杪，《钻报》因故停版。盖自十三年正月至二十三年十月，一小型报而能支持至十年有余。人皆惋惜其不能继续，然君亦可自豪矣。

予于是报，爱好弥笃，且为君分销，尽力推广，并以保存拙稿关系，搜罗储藏，计自六十一号起，至一千七百九十号止，蝉联积存，断缺者甚少。经三度兵祸，犹得保存，殊自喜也。同时予自民元起至二十一年止，所储藏之《自由谈》《快活林》《新园林》等副刊，则均于壬申国难时遗失殆尽。盖适在太城寓中，事先未迁故也。

自《钻报》停刊后，君与予犹时通芳讯，惟君作书素潦草，信笔狂挥，数十字已满一巨幅，不能识，辄以意会之，甚有趣味。旋闻其迁居，莫明其处，遂致羽断鳞杳，不尽相思。抗战军兴，彼此愈形隔阂。戊寅二十七年秋，予成《寄怀诗》，刊诸《新园林》。诗云："酒后豪情见性真，万花璀璨笔端新。栖迟孤岛多闻士，锻炼金钢不坏身。可有神方能救国，早知妙手擅回春。故人无恙君应喜，聊写相思托锦鳞。"不知君能见之否。凯歌唱后，闻君已归来，仍不明云停之所，私衷蕴结，莫可言宣。去年丙戌夏五月，偶读《新园林》，见亚凤挽济群诗，知以中风逝世，不禁失声一叹。是否亚凤或有误记。卅年老友，遽隔人天，无以志哀，因亦成一律挽之云："神交卅载证襟期，历劫犹存笔一枝。不向醉乡寻乐趣，要将祖国起疮痍。蝶衣零落留尘影，鸥梦苍凉忆故知。怪底匆匆参佛果，云天怅望耐人思。"仍刊之《新园林》，以寄人琴之感。前诗中"蝶衣零落留尘影"句，尚有一段文字因缘在，兹补纪之，以殿是篇。

当杂志之盛行也，各文坛复辑其著作，刊行单本，畅销海上。予亦裒集十年来之拙稿，编成《蝶衣金粉》一部，约三十万言，内分十类，曰文潮，曰谈薮，曰歌坛，曰志林，曰瀛谈，曰野乘，曰说苑，曰艳话，曰吟社，曰钟楼。君闻而索稿去，旋函商为予刊行。予遂慨然以全稿赠之，订定以五十册为酬报。民国十一年壬戌冬出版，尚有一册之稿，竟为中国印刷厂失慎而稿毁于火。于是而艳话、吟社、钟楼之三门，及说苑之词藻小说、正规小说等，均无从重编出版。因其稿为剪贴，苦难访求也。信乎著述之显晦，亦自有其时。而君之刊行吾稿，功罪盖适相抵也。前尘追溯，不禁怅然。

四、记王钝根

海上《申报·自由谈》,出版于清宣统三年七月朔,由王钝根君主编。至四年三月十八日,由吴觉迷主之。五年四月一日,归姚鹓雏继任。至是年十月底,聘陈蝶仙为编辑。约两载,蝶仙去,乃由陈冷血编辑。厥后屡易其人,以健忘不能详也。人但知《自由谈》,不知《自由谈》为后起之秀。在其前,《申报》亦有副刊,名《庄谐丛录》,版式稍异,多载滑稽文字,由四明童爱楼主编,后乃由钝根改辟《自由谈》。此中之递嬗,恐知者无几矣。

予于《申报》副刊,投稿甚夥。旋得钝根来书,特约予为《自由谈》撰述。予时客沙溪,有暇每从事涂抹,爰复书应之,日课一篇,无间也。多属游戏文章及滑稽小说,而词藻小说亦间一撰写焉。凡历三月,报社取消特约制,予遂退处为普通投稿矣。

予以投稿,时通鱼雁,因之得悉君梗概。君名永甲,字钝根,青浦人。性通脱,善滑稽。所为文,效淳于髡之谲谏,而不流于尖刻,以是人争诵之。善书法,以中锋取胜,圆劲而有挺拔之势,其时出版界咸喜倩其为封面题签。君既辑《自由谈》,又复贾其余勇,采辑《自由谈》中精粹之文字,编为《自由杂志》,刊行二期,旋改为《游戏杂志》,由中华图书馆出版,而君总其成,并特荐《聂慧娘弹词》附刊之,后由蝶仙编至十九期停印。其中颇多佳构,如汪率公之《试砚斋随笔》,卢天白之《十年游记》,孙剑秋之《楞伽庵随笔》,吴东园之《绿绮琴传奇》,徐了青之《不了缘》,天虚我生之《新官场现形记》,皆各擅胜场。而予之《我梦园十二金钗传》,亦得滥厕其间焉。

君性亢爽,貌英挺,尝以小影寄予,至今犹储敝箧,予报以《虞美人》词云:"仙根夙具何尝钝,待向王孙问。笔尖横扫万人惊,一纸庄言谐论警群生。　　自由谈是神交券,锦字传飞燕。临风一曲落霞琴,惆怅知音隔断碧云深。"又倩老友王鹗士画梅花素绫帐眉以赠,并题句云:"高楼夜月明,纸帐春寒重。梅花一树横,欹枕圆诗梦。"时河山光复，颁行阳历，九月九日遇雨，寄君两绝云："禅心静契木樨香，消受闲窗一味凉。不道天公更旧例，居然风雨作重阳。""晚来呼酒上琴台，欲赋秋声斗逸才。毕竟黄花终兀傲，寄人篱下不轻开。"一时兴到之笔也。

袁世凯欲盗国，钳制舆论。君不直其所为，愤而投笔归，其后与予音问遂隔。予虽苦忆，无从投笺为憾。微闻君寓居僧寺，鬻书为生活计，确否未敢必也。日寇肆虐，海上沦为孤岛，予百计探君行踪不可得。二十七年戊寅冬，诗投《新园林》以寄怀云："粲花妙舌想犹存，落拓风尘忆钝根。仅许挥毫谋活计，未妨托钵傍禅门。沉沦赤县新潮亟，呜咽青溪旧梦温。安得观空人我相，自由文字夜同论。"诗刊布后，未获消息，诵"鸿雁几时到，江湖秋水多"之句，为之神驰远道也。

有一趣事，足资谈噱，兹附记之。一日，予得君书，并寄示小说原稿一篇，题为《我独在窗儿外》。君谓此篇由某处来，颇发噱，顾语殊亵狎，登之恐惹警局干涉，敢以视君云云。予展读之，不禁狂笑。盖其时民国肇造，盛倡男女平权之说，有醉心新学之夫妇二人，当性交时，男女均不肯雌伏，互争平等，结果各侧身以就之，不能畅其所欲而罢。以旁听人之笔写之，描摹得淋漓尽致，诚奇趣横生之作。顾摈而不登，足见君选稿之慎矣。

五、记孙次青

皖之黟县，汉时古王国也。其南为黟山，俗名大鄣山，即《山海经》之三天子障。其高秀出南岭中，附近诸山，皆其山脉也。吾友孙君次青，名奇，黟县籍，秉山川灵秀之气，具经济文学之才，服务于金融界，经理安庆西门外同康钱庄，以其余暇治诗词，颇多心得。清光绪乙巳、丙午之间，君于《消闲录》以《刚柔相化图》征题。图绘一锦衣美人作微嗔状，佩剑高坐，戟手指一斑斓猛虎。虎慑伏美人足下，不敢动，盖寓柔能克刚之意也。予乃以诗词应征，于是遂联文字之交。君亟赏拙作，时相酬唱，并通函论诗词学派，时相切磋。而开诚相见，无话不谈，因熟知君家庭身世。

君中年境遇迍邅，二十年间磨蝎临宫，所如辄左，兄弟子侄，相继死亡，妇女辈至指为宅凶，不愿家居，相率远避出外，几有破家之象。五十以后，始由困入亨焉。其别署曰“世上余人”者以此。

君正室某夫人不育，复以艰于嗣续，连续娶如夫人者三。君旋膺东三省永衡官银号之聘，任上海分处事宜。其第二妾于民国五年得子，因名海生。越二载，其正夫人亦举一雄，名德生，时为七年九月十六日寅时。君家属方居九江，君得电喜甚，驰书告予。不意予同日同时亦生裕儿，即函复君，互相奇诧，以为异事。于是诗篇唱酬，以志佳话，摄影相贻以留鸿雪。君驻申有年，屡招予往晤，卒以疏懒未赴，后虽悔之，已无及矣。君晚年嗜阿芙蓉，一灯荧荧，桃叶桃根，双侍于侧，温柔娇小，人每疑为娇女也。尝与予书，盛称黄山云海之胜，黟山五岭之奇，然虽天下胜迹，以予视之，终不如一榻烟霞，群花围绕，为人生无上之至乐云。其癖嗜甚深，予虽力规之，不获诺也。

无何，君山居告成，浩然有归志。因还九江，设中西药房于西门外，以娱桑榆暮景。诗笺词简，仍传递络绎。尝绘《葡萄架下寻诗图》及《蒲团趺坐图》征题海内，予亦与焉。其题《趺坐图》词调寄《满庭芳》云：“柳岸盟鸥，蕉窗挥尘。此老风趣谁传？蒲团借得，一笑学逃禅。牾彻亦如宝偈，卌年梦换了华颠。题诗罢，跏趺默坐，自把寸心观。　　悲欢。空记有，兰芳迟茁，荆树先删。幸仔肩堪卸，妾慧妻贤。尘世万缘灰尽，销魂事遇付啼鹃。遥相忆，苏门长啸，碧水远浮天。”题《寻诗图》调寄《长亭怨慢》云：“禁不起秋风催促。一架葡萄，垂垂初熟。忆得当年，诗成题向粉墙角。系侬心曲。问可有谁赓续。乘醉试相寻，镇几度行行伫足。　　惊瞩。怪淡墨模糊，手把芳尘轻扑。着意摩挲，差喜得尚堪终读。到此际印褪残红，怅何日纱笼新绿。莽回首天涯，蓦惹无边枨触。”二词君酷喜诵之，尤爱题《刚柔相化图之》五古，词长不录。

君词近耆卿，豪放处又似稼轩。诗笔雄秀，近船山，其幽茜香艳处，则以次回为宗。尝示予小词《苏幕遮》云："掷金钱，豪意气。七尺昂藏，骨相生来异。枉说晚来成大器，垂老经营，没个名和利。御重裘，餐美味。锦帐双眠，日午犹慵起。身外幸无儿女累，寻乐偷闲，算我平生技。"又《新年口占》云："衣食磨人年复年，一生懒结孔方缘。不妨随手千金尽，自有豪奴代守钱。""年华易去水东流，只合壶觞醉不休。我比相如高一着，春寒未典鹔鹴裘。""身不饥寒轻富贵，门无车马即神仙。回头四十五年事，未熟高粱梦已圆。"其风度可想见矣。又《落花》十律，自写身世，脍炙人口。其警句如："美人自古伤迟暮，志士由来惜寸阴。""幻成人面六宫妒，拈入禅机一笑空。""风雨枝头空色相，文章水面叹沉沦。""生逢绝色多难老，死有余香亦足夸。""好花能得几时开，生作红颜本不该。""吹入东流皆恨水，化为西子谪情天。"皆可味之句也。他如《采莲曲》《九秋咏》《九春诗》《美人四咏》等，佳者尚多。

君生平吟友甚多，如黄瑞莲少白、胡文辉蕴山、胡碧痕、胡兰痴、翟璜楚材。而于吾邑除予外，与鸦江王鹗士亦性情相契，若昆季然。尝以我侪三人，比之岁寒三友，以鹗士拟松，予拟竹，而自拟为老梅，属鹗士绘图以资纪念。图未成而君已归道山矣，故予挽诗中有云："坛坫东南话合群，玉珰畴昔寄巢云。岁寒三友图成未，写到梅花苦忆君。"君以民国十二年八月十六日殁于九江，享寿六十，遗著由文郎景龙、景铭即海生、德生保存待梓。遗孤藐藐，逝水滔滔，素心人之消息，从此永绝矣。

君交友以诚，肝胆相照，有一事颇著风义，特纪之以励末俗。时有归安沈恩彤锡侯者，君之至好也，家世簪缨，素怀大志，词章之学，靡所不工，而于诗尤酷嗜。讵知丰才啬遇，听鼓吴门，一官匏系，郁郁不得志。浮沉岁月，辄付诸吟咏，成诗一卷曰《吴中袖》，珠光宝气，至可珍贵。丙午冬，锡侯赴召至楼。君与其友江都秦琴缦卿，搜集遗稿，并移奠仪交蝶仙所办之《著作林》，附刊问世，刊未及半而《著作林》停版。君歉疚万分，尝与仙源毕绍鑫钧堂述及其事。钧堂慨然力任枣梨印刷之资。无何，而《吴中袖》遗稿出世矣，集后并附《哀挽录》。君挽锡侯联云："灵榇惨还乡，倘闻一门中哭夫之声，哭父之声，哭兄之声，定识吟魂悲五夜；遗诗谋寿世，赖有四海内作序者某，作传者某，作跋者某，庶几瞑目慰重泉。"钧堂挽云："吟社共消闲，记枫落吴江，曩日诗词推大雅；遗编亲校对，叹珠沉沧海，临风杯酒吊先生。"呜呼，如君辈者，可以风矣。

六、记吴东园

海内神交中，克享大年者，当推吴丈东园，可称忘年知己。丈名承烜，皖之歙县人。尝流寓于扬州之伍祐镇，参杨瑞文少彭戎幕，宾主尽东南之美。又为香港中华圣教会会员，阐扬孔教甚力，同志争归之。在扬设国粹保存社，在歙设中华圣教分会，吸收会员甚众。办《邗江杂志》，提倡国学，涵养性情，士习为之丕变。丈怜才若渴，喜奖掖后进。寓邗江时，学者争相执贽，门墙桃李，一时称盛。尤多女弟子，如吴绛珠、鲍苹香、许碧霞、杨碧珠、陈琴仙等，皆北面受诗词文学。丈指示周详，女弟低首，人比之为随园老人焉。

予之获交于丈也，忆在清光绪甲辰、乙巳之间。以诗词互相唱酬，月必数通书翰，蝶仙又从而左右之，兴高采烈，不遑处也。丈随军，由伍祐而盐城，而小海，迁徙不常。后又入熊幕。其足迹所至，不离淮扬、溉海一带。萍踪乍定，必驰书相告，俾便鱼雁往来无间也。

丈于国文富有根柢，诗词文咸工。尤擅骈文，精曲律。民初，海上各杂志及各家诗文集出版，无不求序于丈。一篇冠首，万口争传。妃白俪黄，骈花接叶，虽信手拈来，而各饶意趣。良由万卷通神，取之左右逢其源也。民十年，拙著《蝶衣金粉》刊行，丈为序端，并征得熊、杨两中将序诗。珠璧传来，增光篇幅不少。迨拙词集将杀青，丈词之，为题《莺啼序》长调，又命其子清丽题词。惜付印时检之不得，致未编入，徒呼负负而已。

民三年春，丈年六十，预以《寿星明》词寄示索和，词云："癖性耽吟。不负生平。今年六旬。但延龄酿酒，祥征郦菊，养生有策，上寿灵椿。鬓短犹青，齿全尚白，竹杖花瓢自在身。悬弧处，喜松风飒爽，梅雪精神。　　阳回黍谷先春。又南极星明见老人。想庄周幻说梦，中蝴蝶，徐陵慧业，天上麒麟。邺架书多，陆厨文富。卖赋千金足疗贫。新诗句，待抛砖引玉，托钵沿门。”予走笔和之云：“游戏尘寰，阅历沧桑。瞬经六旬。喜图开百寿，红钩古篆，词传三祝，翠挺灵椿。风月关心，烟云过眼，金粟如来是后身。吟怀好，共岁寒松柏，一样精神。　　弧辰喜值阳春。试霞锦视题寄故人。羡幽栖珂里，青鞋布袜，蜚声艺苑，威凤祥麟。千乘甘轻，一瓢可饮，囊有新篇能补贫。遥凝眺，想华堂曲宴，裙屐盈门。”时老友胡让之君方以精镌《百寿图》赠丈，故第四句及之。丈尝与蝶仙商讨《长寿乐》一调，万红友《词律》有谬误处，蝶仙因博考而详审之，重谱新腔示丈。丈读而称善，因更相促拍，叠至数四。予炫之，亦和其元韵云：“山苍水翠，莽天涯。空自梦魂驰系。云壑词工，龙川集富，阐发几多精意。叹一般作客，几曾诗骨生来媚。相赏处。岂论屈醒陶醉，孤馆里。　　消受雨灯霞被。风日美，阳春曲，几笔闻声相继。枯管无花，短笺似叶，偶尔效颦轻试。问画梁双燕，年来可傍金张第。应笑我，依旧栖迟尘市。”丈阅之，深加许可。其于词律精严也类如是。按如健在，今年当九十有三岁。事变后，不通音讯，风闻已归道山，远在戎马时期，无从详咨其岁月。老成凋谢，高山空仰，不亦可慨也哉。

丈精研词学外，尤工谱曲，于五音六律九宫十二调，皆辨析毫芒，不爽分寸。尝谱传奇数种，一曰《绿绮琴》，刊之《游戏杂志》中，他种未详。丈著作等身，刊本者绝少，经古学中有《孝经粹》八卷，为毕生精力所寄。他如《东园文集》《骈文集》《诗词集》《曲选》《传奇汇》等等，遗著当仍妥为保存也。

民十一年秋，丈谱《慧镜智珠录》传奇一种，盖为徐宝山及夫人孙阆仙女士作也。当民元之际，扬州为东南重镇，七省往来之孔道，非徐军坐镇，不足以靖伏莽，安闾阎。徐军之威冠诸路者，以皆旧部，可收指臂腹心之效。淮东七县，亦恃为长城。孙夫人相夫报国，筹饷练女兵，以补助防务，诚巾帼中之须眉也。丈以徐保障长淮，厥功甚伟，第以天道无知，十二年遇害，夫人亦悟道退隐，于是成曲十折以张之：一、挈领，二、上寿，三、筹饷，四、练兵，五、闻变，六、设防，七、悟道，八、赏菊，九、画梅，十、逸居。描写书中人物，悉符当时现状，亦淮民之去思碑也。

丈有爱子曰清丽，字又园。少年英秀，颖悟绝人，家学渊源，薪传有自，故无所不工。以民国二十一年四月十五日卒于伍祐，年才二十。君尝任歙县中华圣教分会撰述员，其著述刊入蔡子瀛所办之《瀛壶丛刊》中者甚夥。君卒时，丈年已七十有八，犹谋生计，晚景桑榆，遽抱西河之痛。媳未两年而寡，孙才六月而孤，白头两老，相对茕茕，其情形之惨痛，从可知已。丈以楹书无托，家累难捐，哀悼之余，成诗二绝云："落魄何堪蓂荚月，销魂最是麦苗风。盈盈一掬伤心泪，洒入樱桃粒粒红。""玉树埋尘剧可怜，云飞星暗奈何天。不禁媳寡孺孤痛，八秩高岁逼暮年。"语极沉挚。又为《思丽行》长歌，用白香山《长恨歌》原韵，以寄其缠绵之哀思。然悼念不能已也，更谱《西河叹》传奇以志感。猥承索题，予时悼亡，爰题回四绝云："少微一夕掩光芒，呜咽淮流饮恨长。报道玉楼成已久，修文征到小吴郎。""闲庭花落复花开，红紫依然记手栽。惆怅种花人去后，何时化鹤许归来？""垂老伤怀唤奈何，零笺断简费收罗。宫商咽住歌喉变，谱到西河感逝波。""我哭细君公哭子，一般挥尽泪千行。摩挲霜鬓遥相望，消息何从问彼苍。"噫，如丈之耆年硕德，旧学湛深，而天夺其膝前之爱子，坐令其晚年濩落，名士坎坷，亦殊酷矣。

七、记戚饭牛

吾人处身天地间，白日悠悠，红尘扰扰，觉当世事，几无一可。然能放开怀抱，则胸襟浩浩落落，自然不着一尘。旷观世界，若吾友戚饭牛者，斯得之矣。饭牛，名牧，别署天问阁主，一号牧牛童。浙江余姚人，尝寄居苏州之桃花坞，认苏台为第二故乡矣。天才横溢，胸怀洒落，工诗好友，交以率真。家有老母，授课之余，固无日不望云思亲也。尝谓友曰："牧不幸七岁而孤，幸老母顾我复我，抚我育我，恩深如海，无可以报。但虚生自误，愧对故人。惟有一白发慈母，时时藏在心里。此或可为足下效法者乎。"

君不衫不履，落拓不羁，与世俗寡合，藉卖字、卖文、卖诗画为活。得钱，则买书、买酒、买花以自娱，必罄其囊始已。人或怪问之，君笑曰："有钱即须送，送与他人用。我若不放松，必有鬼来弄。"其达如此。所居近六如旧宅，访梦墨亭遗址，凭吊才人，挥泪大哭，继以大笑，人以为痴，不顾也。春秋佳日，放浪于山巅水涯，抚景成咏，对天狂歌，自适其适，洒如也。

清光绪甲辰之新年，君于隔岁年假，集合八大神仙，在临顿路开画张店，卖春联，名其店曰"活乐窠"，自撰开篇唱之，以资号召。营业殊不恶，盖皆欲得饭牛所书之联也。所谓八神仙者，君自称蓑笠神仙，莫厘严嵎虎为花月神仙，吴县程雪翎为楼阁神仙，镇江杨瘦鹁为游戏神仙，尚有四神仙，健忘不能悉数。其名率皆用动物，亦人间游戏也。

金阊妓女陈文仙，拈花示疾，遽尔香消玉殒。君眷之深，哀之甚，访得文仙墓，祭之吊之，复制《开篇》唱于墓前。人皆笑之曰："痴哉牛郎。"

君为文隽爽典雅，喜作游戏文字，遍投各报，读者称赏。丁未、戊申之际，《国魂报》产生，丽则吟社成立，海内骚坛，争相角逐。君以春柳词人谢企石谱兄见招，同奚燕子襄理《国魂》笔政，尝以《桃坞读书图》征题，予为题二绝云："生我何须怨不辰，放怀领取客中春。天教消此清闲福，尽日开编对古人。""桃花消瘦过芳辰，一坞斜阳锁暮春。读到渊明归去句，望云应念倚关人。"知君善画，索得小立幅一，付诸装池，或藏之椟内，或张之室中，甚宝爱也。时都门著湑吟社，由落花词人沈太侔宗畸等发起组织，君亦狂吟入社，笔歌墨舞，逸兴遄飞。

《国魂》之戊申花选、万寿菊选，君与燕子、张新斧、蝶仙、王恩甫等咸与其役，于是“国魂七子”之名乃著。君尝曰：“世间有三薄命：萧骚之才子，沦落之佳人，风雨之桃花。饭牛一枝笔，不能写才子之文章、佳人之品格，其奈之何哉！”丁未暮春，独坐桃坞书斋，与风雨落花相对，拈毫画桃花一幅，写薄命也。又尝曰：“做人一世劳劳碌碌，不如做个和尚，穿紫袈裟，吃穿篱菜，住大房子，熟读几句《金刚经》，便可逍遥一世。做人苦，不如做和尚快活。然而和尚还须人做，做和尚还是做人，又将奈何？”即此可以知君之不偶矣。

君之著作甚夥，分投各报章杂志，传播艺林，间有极幽默者，有极渊博者，盖兴到笔随，不拘一格也。在《国魂》社时，尝为海内同文著《诗人小传》，每一篇出，宛肖其人，争相传观，以资谈助。生平撰述，清季刊行《天问阁尺牍》等数种。民国廿二年汇印《饭牛翁小丛书》，计分笔记、诗话、吟草、尺牍、杂俎等。其所记述，颇关吴中掌故。予曾寄题四绝云：“一坞缃桃依旧红，牛郎忽忽已成翁。笑嬉怒骂人间事，都付生花寸管中。”“墨不磨人人自磨，磨残岁月悔蹉跎。天真烂漫输君好，荟萃丛编乐趣多。君有一印，文曰：饭牛一生真烂漫。”“书城坐拥胜封侯，珠玉珊瑚一网收。敢笑雕虫真小技，才人文字总千秋。”“尘梦劳劳感百端，客窗信手辑丛残。骚坛卅载休回首，碧海红桑共饱看。”盖自丽则散后，不通消息已久。兹闻其《丛书》付梓，其快慰为何如。君归道山多时，感逝情深，不禁为之浩叹。

蓬斋脞记[1]

陈运彰

结庐人境，间离世纷。坐守书丛，独甘孤寂。开卷有益，纯想者飞。乐子无知，积思若痗。丹铅乍辍，笔札斯勤。随所见闻，或事考订。不贤识小，愧剿说于雷同；自笑聆痴，等卮言于骈拇。斋名曰蓬，吾家简斋先生诗事也。兹之所记，亦苦蓬累。聊乐我云，藉答宾戏。强圉大渊献余月之望蒙庵居士引。

一

《东湖乘》云，董文敏未第时，曾馆于吾湖冯氏，家贫，服白布单袍，兴至，即书其上，久乃尽墨之，屏帷床帐，淋漓殆遍。既贵，始见珍，今冯氏尚有手泽。文敏初学于莫中江，子云卿，与父齐名。其父子既卒，文敏乃以重价购之，无虑千百，聚而焚之，而文敏之迹遂单行，其亦不仁矣哉。原文止此按此说与赵文敏孟𫖯收焚鲜于伯机书，及捶碎李北海碑刻事，同属不可信。班孟坚有言，人言方朔奇，奇事尽归方朔。与一事而化身百亿，分属诸人，竟如脱堑。而不悟其非者，皆好谈掌故诸书之通病，不能以传闻异辞为解嘲也。《东湖乘》，凡二卷，题当湖卢生甫仲山辑。卢平湖人，康熙丙戌进士，官至贵州

① 原载《永安月刊》1947 年第 97、99、101 期，1948 年第 105、108、110、114、115 期。

遵义府知府。所著有《孝经注》《左传八评》《汉书评林》《读律质疑》《杜诗说》等十余种，皆未刊。此书所记，皆其地先哲轶事，以补志乘之阙，然颇好志怪，殊涉荒诞。

二

丁秉衡国钧《荷香馆琐言》记何子贞事一则云，蝯叟书名满海内，性喜轻诋。莫子偲自负能书，何谓之曰："自仓颉以来，未能尊书一派。"莫为气索。晚到扬州，晤吴让之，语之曰："君书太陋，始为师所误，令师固不能书也谓包安吴。"其言咄咄逼人如此。一日有黠少年以文安所书楹帖调之，先展上联，何诋不绝口，徐展下联，露姓字，叟乃惶急遁走。谭叔裕宗浚《荔村随笔》则云，何子贞编修绍基为道州文安公子，工诗文，书法平原，尤得神似，然性好骂，尝游粤，寓潘氏海山仙馆，主人出迎，遽骂曰："君太俗物，何满壁龙蛇，皆长安不通贵人恶札耶。"主人笑指一联云："此似非不通贵人所能作。"子贞故短视，徐揩老眼视之，则文安公书也，瞠目不能答，徐曰："先公文章勋业，向不以笔札见长。"闻者捧腹。以上二说，当同出一源，而以谭氏较为得实。子贞虽性好骂，何至对乃父手书必露姓字始能辨识之理？况文安非不能书者，而子贞亲承家学，尤以善鉴赏得名者乎！文安公凌汉书法，当时颇负重名，子贞兄弟绍业字子毅，绍京字子愚书体极相似，皆出于过庭捐授，特子贞发名后，皆为所掩耳。子贞《东洲草堂金石跋》卷四跋《牛雪樵丈藏智永千文宋拓本》云："先文安公四十岁时，得此帖宋拓本，遂专习之，垂二十年，晚年笔法乃少变。今雪樵丈人得此本，纸墨气韵殆如骖之靳。丈人与先公交契至深，蒙委题记，回思子舍受书，寒灯侍砚光景，不可再得。凿楹之藏，遗帖无恙，披展对观，怆恨何能以已。"又跋《小字麻姑山仙坛记旧拓本》云："大小《麻姑坛记》，余兄弟每见即收。每与友于闲静时，出多本互相评赏，并他帖古拓，纵横满几，色香无际，以为至乐。今踽踽蜀游，每一展所携各帖画，不胜忆弟看云之感，况老毅按指子毅已久作古人邪！"据此可见其父子兄弟间评赏艺事之乐，诚如丁君子言，子贞虽狂纵，宁浅陋一至于此？子贞短视，亦见诸题跋。其跋《衡方碑拓本》云："昔石卿赠余古拓本整幅，经覃溪、小松题赏者，高悬雪壁。余目近视，苦难临仿。丁巳薄游历下，购获此本，精采勃发。又剪褾册，便于摹取，意甚珍之。"以证谭记强辩之言，差为得其实矣。子贞善骂，见诸其同时人所述，如吴平斋云《两罍轩尺牍》卷三《与戴礼庭司马丙荣》云："子偲论书，极以蝯老为野狐禅。平心言之，蝯老学博而见广，今日应推独步，惟年望俱高，不免有英雄欺人之处，此訾议所由来也。蝯老尝谓子偲曰，自书〔契〕以来，从未有尊书这一派。当面调侃，未免恶作剧，令人难受。"子贞跋《张黑女墓志拓本包慎伯题记后》云："包慎翁之写北碑，盖先于我二十年，功力既深，书名甚重于江南，从学者相矜以包派。余以'横平竖直'四字绳之，知其于北碑未为得髓也。记问浩博，口如悬河，酒后高睨大谭，令人神旺。今不可复得矣。"赵㧑叔之谦《二金蝶堂尺牍·与魏稼孙锡曾书》云："何子贞来杭州，见过数次，老辈风流，事事皆道地，真不可及，弟不与之论书，故彼此极相得。若一谈此事，必致大争而后已，甚无趣矣。"则其为人可想象得之矣。

三

《东湖乘》卷二记邑事，沈孟津卒，其丧仪皆自定。孝帏用红绸，大书其上曰："快哉斯逝。"不作佛事，客来吊者，妇女不接哭，孝子谢帖外，又加一帖，所谓祗领瓣香者，皆已所裁答。逢七，孝子跪灵前，诵《大学》圣经，一时传以为怪。曩年金山高望之煌丈之丧，遗命乞亲友各书《大学》一章，以当生刍，正与沈君事后先晖映。

四

古人有一文而二人分撰之例，如《唐宗圣观记》，武德九年欧阳询撰序，陈叔达撰铭；《许公苏瑰神道碑》，景云元年张说撰铭，卢藏用撰序；《蜀国公尉迟迥庙碑》，开元二十六年阎伯玙撰序，颜真卿撰铭；

《玄元灵感颂》，天宝元年戴璇撰序，刘同升撰颂。见之金石刻，厥例颇多，在六朝时亦已有之。如北齐武平二年《朱岱林墓志铭》，第四子敬修所作，而铭辞为从子敬范制也。特于文中叙述，不加标帜耳。更溯其源，则汉人柏梁连句，即其初桄。推之若褚少孙之补《史记》，曹大家之续《汉书》，事虽不同，其体则一。高丈之丧，设祭于玉佛寺，予曾与欣夫合撰颂词为诔，亦此例也。

高先生颂并序

唯三十有二年，昭阳协洽之岁，正月庚戌，金山高先生望之，考终上海，赴告四方。远识近士，罔不挥涕失声，以为梁崩哲萎，失其具瞻。佥用兴殄瘁之思，谋不朽之事，于是缙绅耆老，相与参按典礼，稽鹭笃行，考名定谥，谥曰孝靖先生。兹可谓允迪华实，极乎哀荣者矣。吴县王大隆、潮阳陈运彰，目想令仪，心存高范，托援翰而舒蕴，藉长言以寄意。夫少不诔长，见之《礼经》。颂兴所钦，亦征曩哲。固宜咏述斯怀，庶几形容盛德。颂曰：

于穆先生，受天淑灵。光昭令德，休矣清声。懿行确操，孝乎唯孝。坊民型俗，善诱能教。如何美疢，歼我良人。运丁阳九，乃丧斯文。善道遗名，高山景行。哀思难忘，芳烈无竟。

吴县王大隆撰铭，潮阳陈运彰撰序并书。

五

汉杜子夏临终作文，命刻石埋于墓前，文云："魏郡杜邺，立志忠款。犬马未陈，奄先草露。骨肉归于后土，魂气无所不之，何必故丘？然后即化，封于长安北郭，此焉宴息。"厥后陶渊明之作《自祭文》，韩昶自为墓志，见之载籍，未遑更仆。建国以来，自作赴告以报亲友者得二人焉，一罗瘿公，一吴伯宛。二君俱客京师，俱卒于十三年甲子岁，先后相距仅二月，是亦一奇。瘿公之赴，即以遗嘱付印其自定格式文曰："显考罗公瘿公，悼于中华民国某年月日，疾终某处。"其自注附言云："不著科名官职，前清已取消，述之无谓也。民国未入仕，未受荣典，但为民而已，如公府秘书、国务院秘书、国务院参议上行走，及顾问咨议之类，但为拿钱机关，提之汗颜，不可涉及。"又自定殓葬式曰："殓用僧衣最适宜。清制不适用，民国制殊所不喜。今生不能成佛生天，期之来生耳。"碑文式曰："诗人罗瘿公之墓。最好请陈伯严先生书之，不得称清诗人，盖久已为民国之民矣。平生文字，皆不足示人，惟诗略有一日之长，可请刚甫定正，印送以为纪念，亦不亟亟，以精择为上。哀启不必附送，无足言也。程君艳秋，义心至性，照掩古人，慨然任吾身后事极周备。甲子八月初四日晨罗瘿公倚枕书，盖支离极矣。墓地能得香山最佳，恐办不到，否则西平近处，多显者别业亦适在也。"吴赴文曰："仁和吴昌绶字伯宛，一字印臣，晚号松邻。生清同治戊辰五月十四日午时，殁民国甲子年十月初七日未时，存年五十七岁。有子早殇，夫妇奉佛。身非大宗，禁勿立后。以僧服殓，寄殡佛寺。预书赴告，奉别亲知。"此赴告即以手书稿本影印，其卒时诸字与原迹绝肖，盖其女公子蕊圆所填也。

六

清代诗人好作图征题，凡属士大夫几人有一卷，各家别集题咏之作，盈牍累篇，弥为可厌。其题名亦有匪夷所思、出人意表者。此种风气，盖始于康熙之后。其始大率为行乐图、行看子之类，寖假而山水小景，莫不命名缀句。于是乎填词、课读之咏，滥不可△矣。曩年蕙风师尝戏作《唯利是图》，盖亦玩世不恭之意也。予尝谓又韩曰："作图之滥，于今为极，曷为我画一《糊里糊涂》，为先公举事作注脚乎？"斯是谩语，不意有先我为之者，是亦奇矣。铁岭徐铁孙荣《怀古田舍诗钞》卷三十有《方珊洲秉属题葫里葫图诗》云："旧闻菱荔钵鱼鸥，原注：伶俐不如痴也，北宋人有此图。葫里葫图又继之。世事近来无大小，只须依样不须奇。"按《菱荔钵鱼鸥图》，铁公必有所征。此名颇新，可更作图。

七

蕙风师《唯利是图》画设色荔枝，为安吉吴缶翁所作，师自为填词并题记，而缶翁书之云："夔笙属作是图，以玩世之滑稽，寓伤心之怀抱，可为知者道耳。为设色画荔支，取荔利同声字。夔笙自题五词，调《好事近》：'荔与利谐声，藕偶莲连为例。便作吾家果论，拜缶翁佳惠。　多情为我买胭脂，艳夺紫标紫。风味铜山更好，问阿环知未。'其一'风骨信倾城，何止千金当得。十八娘殊媚妩，带宝山春色。　小廉吾欲笑髯苏，日啖仅三百。兰畹近边寒峭，问何时挺出。'其二'双蒂水晶丸，原注，刘攽诗：相见任夸双蒂美，多情莫唱水晶丸。得似同心金断。便拟移根金穴，惜冰肌无汗。　垂条疏密亦寻常，不道见寒暖。总被蓝红汪绿，把朱颜轻换。'其三'荔下看三刀，原注，荔或书茘。利则一刀而已。刀作泉刀解诂，以多多为贵。　甘如醴酪沁心脾，和峤最知味。照眼红云绛雪，是天然美利。'其四'何必状元红，老矣名心倦矣。安得珠悬宝错，似侧生连理。　缶翁之缶绝神奇，金合贮瓜子。万一兰因证果，在先生笔底。'其五辛酉燕九日，安吉吴昌硕并书于缶庐之一角楼，时年七十有八。"此五词，当时颇传诵，自定词时，汰不存稿，以游戏之作，固不宜阑入也。师尝自谓："比岁忏除语业，似此诙嘲掉弄，亦知非宜，有时得之偶然，未免忍俊不禁耳。"

八

吴清卿大澂于光绪十二年至珲春与俄使勘定疆界，作日记一卷，曰《皇华纪程》。起正月十七日，至九月十五日止，所记多作书、考古及诗稿。其于俄使折冲事，殊未详也。中有一节云："初八日六月寅正开船，至绥芬河口，换坐小轮船，船名'僻亚尼尔'。由河口至哈玛塘六十里，河道弯曲，两岸绝少人家，船上烧柴而不用煤。中途岸上有积柴数十大堆，停轮片刻，添柴数十捆乃行。"据此可知当时轮船亦有用柴者，或亦如数年前之木炭汽车耶。

九

黄香铁《读白华草堂诗集二集》卷九，有《子贞于琉璃厂书摊购翁覃溪学士手书稿一本属赋七古》一诗，其自注有云“稿中粘有程鱼门、钱箨石书札语，似与鱼门有龃龉，而箨石为之排解始释者”云云。覃溪与箨石、鱼门交最笃，据此可广异闻。又诗注引原本卷前自警云：“字不真者，通套之弊；太松太长者，顺势之弊；傅会斗凑者，查书之弊；作入纤巧者，讨好之弊。去此五弊，适于正路，又要精深厚实，又要开拓能事，本性求情，脱胎换骨。”按此为覃溪论诗精语。所引五弊，仅得其四，或脱漏，或笔误，不可知矣。据注知此诗稿是癸巳正月至乙未八月，尚有覃溪自记云：“此一本内诗二百九十二首，其勉强存以备改者二百廿三首。”子贞得此仅费一金云。

一〇

曾刚甫习经有“送魏铁三渡台”词《金缕曲》云：“湖海知名字，便频△、买丝亲绣，铸金欲祀。一笑轮囷出肝胆，不意遂成知己。且莫问人间何世。海水群飞鹑首剪，岂钧天、奏罢天都醉。千古恨，东流水。　　期君溟渤嘘龙气。共看取，重澜晕碧。长虹蚀紫。叱咤羲和回日驭，咄咄流传怪事。须与雪新亭涕泪。三十功名今未老，或苍苍不枉生才意。拔剑舞，为君起。”此光绪乙未四月送铁三应灌阳唐维卿之聘，将赴台湾抚幕而作。未行，而割台之议起，遂未果往。刚甫遗词一卷，朱强村丈刻之《沧海遗音》集中，名《蛰庵词》，此词未收入，可以为拾遗补缺矣。刚甫中年以后肆力为诗，倚声之作，遂摈不为。实则词稿所存，如《天香》之咏龙涎香、《蝶恋花》广粤西歌谣诸作，固深得两宋法乳者也。

一一

魏应休琏《与刘公干书》曰："鹓鹤栖翔凤之条，鼋鼍游升龙之渊，识真者所为愤结也。"此与邹阳《狱中上梁王书》之"牛骥同皂"同一可慨。

一二

休琏又有《与董仲连书》云："谷籴惊踊，告求周邻，日获数斗，犹复无薪可以熟之。"又云："出蒙诮于臧获，入见谪于嫔息，忽使己愤，不知处世之为乐也。"此情此景，与今日颇相类。然休琏告求周邻，日有数斗之获，至唐颜鲁公乞米之帖，则"举家食粥已数月，仅乞少米而已"。以此为例，真将兴古今人不相及之叹矣。

一三

"布衣暖，菜根香，诗书滋味长。"郑所南《隐居谣》也，见所南《中隐集》。世人习此三句，而知所南诗者为恐不多矣。

一四

江建霞标自刻一藏书长方印，仿魏始平公造像全形，额题"江标像"三字，文分四行，行十字，界格阳文，文曰："大清光绪十二年十二月朔三十日书窟弟子江标敬造长恩像一区，愿鼠不敢啮，蠹鱼不生，永充供养。"书体亦仿始平公造像。又熙俊甫彦有一印亦作此式，一面刻阴文造像，一面阳文界格，记文曰："光绪十九年长白熙彦造长恩像一区，永充供养。"书法并同，当出江氏手笔也。按：长恩，书神名，呼其名祀之，则藏本不蠹，见《致虚阁杂俎》。又叶鞠裳昌炽《缘督庐日记》云："初七日光绪丙戌正月枕上作《藏书偈》曰：'无水火兵灾，无蟫蚁鼠劫，永离一切苦，如我佛所说。治廧居士说偈。'拟以廿八字，镌一方印，再以青田石造一无量寿佛像，每书钤此二印，为书忏悔。

又拟刻一印曰‘佛顶尊胜陀罗尼经堂’，佛字居中较大，余八字周围刻作镜式。”汇记之，可资刻藏书印之参证。鞠裳藏历代经幢逾六百通，故以“佛顶尊胜陀罗尼经”名其堂云。

一五

光绪以来，京师盛行所谓无情对者，如“树已半空休用斧，果然一点不相干”，字字相对，铢两悉称，而其意则果然一点不相干也。此联之妙，即在说明无情对之义，干为兵器，尤觉浑成。后推此例，以当时人名为对，尤堪绝倒。如张之洞对陶然亭，乌拉布对蚕吐丝，乌拉布，满洲人名。陆凤石对九龙山，蔡锷对蛇矛，蔡，大龟也。朱介人对赤发鬼，《水浒传》：赤发鬼刘唐。朱桂辛对白瓜子，又对赤松子，刘心源对弓背路，刘，兵器名。万青藜对双红豆，词牌名。阿穆尔灵圭人名对又求其宝玉，叶志超对花心动，词牌名。拳匪对准良，准，鼻端。白堕对黄兴，白堕，古造酒人。文官果对武士英，汪精卫对周自齐，自，鼻也。刘幼丹对康长素，此二对以人名对人名，又一例。皆传诵一时，然出诸何人之手笔，已不甚记忆。今仅知叶志超、拳匪、准良三对为蕙风师所拟，其文官果则为朱强村丈也。

一六

吴伯宛有《蕊圆女初举一男口号四绝句》云：“生男不禄女为后，故事中原我未详。独有英荷堪比例，民家风俗效君王。”其一“灯窗日课庞灵照，诗未成篇别有才。戏拓娥碑摹好字，居然抱得外孙来。”其二“薄暝轻寒上巳前，试啼声在晓鸡先。老夫十日妨宵卧，病眼微茫月一弦。”其三“高馆琼阴迹已陈，一庐仍与万松邻。贫来长物销磨尽，倘有能传祖砚人。”其四伯宛以女为后，比其殁，手书赴告，女为丧主，当时颇属罕见。近则男女并列，且及子妇女婿，习以为常矣。作诗征用外国故事，亦光宣以来之风气。

一七

伯宛博闻强识，熟精目录掌故之学，与人言故书杂记，娓娓不倦，沈子封曾桐尝目之为“读书种子”。陶兰泉湘辑其遗著为《双照楼集》，开板于京师，剞劂甫竟，未及刷印，会以他故，遂束之高阁，可惜也。光绪丙午，伯宛拟辑刻宋金元词，尝写定《宋金元词集见存卷目》一卷，手写影印。其例为，首校辑本，次钞本，次集本，得宋词七十一家，金词四家，元词二十五家，凡一百家。厥后创为影模宋元刻本之法，为《双照楼景宋元明本词》，遂辍不复从事于此。其所收各本，大半刻入《强村丛书》中。《双照楼景宋元明本词》，初刻十七种，戊午岁所刊版归陶兰泉，兰泉复踵其义例，续刻二十三种，合之为四十种，又《景刊汲古阁抄本宋金元词》七种，即今所流传之本也。尝见伯宛与张彦云祖廉手札数通，胥有关于刻词事。其一云：“昨复上一字，恃惠子之知我，遂以石呆自喻。方今凡百事俱被有财有势者占尽，即问学一道，何独不然？走与公所恃以珍惜羽毛者，冥心孤造而已。十余年来，搜宋元以前词，独翛然人外，不肯任人刊板，充赠遗具，为骗世计也。今日古微忽来书，又获十六种，竟可成二百五十家矣。内走已有者三四种，余甚为可喜，不敢不告。壁垒之坚，幸勿见笑。”又一札云：“复示捧诵感泣。岂独区区词卷，凡京城无大无小之事，何莫非若辈强占以去。尚侍丞参一也，吃著嫖赌二也，诗钟联句三也，哄吓骗诈四也，钻谋运动五也，卖国害民之奴隶六也，其为名与利一也。地球将为彗星击碎，既不必顾身后之名，银钱自有老物运来，何妨暂献目前之丑，敬谢群公。仆不敏矣，痛骂一顿，吾知罪矣。”又拟为《箴怪篇条目》云：“投时徇众，俗不可医。风俗波靡，人心随之。日暮途远，倒行逆施。我箴群怪，大放厥词。”其所分为六怪：“一、刻书印书之怪。谓搜罗胜国逋臣，与本朝干犯叛逆之书，其心何居；二、法书之怪。谓专尚包吴邓赵一流，从而加甚，无非好怪而已；三、名画之怪。谓偷东洋人余唾，搜张二水、蓝田叔一流。此中尚有种种怪象，要赖妙笔传之；四、文笔之怪。谓报馆浅人，引而愈众，杂用新名词，并不通晓；五、诗律之怪。谓自舍正路，阑入魔道，好称宋世一辈苦硬无理之词；六、佛教之怪。谓一辈妄人，谬谈释理，乱加标榜。”附记云：“气甚，聊出此题目。有人作成，愿以五十金为寿。请更思之，尚有可怪者应增入，尤在作者贯串旁通耳。”此指清末时事，次公之狂，灌夫之骂，亦有激之谈也。

一八

以羊毫作字，盛行于有清中叶。明李君实日华《味永轩日记》卷八“万历四十四年丙辰四月二十九日”录小米《海岳庵图题记》，有云：“此纸渗墨，本不可，承仲谋勤请不容辞，故为戏作。绍兴□□孟春建康贰官舍，友仁题。羊毫作字，正如此纸作画耳。”用羊毫作字，当始见于此，且证其不可用也。至乾隆以后，翰苑诸公乃专以渗墨之纸及羊毫矜为能事，而书法亦远不及从前矣。

一九

尝拟作《挑菜图》，为人日雅故，以不能定七种菜名而止。仪征刘伯山毓崧《通义堂文集》卷七据东坡《春菜诗》所咏七种菜当之，其说甚辩。因录其文，俟异日图之：

罗茗香先生人日挑菜图序

《太平御览》引《荆楚岁时记》曰：“正月七日为人日，以七种菜为羹。”坡公《春帖子》云“七种共挑人日菜”，其语实昉于此。而七种之名，自来皆弗深考。论者谓挑菜以作羹，必随其地之所宜，时之所有，未可据一说，以为定也。然据坡公《春菜诗》云：“蔓青宿根已生叶，韭芽戴土拳如蕨。烂蒸香荠白鱼肥，碎点青蒿凉饼滑。茵陈甘菊不负渠，雪底波棱如铁甲。”以诗内菜名核之，其一为“蔓青”，其二为“韭芽”，其三为“香荠”，其四为“青蒿”,其五为“茵陈”,其六为“甘菊”,其七为“波棱”。在坡公当日,特随举春菜之名,而无意中适合七种之数,抑亦可谓巧矣。就此七种言之,“蔓青”“韭芽”“荠”“蒿”“波棱”五种,古今人皆知其为菜,即“茵陈”“甘菊”二种,今人罕知其本号嘉蔬,而古人则以为馔品所恒用也。杜工部诗云:“茵陈春藕香,脆添生菜美。”朱氏鹤龄注云:“脆,茵陈之脆。”李氏时珍《本草纲目》载《食医心镜》之茵陈羹。此茵陈为春菜,可以作羹之证。陶氏宏景《名医别录》云:“菊有两种,气香而味甘。叶作羹食者为真。”苏氏颂《图经本草》云:“菊初春布地,生细苗,嫩时可食,味甚甘者为真菊。”此甘菊为春菜,可以作羹之证。然则《春帖子》所言人日挑菜,虽不能遽以此七种当之,而春菜之中,此七种为坡公所恒食,则固无可疑也。乾隆间,新建裘文达公以人日聚集僚友,为挑菜之会,武进钱文敏公绘图以记其事,福州梁芷邻中丞购得其卷。道光丁未人日侨寓扬州,招邀同治,重兴此会,别作新图。戊申人日,吾乡罗茗香先生,踵而行之,更推广其例,于十七日为展挑菜之会,多为画图,广征题咏。综计前后诸图所绘之菜,虽互有参差,然与坡公《春菜诗》中所述七种相符者强半,其未列者止茵陈、甘菊二种而已。茗香先生以画图见示,命作序文。毓崧窃谓报本及始之情,古贤所垂,故菜羹瓜祭,贵乎每饭不忘。今挑菜之筵,既因坡公而盛,则瓣香展敬,以效苹蘩蕴藻之诚,固礼之所宜然,而不可竟阙者矣。茵陈甘菊,久已不登于俎,在今日几视如葵菜落蒩。而自坡公视之,未必非昌歜羊枣之味。果思其所嗜,以荐豆笾,是亦妥侑馨香之道也。来岁春初,先生倘复举此典,仿昔人为坡公作生日之例,变通而行之,则刍荛葑菲之愚,或尚有一得之可取者欤。

二〇

京师《五道庙碑》云："有天地然后有万物。五道庙者，万物之一物也，人谓树在庙前，吾谓庙在树后。何则，谨将捐资芳名，开列于后。"不知何人所作，模棱可笑，是又一"天地乃宇宙之乾坤，久矣乎，千百年来，非一日矣"。

二一

"闹蛾十里扬州市，戏马千年宋武台。今日水云乡里住，秋花微笑向人开。"自注："水云乡，茶肆名。"此文道希廷式《九日梵王渡野眺》诗也，盖作于庚子乱后侨居上海时。水云乡作茶肆榜名绝韵，越今四十余年，已不可踪迹，且无知之者矣。

二二

番禺张延秋鼎华编修五岁时，客有以"两仪生四象"索对者，应声曰"五岳视三公"，客诧为得未曾有。平生不信轮回之说，及病革，不言不食者竟日，忽告家人曰："轮回之事，乃竟有之。顷见一船，载男女数百人往投生，余亦在其中，将生崇文门内某小京官家矣。"遂不复言，卒年四十三，生平未尝娶妻也。

二三

昔有人讥旗人不识字而假作斯文者，其语殊堪绝倒云。其言曰：有人写一"一"字，示某旗人，问曰此何字，答曰："一"字如何不识。又于"一"字上加一画，则曰"二"字也。更于"二"下加"小"字，乃曰告示之"示"也。复于"示"上加"宀"，则大哗曰：此吾宗室之"宗"字，君以为吾尚未识邪？于是复就"宗"上加"山"字，即应声曰：此哈达门之"哈"字，孰不知哉！盖京师崇文门，俗称哈达门也。其妙在口吻逼肖。

二四

黎二樵简以“药烟阁”名其斋，当时海禁未开，士大夫尚以吸鸦片为讳。黎乃以疗疾为辞，借以自辨。有得其烟枪者，刻唐诗二句云：“世事悠悠何足道，不如高卧且加餐。”书法甚精。礼堂褚先生德彝曾得陈曼生鸿寿一具，有曼生手刻铭文云：“可以破愁城，敌酒兵。”其词亦绝俊，惜皆未见拓本也。二樵词集名《药烟阁词》，传世极稀，强村丈曾得一写本，曩曾乞录副，乃觅之不得，盖不记为何人假去，竟不可踪迹矣。

二五

焦理堂循《家训》曰：“圣贤之学，以日新为要。三年前闻其人之说如是，三年后闻其人之说仍如是，其人可知矣。越五年十年，而其学仍如故者，知其本口耳剽窃，原无心得，斯亦不路议者矣。孔子曰，当仁不让于师，宜有味乎斯言也。”又曰：“释经不能自出其性灵，而守其一执之说以自蔽，如人不能自立，投入富贵有势力之家，以为之奴，乃扬扬得意，假主之气以凌人。受其凌者，或又附之，则奴之奴也。既为奴之奴，则主人之堂阶户牖，且未尝窥见，猥曰，吾述而不作也，吾好古敏求也。此类依草附木，最为可憎。”又曰：“自有考据之目，依而附之者有二，一为本子之学，一为拾骨之学。不异市井牙侩，终日为估客比兑银货而已，究一无所有也。”理堂所著书数十种，多刊入《雕菰楼丛书》及《皇清经解》，《家训》二卷仅有传钞本，为录三则如右，皆切中时弊者。

二六

方药雨若《校碑随笔》一书，胪列碑刻残损字数，以定拓本新旧，其体例如此，而又有未必然者，漫记琐屑，以自乱其例。然以其便于鬻古者，书乃风行一时，翻印甚多。曾见一本，有所谓《续校碑随笔》

二卷，阅之，乃以叶鞠裳昌炽《语石》第九卷以下文字充之，一字不易也。方氏多收古化，又大事割取西北唐宋壁画，因以起家，王越石之流亚也。虽不学，度不致如郭象之窃向秀，则书估作伪耳。

二七

《陶斋藏石记》卷四十四《明孙玮表平倭功略残石》，刻如法帖式，存末段二十四行，行九字，末题："赐进士出身资政大夫赐飞鱼衣兵部尚书管都察院左都御史前户兵二科给事中两侍经筵渭南空五格旧治生孙玮顿首拜撰。集隋《空王碑》法帖上石，吴郡吴尚端集书并刻。"玮字纯玉，万历五年进士，《明史》有传。其字盖集《龙藏寺碑》为之，而曰《空王碑》法帖，明代人往往好作聪明，而自忘其陋。吴尚端疑与集王褚书作峨眉山普贤金殿、铜殿两碑之吴士端为一家。

二八

"张日振，新会人，为农，甲申之变，闻威宗烈皇帝殉社稷，哭曰：'无皇帝矣！'其意以为无皇帝，则自此不复有皇帝矣，遂缢死。久之，人问其子：'汝父何以遽死？'曰：'我父愚甚，以无皇帝而死。夫无皇帝，亦何必死，我父愚甚。'人传以为笑。"见屈翁山《四朝成仁录·杂流死义传》。又《成仁录·永历朝生员死义传》云："马纯仁字朴公，六合生员。南京陷，与其友约死，其友背之，纯仁叹曰：'死固不可以要人哉！'题诗衣带曰：'朝华而冠，夕夷而髡。与死其心，宁死其身。一时迂士，千古完人。其人伊谁，朴公纯仁。'投河而死。""无皇帝则自此不复有皇帝矣"，及"死固不可以要人哉"，胥千古妙语。

二九

朱九江次琦有侄酷爱钱，一日，九江谓之曰："钱之为物，有何好处？汝顾爱之若是。"则亦请曰："钱之为物，有何不好处？叔顾不爱之若是。"强村先生说。

三〇

鱼翅入筵席，以为上品，不知始于何时。古来诗文，亦鲜有言及之者。翁山文外，凌君哀辞有云："岁戊辰兮冬仲，吾有事乎端州。君与予兮未识，乃扫舍兮相留。啖吾儿兮果饵，复旨酒兮新篘。金华腿兮白鲞，鲨鱼翅兮鲩头。海燕窠兮红白，麋鹿筋兮滑柔。俾令子兮亲馈，或君来兮献酬。"戊辰为康熙二十七年，知彼时粤中已流行矣。

三一

光绪戊戌政变，陈伯严以新党见黜，或为联语云："不孝男陈三立、徐仁铸，罪孽深重，不自陨灭，祸延显考；草莽臣康有为、梁启超，末学新进，罔知忌讳，干冒宸严。"一以赴告发端，一用殿试策结尾，颇为工巧。又康南海晚年行事，转滋多口，有集四书句作歇后语云："国之将亡必有，老而不死是为。"此与昔人嘲逸老堂联所谓"逸居无教则近，老而不死是为"异曲同工。

三二

"不为无益之事，曷以悦有涯之生。"为陶隐居论书语，见张彦远《历代名画记》。项莲生《忆云词丙稿自序》引之，改为"何以遣有涯之生"。"如人饮水，冷暖自知。"见《五灯会元》卷二《五祖大满禅师旁出法嗣袁州蒙山道明禅师章》："师曰：某甲虽在黄梅随众，实未省自己面目。今蒙指授入处，如人饮水，冷暖自知。今行者，即某甲师也。"又见十九卷《临济宗南岳下十三世白云端禅师法嗣蕲州五祖法演禅师章》："因闻菩萨入见道时，智与理冥，境与神会，不分能证所证，西天外道，尝难比丘曰：'既不分能证所证，却以何为证。'无能对者。外道贬之，令不鸣钟鼓，反披袈裟。三藏玄奘法师至彼，救此义曰：'如人饮水，冷暖自知。'乃通其难。师曰：'冷暖则可知矣，作么生是自知底事。'遂质本讲曰：'不知自知之理，如何讲？'莫疏其问，但诱曰：'汝欲明此，当往南方，扣传佛心宗者。'"纳兰容若《饮水词》取此义，张见阳序误“如人”为“如鱼”，近人多误从之。即谭复堂亦认“不为无益之事”两语为忆云生之言也。贾似道有“悦生”胡卢印，即取陶语为之。

三三

翁松禅《瓶庐丛稿·连聪肃钢笔临华山、张迁、爨宝子碑跋》云：“此蝌蚪漆书遗法也，自丰狐秋兔出，而急就奇觚，不过纯绵裹铁而已。天隐子出新意，以钢管作书，其劲直之气，足与此笔相发。伟哉巨观也，自愧奴书，不堪题尾。光绪癸卯二月山中瓶居士龢记。”所谓钢笔，当是铸钢作笔管，取其沉重，与以铅注笔管之法相类，皆甬卿子所谓“空自苦”者。味松禅之跋，亦有弦外之音。连名文冲，官某部，庚子后以附和拳匪被谴。遐庵丈尝举其遗事见告，惜未见其书也。

三四

吾乡韩文公庙，有昌黎草书王右丞《白鹦鹉赋》石刻，款书“退之”二字，乃雍正八年知府龙为霖得墨迹于广州故家，勒诸石者。翁覃溪为楷书释文，别刻一石附于后。其来历已不足信，草书努张怪，直是明人习祝希哲书者为之，不知覃溪亦何以信之。严铁桥跋贤令山摩崖，据《唐诗统签》《唐诗快》有开元中道士司马退之诗，证相传为昌黎书之误，又以此赋亦此道士所书，其说甚新。覃溪所书释文石刻，用《永兴庙堂碑》笔意书，极经意之作也。予尝装之为轴，而割弃所谓“退之”书，当不致有买椟还珠之诮。

贤令山摩崖二种，无年月，当在开元中。

阳山县北二里贤令山读书台，前有摩崖“千岩表”三大字，正书，不署名，相传为韩文公书。嘉庆壬戌，余至粤东，求得拓本。其明年，阳山令又拓寄草书“鸢飞鱼跃”四字一横，末题“退之”二字，云新搜得之，翁氏《粤东金石略》所未载也。草法古劲飞动，实为神品。但昌黎生平自称愈,不称退之。《唐诗统签》《唐诗快》有开元中道士司马退之诗一首,中有云:“罗浮奔走外,日月无短明。”乃岭南诗也。此二刻当即其人所书。海阳近刻有《白鹦鹉赋》,亦出一手。今人但知退之为韩文公,不知有此道士矣。

白鹦鹉赋,无年月。

右《白鹦鹉赋》,雍正八年刻,赋见《王右丞集》,《唐文粹》亦载之,颇互异。行草生劲,开黄鲁直一派。末题“退之”二字,当亦司马退之所书。《铁桥金石跋》卷二

三五

唐人写经墨迹一册,首吴让之题云:“唐贤写经遗墨,稼孙先生藏,吴让之题。”又小字一行云:“此吴江徐君所藏澄心堂纸也。”有“徐文翰印”白文印记;次赵之谦篆“佛”字,时同治二年十月,是㧑叔三十五岁书;又次陆恢画佛像,时光绪三十一年;再次为㧑叔画佛像,题云:“稼孙得唐人书残经,又得澄心堂纸,乞吴让之题字,沈韵初复以所藏宋纸与之,悲庵居士摹隋造像其上。”其后有谭献跋,则用明人棱尾纸也,许心剑写《心经》附之。后归陈伏庐汉第,益以别所得敦煌所出经卷附益之,复索吴昌硕篆“佛”字及题诗、金城画佛、许宝蘅写《心经》,皆用宋罗纹纸。魏氏本未归陈氏前,中间曾在吴江陆廉夫恢、余杭褚礼堂德彝家,今归永嘉方氏。唐人写经在敦煌石室未启以前,所见不多。清代刻帖,间有传摹。钱梅溪《履园丛话》颇著其目,约十余种,外此寥寥可数矣。陈氏本已改卷子为册,特题识装潢之精美,一时无两,反驾经文之上,为足珍耳。曾为作跋,叙其经文行次及流转岁月。跋云:

右唐人写经,最五种。第一凡十行,第二凡七行,第三凡八行,第四凡七行,第五凡五十有六行,都八十九行。仁和魏稼孙

得其一之四，以清同治二年癸亥始装成册，副以澄心之纸，罗纹宋笺，造宝相，书洪名。越一周甲，时为中华建国十二年第一癸亥，归其邑子陈伏庐。伏庐以别所得唐经卷子五十六行附益之，踵魏氏例，续此庄严功德。自唐迄今，已逾千禩。装褫以来，亦越八十余载。历劫不磨，亦佛力加被矣。唐经生书，于敦煌千佛洞未启以前，叵复难觏。其书手有高下，则精粗有差别。此其先所流传，尤至善美者也。永嘉方君节庵从陈氏得之，永充供养。乙酉九月，获观于上海。欢喜赞叹，得未曾有，为记传授始末，作礼而去。十月初四日潮阳陈运彰。

三六

明方孝友朝参牙牌，面镌文四行，文云："朝参官员，悬带此牌。无牌第一行者依律论罪，借者及借第二行与者罪同，第三行。出京不用。第四行，此四字较大。"背文居中一行，文曰"户部四川司主事"，左侧镌"文字贰百拾玖号"，右侧镌"建文元年给方孝友"。孝友为正学先生之弟，见《明史》。此牌为泉唐丁氏所藏，尝从借得，拓数本。建文遗物，传世颇稀。余所得拓本，尝有龙泉瓷笔格一器，有文在其底曰"建文四年三月横峰吴氏均茂志"，凡为文两行。此器旧藏嘉兴钱箨石载家，继为张季勤沅所得，今在吴兴张氏。张叔未尝以建文权二、钱一、笔格一合装，张文鱼题之曰"逊国遗文"。其所谓二权者，建文元年应天府及贰年湖州府，二铜权皆清仪阁所藏者也。叔未又言，于都中见小圜钟，有"建文元年"款，而惜霍山庙石刻未拓得，独未言及此牌。汇记于此，冀旦暮遇之。

三七

孟东郊诗云："恶诗徒得官，好诗抱空山。"好诗固不易见，即恶诗亦何尝数觏邪？

三八

屈翁山为王蒲衣隼作《岭南诗纪序》，有云：“上元有龚野遗者，近为《中晚唐诗纪》。所刻八十余家，以无资而止，吾尝恨之。”余得此书初印本，凡六巨册，封题：“中晚唐诗纪，古吴龚野遗手辑，半亩园藏板。”首《中晚唐诗纪侨立姓氏说》，即自序也。次《侨立姓氏目录》，分两类，一行本，自张籍起，至李咸用止，凡三十一家；一秘本，自鲍溶起，至张夫人止，亦三十一家。合之得六十二家。即野遗《侨立姓氏说》中亦言“今计新旧友人出资助刻六十余家”，知翁山之言盖属误记。每集别为封题集名，野遗手写大行草书，极精。编次与目录不相应，盖随得随刻，而篇帙多寡不一，即分装成册也。旧藏印记三，一朱文大印，云“堂名拱璧，惟书是宝。无意无必，随得随校。惟蒋氏子孙，永以为好”，一白文方印“两浙方伯清奉所贻”，一朱文方印“子孙世守”。野遗画尚有流传，所刻书殊不多见也。

三九

瞿木夫中溶《古泉山馆书跋残稿》《藕香零拾》本中有《西洋算法书》一跋云：“书出吴门故藏书家，顾君千里携以示予，予以重价购得之。”其前详述西书装订形式，累数十百言，在当时固诧为稀觏者矣。

四〇

吴平斋云《两罍轩尺牍》卷四《与勒少仲中丞方锜书》，中述就西医治病齿一节，阅之令人失笑。有云：“四月初，曾到上海就西人医齿。因有亲戚庞君治之有效，谓动摇虫蛀者可修补，脱落者可重装，一经医治，向之遇食物坚硬不能入口者，可登时能咀嚼，其效如神云云。于是决意前往，讵连访三医，讫无一效。据称若要得力，必得拔去数齿，另为装配。怕痛，请饮麻药水。饮之，如死一般。然后听彼所为，方有大效。闻之不寒而栗，遂托词而出，白花去番饼数十枚而已。兄闻之得毋捧腹。"其时盖在同治间，亦无怪其然也。

四一

照像术入中国颇早，彼时士大夫用以摄制书画古器，当亦在同治光绪间。陈簠斋介祺与吴清卿大澂手札言之甚晰，其云："兹有表弟谭雨帆名相绅，旧在潘世兄霨署中，习得西人照法，以其法形似而不大雅，故不取。后见其照山水树木，得迎面法，于凡书稿，皆有裨益，照碑帖，则近雅而未甚古也。今试令照三代古文字拓及器量图，乃至佳。虽缩小，而能不失其真，且似字之在范经铸者，浑朴自然。字虽小而难刻，然上海刻工或能之。器外象形文字，虽不能甚晰，有拓本相较，亦易审。有一图及图拓，虽不见器，亦可成书，且可将难得之拓印传之。是法乃为有益于中国艺文之事矣。唯药多未备，须龚蔼人课读二三月无事后，伊至上海购药归，先将敝藏吉金试之，再及藏拓，藏碑帖书画。唯药纸所费不少，虽减于他人，恐亦甚巨耳。"中所言刻工事，盖为摹刻吉金彝器也。吴平斋与簠斋书，亦及洋照事云："洋照之法，然无论放大缩小，原可一丝不走，照用以刻版则可，若留藏，则西洋法，皆用药水，数年之后，渐淡渐灭。久之，便成没字碑矣。"《两罍轩尺牍》卷九

四二

三十年前，漳洛之间盛行掘冢之风。六朝墓志石刻，人争藏弆，唯唐墓志无人过问。于是作伪者日出不穷，遇出土唐石，多磨去旧文，别刻新志。元氏一家墓志，多至百数十石，真赝错出，传疑至今。瑶光寺尼慈云墓志一刻，争传为宝。实则出诸戏作，其文是吴江某君所为，而书则归安某君手也。两君所作不少，都不复计其名。此刻文字艳异，可抵杨升庵之《杂事秘辛》，而胜于袁子才之《控鹤监秘记》也。

魏瑶光尼慈云法师墓志铭

尼俗姓元氏，洛阳人也。少处宫禁，长入寺宇。仪容婉姝，肌理莹洁。自顶至踵，不有玷赘。房闱妙绪，千态百端。左张右搏，俯熨仰承。骨肉匀合，无少漏隙。床帷精丽，楠檀馥郁。四方瞻礼，欢喜踊跃。尼猛勇精媾，广俅法侣。不意婴疾，遽尔萎谢，正光三年八月一日卒于寺。越十日，葬于芒山之原。法师慧密，痛芳容之遽远，惧山谷之终迁。为铭玄石，以期不朽。其辞曰：

发大善愿，成大善行。三界幻化，五欲纷乘。宿世有缘，智者始应。依此慧业，度尽众生。元神既竭，遂以戕身。容颜已渺，涕泗空沦。伐石铭记，永慰幽冥。

四三

何蝯叟隶法，功力之深真不可及，且其在矫乾嘉之软媚板重积习，遂不免有狞犷之弊，滋增习气，学之不至，竟不复成字。数十年来，松禅老人翁同龢创导于前，乃致靡然从风，群抱道州日课为枕中鸿宝，两汉碑刻，束诸高阁，亦非此老意料所及也。以道州之精能，匡北平翁方纲之偏失，运刚入柔，和之以韵，六朝初唐，一以贯之。此中消息，正复在酌剂分刌中。至若怀宁布衣邓石如挟末技以游食，自出新意，正是其不学处。慎伯包世臣、申耆李兆洛力为标榜，亦为箴时弊耳。由今观之，不过张泾南张照所谓染纸匠者，当之无愧尔。

四四

乙酉正月赵丈叔孺时棡七十一岁生辰，先期，门弟子奉觞上寿，乃假四明公所为介雅之地。闻者诧之，以为与阳湖左诗舲权六十生日避寿于殡仪馆事，为无独有偶。不数月，叔孺遂捐馆舍。

四五

观人于微，可于言语中征之。言为心声，情因势变。利害之间虽微，芥蒂之隙遂见。待人以诚，或至见尤。因知世风浇漓，所由来渐矣。

四六

联语有绝隽者，汇录之。“民犹是也，国犹是也；总而言之，统而言之。”额曰“旁观者清”。此王壬秋所作，盖指民国初元南北和议而言。或云上联尚有“无此南北”四字，其下则“不是东西”也，嫌其蛇足，且复“是”字。王梦湘以慜作历山舜庙联云：“高山仰止，景行行止；卿云烂兮，纠缦缦兮。”

四七

云南大观亭长联最为脍炙人口，学之者多不逮也。庚子五月，义和团设神坛于北京清凉庵，有人仿其体，作联讥之。上联云：“五百石粮储，助来坛里，登名造册，乱纷纷香火无边，看师尊孙膑，祖托洪钧，神上太公，单传大士，伸拳闭目，总言灵爽凭依，趁古刹平台，安排些芦棚稿荐，便书符念咒，遮蔽那铅弹钢锋，莫辜负腰缠黄布，首裹红巾，背绕赤绳，手持白刃。”下联云：“万千人性命，付与团头，浓梦酣眠，明晃晃刀枪何用，想焚毁教堂，围攻使馆，摧残民舍，蹂躏官衙，张胆丧心，那得天良发现，矧杀人越货，直自同猘犬贪狼，纵作怪兴妖，今已化沙虫腐鼠，只赢得台偃龙旗，门隳鱼钥，宫屯虎旅，道走翠华。”记拳匪之乱，可作掌故观。

四八

长白托活络陶斋端方所藏金石，仿临川李氏宗瀚“静娱室十宝”之例，为“匋斋十宝”“关中侯印”金印，其一也，尝佩之不去身。辛亥入蜀，为部兵所戕，遂失所在。陶斋得此印时，为光绪三十三年三月三日，曾见王右军《此事帖》墨迹，陶斋于是日题观款后，复书“是日得关中侯金印”小字一行。纪元月日，得四“三”字，是亦一奇。

四九

“岁阳”“岁名”，行文习用，而颇难记忆。冯丈君木幵尝按其部次为分韵读，居然成诵，词曰：阏逢，甲，韵旃蒙，乙，叶柔兆丙强圉丁著雍，戊，叶屠维己上章，庚，韵重光，辛，叶玄黓壬昭阳，癸，叶，以上岁阳；摄提格，寅，韵单阏，卯，叶执徐辰大荒落，巳，叶敦牂午协洽，未，句涒滩申作噩，酉，叶阉茂戌大渊献，亥，句困敦子赤奋若，丑，叶，以上岁名。又依其声，作一词云：“酒尊。销魂。帘外残照未昏。无愁有愁。高楼。空倚清秋。　　问何阔。明月，清光乍离合。忧心耿耿，何时可掇。弹罢水仙操，海枯石裂。”亦绝妙好辞也。

五〇

包慎伯世臣集其论文论书之作，刻为一集，命之曰《艺舟双楫》。康更生有为著书崇尚北朝书体，推阐包氏之旨，因袭其名为《广艺舟双楫》，仅论书，无论文也，其命名殊未安，胡石查义赞讥之为《艺舟单橹》。见盛伯希《郁华阁诗集》。后康氏重刻此书时，更名为《书镜》，盖亦自悟其非矣。

五一

南海吴荷屋荣光有《帖镜》一书，著录自宋以后帖目，乃至断文缺痕，纤屑靡遗，人谓之在程兰川文荣《南邨帖考》之上。稿本未刊，或云曾在宜都杨惺吾守敬家，或云在都城某氏，已毁于庚子之乱。

五二

《唐皇帝巡幸左神策军纪圣碑》，翰林学士承旨朝议郎守尚书司封郎中知制诰上柱国赐紫金鱼袋臣崔铉奉敕撰，正议大夫守右散骑常侍充集贤殿学士判院事上柱国河东县开国伯食邑七百户赐紫金鱼袋臣柳公权奉敕书。石已佚，南海谭氏得孙北海承泽家旧藏宋拓宋装本，委东瀛良工影印之。印本极精，今亦不易觏矣。原本有宋贾秋壑似道曲脚“封”字印，及元“翰林国史院官书”印、明“晋府书画之印”“敬德堂图书印”“子子孙孙永宝用”诸印。柿叶斋主人孙北海跋以为元鲜于伯几题“怪君何处得此本，犹有桓玄寒具油”十四字东坡诗，孙北海题“柳学士帖”草稿一纸，桐城姚伯昂元之一跋。据姚跋云，孙北平家藏物，后归梁氏梁清标，又入丰公家，继乃售于张农部蓉舫。姚跋作于道光二十三年七月十七日。此册仅存碑文之半，当是原装二册，佚其下册耳。然姚跋既不言阙失，且有“嘉庆间设全唐文馆，搜辑全唐文，无碑不录，而此碑未之载，盖其时未之见耳。今见此，可补唐文之遗”，知彼时尚属全文。则所存诸跋，不应书于上册之末。而孙北海以草稿装入册中，复自题名云“北平孙承泽”，似亦可疑。孙跋见《庚子消夏记》。颇疑估人移三跋于前，而匿其半，遂致失散也。

五三

孙氏《题柳学士帖》有云：“其刻于唐大内，外人无得见者，故欧阳公及赵明诚俱不之载。”然宋人《宝刻类编》卷四已列此碑，为“会昌三年四月，京兆”，孙氏殊未考核。

五四

王觉斯铎《拟山园帖》有临唐僧大雅集王右军书“兴福寺半截碑”一节，极精妙，与觉斯常日笔踪殊不类，而觉斯书法实得力于此。其能移步换形，使人不觉耳。唯首行大书临“荐福寺碑”，盖误以“雷轰荐福寺碑”事属之。明人徒善书画，略涉考据，便谬误百出矣。

五五

袁子才枚《小仓山房文集》多当时显达传志，大抵自行采访，非属子孙乞请。而撰文入集，以示其广交游，负重名之计，此老亦狡狯哉。彭尺木绍升有《与袁子才先辈论小仓山房文集》一书，于袁文纠弹备至，文见《二林居集》，可谓诤友，特子才未必能承之耳。

五六

清代书家，以翁松禅同龢为殿，实为大家，足以冠冕群伦。亦如明季董思白其昌一出，而三宋克、濂、璲文徵明祝允明遂为减色。异日论书，数及有清，当不易吾言。

五七

香光、松禅皆得笔于坡公，用力最深，皆能遗貌取神，皮相者竭力以伪颜法此三字杜撰，然世岂有能识鲁公真际哉。以求伪米米书百不一真。帖跳掷之习，转相摹效，钝置二公不少。

五八

顷见松禅论书绝句三首，盖题其手临苏帖后者。诗云："褚薛仙人我导师，中锋未抵偃锋奇。要知奇石枯藤笔，尽是旁生侧出枝。"一"悟彻迷津不仗师，休将神骏逞权奇。丈人自有承蜩手，修到成时枯木枝。"二"专取欧阳作本师，更从收敛得雄奇。谁将赵董秾纤态，谬附龙门百尺枝。"三其作书宗旨，略具于是矣。

五九

于四明赵氏见刘统勋书扇卷子，为河间纪香林所装。刘为其侄定山镩所画草虫二十四种，因书古人《虫豸诗》二十四首于后。卷有伊墨卿秉绶隶书引首，有石庵刘墉跋语，覃溪翁方纲题诗，皆小真书，极精。又有大兴朱珪、韩城王杰两相国跋。香林名树声，晓岚昀孙。

六〇

《汲古阁图》，图为横册，长洲王与公咸画，并题诗云："子晋社主，结藏书阁于隐湖之滨，颜曰汲古。次以甲乙，分以四库，非宋元绣梓不在列焉。牙签玉题，风至则琅琅有声也。予寓湖斋遂盈一纪，所得于翻阅者迨半。壬午秋，子晋出鹅溪素绢，命予作画，因绘此以赠，并系一诗，聊备点染之未备云尔：杰阁閟深树，不许凡庸跻。藏书比石室，一一函缃绨。甲乙列四库，古香溢标题。居恒每共登，鱼亥相雠稽。推窗眄绿野，瓜畴接粳畦。百城真自雄，丙夜吹青藜。为君写其照，东壁光应齐。长洲社弟王咸请政。"嘉庆四年己未，瞿木夫中溶于瞟城购得之，重装为大轴，并次原韵，作诗一首，广征题咏。钱竹汀大昕隶书"虞山毛氏汲古阁图"额，题者三十六人，分十列。为小云谷朱照廉、梦华何元锡、段玉裁，第一列。陈廷庆、吴凌、华冠、长洲王人作，第二列。六幕唐中冕、陈鸿寿，第三列。子仙李福、李锐、邵骎、霞城魏标，第四列。黄丕烈、非石钮树玉，第五列，图右侧。袁廷梼、夏文焘、顾广圻、蔚堂孙衡，第六列，在图之下方。南雅顾莼、小莲戈襄、翁湖胡观，第七列。钱大昭、汤文隽、钱绎、同人钱侗，第八列。佺山邢澍、潘孝曾、潘晞真、陈文述、紫珊徐渭仁、韩崇、杨文荪、何士祁、李盛铎。第十列。自陈云伯文述以上，皆为木夫题。韩履卿崇以下，款署紫珊，盖已由嘉定瞿氏归上海徐氏矣。李木斋盛铎题诗时日为最近，乙亥秋日，则此图又在李氏木犀轩中也。诸公题诗，皆用与公原韵，惟潘晞真则否。详记之，以备藏书家故实。

六一

魏稼孙《绩语堂碑录》，于《唐华阳王先生碑》及《罗池庙碑》，皆据宋拓孤本著录，且录诸家跋语，明是剪装本。而《王先生碑》注云："拓本高五尺一寸七分半，广二尺八寸半，三十八行，行六十九字，正书，无额。"《罗池庙碑》注云:"拓本额高一尺二分,广八寸,二行,行二字,篆书。拓本碑高三尺八寸七分,广二尺一寸,二十一行,行三十七字,正书。"按翁覃溪《罗池庙碑》跋云:"惟'左卫长'下脱'史'字,则装册时所失耳。"吴荷屋《王先生碑》跋云:"装池尚是明内府之物。"又沈韵初别一跋云:"库装折册。"明是册子,且有脱失。而魏氏明注尺寸,不知何据。缪筱珊荃荪《江苏金石志稿》于《王先生碑》亦标明尺寸,当沿魏氏之误。

六二

《石师录》,余杭褚礼堂德彝撰,录自汉迄唐刻碑石师名氏。廿年前,曾与礼堂讨论补辑,因循未果。比检原引墨本,为之覆核,并取后出诸石,校订补录,且推广其例,至于元代,得数十条。礼堂此录,以唐为断,其自序云:"赵宋以还,刻石一艺,渐失古法,即有精诣,已等末技。"然宋代京兆安氏一家,世擅此业,安民不刻《元祐党籍碑》之语,尤为人所艳称。松雪妙迹,得茅绍之之摹勒,亦几同北海之于伏、黄,概从刊落,良所未允。特是宋元碑版,传拓之广,不如唐前。著录虽勤,易于挂漏耳。

六三

《养拙斋集》,临桂王必达质夫撰,半塘先生之父也。以其板式考之,即四印斋所刊。先临桂师笔记《桂屑》中,记半塘四印斋所刻书,列目綦详,乃未之及,恐亦未见此书也。

六四

临桂师《蕙风簃随笔》记晋刘韬墓碣事云:"武虚谷得此石于桃园庄,珍秘特甚,亟仿造一赝石,以应索观及索打本者,真者则什袭而键藏于椟。虚谷殁后,其犹子某疑其重宝器也,夜盗之出,竭毕生之力,几弗克负荷。及启视,石也,则怒而委之河。今流转吴中者,当日仿造之赝石耳。”按吴中之石，或云归武进费屺怀念慈，或云在吴县吴清卿大澂家。未知是一石流转两姓，抑别有一石也。所见拓本有数种，多不精，望而知为赝造。临桂师得一真本，后为杨八丈乞去，今不知沦落何处矣。吴清卿光绪庚辰六年三月廿四日德州舟次寄陈簠斋书第二通云：“客冬因公至辉县，土人云有一古石索售，匆匆未及顾问。今春舁至武陟，视之，乃刘韬墓志也。延煦堂一石，为武虚谷所仿刻，去秋有友人赴偃师，属访原石，求拓数纸而不可得，云为好事者购去矣。不图于无意中获之，其石已裂为二，漆合甚坚，以旧拓证之，丝毫不失。拓墨四纸，寄呈鉴赏。”所附拓本，极精湛，以所储一本此在各摹本之上，但未必真耳。校之，逊之远甚，惜不能再见临桂师之真本一勘之也。

六五

唐大中四年元存劭等建造尊胜石幢，端陶斋方得于长安，光绪三十年甲辰四月移置焦山，故《陶斋藏石记》乃不复著录。书势类无可建初所书诸碑，盖亦出于缁流之手。唐代僧伽承铁门限宗风，多擅书法，衣钵相承，自成一种体格。亦如僧诗，昔贤以为有“蔬笋气”也。幢主为元存劭、存赏，侄师宥、师让、师礼、师弘、师泰等，陶斋刻题记作“元存”，夺“劭”字，误矣。题记末有“看题”二字，始于曲阳北岳庙，中和五年李克用题名有“易定节度使检校司空王处仁看题”，王惕父以为犹汉之“察书”也。题名首列半塘老人王鹏运。按半塘以光绪廿八年得请南归，临桂师《兰云菱梦楼笔记》：“甲辰四月下沐，过江访半唐扬州，晤于东关街仪董学堂西头之寓庐，握手欷歔，彼此诧为意外幸事。”正此时也。师后撰《半唐老人传》，有“三十年春，省墓道苏州，病卒”之文，以此刻及笔记证之，此“春”字似亦笔误也。

六六

宋张功父镃《舍宅誓愿疏文》石刻，《寰宇访碑录》卷九云：“在慧云寺碑阴。”以鲍氏知不足斋丛书本《南湖集》校拓本一过，《南湖集》收此文于附录卷中碑刻内，注云：“案此文从石刻对录，凡剥蚀字，以叶石君《金石随录》手稿填补，小字侧书以别之。”今校拓本，其侧书字亦有未泐者。附录第二首为《广寿慧云禅寺之记》，绍熙元年史浩撰，楼钥书并题额，即记功父舍宅事，后有题字云：“先大父少卿，舍宅一区，以筑梵宫，割田原空二字亩有奇，以给僧饭，独力营创，不假他缘，盖思忠报之不已，而植香火于无穷也。时丞相留公奏请赐额，太师越王史公作记，攻媿大参楼公书丹，及先大父所著《发愿文》，雄碑对峙，丛林逮今传诵。绍定厄于劫火，寺虽重建，而记文皆不存。蜀人许居士所藏《发愿文》旧刻，即先大父手笔，慨然捐金砻石，并寺记重勒以成山中之阙典。请跋于余，追慕感叹，非惟敬承先志，以诏后人，且使缁流知安居暇食之源，而闻者亦足以戒云。景定壬戌重阳后十日，孙承信郎、阁门看班祇候张桱百拜谨书，玉册余䖏摹刊。”朱朗斋文藻《书湖南集后》云：“公之舍宅，据公《桂隐百课序》，系淳熙丁未之秋，而《誓愿碑》则云‘淳熙十四年丙午’，考丙午是十三年，非十四年。张桱谓碑文为先大父手笔，寺厄于火，记文不存，至景定壬戌，始取蜀人许居士所藏旧刻砻石。意者毁而重刻，事隔三十年之久，不无缺蚀臆补之误欤。”按丁未为淳熙十四年，则此刻误者，为“丙午”二字。文中有云：“劳一心而经始，历二岁而落成。”是经始于作文之前二年，于《慧云寺记》首云：“绍石元年春原空一字月辛丑，故循王之曾孙宣义郎直秘阁前通判临安军府事张镃请于朝曰：愿以城东北新宅一区，效前贤舍为佛寺，仍割田六十顷有奇，赡其徒，薰修植福，以伸归美报上之志。上曰可，赐额广寿慧云禅寺。”是又其后之三年也。然则舍宅一事，前后亘六年之久矣。

六七

《孙过庭书谱》，沽上安氏所刻，云据墨迹上石。其本后入内府，三希堂所刻，亦从此出，为今世所传习。此外有所谓太清楼本，与薛绍彭本并盛行。明停云馆本与安本同出一源。盛伯羲昱据王廉生懿荣藏本，有宋人墨题，称为薛公达，以退谷孙承泽所见本，因其行高，且与“十七帖”合装，遂致误会世安有所谓太清楼二十二卷本者。又谓安氏底本，末行“垂拱二年写记”上有“米姓翰墨”印，以为米老临本，其说甚辨。薛刻本传世颇稀，最为名贵。廿余年前，忽出于扬州。先是扬州张氏以榕园仪征张丙炎以所藏唐墓志石求售，张氏唐石轩藏石颇有精者。碑估张某往购之，见园壁砌“书谱”刻石，以为仿安刻也，因与谐值。议既定，而唐石已别售，张估责诺不已。张氏乃以此偿贾，仅六百金。张估喜过望，鬻之常州陶氏湘，所谓宋刻原石也。其何时入于张氏园，竟不可考矣。

六八

《汉石狮子题字》，上虞罗氏振玉《汉晋石刻墨影》双钩本跋云：“石狮子题字一行，无年月，以‘洛阳’作‘雒阳’，及‘中东门’之名考之，知为汉刻。此狮在山东某县署前，老友潍县高君翰生鸿裁为予致墨本，金石家所未见也。”前年得罗氏散出墨本，中有一纸，钤“王石经”“西泉”两印，当是王西泉手拓，即《汉晋石刻墨影》双钩之底本也。罗跋不知在山东何处，今阅顾颉刚《辛未访古日记》，乃知在临淄县县立小学：

辛未访古日记（五月十五日星期六）

……循城而行，至东门下，至县立小学，晤其校长王玉波君。校中藏有汉画半石，以时已晚，光线太暗，未详其所画。院中又有画石二，系修小学时所掘出，皆残刻。一刻人物院宇，一刻凤凰，用笔视汉画为生动，当是隋唐物也。又有石狮子一，高约二尺许，形制古朴，毛发不鬈。有分书刻背上曰：“洛阳中东门外刘汉所作狮子一双。”刘汉何时人，洛阳所作狮子何以在临淄，其一狮子今流落何处，皆不可知已。……

六九

清代篆书，其始推王篛林澍。乾隆间孙星衍洪亮吉继起，各具规模。钱十兰坫自许为“斯冰以后，直到小生”，已稍濡矣。迨其晚年，病臂左书，则直以书为戏耳。完白邓石如苍头特起，一新壁垒，其成名之由，则由皋文、申耆诸子惩于当时描头画角之习，思以一洗积弊，亦有激之言。而包慎伯大张旗鼓，遂使少温李阳冰鼎臣徐铉瘦硬通神之遗韵，一变而为粗犷软媚，与盛行六朝楷书，同为世运转捩之征，亦足怪也。若钱立群泳之毁虚舟，其人本不学，而言之不惭，徒资笑柄而已。

七〇

莫郘亭友芝篆，拙朴浑厚，盖亦得力于书卷为多。于举世风靡一时之“当时体”，不为所染，亦可谓特立独行之士矣。

七一

钱十兰篆书石刻，有庾子山《东宫行雨山》《吹台山》《望美人山》三铭，又有《大清防护昭陵之碑》《夏少康庙碑》。十兰篆亚于孙、洪，高于篛林，墨迹流传，今颇矜贵，石刻殊不多见。此诸石刻墨本，胜其手写屏联也。清代石刻，收藏者以其近而忽之，碑估遇之，亦以其购之者少，遂熟视无睹。是则得之为难，其珍重宜远过于汉、唐碑版之上矣。

七二

郑道忠墓志出土后，为郦禾农所得，秘不拓，遂有“其石已佚”之说。于是墨本骤贵，且不易得，石固无恙也。书法与《郑文公碑》相近，北朝书之正体，当属此种。世惑于“方峻险仄”诸态，以为北体书之至极。等而下之，乃以石匠椎凿、缁流涂鸦之造象题名为高古，刻意追摹，益以意造吊诡，至不可究诘。斯真米老所谓“丑怪恶札”者矣。

七三

宋廖槎溪德明通判吾郡日，尝勒周元公《拙赋》及朱考亭《拙窝》题牓字于金山岩石。翁覃溪撰《粤东金石略》时，遍搜不获，疑为已佚。光绪丁丑，重建金山书院，拆僧房，于后厨壁间得题榜字，款署“晦翁为子晦书”，两行，行三字。亡友黄君嵩园嵩年手拓墨本，远道见寄。予曩以“拙奴”自谥，因取以榜吾室。

七四

南汉马二十四娘买地券，叶南雪衍兰以《汉宫春》词题之，词载《秋梦庵词》。曩得旧拓本，乞叶遐翁丈书于帧末，丈复疏记此券出土始末，为跋附后。继得华阳王氏本，有同治十二年癸酉香山李梦惺应庚手书题记，与叶说两歧。其时相距不远，皆身经目验者，因并录之，以资参校。李氏字星卓，一字卓仙，有《香茗庵词》。

马二十四娘买地券跋

此墓券于光绪年间广州小北门出土，为村人陈姓所得，因建茗肆，曰“宝汉茶寮”，游客索观者多，陈乃匿不以示。南皮张孝达先生督粤时，一日，出北郊，过茶寮，入而取视。陈乃缨帽捧献，一时传为笑谈。绰少时侍先大父出游，曾屡见之，今不知尚存否？蒙庵先生藏此拓本，纸墨都佳，殆是初拓。谨录先大父题词于下。岭南金石，传世本稀，得此亦可与九曜金涂并美也已。遐庵叶恭绰。

城北半里许，曰下塘村，李子月樵居焉，设茶肆于茂树下，为都人士往来游憩所。莳花种竹，躬自荷锄，尝掘地，得“大宝地券”，文字奇古，书法劲拔，仿佛北朝碑记，人鲜知者。癸酉重阳与杨海琴翰方伯寻秋访古，于此获观，摩挲赏玩，叹为得未曾有。海老颜曰“宝汉茶寮”，各拓数本以归。南汉遗迹，会城中只此与光孝寺两铁塔，恰成鼎足，亦艺林之幸事也，月樵其宝藏之！逾月拓本装成，漫录赠月樵语于尾。梦惺李应庚记。

七五

翁覃溪以《齐乾明元年修孔子庙》为“古今正书之秘”，又云“欧、虞、褚、颜总问津处”，且加注曰：“颜尚未也。”复以米老评褚《兰亭》“由字益彰于楷则”，即据此碑而言，其说甚辩。何蝯叟乃大肆讥弹，各趋极端。其实翁之“唐楷晋法”，何之“根柢篆隶”，皆一偏之见。碑碣、简牍，各有体势。篆隶楷正，自具面目。六朝之变秦汉，唐宋之变六朝。婵嫣之渐，出诸天然，非人力所能强至。杂而糅之，乃至不伦。此两公书之所以不能轶石庵而尚之也。

七六

《唐夔州长史颜勤礼碑》，自欧、赵两录著录外，无言及者，殆已久佚。中华民国十一年壬戌十月，陕西省长署卫队营营长何梦庚字客星，宜阳人，获之长安旧藩廨库后堂土中。石已中断，四面刻，存两面及一侧，文至“铭曰”止。其一侧已磨灭，今刻宋芝田伯鲁跋，记获石缘起。宁乡黄氏本骥三长物斋刻本《颜鲁公文集》收此篇，亦缺铭辞。知彼时尚有墨本流传，第以石刻与集本校，文字颇有同异，或传写之讹尔。

七七

焦山有吴平斋所刻董香光《兰亭》，盖学赵文敏书者，故与平素笔踪殊不类，而时露米老手意。更上溯之，则河南为一家眷属矣。《兰亭》真面，究竟如何，不得而知。定武真面，又复如何？亦不得而知。

但世间所谓定武本，以楷法作行书，恐未必是真正法门。然以宋思陵之教人写五百本，更换一本之法行之，则必不能偏废也。

七八

向于古书古刻题跋，最不喜黄荛圃、张叔未，著语琐屑庸俗，可厌之至。不知当时潘郑庵、江建霞、魏稼孙诸君，何以倾倒崇尚一至于此？于二家题跋，一辑再辑，几成风气。其所藏弆，固属佳本，然无与于题也。而今日求佳本，不求其他，惟以二家题跋之有无为轻重，则何异于买椟还珠？见小琅嬛福地传钞何义门落水本元张静居先生文集，荛圃题跋累累，因之此本为之增重声价。荛圃末一跋，且多别字，黄跋多别字，不胜枚举。后有伯生一跋，于老荛大为不满，可谓先得我心。录两录如左：

黄跋静居先生文集

书籍再恶硬褙，今人令小儿入塾读四子书，无不硬褙者。取其难于磨灭，不致方册成圆之也。然遇极旧之书，亦必须覆背护持，方可展现。盖纸质久必腐毁，覆背庶有所藉托耳。此事却非劣公所能为，手段不高，动辄见窒。此书几与硬褙之四子书无异矣，而覆背护持之法具焉。良工见之，亦诧为好手段，故戏举及之。复翁赘笔。

伯生跋

此书装背极精，黄跋中“再恶”，“再”字应作“最”字，盖吴音相近而误。黄君善藏书，精考证，然随笔漫书，多不经意，往往羼以俚语，亦善本之一厄也。伯生记。

七九[①]

魏郑道忠墓志石出土后，为郦氏所得，秘不拓墨，遂有石佚之说。于是拓本骤贵，且不易得，石固无恙也。书法与《郑文公上下碑》相近，北朝书之正体，当属此种。世惑于“方峻险仄”诸态，以为北书之至极。等而下之，乃以石匠椎凿、缁流涂鸦之造象题名，诧为高古，刻意追摹。益以意造吊诡，至不可究诘。斯真米老所谓“丑怪恶札”者矣。

八〇

魏天平二年造象残石，仅存画象二菩萨，石已残泐。中书“明瑕”二字。象左残字四行，行五字。文曰：“□平二年，岁次第一行□五月丙午朔第二行□日庚□，比丘第三行□□兖造象一□。第四行。”书法极精，“平”上为“天”字，尚隐隐可辨。余从南陵徐氏积学斋所藏集册中得之，有铜梁王孝禹瓘题记云：“潍县贾杜锡九为余购得，后与隋张贵男墓志均归匋斋尚书。”此石《陶斋藏石记》未著录。

八一

金刘处士墓碣，二十一行，行四十一字，隶书。奉天杨英撰，武功张徽书，洛阳李微题额。额云“故京兆刘处士墓碣铭”九字，分三行，行三字，亦隶书。处士初讳章，字希文，又名九陇、名渭、名于菟，奇人也。予所得为刘燕庭故物，后归刘聚卿者。纸多糜损，且失拓额。又韩以嗣守先师所装旧拓大轴见假，因钩摹额字，且补缺文而整装之。先师属元和孙益庵丈德谦作两跋，书于轴首，亦移写存之。益翁熟精金源掌故，而金石跋颇少见。此两首，《四益宧遗集》所未收也。

---

① 按，此则与七二则重出，而文字稍异。

刘处士墓碣跋

刘处士,《金史》无传,其人行谊高逸,足补史缺。卒在“戊戌之明年”,戊戌为元太宗十年,“明年”者,太宗十一年也。时金亡已五载,知处士固金之遗民也。文云“西州碑版多出其手”,今可考者,只《重修府学教养》一碑见《金石萃编》,题“正大三年,蒙泉刘渭”。此文有“名渭”及“蒙泉在皇甫里,城南胜选”云云,知处士在二年时,以“渭”为名,而《教养碑》乃其仅存者也。杨英于史无征。孙氏《访碑录》此碣铭之外,又有《梦游轩记》《金龙玉册记》,盖亦金末一作手。观其称“戊戌之秋”,复云“明年”“又明年”,有渊明永初以后止书甲子之义。殆入元不仕,名节自矜者矣。张徽、李微,见《遗山集》,《寄耶律公书》“秦人张徽,云中李微,所称为天名之秀”是也。阮盦先生知余略识完颜掌故,出示此拓本,爰为疏证如此。戊午秋,元和孙德谦。

张月霄辑《金文最》,据石刻录此文,其名作“处中”,今见拓本固然。惟额题“刘处士”,而此碣篇首亦直书“刘处士”,且处士屡易其名,独无“处中”之称,知“处中”实为“处士”之误。及细审字体,本为“士”字,不知何人所加,遂成“中”字耳。语诸褚君礼堂、王君静安,皆以为然。质之阮盦先生,先生曰:“是无疑。”因亟为订正,以谂世之治金石学者。

八二

三十四年,西安修飞机场,得唐碑一,为《招圣寺大德慧坚禅师碑铭》,太中大夫给事中皇太子及诸王侍读兼史馆修撰柱国徐岱撰,奉议郎前试詹事府司直孙藏器书,元和元年庚戌岁夏四月旬有五日建,天水强琼刻字。行书,一字未损,四周刻花纹极精,可宝也。孙藏器书,《宝刻类编》所著录诸碑,今已佚。

八三

《永乐大典》第七千五百四十三《十八阳》"刚"字韵一册，为《金刚般若波罗密经》，大明天界禅寺主持臣宗泐、演福讲寺主持臣如玘奉敕注解；《金刚证验赋》一篇，永明沙门延寿撰；《金刚感应事迹》三十九篇，不著撰人名氏。凡三种，吴兴刘氏嘉业堂所藏。己巳岁，周君子美客刘氏编校藏书，借付石印。宗泐、如玘之注，已收入《大藏》，而世无单行本。延寿之赋，则《大藏》《续藏》均未著录也。郭氏双百鹿斋据敦煌所出柳书本，仿宋精刻《金刚经》，以延寿之赋附于后，即据子美印本也。子美云，嘉业堂收《永乐大典》至四十二册之多。当时依宋板书值为例，每册一百金。《大典》之在国内者，不过二百册，北海图书馆曾编一目，傅沅叔曾影印《南台备要》《乌台笔补》两种。涵芬楼亦有影印本，已不记其名矣。

八四

《阁帖》第一卷唐太宗书《八柱承天》一帖，是集昭陵《英贞武公李勣碑》为之。自来论阁帖者，皆未之及。英公碑为高宗御制书。王虚舟《阁帖考正》于二帝书分易，移易，其论至精，此亦失之。

八五

阅唐鷦安翰题《唯自勉斋长物志》，皆记其所藏金石书画之事。其所藏颇有精品，其学识则清仪阁一流人物也。所记多琐屑，抑且文不雅驯，大类骨董肆之簿籍。此《清仪阁题跋》所以盛行之故，盖亦为市估利转鬻也。金石文字之学，若考证，若评骘，胥非浅学所能措手。如亭林、竹汀之补苴史籍，虚舟、覃溪之剖析源流，皆一代之宗匠，乃一变而为张叔未，寖假而沦为方药雨，其声名反较诸公为煊赫，信所谓瓦缶雷鸣者也。

八六

刘铁云家陈簠斋所藏古镜拓本凡一百零八纸。簠斋自号“二百竟斋”，而其与吴清卿手札云：“藏竟不皆精，共拓得百七十纸，自名二百竟斋，以所好不笃，未能补足。”知当时固未足二百之数。而刘藏墨本，则又经沙汰者也。

八七

赵德甫跋《柳子厚般舟和尚碑》云：“子厚颇自矜其书，然亦不甚工。今见于世者，唯此与《弥陀和尚碑》尔。”《宝刻类编》列此二碑，均属潭州。今二碑均不传，所见唯《龙城柳碣》片石而已。龙城碣，事见子厚所著《龙城录》，其事荒诞不经，《龙城录》固伪书也。此刻世颇珍之，因之摹本遂多，然原石本不难得也，诚如王兰泉所谓“寓其窜斥荒疠堙感之概”欤。比又见新拓复刻本，有跋云：“碑移教育局内，十七年西南火灾，碑已毁矣。邑人周耀文。”是亦此石之一掌故也。

八八

癸亥岁春，侍先临桂师坐，得见《梁朱异玉造像》拓本。师亟称之，命为填词，曾赋《台城路》一阕。继欲求一墨本，迟至十年，仅乃获之。颇疑出诸仿制，而先师所集六代造象千余通，已举赠杨八丈晟，唯时八丈亦已谢世，不能不为校勘之也。续访至今，且不再见。念此名迹，缅想二老风流，渺不可追。因移写旧跋，并曩所作词，感慨系之矣。

缪荃荪《江苏金石志》(三)引《续江宁府志》

石黝而有光，高四寸二分。顶圆，稍狭，底平侈。面作大小佛二尊，分上下层，趺坐。下层左右列侍者二，其下有二兽，兽之左，有人作张弓注矢状。字在象背。“丁卯”系太清元年，《南史·武帝纪》:“太清元年三月庚子,幸同泰寺,设无遮大会。乙巳,帝舍身。夏四月庚午,群臣以钱一亿万奉赎皇帝。”据《梁书·朱异传》,太清元年异官左卫将军,领步兵。此像疑即武帝幸同泰寺所造也。

台城路

梁朱异造象,江宁甘氏藏。

石顽未泐镌名氏,红桑已成今古。玉海千寻,金山万丈,五经博士明山宾荐异语,见《梁书·朱异传》。说似年时风度。围城赋语。早帐触人天,电光泡作平露。散偈西风,伤心当日问谁悟。

江南多少旧事,恁台城剧变,畴为君护。佛也无灵,庵宁可卓?禁得劫尘几许?禅宗契否?剩翠墨凄迷,碧云凝伫。欲吊前朝,寺遥闻暮鼓。

八九

缪筱珊荃荪《艺风堂收藏金石目》十八卷。缪氏拓本,多至一万八百余种,可云富矣。缪氏殁后,闻全部为公家所得,幸未分散。此目编次,似未尽善,而缪氏自诩“远仪《集古》,近仿《潜研》”,正恐有惭斯语。如诸山“摩崖”“造像”“题名”统摄一题,而分书子目,其意甚善,然而忽分忽合,未能画一。“墓志”别为一类,而羼以《投龙璧记》,皆所未安。至若复出,其失其年月,题号而忽名忽字,并当改削。良由墨本既夥,势难复核,卷帙太繁,亦易脱漏,往往有失之眉睫者。如《圣教序》,能得同州本两侧及碑阴题名,不应无雁塔本也。其中讹字亦多,盖失之不校。此又缪氏刻书通病,不足怪矣。

九〇

刘十枝声木《续补寰宇访碑录》二十五卷,《寰宇访碑录校勘记》十一卷,《补寰宇访碑录校勘记》二卷,《再续寰宇访碑录》一卷,皆直介堂从刻本。盖补孙伯渊、赵益父、罗叔言三家，而为之勘误者也。刘氏此录，多“题名”“造象”，又好加按语，语多不雅驯。亦有编次失序、重复舛误者。其于造象之无年月者，每云“字迹确似某某时人”而强断之。第五、第六两卷为魏刻，而忽有“字迹似石淙诗”者第五卷、“字迹确似初唐人”者第六卷，厕于所谓“字迹确六朝人”之列；第三卷有“光州刺史贞侯高庆碑，正书，正始元年”，又有“营州刺史贞侯高庆碑，正书，正始五年八月”，皆在山东德州；卷十八“焦山吴云鋆心经残字，正书，无年月，考在崇宁末，向崩江中，现移置松寮阁内”，松寥，印本原误松寮。卷二十一复有“焦山松寮阁心经残字，吴琚正书”；卷二十一有“庐山东林寺碑蒋之奇题名”，卷二十五补遗北宋，卷二十一为南宋。复出“庐山东林寺碑蒋之奇题名”。其于唐碑阴侧宋人题名，列之于唐代，且书唐碑年月者，亦甚多。间有考证、标注，亦浅陋可笑。如卷三《宫第一品张安姬墓志》云：“此乃女人墓志。”卷十一《□度寺侯莫陈大师寿塔铭文》云：“以三姓为一姓，世间少见。”于贺铸诸题名，一则曰“方回，贺铸字”，卷十九，北宋。再则曰“贺铸，□宋时人，应附于□□末年”；原书空格极多，似草稿暂留格备填补，而印书时竟不复补者。于蒋之奇，则曰“考之奇为□□时人，故附于□□之末”。卷二十一，南宋。其论造象、墓志、文体书法及记事，尤为猥鄙。刘君于所作《补寰宇访碑录校勘记》，讥弹赵氏云“碑版中奇异之字甚多，只宜用于跋尾。碑目中，注不胜注，赵氏所注，未免示人以陋”卷二《上护军庞德威墓志》按语者，盖躬蹈之矣。凡例盛称吴子苾《攈古录》、缪筱珊《艺风堂收藏金石目》为详善，“颇师其意”，故于二氏所未载者，特为标明。而卷二十《清远军节度使陇西郡开国公赠检校少保谥威定王德神道碑》云：“碑文为傅雱撰，杨时正书，缪目作杨畤正书。皆一时名人，杨时又为讲学大家，如此名碑，又近在钟山，缪氏竟未访得，可怪也。”《太常博士敬元长墓碣铭》卷二十三云：“如此丰碑巨制，又近在畿辅，不知当时孙、赵、罗、吴、缪诸家，何以未见拓本。”此二碑明载缪氏目，而言之若此，真“不知何以”及“可怪”矣。例言不收木刻，而开卷即为“碣石颂，端拱元年三月徐铉临本，同治六年七月，常熟杨咏春沂孙双钩刻本”，即木刻也。卷八“化度寺邕禅师舍利塔铭，吴雪双钩本”，亦木刻书册本也。不录砖瓦，而卷二十三有“焦山松寥阁塔砖，周通造，正书，大德二年”，未免自乱其例。且砖文云：“签判江浙诸处行中书省事第一行周通奉舍焦山塔砖。第二行。”二行，凡十九字，无年月。吴平斋云《焦山志》载：“大德二年周文英造塔。”又曰：“周通造。”名字互举也。则录中年月乃据《焦山志》补入者，竟不言所以。刘于孙录《校勘记》屡指摘其称名称号不画一、碑无年月据他书补入之不注明为非。是其自撰，乃若是邪？至若《黄庭经》、欧阳询《心经》、《祭侄季明文》、米芾诸书帖为祠堂本者，不注地名，或属摹刻，明是“汇帖”。而“永镇蜀眼，李冰铸”为四川铜人背款字，是金非石，并宜芟汰。书为活字本，多舛误，益以注语拖沓琐屑，有至不可解者。浏览一过，览有与孙、赵、罗三家复出处，不暇为之覆按，不能如刘君之为三家作校勘矣。其分汉画像别为一卷，而详记之。又长白托活络所藏石为《匋斋藏石记》所未著录者颇多，皆一一注明之，尚有可取处。

九一

某笔记记先临桂师轶事云：“光绪间寓南京大石坝街，尝掘地得李香君小印，终身佩之不去。”且云：“此事得诸淮水东边词人者。”盖缘先师所著《香东漫笔》第一卷第一则“媚香楼石碣”事，传讹所致。

香东漫笔

丙午丁未间，赁庑金陵，闸西邻有水阁曰周河厅。数年前掘地得石碣，刻“媚香楼”三大字。厅主人惧其有神灵也，亟复瘗之。余曾得见拓本，白门寥落意多违，差幸与媚香结邻耳。

九二

《香东漫笔》:"柳如是书'驻鹤'二字,正兼分体,径约五六寸,镌太湖石,在金陵某氏园中。惜未详。李文石云:'钱塘吴抱仙刺史,曾以拓本属题。'抱仙名若烺,湘浦河帅公子,阮文达外孙。其母夫人奁赠中多名迹清玩,此拓本其一也。"丁秉衡国钧《荷香馆琐言》云:"光绪丙午临桂况夔笙拉余同访莫愁湖柳如是所书'驻鹤'二大字,未得。夔笙曾填《木兰花慢》一词记之,并为余书扇。"又云:"顷读何蝯叟集中《金陵杂述》注云:'郧园石峰,上刻顾横波"驻鹤"两大字,不可复见。'乃知二字为顾书,夔笙、文石皆误。据何诗注,知郧为鹾商汪氏别业。"二说未知孰是。第文石既为吴刺史题拓本,且收藏渊源有自,较为得实。况蝯叟诗注,固明言"不复可见",盖亦得之传闻之词而已。所谓《木兰花慢》词,未见刻本,或手定词稿时已删去之矣。师平生不肯为人作书,书扇或亦出诸捉刀人手耳。

九三

马通伯为李木公作《集虚草堂记》,颇自许,吴挚甫亦亟称之,乃文中忽用"卫生""空气""炭养"诸名。此文作于光绪癸卯,在彼时固以谈新学为最时尚者,挚甫亦好为此。两君古文辞雅洁谨严,为桐城之殿。然援引新词入文,终觉不伦。此事唯太炎能运用自如,非余子可及也。

九四

宋刻十三行玉版,由翁萝轩嵩年贡入内府,相传失于庚子联军入都之乱。然曾见拓本,背刻大令《中秋帖》,与翁氏墨本,实非出一源。去年曾见一绿端大砚材,摹勒颇精,为秦君彦冲所得,后有题记,述失玉事,可备一说:

此本原拓，咸丰庚申英夷寇京师，从圆明园掠出，苏抚薛琴堂于沪上购得之，延好手钩摹勒石，仍以原本进呈，民间始得见十三行真本。秀劲圆润，自与凡本不同。杨可师跋云“行世小楷，无出其右”者，信然。郭兰石芳坚馆题识甚多，惟云“最须玩其分行布白处”，深得此中三昧也。施在钰识。

九五

罗两峰为桂未谷画《说文统系图》，原本不知归于何处，有石刻本，今在山东图书馆。广州亦有一石，置学海堂，陈东塾先生为之篆端，叶南雪先生所重摹也。《说文诂林》冠此图于册首，云得诸至德周氏者。疑从石本重写，非真迹也。

九六

华亭张诗舲祥河尝摹刻元赵松雪、明董玄宰、清张得天三像于石，命之曰“书家三文敏像”，赵、董、张三公皆谥文敏也。诗舲此刻，意在推崇乡贤，而得天居士则其族叔祖也。得天于书法最服膺玄宰，学之最勤。迨其自运，则欲出自家面目，不规规于形似间矣。尝拟仿诗舲例，欲摹“书家三文忠像”，以作瓣香之供奉。三文忠者，褚河南、颜鲁公、苏东坡也。鲁公书实出于褚，其用笔虽小变，而辙迹尚可循。鲁公父惟贞，尝从舅氏殷仲容授笔法，其传授固有所自。东坡得鲁公书脉，宋代诸公，早有定评矣。颜、苏二公像，摹本至多，第不得褚公遗容。礼堂褚先生言，其余杭褚氏宗祠，有河南公塑像，恐以意为之耳。杭州有机神庙，今为丝业公所，所供奉之神，即河南公，不知何故。又闻苏州之机神庙，其所祀神，又为汉之张平子衡，亦不可解。或言平子尝作浑天仪，以其有巧思也。

九七

四川遂宁广利寺有宋刻龙图碑，高五尺四寸，广三尺一寸，十五行，行二十一字，字径五寸五分，正书。额高八寸，广一尺八寸，二字，字径三寸八分，篆书，书“龙图”二字。碑文云：“大唐代宗皇帝大历十三年，岁在戊午六月，第一行。敕赐禅林寺，赐紫衣，谥幽克禅师。第二行。昭宗皇帝天复三年，岁在癸亥四月，第三行。敕赐再兴禅林寺。第四行。大宋真宗皇帝治平元年，岁在戊戌，降到第五行太宗皇帝御书圣文《神笔颂》。第六行。真宗皇帝大中祥符四年，岁在癸亥正月，第七行。敕赐广利禅寺，降到芝草两函。第八行。仁宗皇帝皇祐三年，岁在辛卯，降到第九行御书明堂之门两轴。第十行。徽宗皇帝崇宁二年，岁在癸未正月，第十一行。敕谥号慧应大师，塔名善济。第十二行。南宋孝宗皇帝乾道九年，岁在癸巳十一月，第十三行。敕宜赐圆觉慧应慈感大师。第十四行。淳熙改元，岁在甲午，尚书省参知政事郑闻右丞相书。第十五行。碑文多提行空格，未依原式，仅分行列。”南宋人自题号曰南宋，仅见于此。款题“郑闻右丞相书”，亦无此例。盖事后追记刻石，而缁流不学之故，以意为之，固不能疑其为伪刻也。

九八

宋仲温克书以《七姬权厝志》为最烜赫有名。原石久佚，在明代已称难得，而为重刻之。平生所见号为原石本，如高要何蘧庵瑗玉、长白托活络匋斋端方所藏本，及吴中贝润香镛重摹明杨升庵藏本，互有胜处，而书之偏旁结体有大异者，如“女红”或作“女工”，“羣”或作“群”，未知孰为真本也。润香所刻绝精，名曰《宝严集帖》，其石旁有一小“角”字，意所刻帖，不止此一种，而未见其目，即此刻亦殊难得。润香又汇刻《七姬志题咏》成一书。此书传世绝鲜，吴君静安定尝得之。

九九

吴中小楷石刻，《七姬权厝志》而外，翁苏斋亟称文征仲所书《吴夫人墓志》为最精，亦最难得。尝闻某巨家散出藏碑，中有此志，为六舟僧旧藏本。比往求之，则为大力者负以趋，不可踪迹矣。

一〇〇

去年盛传湖北汉阳县有《唐太宗书劝农碑》出土，《申报》有汉阳专电，云在汉阳粮政局废屋中发见。辗转访求，竟无知者。吾友陈君文伯，属汉口中国银行设法访求，得县政府之助，大索数日始获之。即在县政府附近小井旁，雇工往拓十分，以其二酬县政府，所费殊不赀。比寄至沪，予亦分得一纸，殊大失所望。碑为横石，即后代汇刻法帖之式，俗所谓"书条石"者。其文存十行，行三字四字不等。文曰："勤而劝，民不明也。且吾农民甚苦，而吏莫之省，将何以劝焉？其赐农民今年租税之半。"以上凡九行，行草书。末一行云"唐太宗书劝农诏"七字，与诏书字相仿。书法甚精熟圆健，然非初唐书势，而极似宋高宗学黄山谷时所书。意明人得德寿御书，墨迹漫不省察，遽摹勒上石，误认为唐文皇也。近年报章于各地出土古物，颇多纪述。第采访者非专门名家，每多以讹传讹。此刻拓本，见者不多，恐此十纸外，未必更有为施毡蜡，则存者亦足珍矣。

一〇一

相传梅伯言、包慎伯曾受太平天国三老五更之封。梅氏晚年，滋增多口，以其曾膺伪职故。包氏则无言及之者，以其平生好为大言，颇染纵横家之习。而蹭蹬没世，则此说亦不为无因。

一〇二

元泰不华篆书《王烈妇碑》，又《至正九年重修鄞县记》篆额，茂密雄强。邓顽伯篆书绝肖之，盖即苦学此种，其所乏者雅韵也。张惠言李兆洛诸公，力绳顽伯，其意不过在于抑孙星衍洪亮吉耳。

一〇三

钟太傅名繇，世多读作“由”音，以《世说新语》晋文帝戏钟士季兄弟语证之，乃知当时实读作“遥”也。豪、尤韵古本相通。《世说》记此事，凡二则：

《世说新语》卷六排调第二十五

晋文帝与二陈共车，过唤钟会同载，即驶车委去。比出，已远。既至，因嘲之曰：“与人期行，何以迟迟？望卿遥遥不至。”会答曰：“矫然懿实，何必同群？”帝复问会：“皋繇何如人？”答曰：“上不及尧、舜，下不逮周、孔，亦一时之懿士。”刘注：二陈，骞与泰也。会父名繇，故以“遥遥”戏之。骞父矫，宣帝讳懿，泰父群，祖父实，故以此酬之。

又

钟毓为黄门郎，有机警，在景王坐燕饮。时陈群子玄伯、武周子元夏同在坐，《魏志》曰：“武周字伯南，沛国竹邑人。仕至光禄大夫。”共嘲毓。景王曰：“皋繇何如人？”对曰：“古之懿士。”顾谓玄伯、元夏曰：“君子周而不比，群而不党。”

一〇四

东坡雪浪石在定州，存亡不可知。镇江于君曾于金陵某氏废圃中得之，云宣统某年，有人移自定州，将以献诸端匋斋，会匋斋罢江督任，继且被戕于蜀，遂无顾之者，因委而去之。于君曾广征题咏，汇刻成集。顾欲求其一拓本，历十数年而未得也。

一〇五

雪浪盆坡公所刻铭辞，拓本亦至难得。先临桂师以为坡公之未遭党禁镵毁重刻者，或谓是明人重摹本。予获一本，装成大轴，与缪氏艺风堂所藏旧拓本同。瘦劲不类习见之坡公石刻，此疑为重摹者之所由来也。翁覃溪有缩摹本，惜未之见。

一〇六

王半塘先生重校梦窗词，剞劂甫竟，尚未修改，而半塘谢世。所刻书板，为剞工所匿，遂不可踪迹。当时仅印一样本，以备校字，又一本未印全，皆为先临桂师所得，其未全本则以诒缪艺风。武进赵氏曾用全本影印传世，所流布亦未广也。廿年前木刻原本，忽自北京来。书皆新印，盖所匿书板至是方出也。

一〇七

辛亥以后，清室遗老大都遁居上海，或悬润例鬻书，而求书者每乞得其书故国衔名为荣，至今犹然。于是旧职新官，纷然并列，乃至不伦。寿言碑志，所见尤多，殊堪绝倒。

一〇八

左子异孝同鬻书例，附注云“上款不称大人先生”，所用印为“恪靖侯第五子”。章太炎为人作书，辄题“书赠某某”，致润金求书者乃大不悦。或乃曰：“尔赠以金，彼赠以书，何不可哉？”张季直初鬻书筹赈时，辄钤“张謇鬻书之印”，竟有致书劝勿用此印，张答书其辞甚辩。又向例凡题上款，或须倍值。今则无非“先生”也，而无上款者且有不应者矣。三十年来习尚之转移如此。

一〇九

翰苑诸公作楹帖，于名印下辄用“某某翰林”印。每大比之年，厂肆恒以成偶之方石预为刻之，以应购者，立镌一名印以俪之。此新膺馆选者云然耳，久则大都弃置之矣。近年盛行所谓“太史公书”，于是翰苑群公藉先朝旧衔，以资生事，启用弃印。乃至扇箑小册，大印不能容，则更刻小至数分之章，为从来未有之奇。

一一〇

科举停于光绪三十年甲辰，近年竟有“己未翰林”鬻书者，求者亦不鲜。前乎光绪三十年之“己未”为咸丰九年，距今八十有七载。此“太史公”之年，当逾百龄以外矣。后乎光绪三十年之“己未”，则中华民国八年也。说者乃谓此“己未翰林”者也，其意若曰自“己”并“未”为“翰林”耳。于是乎翰林院中又多一人，而其馆阁体书，煌煌然而厕于瀛海仙班之列矣。

一一一

某岁南海康长素有为游无锡梅园，见所悬“香海”题榜字署其名，大怒，云是赝迹。乃自书“香雪海”三字，并题诗云：“名园不愧称香海，劣字如何冒老夫。为谢主人濡大笔，好将真迹证真吾。”以赠园主人。谑者乃曰：“主人不以买王得羊为幸，而劣字之称，夫子自道其短矣。”

一一二

姚伯昂元之《竹叶亭杂记》：“扬州梅蕴生能诗，又善琴，方弱冠，琴已擅名，喜夜深独坐而弹。一夕，曲未终，见窗纸无故自破，觉有穴窗窃听者。俄而花香扑鼻，已入室矣。乃言曰：‘若果欲听琴，吾为尔弹，吾固不愿见尔也。’急灭其灯，曲终乃寝。”蕴生自序其《嵇庵集》

云："植之年五岁，先君子口授四声，使日诵古诗。七岁，命为五言。十岁命学琴。出就外傅，请于师曰：'使吾儿解歌咏，通声音，变化气质，不庸恶，足矣。'"宜其琴之工也。以天性好琴，乃以嵇名庵，作铭曰："有亲而喜绍，有友而阮刘。入以耽吾琴酒，出以恣吾钓游。苟得一于夫子，虽刑戮其何求。"尝得宋琴，名之为厌庵，作赞序其事，序曰："予幼得是琴，背刻宋绍兴某年马希仁制，鬃薛声痹，近庀工饰之。工邻火，不灾工室，咸谓斯琴能厌火也。风与火为庵，名以厌庵，而为之赞。赞云：云溜储精，神龙轩翥。阴姬夜翔，蒸为灵雨。"道光乙未扬州湾头筑堤取土，得唐贞元三年田府君侁及其夫人墓志贞元十一年连盖四石。蕴生闻之，往辇之归，撰《考释》一篇，凡数千言，极精赅。因名所居曰"唐石斋"。颇买土修墓，乞阮云台书田君官位名氏，立石于墓，以存古迹。吴让之尝书联赠之云："家有贞元石，人弹叔夜琴。"盖即谓此。唐石于光绪间归仪征张午桥丙炎，午桥斋名为"唐石轩"，所藏自唐迄杨吴石刻凡十六种，厥后泰半为端匋斋所得。惟田氏两石，不知所归。

一一三

蕴生刻苦作诗，清冽劖削，卓然名家。《嵇庵诗集》十卷，传本不多。其平生境遇之酷，卒夭其天年。尝从包慎伯学书，其格韵在吴让之之上，而知之亦鲜，其遗墨且不易得。自来诗人之厄，当无过于梅君者矣。

一一四

严秋槎廷中《望江南》词"扬州好"八首，其二云："扬州好，骨董列精粗。鹾贾高谈评古玩，酸丁低首检残书。赏鉴各糊涂。"此言咸丰同治之际，扬州风尚如画。若在今日，当以之移赋上海。第高谈者不止"鹾贾"，而低首之"酸丁"，殊少其人耳。

思无邪庵诗话[①]

陈运彰

一

宋芷湾尝有句云："我诗我自作，自读还赏之。赏其写我心，非我毛与皮。"此与黄公度之"我手写我口，古岂能拘牵"二语，同一机杼，皆不肯以学古自画者。世人竞述黄句，不知宋氏诗尚在其先。浅学者流，以是为口实，遂使淄渑并泛，朱紫相夺矣。而芷湾固又有"苟无真性情，安得古风雅"之句，知非率尔操觚，漫然下笔，便得谓之诗也。

二

张南山记宋芷湾自评其诗语，所谓"哀乐无端，飞行绝迹"者。又有《说诗》一绝云："读书万卷真须破，念佛千声好是空。多少英雄应下泪，一生缠死笔头中。"其高自标置如此。《岭南群雅》评芷湾诗，谓其："襟抱豪迈，故挥毫染翰，皆具倜傥权奇之概。诗磊磊落落，从真性情坌涌而出，自成为芷湾之诗。"褒而有微辞，极能道芷湾真际。然则非具有襟抱性情，固不得染指轻尝也。

三

余尝得芷湾手写诗稿墨迹，皆全集所未载。按其诗事，似非删汰

---

① 原载《永安月刊》1948 年第 107、109、112 期，1949 年第 116 期。

之作，知集本外，散落者为不少矣。具录之，可作补遗。《开塘词》四首云："一声鼙鼓入村场，牛肉堆盘白酒香。随着兵头老田役，东门城外去开塘。"一"城南城北与城西，也得秧田水饮泥。去报爱民新太守，两头心事莫高低。"二"随桃随柳满堤栽，去去来来负锸来。采过茶芽栽过稻，花开叠个钓鱼台。"三"一塘一闸一清湍，洗个裙儿也不难。记得去年今日事，和泥挑菜骂炎官。"四又《书愧》云："谈天容易做人难，我是何人何等官。多少书生心里事，不曾做得与人看。"又《夜坐》二首云："人间何事有千秋，揽镜匆匆已白头。夜坐不眠星斗转，东楼更点递西楼。"一"人将富贵作功名，我喜文章托性情。等是烟云俱过眼，自怜心苦为分明。"二皆所谓真性情者。《开塘词》盖其署广南时作。先是广南府城内地高，饮水艰，芷湾度地为开二塘，士民便之，更为筑亭，以纪其功，芷湾因作《东塘亭子歌》《西塘亭子歌》两首，集本亦不载。手写墨迹《西塘亭子歌》，失半纸，竟致不全，惜哉！《东塘亭子歌》云："东塘亭子东塘东，小丘十亩亭其中。蒲香草碧水光接，环城士女来从容。借问此亭何所喜，从头请说东塘子。自从开辟莲花城，此水漫漫浸城趾。尔来淤废几十秋，东家架阁西家楼。荷花菱叶空黄土，徙薪曲突搔人头。嘉庆十七年秋九，马前陈说兼童叟。十日寻山问水源，使君心事君知否。凿山通海事艰难，子产生鱼尺水看。但使免教过河泣，不须重问吸江宽。先规广尺后深尺，云影天光开古室。栽桃插柳大堤春，难得兹亭成不日。兹亭焉有亦焉无，灵台灵沼非吾图。但祝年年春水绿，鸟巢林屋鱼江湖。"《西塘亭子歌》云："西塘亭子西塘西，翼然出与东亭齐。日往月来两亭影，平分一片寒玻璃。西亭更比东亭快，西塘原较东塘大。同在莲城阒牖间，同时开凿同澄汰。东塘流水入西塘，西塘流水出城香。决决清波淅淅雨，二月春田初布秧。使君昨日观秋稼……下缺。"观此知爱民新太守踌躇满志之意。编录诗集，当不在被删之列。

四

项莲生填词，为道咸间一大家，而诗不多见。许迈孙重刻《忆云词》，曾搜辑其诗，以附于后，仅寥寥数首。近见手写诗册，得诗七首，皆许刻所未收者。清丽婉约，称其为词，书法亦娟媚，得香光遗意。汇录存之，以备词人诗之一种。《咏柳花》云："淡淡风吹细细飘，禅心对此觉无聊。吴姬酒熟香难觅，谢女诗成雪未消。怪底颠狂易沾惹，是谁凭借不扶摇。春来多少离人泪，一夜浮萍绿过桥。"《燕巢》云："比邻莺语隔垂杨，笑尔年年去住忙。四壁青泥芳草湿，一襟红雨落花香。可怜家室犹陶穴，何苦经营傍画堂。未忍当门书戊己，暂时相对话炎凉。"第一"乌衣巷口夕阳低，早早归来路莫迷。传舍光阴过两社，秦宫生世总双栖。秋风破屋遗荒垒，夜月空梁落故泥。门户谁持生计短，伯劳相忆各东西。"第二《遣闷》云："飞光与我两蹉跎，寒食清明梦里过。欲老是乡那有此，便强人意竟如何。小桃着雨红情减，新絮随风白绪多。未要天花搅禅悦，冷吟闲杀病维摩。"《偕家兄游南湖慧云寺》云："梅花香到寺门前，十亩春阴护水田。古佛尚依歌舞地，断碑犹说绍熙年。北城新第应非昔，南渡功臣几自全。早结胜因差有意，故宫台榭渺荒烟。"《偕芝生家兄出凤山门散步至胜果寺小憩用家兄原韵》云："步屧春风信往还，江城回首夕阳间。花开南宋宫前路，云放西兴雨后山。隔水闻钟知寺近，到门看竹羡僧闲。由来吊古增惆怅，不到巑岏未许攀。"自注："兄欲游南宋女校场未果，有'多君为我怜腰脚，不到巑岏未许攀'之句。"《以十余钱买兰数十茎手种之率成此诗句》云："幽兰如处士，托根离尘樊。一朝引声气，束帛征丘园。牵率到城市，坐滋群议烦。小儒既耳食，侪之荃与荪。持此一瓣香，招彼三闾魂。里儿更瞶瞶，好尚失本原。百金买一干，观者常填门。品题论形似，萧艾徒声吞。余者便委弃，不复能攀援。举以畀贫子，不足易一餐。而我取其廉，种之老瓦盆。光风日披拂，入室春温温。因之悟物理，固蒂更深根。反常众所惊，守素德乃尊。何如老岩穴，荣枯随乾坤。作诗当问讯，谅哉同心言。”

五

袁伯夔思亮丈于己卯五月作《落花诗》八首，林丈子有葆恒和之，且遍征和作，得三十余人，积诗至二百余首。袁丈首唱云：“莫向危阑惜命轻，芳踪来去故峥嵘。多生自阅荒荒劫，一往空余脉脉情。政尔后凋何所用，不关先拨早辞荣。成阴结子他年事，且办凄凉了此生。”其二云：“斜斜整整浅深红，无主楼台夕照中。历乱燕莺歌吹海，翩翩蛱蝶绮罗丛。抱香有质还天地，委运何心怨雨风。过眼漫嫌春梦短，可能佳景四时同。”其三云：“惺惺长自惜年芳，飞絮游丝并作场。不坏真空遗色相，难捐结习剩文章。残英尚诩回风舞，委蜕犹令后土香。绝代妍华成掩抑，等闲赢得一春狂。”其四云：“摇落深知百不辞，翻从决绝费然疑。回身背面肠堪断，忍泪无言意更悲。如此才华终负汝，自成馨逸待贻谁。可怜堂坳余春在，只有诗人解作痴。”其五云：“小谪凡尘又一回，不辞辛苦为谁开。刺天绚烂非无命，唾地缤纷也费才。风便尚容窥户牖，陆沉终是傍池台。最繁枝上高难托，轻薄浮生事事哀。”其六云：“芳情曾记媚灵修，偷嫁东风可自由。漂泊岂容矜去住，浮沉那复问恩仇。柔乡蝶梦栖难稳，故国鹃啼恨未休。春色画工描得不，黄金捍拨使人愁。”其七云：“划地惊飙白日昏，天涯处处渍啼痕。伤春伤别浑无奈，倾国倾城总是恩。渐减景光仍缱绻，无多芗泽与温存。人间尚有痴儿女，待挽芳魂返蠹根。”其八云：“道是春归却未归，余香黯黯点春衣。钗钿从此无消息，茵溷何曾有是非。旧赏园林仍昨日，新阴帘幕只斜晖。风怀收拾教谁见，赋罢闲情独掩扉。”维时上海罹倭警已逾二年，诗意所寓，意会可得。是年冬丈以腹疾谢世，说者谓首章结句之“成阴结子他年事，且办凄凉了此生”二语为诗谶云。

六

曹君直元忠《脚踏车行》云："一轮行前一轮后，一足跨左一足右。一上一下互踹之，无翼而飞不胫走。泰西造车只代骑，中间兀坐如鞍辔。内设寸辖作关键，外转两毂行平地。是时广场人影稠，扶置道旁如挟辀。欲上不上忽一跃，将行未行环三周。从此飞空竟绝迹，十里五里一瞬息。但看两镫自低昂，能使双轮不欹侧。轻衫窄袖细腰娘，利屣跕跕道路长。鸦轧声中动流水，尘埃影里碾斜阳。天阴月黑夜行驶，一点银灯鞅鞨紫。似闻铃驮小队来，丁当响过旋风止。突兀坡陀路不平，舍车而徒且推行。须臾仍复撩衣上，顾盼时间历几程。儿童拍手妇人笑，陌上黄头数年少。爱装胡服称身材，学成蛮语矜风调。踞坐遥见尻亦高，两髀雀跃焉知劳。暗逐踏堤游女队，可怜城阙子衿挑。吾闻重学七器出，螺旋斜面行最疾。只恐区区跬步间，轻心一掉成蹶垤。重贻笑柄闻西夷，如此维新亦奚为。便教真似奇肱国，虽有飞车安所施。"体物浏亮，婉而多讽。此诗作于光绪戊戌，正新党用事时也。

七

潍县陈簠斋介祺收藏古金石刻，为海内冠，搜集古匋文字，尤为创获。平生撰述，以矜慎故，至老无成书，传世唯见其手札，及零星金石墨本题识而已。上虞罗氏藏先生手稿一卷，得诗二章，亦金石题咏之作，吉光片羽，亦足珍也。题为《东武刘燕庭方伯池阳灯歌》序曰："右灯，文曰：'池阳宫行灯，重二斤六两，甘露四年工虞德造，守属阳瀓邑丞圣佐博临。'篆书，十四行，凡二十九有九言，在盘侧祺案，灯下皆有凿，此失。案池阳宫，见《汉书·宣帝纪》：'甘露三年，上自甘泉宿池阳宫。'《地理志》：'池阳，隶左冯翊。'征，亦隶左冯翊。师古曰：'瀓，音惩，即今之澄城。'此文作瀓，知《汉书》古本当亦作瀓。师古说可证也。守属，见莲芍宫博山炉。工、丞、佐，各署其名。薛尚功云，凡汉器，必谨其岁月，与夫造器之官是也。云重二斤六两，准以今之库平，得十六两。予得汉钱二品，有文曰重四两。第一、第九者，今皆重一两七钱三分。因证之建昭雁足灯三斤八两，今重廿有四两；陶陵鼎八斤一两，今重五十三两七钱二分。及予所得蓝田共鼎八斤八两，今重五十七两八分，皆不甚相差。大率汉权一两，今权之得四钱二三分而已。灯三足，有柄，以虑傂尺度之，通高一寸八分，柄长四寸七分，盘围径三寸九分，高八分弱，足高一寸三分，三足各相距三寸七分。”诗曰：“六一居士初集古，要将文字西京补。林华行灯五凤年，抚自长安刘原父。我亦长安一寓公，古缘今昔将毋同。一灯篆文廿有九，大书首勒池阳宫。纪元甘露四年刻，巧工司马曰虞德。班书澂邑今澄城，亦隶黄图左冯翊。款同莲芍博山炉，只列守属无啬夫。官秩更详丞与佐，勒名阳圣博临俱。二斤六两数可按，准以今权不及半。乍看三尺是蟾蜍，手摘莲花香一瓣。是时单于朝汉皇，泰畤郊分太乙光。风清步辇甘泉道，禁漏长平夜未央。晴虹交映姮娥手，俯仰如神玉阶走。曜流华烛彼一时，精采犹存千载后。千载而后我得之，池阳佳丽灯应知。苔花馥郁铜花蚀，但有蚖脂晕活碧。不然龙虎宛宛夸鹿卢，上林寂寞萦宫芜。何如盛业流炎汉，至今青史余璀璨。孝宣技巧胜元成，吏不失职艺能精。此灯影向秋宵照，月转吟廊行复行。爇以兰膏燃以苡，杖藜相对青如此。思古幽情宏汉京，奚让欧阳与公是。”又一绝句，题云：“燕庭方伯获古长安，长歌纪此，张石匏开福、鲍子年康亦皆有诗，而未及前右足之‘庄’字，兹因刻图，为儿子厚滋辨得，赋句志后。”诗曰：“足下凿文谛曰庄，勒名取义两难详。当年原父犹疏略，一字缣留此日偿。”亦题池阳宫灯之作也。海盐张石匏和之，其诗曰：“汉家离宫三十六，焕若列宿纷相属。池阳阁道通甘泉，一灯远溯甘露年。西京文字不可得，欧阳集古曾太息。林华莲芍旧品题，建昭竟宁今拂拭。此灯又在元成前，技巧精能尚孝宣。工成纪款行十四，篆文错落廿九字。其一征邑辨汉志，以澂为徵偏旁异。幸从师古证澄城，史家乃得援据精。我客长安余一载，探奇每步郊原外。归来风雨闭吟窗，一室荧荧青自对。东武先生古与徒，文章道谊今欧苏。汤盘孔鼎有述作韩句，汉碣唐碑俱搜索。一编金石几摩挲，丹铅夜照藜光阁。此灯来人非偶然，炎刘神物有奇缘。首山樊榭漫牵引，蒲褐留证山房禅。我今识字愧张敞，归舟南仲吴门访。携将影本快同论，秋半黄昏看月样。”

八

吴柳堂可读以尸谏立储，有绝命诗云：“回首六十八年中，往事空谈爱与忠。抔土已成黄帝鼎，前星还祝紫薇宫。相逢老辈寥寥甚，到处先生好好同。欲识孤臣恋恩所，五更风雨蓟门东。”先师临桂先生曰：“柳堂遗折，经某当道更易太半，然后进呈，其真本必有触忌、讳破、扃谲之语，惜不得见也。”此诗未知是否曾经改窜，曩在京师，闻人传诵，似记“还祝”二字非是，殆亦因触忌而改易矣。

九

先师临桂况先生周颐年十三四时尝作诗，有句云：“薄酒并无三日醉，寒梅也隔一窗纱。”其姊丈蒋君栋周见而诫之曰：“童子学诗，胡为是衰飒语?”厥后专精填词，遂不复作诗。偶有酬应题咏，亦不存稿，仅得见数首，如《自题绘芳词》云：“送春春去仍风雨，闻说清和绝惘然。如此新亭更无泪，且携浊酒拨湘弦。”一“一肌一容妍复妍，一字一珠圆复圆。一声一泪溅复溅，美人劝我金觥船。”二“倾城倾国谈何易，为雨为云事可哀。切莫相逢诉沦落，眼中楼阁即蓬莱。”三《绘芳词》者，撰录古今咏美人词，自“发”迄“影”，凡百数十阕，石印巾箱本，分上下二卷，诗意盖别有所指也。又二绝句，《为玉芙作》：“群玉山头琢玉郎，晓风杨柳共平章。两行红粉无颜色，不是当筵不敢狂。”一“清涟濯出玉精神，心是灵犀解辟尘。消得凭阑唯远目，石家金谷岂无春。”二自注“皆有本事”，固知[非]漫作者。

一〇

李审言详《见陶斋藏石记印本感赋》云："槐影扶疏红纸廊，冶城东畔又沧桑。摩挲石墨人空老，忆到金陵便断肠。"一"脱略曾非礼数苛，上宫有女妒修蛾。濮阳金集儒书客，那得杨雄手载多。"二"觥觥含宪出重阍，传命居然奉敕尊。轻薄子玄犹并世，可怜不返蜀川魂。"三近人笔记多言"轻薄子玄"乃指先临桂师，且言况、李交恶事，颇多传闻异辞，唯张孟劬尔田先生辨之，以为实为陈善余庆年而作。按《陶斋藏石记》，人第知为吾师所属稿，实则并非出之一手，传讹之由，盖亦因此。陶斋自序，明有"助余勘定者，则有临桂况周颐、湘阴龚锡龄、兴化李详、丹徒陈庆年，于例得附书之"之语。孟劬先生熟精近代掌故，下笔极慎，其言当可征信。

一一

张姜斋元奇《绑票行》云："国贫无币代以票，盗穷无票代以人。东家大户我金穴，西家小儿我财神。胡匪呼所绑者为财神。迎神刀在手，缚神马后走。有金送神归，无钱馘神首。呼冤县前捶大鼓，兵胡如鼠盗如虎。摇旗点兵捕盗来，鸣呼盗去兵不回。"姜斋光绪间官奉天巡按使，此所言，红胡子所为也，厥后此风乃弥漫全国矣。

一二

朱强村孝臧丈《和秦晦鸣树声乞米曲》云："宣州诗翁恒苦饥，索米梦持篆窠归。举家啖粥臞不肥，平原笔力弩释机。先生砚田十年穖，溉墨一斗键其扉。临川三昧荧荧晖，浓锋蹶起诸城痱。赫蹄纸百不供挥，玺书增俸畴敢睎。月料半流捋茹薇，焉能休粮脱尘鞿。道山延阁接太微，胡不陈书紫宸闱。胡不曼胡短后衣，捷书夜草旄头飞。胡为颇颔幽篁围，干愁漫诞不可矶。诸公岂辨妃与豨，一丘之貉蒙庶几。菜佣求益来已稀，牛铎黄钟荒是非。枵然者腹负大诽，安用陶胡奴累欷。逝将著鞭骖子骓，安吴笔诀绝几韦，他年奇字森烟霏。”晦鸣工草书，传世极稀，丈尝见告：“晦鸣自许能书，世无真鉴，三百年后，始有识者耳。”又《横流》一首云：“浪传精卫塞横流，暄律难回岛索秋。已割蓬莱山左股，莫临碣石海东头。微波曼衍终沉陆，患气萌芽旋决疣。一笑业成无辈我，人间火急有鄮侯。”又《王病山避乱武陵乃其昔年备兵地也武陵诗人陈伯弢以书酝相劳苦报赋有句率次原韵奉寄》云：“极天兵火况修途，谁谓萍蓬匪定居。用意故须忧患外，哀吟犹是乱离初。新知濡呴宜篇翰，旧颂流传尚井庐。日夜双江急东下，莫因人事滞音书。”二诗作于国变前后，可与其填词相表里也。丈所作诗集曰《玉湖趺馆诗存》，自壹意专力于倚声，乃不恒为诗，晚年自定词集后，复删订诗集，命之曰《弃稿》，大半中年之作也。

一三

秦晦鸣与强村丈交最深，强村诗词酬晦鸣者颇多，而晦鸣所作，绝少流传，其《和沤尹枉赠五古》云：“三虫告天归，乱笑飞庾语。吾君太行貜，毕数在雕虎。肝肾日沦剥，蒜发擢春缕。夜气何凄凄，银缸欲终古。”沤尹，强丈字也。晦鸣磊落负奇气，好为诗，硬语盘空，多奇思，耽内典，尝以骈文发电报，草书作公牍，为上官所斥，不顾也，强丈云。

一四

陈苍虬先生曾寿曰：“诗贵沉着，而或失则晦滞。亦贵高朗，而或失则剽流。兼有其美，无其弊者，简斋之诗也。宋诗自涪翁而后，能自树立者，后山、简斋，同时若宛丘、淮海、具茨、鸡肋，皆不可一时之才，而成就独推后山。此中三昧，当深求其故，始有入处。简斋较后山才尤高，然其不及后山之处，亦当在此。”此甚深微，未易言也。

一五

曾刚父先生习经《壬子八九月所读书题词》第二首《谢康乐集》云："漫道凡夫圣可齐，不经意处耐攀跻。后人率尔谈康乐，且向前贤学制题。"自识云："康乐诗，记室赞许尤矣。其制题简净，正复妙绝今古。倘张天如所谓'出处语默，无一近人'者邪？柳州五古刻意陶谢，兼学康乐制题，如《湘口馆潇湘二水所会》《登蒲州石矶望江口潭岛深回斜对香零山》等题，皆极用意。惜此旨自柳州至今无闻焉。不贤识小，正尔惭惶，后有大雅，或哂我南人学问，有牖中窥日而已。"作诗制题，正是极大学问，其用力要须在推敲声病、锻练句法之上。

一六

刚父《题王右丞集》云："惭惶官职偶同公，寥落千年怅望中。但得晚来修白业，不妨文字马牛风。"自注云："予官右丞时，何翙高以诗戏之曰：'此真诗人官职也。'自愧文质无底，何敢比辋川？特以夙耽禅悦，于公似有同情。万一他时有会处，则某甲虽不识一字，要须还他堂堂地做个人。"刚父官度支部右丞，国变后，买田杨澧，食贫自甘，其不足于辋川之意，正是自负处。

一七

朋辈中，治学之勤，无逾慈溪洪荆山完者。君足迹远踔燕冀，一时巨人长德，咸得捧手。尝从慈溪冯先生君木开、湘潭袁先生伯夔思亮受古文义法，而尤以诗自喜。积数千百首，痛自删汰，不及十之一，为《袌常簃诗甲乙集》。大抵为山阴诸先生贞壮宗元所点定者，而君欿然不自足也。贞壮尤推许其五言，以为"植骨既坚，陈义得质"者，良非溢美。如《秋日同友人乘摩托车游吴淞眺望薄暮乃归》云："沪居困尘块，疲苶寡出户。淞游久系思，终为人事误。暑凉昨骤变，飙厉声何怒。提携二三子，驾言郊坰步。冲风背郭行，树色开积雾。秋蝉曳残响，夕照明草路。车窗纳万景，淡荡得野趣。箭激亦何为，徒惹道旁顾。前车方倾覆，交警吾与汝。遥天已薄暝，夷犹未忍去。江乡风物美，所惜非吾土。”《哀刘大》云：“平生我泗桥，窈蔼具深致。肺腑先愁我，眷言念君子。内美重修能，旦昼在膏晷。余时赋北征，见余诗则喜。谓实挟真诚，琢磨研名理。形影虽未接，愿言从此始。”一“自我涉海壖，敦励劳顾盼。欢情各苦短，娓娓遽判袂。吁嗟吾与子，谈艺若个伴。披览虫天吟，凄楚泣如霰。讴歌互激远，文酒见涯岸。米盐消俊气，各各痛肠断。”二“君窥兰台方，病者藉以安。囊中有上药，谓当生羽翰。何意覆车辙，股血流殷殷。履危如踏夷，跉踔得生还。行年仅壮耳，夔足若老残。十步九踯躅，倚杖望乡关。”三“君住淞水滨，我来江之侧。何以慰相思，佳人致契阔。弭棹遵江壖，怛化良凄恻。世变瞬息间，惨酷抑何极。书札次第寻，一叹幽明隔。已矣我泗桥，速予鬓丝白。”四荆山自序其事云：“泗桥纵学，尤精于医。往岁遭覆车之祸而未死，今复罹奔毂殒，闻之骇愕。天禄不融，歼我国士。赋诗述哀，吁其悕矣。”又《沪甬道中望海用谢灵运游赤口泛海韵》云：“挥手谢淞波，羁恨苦未歇。揽衣对暮霞，雕鹗盘空没。置身亦艰险，生死千钧发。岛屿蹲众岫，蕴怒终一发。巨浸照秃影，微茫云间月。入夜厌喧嚣，起坐更激越。归心不自胜，骋怀望城阙。物候初不异，晴雨变倏忽。回首睇神州，汹汹事征伐。”

一八

荆山性情中人，中年哀乐，所作多变徵之音，五言而外，尤工长律，凄厉抑郁，亦时会境地所使然也。如《流月》云：“流月飞辉夜景凉，劳人情隔在江乡。枕寒昨听中宵雨，家近秋忘万里霜。不顾久曾言堕甑，相依何乞伴焚香。平生此意惟君喻，离合悲欢许共尝。”《独夜》云：“独夜心情接杳冥，且搴珠箔数流星。灯花灼灼如相笑，檐雨潺潺总不停。但惜芳菲成畹晚，暗将憔悴助伶俜。晓钟催落纱窗月，幽语犹烦隔梦听。”《坛园玩月闻鹤唳有怀》云：“荒园吊影尽悲酸，独夜凭阑骨亦寒。残月当空天自远，乱书遮眼烛将阑。荧光短促萦篱落，鹤唳凄哀动肺肝。几辈南中亲骨肉，梦魂相见只汍澜。”《冯都良惠题屺梦图册言哀已深感极有答》云：“中年霜露湿莱衣，归梦江乡愿已违。瘖寐莫酬明发感，丹青难写死丧威。置楹书富终何用，失母雏痴久告饥。憔悴鲜民同一恸，残春无限惜芳菲。”《六月廿五日闲华小祥述哀》云：“泪已吞声岁又回，每营斋奠费疑猜。悠悠生死经年别，莽莽人天冀梦来。出处终应怜我拙，糟糠早觉负君才。炎天海角仍羁旅，揽镜孤鸾政自哀。”

一九

钱塘陈小铁元禄为永定河同守时，闻新乐刘令，以教职改用。时曾文正公总制畿辅，实主其枋，小铁投以诗云：“吾儒植学首不欺，一曰慎独严厥私。他山之石可攻玉，切磋正待良工治。馆阁储才始庠序，胡以巧伪为之师。官人莫非爱民职，虐民尤招清议訾。或曰今官不古若，朋伦所豢皆庸衰。我公洞悉若观火，子持此论何迂痴。然昔吾友训鸡泽，自注：程伯敷鸿诏曾官鸡泽县学训导。翶翶劝学勤职司。士风因之遂一变，循声远逮清河湄。有治人即有治法，斯理实可操蓍龟。若谓实亡名可废，宣尼何叹饩羊为。公悬三科饬举士，形端影正理可知。彼人固非三辅士，大梁接壤胥王畿。元臣举措系风气，乾坤正藉一手持。名臣言行方待录，白简所列青史垂。一言不胫走天下，窥听况有东海夷。骨鲠在喉吐始快，口欲掉舌心然疑。位卑言高臣岂敢，辩言乱政尤非宜。风人之旨婉而讽，作歌敬献刍荛辞。诗成再拜昧死上，朝来好介驿使驰。我公谦冲不我鄙，或许下士轩须眉。”文正得诗，以卑逊之辞答谢之，此亦文正遗事之可传者。

二〇

小铁为星斋太仆兆仑之玄孙，累叶华膴，而独劬不倦，屡踬场屋，乃弃儒业，试吏保阳。又时时往来都门，所交皆当世雄骏之士，与龚定庵交至善，故诗笔亦颇近之。王定甫锡振谓其“合昌谷义山为一手”者，盖亦一时风气使然也。所为诗曰《抱潜诗存》，分五集，曰《春声》，曰《鹣鲽》，曰《袁江》，曰《竹西酬唱》，曰《清河》。今所流传，为嘉善张氏娟镜楼刻本，经张彦云祖廉与吴伯宛昌绶、章式之钰所删订者，所存篇什无多矣。《无题》三首云：“多事描来蛱蝶图，却将幽怨锁蘼芜。鸳鸯有恨因谁识，鹦鹉能言只自呼。远道心孤无赖月，美人家在莫愁湖。牡丹欲谢莺声懒，七尺珊瑚涴泪珠。”一“西湖三十六芙蓉，添得嶙峋又一峰。话雨谁闻思射虎，耕烟人尚说呼龙。五湖夜冷金瓯梦，三峤春迷铁柱踪。我是他年丁令鹤，花前几见月溶溶。”二“丹凤城南尺五天，一床清泪抱愁眠。丝窗窈窕听春雨，红袖飘零说去年。燕子惊寒空踯躅，落花倚树总缠绵。不知苏小门前柳，弹到秋声第几弦。”三《后无题四首》云：“锦屏三叠闭门居，不卷银钩夜月虚。燕子来时犹有梦，樱桃开后总无书。一弯玉沼玲珑藕，三尺珠江玳瑁鱼。底事春愁浓似海，儿家门巷落花初。”一“春寒瑟瑟四围遮，肠断江南燕子家。往事只余看月色，乡心谁与问梅花。寒涛古屿横归雁，冷雨荒堤叫暮鸦。寄语画船诸女伴，莫将幽怨诉琵琶。”二“画楼残月已深更，漫拓疏帘听晓莺。锦字亲题春有约，玉钗低坠夜无声。梦如花影浑难觅，心似潮痕未忍平。几个襹褷长颈鹤，背人犹自说鸥盟。”三“抱琴沉思向谁弹，幽怨飘零墨一丸。宝剑恨无奇士识，名花聊当美人看。秋千背后寻残梦，鹦鹉前头话晓寒。柳絮冥冥红烛暗，伤春心倦泪痕干。”四又其七绝诸作，颇似定庵《己亥杂诗》。于其自注语中，亦颇可得其当时诸名士轶事，并附录之。《道光壬寅冬十二月奉两大人命亲迎杭州同人饯于万柳堂作诗留别》云：“老鹤盘秋万里心，中原落日几沉吟。醰醰一疏培元气，已是人间太古音。”一“二十万言论天下，当事喑哑旁观嗟。周秦之间有此客，位置宜在纵横家。”二自注：“益阳汤郎中鹏先生。以侍御言事改官户部，近撰《浮丘子》三十三卷，颇谈天人王霸之用。”“王郎真味若橄榄，使我咀嚼三千年。天末停云想苏子，一回相见一潸然。”三“王郎腹中有春气，眸子照人秋水寒。期君莫负临歧约,合格文章有用官。”四自注:“马平王主事锡振。治古文,力追八家,以辛丑进士学习农曹。”“黄河一脉走昆仑,元气沉沉道气浑。新得新安古周易,避人终夜画乾坤。”五自注:“邵武杨郎中宝臣。”“伯敷学品在我上,我虽欲言无可说。一事愿君拜大禹,莫将此身葬糟粕。”六自注:“黟程秀才鸿诏。”“逢人圆到如庄子,不要飞扬不要酸。七尺亭亭须有用,读书容易做人难。”七自注:“贵筑黄监生彭年敬一。年十九,勇于自治,读书恒彻夜不寐,非所饥渴者,广坐中,虽强其一揖不可,尝论文章,唯庄子最圆,故即以其语箴之。”“诗如秋水清无底,人似梅花瘦可怜。守定洪荒三五客,朝谈奇鬼夜谈天。”八自注:“瑞安孙明经衣言琴西。长身玉立,倜傥能诗,大夫士以一不得一握手为恨。庚子冬奉派琉球教习,例居国学,日与二质子相周旋,非有事故不许出,其国所读书,皆中朝兔园册子也。”“其人酷似成容若,与我同师龚爱吾。自注:羽玙先生。莫负东华好春夜,高烧红烛梦西湖。”九“双凤馆中花乱开,六朝样子要清才。千春不薄伽陵托,昨夜云郎破笑来。”十自注:“归安家明经凤孙。云郎小影,厂市所新获者。”“挥手孤山又五年,暗香疏影梦中看。飘零诗思苍茫感,彀向林逋话晓寒。”十一又《暮秋病起闭门多暇怀人感物杂咏成章》云:“短缣曾为写春葩,韵事鸥波世竞夸。一种情怀谁似得,碧桃廿四并头花。”一自注:“贵筑黄编修彭年夫人刘。工画,编修尝以所画花卉见贻,庭中碧桃花开双蕊,余以二十四并蒂碧桃花馆颜其居云。”“十年淮海剑空摩,脱手仙寰一刹那。断楮零缣谁护惜,诗魂空化百东坡。”二自注:“表兄仁和钱知事观。君熟于《苏文忠公集》,尝集其诗为七古赠余,逾壮遽卒,曙后星孤尤堪悼恻也。”“爱士论文一片心,高楼曾醉酒杯深。爨材空抱中郎感,无福同侪十二琴。”三自注:“武进汤都督贻汾。都督工诗善画,收藏甚富,古琴十二尤为得意物。丁未夏,余游白门,招饮琴隐园,其意甚厚,可感也。”“竹西歌吹旧词场,闭户相看喜欲狂。怪尔文章清到骨,那能肥白似张苍。”四自注:“顺德张吉士邦佺、仁和张大使燮荣。丁未夏,余游扬州,两君酬唱甚富，大使体肥，故云。”“脱口新词得未曾，十年春梦冷疏灯。诗人近代谁低首，绝爱常州假县丞。”五自注：“灵川苏孝廉汝谦。工诗，居京师，每一篇出，辄为人传诵，于近世诗人尤嗜黄仲则《两当轩集》。”

二一

龚定庵诗，精悍奇逸，震铄一时，群相摹拟，滋成习气。谭复堂以“发风动气”纠弹之，犹恕词也。辛亥以后，南中犹有学之者，则已成强弩之末矣。

二二

小铁所著《十五福堂笔记》，有太仆公陈兆仑论诗之语，颇可观揽，节取之。论王勃《临高台》七古长篇曰：“既有瑶轩绮构，复有紫阁丹楼、璧房锦殿、叠榭层楹、绣户文窗；既有朱轮翠盖，复有银鞍绣毂。初唐四子长篇，合沓重复，率如此类。此韩子所谓杂乱无章也。”论卢照邻《长安古意》七古曰：“才说青牛白马七香车，随有玉辇金鞭，其没分晓如此。后文之宝马铁连钱，更无论矣。”论高适《邯郸少年行》“且与少年饮美酒，往来射猎南山头”两句曰：“与老杜‘短衣匹马随李广，看射猛虎终残年’同此劲气。”又论高适《人日寄杜拾遗》七律“柳条弄色不忍见，梅花满枝空断肠”两句曰：“只是直写去，自好。”又论高适《别董大》七绝曰：“纯用气魄，一声中有千声万声。”又论李颀《缓歌行》七古“业就功成见明主”句曰：“业就，谓学业也。功成，谓成名也。只浅浅说，此诗为势利人说法，亦无聊解嘲语耳，莫认真看。”又论李颀《王母歌》曰：“越说得热闹，越荒唐，所谓天下岂有神仙是也。”又论李颀《送康洽入京进乐府歌》“莺声醉煞五陵儿”句曰：“痛快。”又末“西上虽用长公主，终须一见曲陵侯”曰：“一结欲绝。”又论李颀《郑樱桃歌》曰：“红纶巾，红旂，是病。若李长吉，即富赡，不肯犯复矣。”又论王昌龄《塞下曲》之“一唤醒梦梦”曰：“其音凄断。”又论王昌龄《同舍弟南斋玩月》“清晖淡水木，演漾在窗户”两句曰：“写得出。”又论常建《江上琴兴》五古曰："高韵远致。"

二三

钱二南丈宝龢以其先公泽田先生湛霖遗墨装卷征题，卷为题画诗稿，题云："昨于役西林，炎威酷烈，每遇茂林修竹，益觉清景可怡。适弥高先生大人出此属题，率笔成此，以抒胸臆之意，知不足博方雅一笑也。"诗云："我昨赴西林，长途日驰逐。炎暑迈征车，蒸汗同膏沐。偶逢青琅玕，顿觉快心目。潇潇酷热蒸，猗猗清景淑。羡彼山居人，长年免尘黩。永愿谢簪组，依林结茅屋。未栽三经花，先栽三亩竹。清风日披拂，好书时玩读。此愿我未偿，此图我三复。毋亦解组归，束缚厌州牧。安得归去来，把卷依林麓。"二南丈记此诗为光绪癸未赴西林勘案时所作。时方盛暑，长途跋涉，赤日千里，车殆马烦，暂得竹林，欣然投止，非身历其境不知也。先生官广西，历宰崇善、全州、迁江、武宣，所至有政声，卒于任所。工书善诗，多散佚不存。

二四

况又韩维琦《题泽田先生遗墨卷子》云："过江宣示藏衣带，落水兰亭亦等闲。今日诵芬兼述德，孤儿清泪尚潸潸。"一"吏治文章旧擅名，哦诗比竹得余清。丛残遗墨勤收拾，应有祥云护凿楹。"二又韩承庭诰，治倚声金石之学，又擅绘事，余事为诗，亦复至精。此二绝即其隶事之工，可概其余。

二五

题画诗不易作，要在不率不琢。又韩工画，间事题咏，宜合分际。《题仿倪迂画》云："霜落高林水气清，暮霞还映淡烟轻。江南风物浑如画，一抹遥天向晚晴。"《画松》云："蛟缠恰似少温篆，直干爱吟老杜诗。矮纸研光容放笔，凌寒心事要深期。"《画竹》云："墨君堂记涪翁诗，应胜文苏酬答辞。不道渭川千亩影，宗风璇阁更谁师。"是亦善于使事,所谓“能使事而不为事使”者也。

二六

顾印伯印愚《陈伯严兄六十寿诗》:“争席如闻下海沤,永和禊岁甲环周。君生于咸丰三年,岁在癸丑,来岁又癸丑矣。桃花源外人间世,枯木堂阴不系舟。昔两少年俱日下,修相见礼接风流。光绪癸未始识君,以诗订交。刘郎畾霾笑开口南丰刘镐仲,毛子陶泓书秃头丰城毛实君。夏课寺堆红叶寺,朝吟门掩碧云秋。己亥夏秋之交,君居棉花五巷圆通寺习书,余居南横街圆通观,时相过从。观有高楸,花时如雪。识荆敢谓因群拜,庚寅秋,始谒四觉翁于京邸。赠缟欣看报札投。达县吴季清。永忆乃园梅树咏,武昌提刑署,依山为乃园,梅百余本,甲午夏,与季清同游鄂中,下榻园中者两月。更追九日谢祠游。庚寅九日实君与华阳乔茂萱觞四觉翁于宣南谢文节祠,独招余陪翁。时余将游晋,明日出都,和翁阛字韵诗,翁举大白浮余曰:‘闻子能饮,为我画醽,壮子行色。’嗟传旧学毗陵集,晚诩斜川飓赋遒。感子峭庐瞻宰木,怀人钟阜失扁舟。癸卯秋过金陵,访胡苾刍,留连匝月。时君侨白下,复共觞咏,逾年而苾刍逝矣。别来俯仰都陈迹,老去心情只醉谋。庄叟室虚仍止止,司空亭卧早休休。竞传伯越还存鲁,不分捶楼更踢洲。十七柳荒非昨日,四觉翁去后十年,番禺梁节庵来主乃园,旧时梅树零落殆尽,但池柳依依,节庵题曰十七柳亭。八千椿寿倏新秋。海山兜率何归处,皂帽藜床且滞留。元祐余官吁挂籍,义熙前路窅经丘。已专一壑骑驴往,岂赋重阳费蝶愁。想对翟妻歌负戴,况闻骥子副弓裘。玉山旧侣应相忆,乐府新题定可收。宋季陈行之著《乐府补题》一卷,今所传周公谨、张玉田、王圣与咏蝉、咏龙涎香诸阕是也。欲兑油囊供擘脯,请编癸集续探筹。还君第一功名在,独立斜阳自献酬。司空表圣归中条后,有‘第一功名只赏诗’之句。”不独长律妥帖工稳,其自注语,亦足为谈掌故之资也。

二七

叶曼卿意深《番歌辞》四首，其序曰："予始至台湾，遇宜兰人某，为说番人杂歌，义若有可取者。某言多土音，谛听之，率十不得二三。因以书代言，终苦于不能尽，常以其言藏于胸中。近得《淡水厅志》，阅之，内录《番歌辞》四篇，各以译言注于下，与某言大致略同，较为显白。且每篇首趾悉具，尤可通晓。喜数月结想，一旦解释。又尝闻某言，番人歌时必舞，疾徐高下，动合节奏，虽未娴声律，自协天然之韵，理或然也。今观《志》中所载番曲，不可句读，欲按而歌之，难矣。而译言皆系以俚语，览者多厌鄙之。爰述其意，著为歌辞，令可诵。其于缘物生情，因事陈说，盖亦合诗人之义。用知雕题黑齿之辈，秉赋无别，且其风犹近古焉。"歌辞各有题及题解，且述其所出地。《良夜》云："《良夜》，弃妇怀夫也。歌出蓬山八社。番俗夫妇，夫离未娶，妇不能嫁。"辞曰："良夜闻歌，嗟我独宿。如何如何？有鸟飞鸣，有声蹜蹜。倘我旧人，来即我宿。起而瞻望，月出明明。匪旧人实来，风动竹声。莫返莫旋，胡为其然？翳我怀人！"《怪鸟飞去》云："《怪鸟飞去》，思子也。歌出后陇社。"辞曰："怪鸟飞去，不知何之。日暮既倦飞，归宿故树枝。对此无言心惆怅。嗟嗟予子竟安往？不如归去倚门望。望子不见心悠悠，且召诸亲饮美酒，以酒销忧忧更忧。"《饮酒》云："《饮酒》，社长戒众之辞。歌出竹堑社。"辞曰："请尔来饮酒，与尔陈先德。我祖殚艰辛，终日无休息。鹿麂常生禽，稻粱俱蕃殖。旧业代流传，足为子孙式。尔辈皆少年，凡事须努力。庶聪老人言，克勤先人职。重来饮美酒，欢喜信无极。"《迟晚》云："《迟晚》，祭祀乐歌也。歌出淡水诸社，其发端曰迟晚，迟晚者，译言祭也。"辞曰："祭我祖，暨祖妣。神庶来，尝酒醴。粢维洁，蔬维旨。神来歆，降福祉。岁丰穰，东西比行，射鹿无矢。"大类古乐府，惜不得《淡水厅志》译文，不则又一《汉书》所载蛮夷颂德歌辞也。曼卿鄞人，光绪乙酉乡榜，江苏知县。

二八

勒公遂深之闻析津造铁路行火轮车，漫书二绝句云："以铁为轮发新硎，开山何必殊五丁。指南车制翻嫌陋，万里居然如户庭。"一"王会图开绝城春，上方典属出才臣。一家胡越超千古，莫道当年画策人。"二彼时因造铁路，曾肇大乱，武昌起义，亦基于此。此亦可以觇彼士大夫目光意思之一斑也。

二九

南城刘未林凤起丈，癸卯通籍后，张冶秋百熙侍郎主持学务、邮传诸政，极依禆之。丈于施行诸新政，多所建议，格不得行，遂挂冠去。辛亥壬子之交，一长江西民政，维桑与梓，必恭敬止，丧乱既平，翛然引去，止于上海，用鬻书画自给。工诗，尤善于说诗，持论至精，不为流俗风气所转移。世人第称其书画，盖浅乎其测之矣。晚年诗不苟作，每得句，辄写以示定海贺君师章及予，以僦居为比邻，晨夕相过从者也。自定诗稿为《心藏园集》，凡三十卷，裒然巨帙，杀青无期，兵燹之后，益不可问讯。每览箧中所存手迹，有不胜人亡殄悴之感也。最录数首，皆彼时时日之可念者。《佛证约伯夔天婴君木雪塍伯允布雷兰沙荆山饮于养素斋追和荆山去年觞集之作兼呈同座》云："相知肝胆忘为客，况有文章式后人。饮水何因恋江海，盍簪或亦动星辰。移家岛屿心常在，自注：君木有联袂南洋之思。接眼风烟草不春。自注：江浙正苦兵。且喜来年诗债了，肯令清韵堕声尘。"《清明》云："桃李连阡上冢明，太平风物有余思。十年孤往酬佳节，一乱空前靡孑遗。俭岁何因歌麦秀，高楼宁觉近花枝。瞻天香火遥承事，海角归云未可期。"《寒夜寀唐蒙庵携诗见过》云："寒挟春迟未解严，沉阴日短下重帘。人同花静听香远，客带诗来觉喜添。只乐贫闲谈亦健，所思乱定梦初甜。旧能好事今余几，宴坐相看月挂檐。"《答寀唐岁暮感怀之作》云："水立波横何处涯，风人伤乱付涂鸦。寒梅春信迟云侣，丛桂冬心负月华。煮石不贪星有酒，布金应惜佛无家。知君觅句同师道，真意宁须拾慧牙。”《臂痛枯坐作赠君木子大宷唐蒙庵伯允》云：“东海桑田旧事远，北山林壑素心违。天倾地坼宁如是，草长莺啼总未归。幽客有香来不速，吉人无闷遁能飞。因循乱久空皮骨，燕麦春风到处肥。”《梦修眉长髯者告以首七字醒续成长律》云：“能排尘事即幽居，穷想仙凡一太虚。人住清凉何有梦，世无真觉可焚书。老来惜病疏酬答，心远看云浪卷舒。寂寞诗痕连画絮，消除茶半与香初。”《友挟往食欧馔观乐席未终欲去不可默占是诗》云：“异地全微尚，敷天酿劫灰。趋风人满眼，奔月魄初胎。何处逋前梦，伊谁铸此才。辚辚慨周道，灯火照尘埃。”《腊底新年蒙庵佛证以诗见示适他山来自故乡亦言家居四年作诗礼佛以了日因为答赠之什》云：“海隅循正朔，岁首读新诗。退步排尘想，淡交无苦辞。春晴人意健，花静客心知。尊酒温前梦，须眉较曩时。”一“多乱竟忘老，乡音耳乍新。家书寻忆语，诗梦又初春。佳日岁寒友，苍天劫外人。禅栖同海角，谁识主林神。”二

三〇

吴蓉塘寿昌诗扇，番禺汪氏藏，书五律四首，皆其任贵州学政时所作也。《由贵定入麻哈》云：“一径入云深，分歧始此行。自注：适楚粤于此分道。带罗俯江水，斗大指山城。草木早春敛，林峦残雪明。紫姜蛮砦近，篘酒御寒生。”《抵都匀日春晴》云：“坦道越三里，暖春开一晴。经年那易得，今日若为并。坐免桔槔转，身依即栗行。前蹊有桃李，见尔及时荣。”《黎平滚马坡》云：“阅尽黔山险，惊山数此山。蛛丝千仞上，剑脊万峰间。石堕熊罴扶，枝残猿狖攀。经过人自老，不必问朱颜。”《开泰访龙标旧尉处》云：“诗客南迁地，风流亦自馨。杨花三月白，山色九黎青。自注：少伯诗，青山明月不曾空。近卫闻铜鼓，前邮接锦屏。沉吟一题句，画壁欠旗亭。”蓉塘诗见王兰泉《湖海诗传》，仅《题墨录》一首，小传云：“胡寿昌字泰交，山阴人，乾隆三十四年进士，官至左中允。”《蒲褐山房诗话》：“中允萧闲真淡，早遂初衣。

而学有本原，工于佐证。为贵州学政，作时艺以绳多士，穿经贯史，一时拈出，众以为得未曾有也。诗自《虚白斋课存稿》外，见者盖寥寥。"

三一

王湘绮闿运于举世竞尚"西江诗派"之际，独标八代诗旨，其所制亦能如其所说，信所谓特立独行之士矣。惜继起者尚少其人，则工力未臻，虽貌似，未足以语于斯也。

三二

李越缦慈铭诗高自标置，其议论亦复可听，然实不克自副之。其"知者不言，言者不知"之谓乎。

三三

湘绮之论七言绝句曰："七言绝句和乐，皆五句，盖仿于《淋池》《招商》。其平仄相间，唯作四句，则始于汤惠休《秋思引》。自是以后，盛于唐代，有美必臻，别为一体。然其调哀急，唯宜筝笛，大雅弗尚也。而工之至难，一字未安，全章皆顿。"其说至精。《湘绮楼诗集》中无七绝一体，而别类七绝一篇为《夜雪集》，自序云："既过强仕，阅世学道，上说下教，意所不能达者，辄作一绝句，等之稗官小说，取悟俗听。"虽谦词，实自负语，然远不逮其八代诗。至《夜雪后集》，为《七夕词》四十六首，年作一绝，凡四十六年。自记其生平经历，而自为之注，事颇详，然去诗道远矣。自定庵《己亥杂诗》以后，此例颇盛行，弥复可厌。以湘绮之高格调，亦为是时世妆，知习俗移人，贤者不免矣。

三四

王湘绮有论同人诗八绝句，首有序，序其人及诗。其一："李伯元诗，专拟唐人，以神韵为主，下字矜慎，殆为炉锤。尝与论梅诗，'枝高出手寒'未若'枝横却月观'两句，伯元独吟杜句云，'江边一树垂垂发’，此句最佳。余不悟其意，至今犹未契也。”诗曰：“丽句清词似女郎，风情绵邈骨坚苍。如今江树垂垂发，怀旧伤春一断肠。”其二：“董研樵，家业素封，少年高第。诗好杜子美同谷以后之作，坚苦枯寒，风骨愈老。尝备兵甘源，尤畏陇阪。服阕赴补，复得秦阶，遂憔悴以死。”诗曰：“锦衣玉貌尽风流，苦思孤吟听每愁。一片秋心无处写，为填诗债向秦州。”其三：“高伯足诗，少拟谢、陆，长句在王、杜之间。中乃思树帜，自异湘吟，尤忌余讲论，矜求新古。尝刻意作《咏怀诗》廿余首，录稿传余，并探月旦。余云：‘五字相连，皆不能解，一二彻之，固皆可识，吾无以名之矣。’高颇自失，及将卒前数年，偶见其歌行一二篇，逸气高情，足压同辈，惜乎其中年夭折也。”诗曰：“剑气珠光逞少年，老来长句更芊眠。饶思秀涩开新派，终作楞严十种仙。”其四：“严受庵，幼有颖慧，赋拟《楚辞》，诗逼昌谷，文兼唐魏之势。十七岁至京师，相遇论交，余云：‘君诗文未入格。’因论古法。又问余所不及者，言五言必期似汉人，今且不能似子建。欲学子建，且先似士衡。君幡然遂归。逾年访余长沙，出示新作，沉博绝丽，有士衡之意。余惊喜倾倒，私独畏之，相约偕隐读书，适遘家变。又逾年，则君死矣。谁使我肆恣而无畏者，非君死之故邪。”诗曰：“东风灵雨咏离忧，入洛归吟大陆愁。我欲避君天不肯，不然捶碎湘绮楼。”其五：“陈怀庭诗，初兼唐宋。年四十，始相见长沙。既见余诗，体格忽异。余问其故，曰：‘吾妻以为君诗胜我，不能为城北徐公也。’已而风格遒秀，五言在阮、陆之间。自是论文，针芥无间。及后官浙，作前后《牡丹诗》七律三十二首，以玉溪之寓意，写广武之雄心，又为诗家开一境界。”诗曰：“风格翩翩晋宋间，亦饶妩媚亦萧寒。凄迷夜雨成春恨，谁向西湖问牡丹。”其六：“邓弥之，幼有神慧，而思力沉苦，每吟一句，必绕室百转。诗学杜甫，体则谢颜。至其《东道难》《鸿雁篇》，古人无此制也。”诗曰：“太阿青湛比芙蓉，销尽锋芒百炼中。颜谢风华少陵骨，始知韩愈是村翁。”其七：“邓辛眉，弥之仲弟也，聪悟尤过其兄。下笔千言，清谈娓娓。自明后论诗，率戒模仿，辛眉独谓七子格调雅正，由急于得名，未极思耳。自学唐而进之，至于魏晋。风骨既树，文采弥彰。及后大成，遂令当世不敢以拟古为病。”诗曰：“逸气高华格韵超，绛云舒卷在重霄。当时何李无才思，强学鹦歌集凤条。”其八：“陈逸山，雷州兵家，见人县试，索观所作，因亦投卷，遂列高等。中式入都，有名公卿间，未许其能诗也。余于许仙屏所见题扇诗，有小谢格调，亟问之，则逸山故在坐，即请交焉。其乡人旋为之纳赀为郎，不乐，告归，自此不相问。”诗曰：“云去苍梧无尽情，人间犹有谢宣城。九华殿里从容咏，谁识萧公是骑兵。”湘绮提倡八代诗，于举世崇尚西江之际，独标“湘吟”之目，此其论诗之宗旨也。标举八人，自高碧湄二邓而外，知者盖鲜。且及兵家子，正是此老狡狯处，故为悠谬之词，藉以讥弹当世。其晚年录诗弟子，有木匠、铁匠及头陀，亦此志也。

三五

范伯子有《沪上四假》诗。四假者，假眉、假拳、假应酬及假书法也。四假之名，定于日本小田切，其时在光绪二十五年间。《假眉》云：“物罕而见珍，人多始为贵。子谓眉眼须天然，女闾三百皆有眉娟娟。云何东西比屋住，曾无千乘万骑来喧阗。人之来，为君美。美由人，君知否？浓妆大样高嵯峨。传动珠履相经过，徐察妙美飞横波。芳言馥语兰气和，倾身更献千金歌。东家美人蹙双蛾，妍心不见君如何。”《假拳》云：“酒酣不得住，拇战声声怒。构会亦有时，研摩勇相赴。胜则仰而鸣，败者如饮数。二五一十间，常悲士不遇。谁家公子来酒场，昂头揎袖神飞扬。举杯属客客先畏，九筹十胜难禁当。美人如花笑一旁，笑客草草难具防。岂知手眼唇舌一时到，只有风声鹤唳凌虚翔。客自先将杵投臼，夫也那弗锥脱囊。方知此事亦天纵，不得从他论短长。”《假应酬》云：“出门兮百道，车不娴兮马不晓。对面兮各天，山则深兮水则渊。彼何人兮习习，舞当筵兮遍给。身之傀儡观者娱，水与蜻蜓不相入。”《假书法》云：“有儒一人擅书名，贾客贩鬻王侯迎。穷力临摹不能肖，祈以笔法传后生。生来汝以笔画地，低昂肥瘦任汝置。先作栏杆后画墁，徒容点缀看成媚。作字应无千载期，世间版刻胥人为。欧颜米蔡都无遗，安得更有羲献之，先生聊以给群儿。”四诗皆有所指，按其时月，可明也。四假之事，当时如是，至于今日，亦复如是，惜无健笔为赓咏耳。

三六

伯子有《与义门论诗文久之书二绝句》云：“六籍英灵葬死灰，凭虚唤得几声回。弦歌已落伶人手，岂忆尼山学道来。”“最有空词尽乐哀，网罗故实定非才。请看灯雨檐花句，便值高歌饿死来。”自注云：“二诗盖不佞之常谈，以为工部当时若作‘檐前细雨灯花落’，便不成语言，更不值得高歌饿死也。声音之道，亦莫知其所以然。高才若从此悟入，岂尚有死法可循哉?”今人作诗，往往忽于声音之道，或先存网罗故实之见，乃至愈工，而去之愈远。若夫攒眉苦吟，而扪腹枵虚者，存而不论可也。

三七

由香奁之浮薄，一变而为龚定庵之虚骄，此近数十年来南中作诗之通病。其意若曰与中朝士夫之尚八代、学西江者，别立赤帜。此风近稍草矣。声音之道，系乎世运，转折乖戾，不祥莫大焉。

三八

慈溪应叔申启墀刻意为诗，冥心苦索，必期精造。年四十三，遽以病卒。冯君木丈与之交最密，既铭其墓，复取其诗编为《悔复堂诗》一卷，存诗仅六十九首，盖汰之又汰，十存二三，所以体其自好之意也。如《自甬江归慈溪舟中念冯君木赋寄松江兼示其兄莲青》云：“归帆直下白云间，念子长征且未还。杨柳别离今雨雪，弟兄词赋尚江关。新愁白纻城头月，旧约明州马上山。一片梦中芳草阔，苦吟谁与慰孤孱。”《秋日寓居》云：“黄茅白苇秋结庐，半村半郭人外居。一双鹤鹤白鹨鹕，三尺亭亭红夫渠。终日无事独携酒，故人不来还读书。如今世境日迁变，独喜我意犹皇初。”《寄君木上海》云：“巾子山头白日底，黄流浩荡接云齐。东南战事无消息，日夕荒江有鼓鼙。世变难谋千日醉，诗篇并作万行啼。草薰风暖春申浦，可间有情唱大堤。”《席上谢佛矢》云：“经年不起嗟吾病，昨日肩舆始出门。强逐西风来异县，喜逢佳侠共芳尊。摘花尚有秋堪把，对酒都无事可言。且与论诗残灯畔，未应寂寞过黄昏。”《天婴招饮市楼》云：“泥饮高楼足慰情，临觞颇颇惜天婴。年华强逐车轮去，白发多于马上生。无计著书长在客，不成招隐且逃名。万言那直一杯水，映灯相看涕笑倾。”可想见其为人也。

三九

三言诗，音节最难谐。应叔申有《惜将离》七章云：“同行兽，狈与狼。同名鸟，鸳与鸯。同心人，妾与郎。郎为衣，妾为裳。郎作珂，妾作珰。花花对，叶叶当。连环玉，百结囊。郎欲行，断妾肠。”一“阑有花，庭有莎。并肩立，踏臂过。招燕子，调鹦哥。戏秋千，赌陀罗。郎跳舞，妾唱歌。歌宛转，舞婆娑。白日短，青春矬。郎今行，妾奈何。”二“夫渠水，鹭鹚天。双双浴，对对眠。浪如雪，柳如烟。芳草外，落日边。桃花马，木兰船。解绵缆，整玉鞭。心恻恻，意绵绵。郎欲行，妾可怜。”三“天上风，何括括。江上波，何叠叠。风中萍，离还合。波际鸥，出复没。江水深，江天阔。阔无幅，深无尺。沙石黄，涛浪黑。郎欲行，行不得。”四“候馆夕，驿楼春。飞鹧鸪，叫蜀魂。舵尾雨，马头云。草将离，花合昏。思少妇，怨王孙。空莞结，长苦辛。老颜色，减腰身。郎欲行，愁杀人。”五“恨迢迢，天半楼。情脉脉，遥夜愁。倚箫局，抱箜篌。明星曙，银河秋。惜劳燕，伤女牛。杳杳帆，泛泛舟。咒马当，祝石尤。安得郎，为妾留。”六“泉唐江，在何许。西子湖，知何处。空江上，多风露。愁今夜，那能住。重重云，深深树。遮望眼，迷去路。相见难，相望苦。莫好郎，携妾去。”七尚有古乐府遗意，惟节奏舒缓，则时代压之矣。

四〇

君木丈有《缔交篇赠应启墀》云："大易筮盍簪，小雅赓伐木。人生重交道，宁论骨与肉。髫发涉学林，汲汲求其族。嘤鸣岂不闻，凫雀纷追逐。粲粲窈窕子，媞媞洁修沐。郁郁蕙兰抱，随顾扬清馥。大海吹浮萍，邂逅城西屋。揖我谓我臧，燕婉展晨夙。嘿契照渊衷，嘉言抒深蓄。臭味相䴡合，各各自欢足。榍岁同里闬，行止夙乖局。三年淞水游，途轨间川陆。玄鹤矫曾云，丹鸾翔穹谷。光仪亦匪远，脉脉感灵独。幸兹接疑睇，缱绻托心腹。赠我瑶华篇，报子琼茅束。河水何盘盘，山石何矗矗。相期永弗谖，努力保金玉。"应、冯酬唱之作，两家集中极多，同时复有陈屺怀训正、洪佛矢允祥。今慈溪多诗人，胥由兹数家为之导先路也。

四一

廿六、七年之交，与易大厂孺结寿楼春课，月必数集，集必出诗词相角胜，茄庵与大厂所作最多。十六年岁冬，予与茄庵取大厂所作诗删订为《孺斋丁戊稿》一卷，付之剞劂，以续其曩刻《双清池馆集》，所录不过十之三四。盖当时相约，以严相绳，不稍假贷者也。越今十载，大厂已作古人，茄庵远客，无复昔日之意兴。检箧中大厂遗墨为刻本所未收者，补录于此，不胜黄垆之感矣。《出门率成和蒙公》云："世生孰识吾曹理，又雨寥天故困车。饱饭安筹争瞬息，警诗莫浪换悲吁。所交围席茶先酽，有话通波意便舒。独惜常心负清课，一胸劳落此平居。"《湖上报越雪》云："此间枫尽绿如帘，茶好无须备酒添。与汝小为三日别，恋湖差减十分嫌。一晴两雨无妨履，细沉粗文并欲兼。独恨△装西子慢，未能同赏是腰纤。"《短札》云："一日不为诗，血脉偾胸臆。出门遇阿茄，云诗作不得。大笑语蒙公，戒酒亦可惜。况复岁云暮，日薄寒犹力。"《腊八》云："十年未拜佛，阁经复懒读。年年腊八日，亦没米煮粥。辛苦得钱来，亲朋厌其欲。佛当加被我，即此似已足。泥泞道上行，风雨市茶独。画盏付尘蔽，围炉徒瑟缩。问佛尚无言，残年白日促。干酒灌三杯，又了今日局。持告平生交，此乐应常续。”《寒岁》云：“苦讼霏霏雨雪偏，取闲何恨问霎天。波涛恣为磨营骨，根节终愁蠹简编。客岂有星槎欲犯，泉从谁耳垢能湔。千条障又坑坑焰，尽备今朝又始年。”《寒雨独坐示蒙父并寄秋斋》云：“路滑风酸似一时，将诗无味恶茶奇。可怜宫羽何人顾，竟骛金绘重世痴。穹穹万缘悲酒殿，平平孤响怛难遗。黄芙蓉篆濠堂北，贮待留年献面卮。”《和贞白呈蒙庵》云：“弱魂断后要谁消，风急初愁向暮潮。深损古怀忘旧俊，欲归春路慑前遥。莺知入世调歌舌，柳拚依人学舞腰。汝自猖狂侬自闷，不应相对话无聊。”《人日》云：“金花巧缀耐寒枝，思发花前又此时。已分吾身成世赘，畏看世道有形畸。檐低绮愿梅初觉，风嫩闲踪面不知。岁月堂堂真可儆，莫虚余恨雪初飞。”

四二

大厂伤心人也，不得一抒泄，乃托之于艺事。晚丁世变，惟以酒自遣，世以疑怪目之，不顾也。诗力深至，得力于贞曜、荆国，亦不自检束，随手出之，以寄其意。故凡填词之语，嬉谑之词，时时羼入笔端，不恤伤格以达其难言之隐痛，非深知者，不能明其所指也。

夜读书室随笔[①]

周今觉

余一生最喜夜读，必尽三四鼓始就枕。缘日间人事猬集，神志不宁，夜则万籁萧然，群动俱息，一灯相对，始得专心致志于学。少时常以晏起遭先君笞责，然不能改也。沦陷时，电灯限制，代以油灯，初觉甚苦，久亦安之。忆幼时读书，仅有瓦盏，十岁以后，渐用火油。辛亥国变，避地海上，始有电灯。无端列缺敛辉，一灯如豆，唤起我六十年前儿时风味，亦自有佳趣在。当时有《即事诗》十首，其一云："梁间列缺吐光明，墙角争看弃短檠。今日短檠还照读，秀才风味忆承平。"今又四年矣。郑逸梅君为《永安月刊》索余纪闻书事小稿，就记忆所及者，于灯下录出数则，即命之曰《夜读书室随笔》。

一、德宗与摄政王

德宗自戊戌以后，幽居瀛台，大阿哥溥儁入宫，随时有废立之可能，亦随时有生命之危殆。德宗遵时养晦，故作痴呆，每与宫监坐地嬉戏，尤好于纸上画大头长身各式鬼状，画成又拉杂碎之。有时或画一龟，于背上写"袁世凯"三字，张之壁间，以小竹弓射之，既复取下剪碎之，令片片作蝴蝶飞。盖其蓄恨至深，虽于游戏时亦不觉流露。诸

① 原载《永安月刊》1947 年第 103 期，1948 年第 108 期。

阉虽称之为万岁爷，实际播弄之如傀儡。小阉且然，若大珰李莲英、崔玉桂辈，则更轻之如埃壒矣。然胸中却自有泾渭。朱古微侍郎曾告余，谓拳匪之乱，召六部九卿开御前会议，侍郎在后列，诸王大臣议将大举进攻使馆，众论纷纭久不决。孝钦曰："此国家大事，当问皇帝。"德宗向守缄默，不料此次竟侃侃而谈，力言断不可以一孱弱国家与世界列强开衅，言之有条有理，确有国际眼光，并暗示袁昶、许景澄，使为已助，同时王文韶亦碰头和之曰："圣虑及此，国之福也。"惜为端刚辈所阻格。当时孝钦亦万不料德宗有如此识见，如此口辩，因之愈加猜忌，迁怒于袁、许，以致朝衣东市，并及徐用仪联联元立立山。自此以后，德宗遂愈加佯狂矣。

德宗之死，或云孝钦弥留时，令人鸩之，初意未必遽欲下此毒手，实袁世凯与李莲英、崔玉桂辈，内外合谋，以促成之耳。袁等知德宗一旦复政，皆无生理，非先下手不可，故孝钦病时，即扬言皇上有恙，阳为征医于外省。诸医进诊请脉，皆愕然惊异，以为我圣躬健全，无丝毫病态，何必征医。但入宫之先，即有人警告之曰："勿实言，实言则将不能生出九城。"故方案则极尽危词，而用药则皆清补平淡一类，虽常人服之亦无患。有一极确之铁证，则傅沅叔增湘之日记也。沅叔放直隶提学使，入觐时，见德宗一人在座，无孝钦监视，意态舒畅，问话极多，不似平日之颟顸，未三日而以两宫先后薨逝闻矣。余劝沅叔将其日记排印，使一代大事，昭示于天下后世，不比斧声烛影之尚有疑义也。沅叔为余年丈，又三代世交，彼亲对余言之如此，后见其杂著中，列入《召见问对记》一条。

德宗中毒后，知为此辈所暗算，急招其弟醇亲王入见，已不能多语，但握醇邸之手，勉力作一语曰："杀袁世凯。"或云，德宗恐见醇邸时或已不能言，预书"杀袁世凯"四字于一纸条，弥留时，授其弟手中。醇邸后来摄政，即拟旨将袁世凯正法，朱谕已交军机处矣。张文襄在军机，极力阻格，谓冲圣甫立，人心未定，若杀大臣，恐天下惶惑。遂改上足疾剧发，不能奉职，着开缺回籍。仓猝之间，军机章京改旨，未将“不料”二字涂去，读之竟成“不料足疾剧发”。夫足疾非若霍乱、中风变生顷刻，有何不料之有。煌煌谕旨，竟留此大笑柄。盖原文为：“不料枭獍其心，蛇蝎其性，离间宫廷，有伤慈孝……实属罪大恶极，覆载不容。袁世凯着革职，拿交刑部，严刑审讯。”张文襄向以巧宦名，自然物伤其类。独怪醇邸既有摄政之权，独不思其兄半生囚系，临死遗言，死后犹不能为之复仇，真刘景升豚犬之子也。而且袁之外，尚有李莲英、崔玉桂，皆与谋之人，事后岂不知之，乃任其逍遥法外，竟逃显戮，德宗目不瞑矣。袁既回籍，知朝廷庸懦无能，野心不死，暗中联络旧部，伺隙而动。为清室计，虽不杀之于前，亦宜暗中严防于后，乃辛亥之变，竟使之复秉国钧，真所谓其政如梦，其相如鬼矣。清政虽不纲，然若非袁之翻戏，以当时革命军之力量，颠覆清室，万万不能如是之易。人谓清室进关，乃以儿戏得天下，故其亡也，亦以儿戏失天下。因果固可畏哉。

天下庸鄙无耻之徒，莫过于摄政王者矣。在位时，常乘人力车招摇过市，民众皆誉之曰平民化。现在则当称之民主作风矣。实则彼欲自由游览街市，不欲闭置于马车中耳。后在津时，喜作冶游。余有一班亲友居津者，常与同游，云其见人只有两句话，即“您好！老没有见啦”，无第三句。吾友陈病树曾昵一妓，一日，妓出银枪貂马褂一件，病树惊曰：“此何来？”妓以京语应之曰：“也是一个客人给的，他们管他叫王爷。我瞧那个怯老头儿，北方谓土俗之状为怯。不像是王爷，您瞧这件皮统子，能值多少？”病树曰：“此必是摄政王，勿轻视此物，可值一二十万元也。”观其挥霍如此，宜富厚而知足矣。而又常至静园，向其子哭穷逼钱。去必午后，以午前多有遗臣入值也。当时静园，已以当卖度日，为宣统主计者常曰：“数日前甫卖某古物，得钱若干，何以遽罄？”宣统辄蹙额曰：“王爷昨来索逼，不得已而与之。”夫一面报效妓女，一面凌逼儿子，何不售貂裘以济用耶？闻有一遗老愤极，某日午后，特意隐藏于值庐，当摄政王索钱而出时，陡立其前，以正言责之。摄政王惟有诺诺无词，面红而去。无耻如此，真国家将亡之妖孽也。

康长素屡云承受衣带诏，实无其事，仅可以之诳西人及华侨耳。康、梁与德宗并不接近，不过令其译书办报而已。康由津赴沪，舟中尚不知事变发生，到烟台时，犹登岸买小石子，使曾受衣带诏，乃能如此从容不迫乎？且船到吴淞时，英国兵舰告以都中事变，救之过船，渠始知之，此渠自言者。戊戌殉难，虽云六君子，而在军机处办事，与德宗日夕接近者，只有谭嗣同、林旭、杨锐、刘光第四人。衣带诏确有，但不知一人一诏耶？抑四人共一诏耶？宣统元年，刘光第之子缴还德宗衣带诏，诏中作何语，不得而知。要为德宗亲笔，则万无疑义。读者试一思之，摄政王得此诏时，应如何哀痛迫切，便当宣付实录馆。深仇大恨之所在，亦不必为孝钦讳。而且忠节之裔，其父为先帝而死，更宜优诏答之，锡以官爵。而摄政王乃一无所动，仅将该衣带诏收回了事，对于刘光第之子，并无下文。就此一事而论，已狗彘之不若。爱新觉罗氏何不幸而生此一脓包，真全无心肝者也。

二、张文襄

袁世凯纵虎归山，清室之亡已定，张文襄可谓一言丧邦矣。盖张之为人，患得患失，实一巧宦，绝无大臣之风骨。自命为达官兼名士，睥睨一切。由京曹外放，即除山西巡抚，一生得意，无稍蹉跌，渐成骄蹇，目无下士。郑苏堪晚年有句曰："当时疆吏迹太骄，士夫气节已寥寥。"即指文襄而言。戊戌维新，文襄亦与康、梁通声气，事败，恐遭嫌疑，乃急著《劝学篇》以自解。若谓我之趋新，乃以中学为体、西学为用之正大宗旨也。后来颇有人称赞此书，乃不知其著书之动机如此其卑劣也。

同时，端午桥在山西监司任内，亦著有《劝忠歌》，大概是此名，记忆不清。亦因恐以新党见疑，特著此自白，以明其反对康、梁，尤为卑劣无耻。其时陈右铭中丞宝箴因在湘抚任内主持新政，革职回籍，船泊武昌，文襄恐其见访，托人讽之，请勿登岸。右铭中丞大怒曰："我虽革职，未交地方看管，何处不可以自由行动。香涛乃恐我往见，致被嫌疑耶？请渠放心，此等毫无风谊之人，我决不一顾。”文襄后署两江时，张幼樵佩纶适作南京寓公。文襄以幼樵为奉旨革职驱逐回籍之人，若在南京相会，恐招物议，特使人告以不能造访之故，并请其勿造访督署，约在扫叶楼话旧。幼樵怒曰：“彼但知有功名，不知有气节，十年把臂之交，久已抛撇脑后，有何旧之可话。”遂于约定之日清晨，趁文襄未到时先往，留一名刺于僧舍而去，从此遂不相见。逮幼樵逝世，陈弢庵太傅自闽中越海来吊。文襄闻其来，约同游栖霞，弢庵不顾而去。有问之者，则曰：“我来专为吊友，回思往迹，俯仰兴悲，何能与人游山作乐。”实则此亦托词，盖恶文襄之势利耳。张幼樵遣成赐还后，侷居津门，虽受李文忠禁脔之知，而京华师友，如李文正、张文襄辈，皆不与通一字。逮文襄在鄂被言官参劾，朝旨派李文忠之兄勤恪公瀚章查办。瀚章时为两广总督。文襄乃以长电致幼樵，哀鸣求救，乞其在李文忠前为之斡旋。幼樵笑曰：“香涛亦有与我通讯之一日耶！”然仍为之道地，参案得以解免。不料到南京时，乃有如许丑剧演出，宜乎为幼樵、弢庵之所不齿也。

庚子奖拳仇教之旨下，刘忠诚、盛宣怀、王之春首先不奉诏，通电各省督抚，主张东南互保。文襄得电后，踌躇不决，徘徊终夜。嗣见两广李文忠、山东袁世凯、川督奎乐峰俊响应之电陆续而至，态度始决。川督本一颟顸无用之旗员，得朝旨，不知所措。时东南互保之电未至，先悫慎公方为川藩，急往见曰：“此电无论为真为伪，即使确系朝旨，亦属乱命，决不可从。”奎督乃出示保护教会，禁制乱民。两日后，始得东南互保之电，人心乃安。否则此两日中，即可酿成大祸。互保之电，来已迟矣。

据景善日记，张文襄奏牍中虽言拳匪不足恃，而又申言其忠于太后。盖正意不得不从众，而私意则又欲表示依附慈禧，俨若为其私党者。当两宫西巡至太原时，和议已开始，各国力劝回銮，愿负责保护。李文忠亦力请曰：“若回銮，则和议可速成，且条件较宽。”孝钦恐返京后，各国袒护德宗，促其归政，故反而西行入陕。当时东南督抚，亦赞成文忠之议，力请回銮。文襄独曰："诸公如奏请回銮，幸勿列我名，如不征求同意而列衔者，我将去电表白。"盖文襄窥伺孝钦恐惧之心理，不欲拂其意旨耳。大臣之道，苟利国家，生死以之，不知文襄自居何等。

庚子内忧外患迭起，唐才常乃联络哥老会，将起事于武昌，只图自己成功，虽亡国亦所不恤。事泄，骈死者数人，在狱中未决者尚有十七人，皆学生也。中有一黄姓者，最狡黠，取《劝学篇》一部，在狱中佯作读之津津有味者。文襄使人觇诸囚，复命时，以黄之所为告。文襄以黄为伊之信徒，必非乱党，立释之。凡迎合窥伺以欺罔其上者，人即以其道而欺罔之。《劝学篇》乃能解救狱囚，为用亦大矣。曾文正晚年尝谓人曰："为人上者，一言一动，皆须极慎，勿为人所窥伺。忆安庆克复后，余入居城中，偶有人问余曰，大帅何所需。余曰，他无所需，或有善本书，能得一二以供阅览亦佳。次日，部下乃辇致坊间新书数十箱于辕下。其中且有八股小说，皆劫自书肆者。余大骇，严斥之，亟命人分别送还。"武夫之可恶而又可笑如此。文襄竟为人所窥伺而不自知，为文正道着矣。

光绪戊申，孝钦病笃，召枢臣世续、张之洞、那桐入宫。孝钦后询诸臣，拟择近支王子入宫读书，盖隐为嗣德宗后计。诸臣知其意。世续曰："太后拟选储，为万年社会计，现时局严重，窃以为宜立长君。"孝钦拍床怒詈曰："此何等大事，尔敢妄言。"张之洞曰："立储自宜承宸断。"孝钦默然良久，徐曰："载沣之子溥仪何如？但年幼，尔等且议将何法以辅弼之。"之洞奏言，载沣懿亲贤智，使摄政，当无误，且引国初睿亲王事为证。孝钦曰："得之矣，趣拟诏。"次日，庆邸自东陵归，闻之亦攒眉曰："方今国步艰难，选储似宜年长者。"诸臣曰："张中堂已顺从太后意旨矣。"庆邸知难挽回，叹息而罢。夫后之建储，与前之立大阿哥，同一用意也。前仅欲废之，后则直欲死之矣。建储一日而帝崩，非铁证乎？且德宗之无病而征医，是何作用，文襄岂不知之？

论者谓争立长君，犹属第二义，应力阻建储，保全德宗，实第一义，谛为大臣之职责，七十老翁何所求，当以死争之。今乃并第二义尚不欲拂孝钦之意，则直尸居余气耳，何有于大臣之风节。后之执史笔者，当大书曰："张之洞弑其君。"非苛论也。夫世续旗人，奕劻庸碌，尚能主持正义。使文襄作同样主张，以彼之老成宿望领首，奕劻、世续继争之，或可以回孝钦之意。不料以蹇蹇黄发之重臣，一味阿附取容，并世续、奕劻而不若，临死时，尚示意欲得一襄字为谥。襄者，开疆辟土之谓，全国沦亡，襄于何有？不知其死后有何面目见清室祖宗于地下。或曰，文襄不独迎合垂死之孝钦，且将自诩于新君有定策之功也。此言直诛其心矣。

此段前半所记，皆是事实，无论世续、奕劻曾否反对，而张文襄之希风承旨，则无可否认。按建储之诏，宣布于戊申十月十八日，宣统入宫，或即在十八日，或迟至十九日，而德宗则于二十日宾天，孝钦于二十一日亦崩。此次宫中之会议，至迟当在十七日，其时孝钦神智尚清，德宗亦尚无恙，何以知其必死，而汲汲焉为之建储？盖已决心不容其再活矣。余初以为袁世凯、李莲英合谋，孝钦未必下此毒手，但以会议建储之时日参考之，则德宗之不得其死，不独袁、李合谋，亦且得孝钦之默许，且计划已早定矣。孝钦卧病三月中，德宗健全无恙，孝钦岂不知之，何以诏令各省征医，预为后来死德宗之张本乎？吾乡程绍周闻之某宫监云，孝钦病至一月，李监谮德宗于孝钦曰："皇帝近来大高兴，谓太后病，我一时有快乐。太后死，我将终身有快乐。"孝钦怒曰："然耶？我死必不令此子独活。"于是征医之诏下，已有死之之意。特孝钦不疾笃，尚可苟活耳。程曾在颐和园管理电灯事务，故与诸监素稔，其言当可信。

三、吴六奇报恩之异说

《聊斋志异》记大力将军吴六奇微时为丐，受查伊璜继佐孝廉之知，投军积功，至两广提督，折其产之半以报恩。后查为庄氏史案株累，赖六奇力解免之。此事历见王渔洋《香祖笔记》、钮琇《觚剩》、汪介《啸旨》，又《湖滨杂记》《贯斋遗稿》，虽未言及析产报恩事，而亦曰："海宁查继佐识拔吴六奇于未遇时，至是为两广提督，遂奏免继佐史案株累。"治掌故者，据此可以为铁证矣。而不知尚有异说，出于查氏本人之口，并其弟子之记，且谓丐者另有一人，非吴六奇也。

查伊璜著有《敬修堂同学出处偶记》云："己亥，余客长乐，潮镇吴葛如六奇以厚币邀余至其军。"又云："世相传余初有一饭之德，葛如方布衣野走，怀之而思厚报，其实无是事也。"按《志异》言伊璜之侄令于闽，遇吴将军，致声邀孝廉往粤，旋伊璜至闽，侄告之，与其自言客长乐相符。惟《觚剩》言开府循州，而《湖滨杂记》《贯斋遗稿》皆云两广提督，或其时提督驻循州耶？吴骞《拜经楼诗话》亦引查氏之言，而谓"或出于传闻之讹，或以其官贵而为之讳"。是亦未敢断定其有无也。

今考秀水沈起《记丐夫陆晋事》云："武林昃吾寺山门之侧，有异人焉，喜为乞，姓名不传，破袋竹筒，每挂书一卷，徙倚市门，出书朗诵，见者笑之。东山查伊璜先生曾叙其事云以下为查伊璜所述：庚午，余就秋试，寓寺中，偶出见丐，异之，急前揖丐。丐抗礼不下，曰：'世无知我，公等差可与言。'余固恳请释丐而偕吾游，为之栉发濯体，解衣饰之，问其姓氏家世，不答，因从同乞者得知其故系新安世祖陆晋也。余同人中，董治升颇饶于资，乃迎养晋于治升家，强之就童子试，得高掇。及再试，伪赴而野脱，主人供养甚丰，终不乐也。董谋于余，余曰：'君家多大纪纲，勉集一乡塾，请晋为塾师，出入民间，可自便。'晋欣然从之。值寒食，晋假馆事过东山草堂，索余诗稿而去。至重九，余过治升家访晋，治升嚬蹙曰：'晋昨晨起，不告我竟去，不取束脯，弃其衣履，并君之《东山诗稿》亦随之去矣。'是后西北多事，传闻不一，或云自浙而楚，而豫，而燕，而关东，遂为沈阳人，竟不知所终。"以上为查伊璜之言，而沈起记之者。沈为查之门人，记其师之语，当无有误。沈又继续记之曰：

> 及东山累于浔案湖州庄氏案，拘系司寇，相传有于其旗员之侧，以百口保先生冤者，以是对簿时，笔帖式下阶向先生问安，先生漠然不解为何意。既留北司火房似是狱名，复有人传语云，公幸无恙，前所借诗稿尚在也。而晋卒不见东山。吴越人皆传吴潮阳六奇，非也。

据此可知前为丐而后救伊璜之死者，为陆晋而非六奇，而六奇曾厚待伊璜为又一事。或者六奇、陆晋声相近，世人遂误混而为一乎。陆晋当已易姓名，建功业，跻显秩，特以诗稿尚在一语，以示即当日受知之丐，而卒不与相见，亦不示以后来之姓名官职。呜呼！晋亦怪杰矣哉！

余撰此篇，以见考古求真之难，脍炙人口之故事，尚尔歧异，况不见经传之遗闻轶事乎？《世载堂》放笔写去，求多不求真，即《春冰室》偶亦难免斯病。余自问作掌故稿，下笔极矜慎，如在《小日报》披露之《六三之遗害》一篇，罗列参考书至七八种之多，然亦不能求丝毫无遗憾。如此篇之勘证入微者，若果撰稿者尽如此，则脑汁涸心血枯矣。记之以为道听途说率尔操觚者下一针砭。

四、掌故学方法举例

述旧闻纪往事者，谓之稗史。兼以稽典章考制度者，始可谓之掌故。掌故可该稗史，稗史不能该掌故，今姑以掌故总名之。治掌故之学者，其取材不重在量，而重在质，亦即求真不求多之意。材料之来源有三，曰所见者，曰所闻者，曰所传闻者。所见者尚已，然或以主观之不同，其所记亦微有出入。所闻者，指闻诸局内之人而言，如复辟之内幕，当问诸万公两、胡睛初辈。满洲国成立之始末，当问诸郑苏堪、罗叔言辈。果如是，似无误矣。然有时亦不免有所讳饰，或者有所铺张，其确实性似亦不能谓为百分之百也。至于传闻之材料，则难言之矣。官书也，私记也，传状也，笔记也，辗转之传言也，罗列满前，有矛盾者，有雷同者，欲于其中求其可以征信者，颇不易。是在著者之眼光与常识，用科学考据之方法，参稽互证，博观而约取之，或可得其近似。勿以为出诸某权威家之手而遂坚信，须知迷信正史者，尚且为古人所欺，矧稗史乎？总之勿贪多，勿好奇。设有所疑，宁付盖阙。古今真正事实，往往平淡无奇。若夫剿袭陈言，轻信传说，而又加以附会，重以渲染，言之有声有色，为小说化，为戏剧化，则仅可以供报尾月刊之用，以之惊世骇俗则有余，非名山之业也。

余今随意试举数事，作为例题，以供研究。

章太炎绝食，何以中止耶？此有两说，其一，余见之于某笔记，或某杂志，记忆力劣，不复能举其名，惟记作者亦为太炎弟子，篇中大致曰：

> 太炎先生居龙泉寺时，愤而绝食。一日，其大弟子黄季刚来闲谈，至薄暮，季刚告辞。先生曰："余不久于世，见一面，少一面，何不多谈片刻。"季刚曰："余将归就晚餐。"先生曰："此间厨子颇佳，使为君具食。"晚餐陈上，季刚曰："余不能对绝食者进食，先生盍少食？"太炎曰可，从此遂中止绝食。

另一篇则见于刘禺生《洪宪纪事诗本事簿注》卷二第十三页：

> 袁询左右，孰能劝太炎进食者，王揖唐曰能。揖唐本先生门下士，在沪同办统一党。趋龙泉寺，先生命进见，见即斥之曰："汝来为袁世凯作说客耶？"揖唐曰："是何敢？"与道家常及琐事甚久，先生色稍霁。揖唐曰："闻先生将绝食死，有诸？"曰："然。"曰："其义何取？"曰："吾不待袁贼来杀，宁自饿死耳。"曰："先生如此，袁世凯喜而不寐矣。"曰："何故？"曰："先生试思之，袁世凯果杀先生，易耳。今若此，可知其非不欲杀，乃不敢杀耳。袁氏之奸，等于阿瞒，先生之名，过于正平，所以不敢者，不愿千秋万

岁后蒙杀士之名耳。先生自愿饿死，袁既无杀士名，又除腹心患，先生为袁谋则甚善，其自谋何疏。”先生矍然起曰：“然耶！”趣以食进。

两说之不同如此。试问后来操史笔者，将何弃何取耶？即以现在而论，欲问之季刚，则季刚已死。欲问之揖唐，则揖唐已病且囚。不知国史馆中若何措词，吾知必笼统一句，曰：“旋为人劝止。”如是而已。

此外尚有一事，亦有两种传说。即庚子拳乱时，五月二十日，孝钦在仪鸾殿召集王大臣六部九卿，会议进攻使馆事。朱古微侍郎跪于后列，相传其陈奏起用董福祥。又一书，谓其奏称董福祥不足恃。余曾面询侍郎，二说孰是。侍郎大笑曰：“董福祥甘军已在京，候令攻击使馆，何待我请求起用。又所谓不足恃者，其意安在，岂犹恐其攻之不力耶？若然，则我亦袒拳罪魁之一矣！”余曰：“两种传说皆非，然则当日究作何语，致触孝钦之怒。”侍郎曰：“余当时本不欲申明《春秋》不戮行人之义，虑群昏不解，乃作俗语曰：‘两国相争，不斩来使。’余跪处较远，孝钦未曾听明，即叱问曰：‘何人说话。’余亢声对曰：‘内阁学士朱祖谋。’余言时，恭肃凝神而注目。孝钦曰：‘怎么，他还向我瞪眼呢！’卒因官卑不为端、澜辈所注意，否则余亦从袁、许于地下矣！”

前一例题，至今无人能解。后一例题，幸得其本人解释之，即余序例中之所闻者是也。似此矛盾之例题，余能举出十数条，且有一事而传有三四种异说者，此皆属于矛盾类者也。其属于雷同类者，余已举吴六奇报恩事为例，而证其皆不确实矣。又如苏州杀八王事，纪此事者不下七八篇，虽末节细故，小有出入，而归罪于程学启，则众口一词，似乎铁案如山，不可移易矣。而余独证其杀八王实出诸李文忠之本意，程学启不过迎合其意旨而已。余将草一长篇以考证之。本篇仅示治掌故学之不易，戒人不可率尔操觚耳。

五、文宗嗣位之异说

文宗嗣位，有涉及恭忠亲王奕䜣之事。此有两种传说之不同，试大略志之如下。

其一曰，宣宗久已属意于恭王，大渐时，命内侍宣诏六阿哥。适文宗入宫问安，闻讯惶恐，急入侍。宣宗见之微叹，昏迷中，犹问大阿哥到否。迨恭王至，驾已崩矣。文宗即位，遂与恭王有嫌，命居圆明园读书。咸丰庚申，文宗幸热河，王从扈，卒柄大政，盖投闲已十年矣。

其二曰，宣宗倦勤，预书奕䜣名，置正大光明殿额上。有内监在远窥伺，见末笔拖下甚长，疑所书者为䜣字，故其事稍闻于外。宣宗闻而恶之，遂改立文宗。孝慎成皇后后宣宗崩，病笃时，文宗侍侧，后昏瞀中以为奕䜣，乃握其手而语之曰："阿吗原注谓满语称父为阿吗，母曰额尼，不知何本。本意立汝，今若此，命也，汝宜自爱。"旋悟为文宗，寤极。文宗乃顿首自誓，必当保全奕䜣。及穆宗以冲幼嗣位，奕䜣遂长军机秉政。

两说虽不同，而以恭王失位为可惜则一，实则无根之说也。建储书名，何等大事，外间揣测之辞，何从上达天听。即微闻之，又何足以动摇大计。末笔拖长，改易书名，事类儿戏。且谓扈从至热河，尤非事实。文宗在热河宾天时，仅有端华、肃顺辈八大臣在侧受顾命。恭王留京，后得孝钦急召，始赴热河。至于十年不柄政，更不足异。清代祖宗家法，亲贵本不许干政，与女后垂帘，同悬为厉禁，至孝钦乃悍然打破之耳。

所云文宗誓保全奕䜣，乃生前不使柄政，即为保全之道耶？穆宗立，始入军机，乃孝钦酬其诛端华、肃顺之功耳，与文宗何涉？

文宗年最长，于序当立。又为孝全成皇后所出。孝全本以妃嫔为宣宗所眷，初由贵妃摄后宫事，旋正中宫，数年暴崩，宣宗哀思，不亚世祖之于董鄂，岂有不立其子之理？一切臆说，可扫而空。

至于第二说中文宗视病一节，却有此事，而内容则有异。恭王为孝慎成皇后所出，文宗幼时，育于孝慎，故孝慎于文宗为慈母，文宗亦敬事之。病笃时，文宗入寝宫问安，孝慎面向内卧，以为恭王至也，曰："你又来做什么，我的一点东西，都给了你啦。主子的脾气不好，你好好的伺候。"文宗曰："阿娘，是我哟。"孝慎回面，见为文宗，不发一语，仍回面向内。文宗趋出，适遇恭王，共议病势。恭王跪言曰："病是好不了的，只求主子恩典。"盖其时孝慎尚是皇贵太妃，未经正位，恭王求恩典者，意在求其追尊皇太后位号耳。文宗连着说"我知道，我知道"而出。后来虽追尊为太后，而殡葬典礼仪仗皆降皇太后一等，恭邸颇以为恨。此为溥心畬所述。心畬为恭邸之次孙，言之断无有误。后来文宗在热河病笃，恭邸求往问安，文宗手诏答之曰："何必来，来亦徒然伤心。"观此，文宗与恭邸，似乎略有微嫌。但孝慎殡葬典礼降一等者，此有极大原因，恐心畬亦未必知之。缘文宗生母孝全成皇后殡葬时，宣宗之母孝和睿皇后尚在，为其所抑，不得用太后典礼，宣宗、文宗皆深以为恨，故于孝慎丧仪，不忍超过孝全，此亦人之恒情，即恭邸当日亦未必喻及此隐衷。余特表而出之，以供后世史家之研究。

按宫中称母曰阿娘，余在其他纪载亦曾见之，恐是满语译音，与额尼音亦相近也。

六、赐福

钱塘王文庄公内直二十四年，次第得赐福字二十四，悬于堂，名之曰二十四福堂。外无余地，其子请曰："此后拜赐，何以置之？"文庄曰："别置一轩，可名余福。"而文庄不久捐馆，语竟不遂。凡楹匾纪念，标以数字者多不吉。太湖赵氏，李文忠岳氏家也，榜于门曰"四代翰林"，果四代而止。仪征刘申叔，自其曾祖与其祖、若父，三代皆入《儒林传》，与吴门惠氏媲美，其大门春联曰："红豆三传，儒林济美；青藜四照，宝树流芳。"红豆，指惠氏，后果三代而止。申叔之伯兄师苍，字张侯，经术湛深，足继家学，惜失足堕江而死。说者谓使张侯不死，清室不止，则必可得四代儒林，足以超迈往古，惜乎一联竟成谶矣。

清制，每年除夕，皇帝必书福字。第一字，用圣祖锡福苍生笔书之。书后即涤而藏之。其笔为玉管，经过二百余年而不敝。书成第一字后，改用他笔更书之。前十余幅，发各宫殿张贴。嗣再写赐内外臣工，二品以上官，皆可得一幅。南书房侍从诸臣，则不问官职崇卑，咸可得赐。光绪朝垂帘听政，则太后与皇帝各赐一份，故得之较易。而且有劳勋者亦得随时赏赐，此则不拘拘于二品矣。余家所得已不止二十四福。惟寿字极少，传闻五十以上大臣，始得此赐。此臆说也。在前清官跻二品者，内而侍郎，外而藩司，以年资计，恐绝鲜五十以下之人。其有赐两字或四字者，则皆异数，不关除夕之例赏。先壸慎公以佐李文忠议和之绩，简在帝心，由东抚督两江、两广，蒙赐最多。先公逝后，赐物以五房俵分，余居嫡长，分得福字十余幅。有两字者二幅，一曰松竹，一曰延年。又慈禧御笔绘团扇、折扇各一柄，男女蟒服各一袭，大小卷江绸五十余卷，敬谨藏之。不问摹本缎、宁绸及纱，皆统名之曰江绸，幅端织有“江南杭州织造敬贡”字样，尚有“两淮盐运使敬贡”款字者六卷，颇以为异。两淮不出丝织，何以亦责职贡耶？抗战后，丝织品价昂，余遂取其蓝色者制为袍，黄色、紫色、天青色者，天青色者为外树料。改作窗帘，宿藏为之一空。惟蟒服尚存，绒绣极精。

先壸慎公丙午冬在两广任内，适蒙七十赐寿，有太后御笔书画立轴各一，皇帝御笔匾一联一。匾曰“风清南服”，联曰“粤海波澄资上略，蓬山春蔼眷长年”。又玉佛大小各一尊，媵以蟒服大小江绸等。除蟒服江绸已俵分外，余悉藏之故乡宗祠内锡嘏堂楼上，日寇再至，全村灰烬，祠堂与赐品，亦并付一炬矣，可为痛哭。

七、沈文肃

自曾军克复安庆后，经营皖北江南一带，江西已无寇踪，遂奏定为协饷省分。后有寇浙小股窜入江西，沈文肃遂以赣省已有军务为词，不再协饷，致与曾文正互劾，识者非之。后来苏浙肃清，金陵城破，太平军余股尚有李侍贤、黄文英、汪海洋、陈炳文诸部，由苏浙窜入江西，于是江西始有正式军务。金陵克复后，文正奏报谓洪秀全之子福瑱已死于乱军之中，沈文肃奏称洪福瑱未死，已窜入赣境，指文正为虚报。审如是，则文肃宜将福瑱擒获，解京献俘，如洪大全故事，始可征信。乃军务结束后之奏报，仍是为我军擒斩等语。谓死于乱军为不可信，然则擒斩可信乎？时论颇不直之，谓其嫉功罔上。实则福瑱之死于何地，无人能知之。闻曾文正亦据李秀成之言，谓其已死，此亦不足为据。福瑱之存亡，即秀成亦安得而知。世传让瑱使遁之说，亦是一种风闻。即使骑秀成之马而出，逻骑重重，又安保其必能逃出？秀成之为此言，意在使湘军不再追捕，而希其有万一之幸耳。

关于洪福瑱生死问题，言人人殊，而实未获其正身。又一说，谓沈文肃既讦告江南奏报不实，恐干朝廷诘责，于是授意囚俘，于不知谁何所俘小儿之中，任择一人，而强名为洪福瑱，聊以宣布证实，且诡云因得所俘牧马小儿之情报，而获福瑱于荒谷中，其言多支离恍惚。朝廷亦微知之，恐逋寇更伪挟以为名号，而后患永无已时，故谓幺么小丑，不值槛送京师，命葆桢即磔于市。实则福瑱面貌，官军中无人辨认。粤寇虽识之，亦无一人肯实言。天下本无事，庸人自扰之。沈文肃以忮刻之一念，引起纠纷，乃不得不以赝鼎脱卸责任，以便自圆其说，朝臣多目笑之，此所以招李莼客之骂也。按此与擒斩之说又歧异，当取沈文肃奏议考之。以余之臆测，金陵城高濠阔，城外又有土垒长围，岂跃马所能飞渡？龙膊子虽有缺口，必有重兵扼守，又岂匹马所能闯出？按之情理，李秀成之成擒，洪福瑱之被杀，必俱在金陵城内，殆无疑义。更有传秀成已逃出城外，为萧孚泗游骑所获。又有谓福瑱逃至上海，随洪仁玕赴美，为三合会之领袖者，皆齐东野人之语也。

沈后为两江总督，乱事已平，而残忍滥杀，胜于军事时代。每派道员往各属，查办事件，濒行授以信矢，而嘱之曰：“所查事件，遇有不法者，即以军法行之。”故一时杀戮至夥。及卒于位，有计其自履任日起至病故日止，所杀戮者平均每日得五十人。此或未免言之过甚，然文肃平日持论，辄主张刑乱国用重典，《越缦堂日记》有“沈葆桢荒谬绝伦”之语，不知所指何事，或即以其好杀欤。

文肃闽人，故闽人推崇无上，郑苏堪有《过沈文肃祠堂》句云：“入洛往曾依肃毅，游吴晚及接忠襄。若凭目击评风节，公论年来有短长。”又《题文肃书扇》诗云：“不带湘淮恶习来，眼中此老自崔巍。道因碑外儒酸味，君实原来是秀才。”前诗谓其驾乎忠襄、文忠之上，后诗直以司马温公拟之。人各重其乡贤，恒情所不能免。晚年在满洲时，始闻陈立村谈及文肃嗜杀事，乃一反以前之论调，易褒而贬矣。有诗曰：“沈公治民用武健，杀人数千方自奇。鲁论不熟乃至此，哀矜勿喜岂忘之。”又缀以五绝一首曰：“滥刑则不仁，近名则不义。奈何以儒生，而欲为酷吏。”此二诗成于丁丑，《海藏楼诗》刻本至丙子为止，丁丑至戊寅二月绝笔，中间尚有数十首，迄今尚未付梓，余从传抄得之。此外尚有杂文小词，搜辑之亦可得一卷。其次子炎佐，置之脑后，任其散佚，直不可以为人，不可以为子矣。使其长子让于垂而在，何至于此？

卷庐随笔[①]

石寄松

一

余太岳丈顺德马季立贞榆先生，终身沉酣典籍，不慕荣利，被服儒素，说经铿铿，于训诂考据校勘及义理之学，无不淹贯，不立汉宋门户，为两湖书院经学大师十余年，名满海内。曾与宜都杨守敬、新化邹代钧，联合日本史地学会坪井马九三等，创为读史舆图，为史学家所推重。尝买宅于武昌湖边街，颜曰“菱湖草堂”，背山面湖，夏日荷花弥望，风景佳绝。辛亥武昌起义，先生方居北京，为京师大学堂教习，以为此屋必毁于兵火，后竟岿然无恙，失喜却赋云：“牵萝补屋十年余，长物全无只破书。烽火未销松鹤在，依然绿荫旧时居。”先生居平不好吟咏，此诗盖偶一为之，纯尚自然，不事雕饰，亦自清真可喜。沧桑后，复讲学于北京清华学堂，蔬食敝衣，安贫乐道。其门人黄克强兴方为民国开国元勋，甫至北京，即造校晋谒，执弟子礼甚恭，并赠金五百。而先生不受，其高介有如此者。平生著述綦富，皆由两湖书院镂版印行。尝赐我数十巨册，寄存北平寓庐。不图于丧乱中失之，至堪惋惜。未知两湖书院版片现在犹有存否。

---

① 原载《永安月刊》1948 年第 111—114 期，1949 年第 117、118 期。

二

先考星巢公教授英才，及门者不徒芥拾青紫，且各有所成就，为世闻人。自共和以后，门人尤多显达，时人以文中子王通为比。而先公隐于人海，杜门却扫，赋诗云："河汾教授吾何敢，犹喜曾无十上书。"晚年恒啜蔗汁解渴，有诗云："久宦何曾办热官，冷厨留得蔗浆寒。醴泉一样无情冷，贻作儿孙酌醴看。"不肖平生之戒躁进，务节俭，皆秉过庭之训也。回溯先公举孝廉时，年才弱冠。越十年后，入京会试，其门人多已成进士，入翰林。同门公宴先公于陶然亭，冠盖如云，外人疑为门生宴举主，而不知先公尚为举子也。一时传为美谈。

三

四川蔗田极多，前清光绪末叶，筹拨川滇边务大臣经费，朝旨命川督征收蔗田附捐以充之，每蔗田一亩，仅征铜圆一枚，每年遂得银数百万两，勉敷筹边费用。故先公于川东内江道中有诗云："万顷青青尽蔗田，行人吻渴折争先。谁知一滴糖霜味，输入金钱足助边。"盖纪实也。川蔗味极甜，榨出之糖，皎如玉雪，而过万县以东，遂渐呈褐赤之色，盖由挑夫沿途盗卖，拾泥沙和水渗之，以补其不足。余曾目击其事，为喟然久之。

四

今广东之惠阳，即旧时之惠州。北宋时，苏东坡曾被谪居于此。东坡所到有西湖，故惠州之丰湖，亦有小西湖之称，盖坡老所题赠也。湖周围十里，风景特美。先公尝主讲丰湖书院，乘便移家。余在垂髫之年，即以丰湖为钓游之地。犹忆书院门首，有嘉应宋芷湾湘题联云："人文古邹鲁，山水小蓬瀛。"字极雄健。又东边听事之月门，嵌联云："五六月间无暑气，二三更里有书声。"只读联语，已知此地人文之盛，山水之佳，令人神往。今忽忽四十余年，山色湖光，尚萦寤寐。爰敬录先公所作《忆惠州丰湖》五言律诗六首，及《满江红》词一首，附于左方，以志前游：

忆惠州丰湖

最忆丰湖好，谈经校舍开。人文古邹鲁，山水小蓬莱。用宋芷湾先生句。楼阁经今换，松杉自昔栽。旧时读书处，归棹定重来。

最忆丰湖好，楼禅古刹幽。钟声来隔水，塔影截前流。佛厅苔侵壁，人家竹倚楼。何时解犀带，十万助钱修。

最忆丰湖好，湖心丰乐亭。追凉时泛艇，汲月惯携瓶。撒网千丝白，环檐一笠青。石台闲试水，此可敌中泠。

最忆丰湖好，菜田三两畦。桔槔取水近，瓜忧护篱低。逐蝶走花犬，鸣禽聚竹鸡。吾家本寒素，旨蓄有领畬。

最忆丰湖好，红棉水榭中。石凉留几榻，月朗射帘栊。来往瓜皮便，回旋竹槛通。将军遗树在，方叔故儒风。

最忆丰湖好，沿堤即大江。棹歌闻隐隐，帆影列幢幢。画鹢衔千百，沙鸥浴一双。碧波原不隔，极目试推窗。

满江红

辛壬之岁，客据惠州，门对丰湖，天寒欲雪，倚此调赋之。

者小西湖，是坡老，旧时题赠。湖尽处，天寒日暮，一般凄冷。白鹤巢邻栖隐宅，玉龙蟠定埋香径。想塔铃声过竹光摇，翩鸿影。　　湖楼上，松风静。湖楼下，梅云靓。就其中安砚，平收画景。翠渚船归烟霭合，黄塘钟动林峦暝。有诵经灯火出书堂，寒宵永。

五

宋景濂濂为明初文人之冠，为文醇深演迤，可与古作者并。一代礼乐制作，多所裁定。故明末汤若士显祖寄语钱牧斋谦益曰：“本朝勿漫视宋景濂。”良有以也。景濂尝讲学于四川，方孝孺亦在弟子之列。余童时随宦入蜀，晤四明孙玉仙锵年丈，与先三叔父星言公同年，渠正校刊《宋学士全集》，并为景濂作生日，征诗及余。遂赋七言绝句四首云：

华阳书院号潜溪，学派流传遍蜀西。一例文翁能化蜀，荣生哀死互评题。

正学曾居弟子行，千秋气节自堂堂。几回洒别夔门泪，肯负金华一瓣香。

朔风飒飒护神旗，文字英灵信有之。立德功言孰优胜，孝陵今已卧荒碑。

九华春醉记当年，御笔亲裁蜀锦笺。今日椒浆空际酹，美髯犹似立风前。

六

前清光绪末叶，襄平赵季和尔丰由护理四川总督调任川滇边务大臣。时余年才舞勺，以年家子之礼晋谒，极蒙青眼，并留寓行辕，为拟批牍，饮食教诲，如其子侄，尝以“英雄出少年”誉余。后为梁节庵鼎芬表叔所闻，复以“谨慎托大事”五字，足成一联，书扇以赐。今余“生不成名身已老，三年饥走荒山道”，回溯赵氏奖许之深，梁公训勉之切，未尝不感怀宿昔，汗发沾衣也。

七

节庵表叔之诗，久已脍炙人口，余少时最爱诵其《天目山道中》一首，惜今已忘其腹联，而余越园绍宋所刊《节庵诗存》，此诗似未载入。自在附言：叶遐庵所编《节庵先生遗诗续编》，此诗亦未收入。特附录于下，以待搜补。诗云：“一山才过众山迎，始信山容喜不平。道仄逢人须侧足，谷空到处总回声。□□□□□□□，□□□□□□□。去去莫辞前路险，此身惯向险中行。”

八

赵季和居恒爱好作射覆，其四公子梅岑世愚则好为神仙对，常于朋僚围坐小酌时为之。或旅次无聊，藉以消遣。神仙对者，即隐以古人诗一句，乱其次序，逐字拈出，对完一字，再出一字。有时可凑得极佳联语，如天造地设。有时则对句欠通，极堪发笑。忆前于雅州旅次，梅岑倡为神仙对，先出“人”字，余对“客”字；次出“绿”字，余对“青”字；又出“趁”字，余对“同”字；又出“荷”字，此时余已揣得上联必是“绿荷包饭趁墟人”，卒对得下联为“青眼高歌同寓客”，惟不工耳。又赵之九公子世泽，书法赵吴兴，词学纳兰容若，清季由青岛入蜀省亲，与余相见。绮年玉貌，儒雅温文，曾出视其所填词云：“万点蜀山迷望眼，思亲梦逐白云飞。杜鹃声苦，只道不如归。　愁似春潮来有信，情如断茧已无丝。个中滋味，空有泪痕知。”发乎性情，凄清工丽，洵谢庭之玉树，乌衣之隽才也。

九

旧京陶然亭为康熙时部郎江藻所建，故又称江亭。朝士大夫，骚人墨客，恒以此为游宴啸歌之地，几已尽人皆知。其地半郭半郊，幽而不僻，又洼地特多，终年积水，遍植芦苇，秋日枫叶荻花，相映成趣，尤惬清赏。回忆亭中有楹联云：“穿荻小车疑泛艇，出林高阁当登山。”颇能道出此处风景。又有一联云：“我醉复陶然，四面凉风吹酒醒；人生行乐耳，百年几日得身闲。”亦甚隽逸可喜，惜皆忘却撰人名氏矣。亭外有小冢，名曰香冢，冢上树一圆碣，其词迷离恍惚，余已不尽记忆，似云：“浩浩愁，茫茫劫。郁郁佳城，中有碧血。是耶非耶，化为蝴蝶。”相传为某钜公姬人瘗此，而不得其主名，或云为侘傺以殁之寒士，未知孰是。意殆好事文人故为疑冢，以点缀风景，犹西湖之有小青墓，不必实有其人也。十年前，北平人士曾葬傅彩云于陶然亭畔。傅彩云者，故阊门雏妓，质丽如花，情柔似水，妙解音律，雅擅弹棋。前清状元洪文卿钧守制家居，寻春北里，似曾相识，一见钟情，祥琴始调，金屋斯启。樊樊山增祥作《彩云曲》，所谓“两见泷冈墓草青，鸳鸯弦上春风起”者是也。文卿曾作定情诗七律四首，其中一首云：“吴儿似水艳无俦，貌比红儿艺薛涛。烧烛夜摊金格子，定情春拥紫檀槽。蝇头试笔蛮笺腻，鹿爪拈花羯鼓高。忽忆灯前十年事，燕台梦影浪痕淘。”归洪后，随使于英，遍游欧洲诸国。万里西行，鸳鸯并载，六珈象服，俨然敌体。尝与英女皇维多利亚并坐摄影，高贵无比。乃洪卒未几，遂通小奴周福，致弗容于大妇，复张艳帜于北京八大胡同，号赛金花，声名藉甚。故樊山之《彩云曲》小序有云：“唱金缕者，出节度之家；过市门者，指状元之第，得非霍小玉冥报李十郎乎？”庚子拳匪乱作，八国联军踞我京师。彩云前游德国，曾与少年瓦得西相识，至是瓦为联军统帅，微服冶游，不期而遇，遂相与入居于清宫仪鸾殿。是时联军初入北京，不无淫掠，闻彩云曾为民请命，暴行骤敛，此则有功于民，未可以瑕掩瑜者也。樊山为作《后彩云曲》，于其下堂后事言之綦详。厥后彩云年老色衰，贫病以死，葬之于陶然亭，殆欲令此有历史性之人物，与名胜并垂不朽欤。按洪钧曾编《元史遗闻证补》，藉俄人史料，以补证史阙，被俄人据为旧有疆界之证，可谓荒谬绝伦。附志于此。

一〇

二百余年以来，咏旧京陶然亭者多矣，余最爱山阴吴芳甸璜《立秋前三日步至陶然亭所作》云:“偶着芒鞋策策行,到来心迹喜双清。短芦一带低如屋,空翠千层远入城。野旷每留斜照久,地高已觉早凉生。老僧解得登临意,劝听残蝉曳树声。”按芳甸为乾隆时人,有《黄琢山房诗钞》。其诗春容庄雅,才气颇高,七言句如“门掩梨花经雨瘦,庭深芳草逐愁长”“孤灯蟋蟀催诗急,疏雨梧桐入梦寒”“碧云影断人何处,黄叶声寒雨忽来”“忍寒偶隐乌皮几,感旧频挑凤胫灯”“漫携谢朓惊人句,要和张华励志诗”“华年忍向闲中度,妙谛都从悟后参”“梦回纸帐梅花白,笑检绨袍草色青”“自有诗书为麴糵,不嫌门径掩蓬蒿”,皆卓然可传之作也。

一一

余九岁初学作文,以读书无多,未能旁征博引,畅所欲言。第童子无知,辄率尔操觚,沾沾自喜。是时先公为广西大学堂监督,创设附属中学,名曰桂林中学,所聘教员皆知名之士。会招考新生,余往应试,国文试题为《诸葛亮自比管乐论》,余振笔疾书云:“呜呼,天下有道,则王道易行。天下无道,则霸才亦效。三代下救时之良相,非管乐其孰能当之?东汉之季,群雄割据,州郡兼并,大势与春秋战国同。武侯卧伏隆中,虽蕴蓄不凡,然求异日之得君行政,能如管乐,尚不可必,以此自比,殆有为言之。即如草庐抱膝,为梁父之吟,其于二桃杀三士之晏子,若不胜忻慕焉者,岂不以穷居无聊,姑藉之以遣兴欤?迨其后祁山六出,以图中原,则管子天下一匡之志也。蛮酋七纵,以绥南服,则乐生不屠二城之意也。管仲名托于王,而实则行之以称霸。武侯才高于霸,而治且进之以纯王,骎骎乎与伊吕相伯仲矣。管仲云乎哉?乐毅云乎哉?”时阅卷为番禺沈养源式荀先生,余文虽不佳,竟膺首选。今复老学无成,了无长进。泚笔记此,良自愧也。

一二

王壬秋闿运好作五言古诗，但只得古人之形貌，而遗其精神，诵之索然寡味。其平生极少作七律，而五律却有两佳句。盖王之投曾国藩也，本希大用，不图曾以书生目之，待以宾客之礼。其后来作《湘军志》，文甚高雅，而于湘军颇有微词，即种因于此。则当时中怀之伊郁，可想而知。故留别曾之五律数首中有两句云："独惭携短剑，真为看山来。"可谓婉而多风者矣。其他诸作，未能称是，殆等诸"自郐以下无讥焉"。梁节庵表叔《送王检讨回湘》诗云："为忆江南乱后山，飘然巾笠往仍还。百年心事看残照，一代文章有要删。杜本谷音吾所属，黄衷海语若相关。崇陵片石归装稳，头白临分泪对潸。"佳作也。

一三

长乐辜汤生鸿铭曾留英习海军，而国学湛深，又旁通英法德俄日诸国语言文字，但富于忠君思想。入民国后，以遗老自居，发辫长垂。好著长袍马褂，宽衣博袖，虽衣上尘垢堆积，不顾也。又好听歌品茗，同游者多青年学子及外国士女。一日独赴某茶园北京旧戏馆皆称茶园。观剧，有洋人二并坐前排，其中一人回顾，见辜容貌古朴，衣服肮脏，以英语告其同伴曰："中国人之愚陋不洁，可以后座之老人为代表。"辜遂以英语斥之曰："汝来华观剧，竟敢公然侮辱华人，殊失礼貌，且汝何知余之愚陋。"该洋人愧无以答，复作俄语云："不料此腐败老人竟能英语。"辜又以俄语斥之。该洋人大惊，急起谢罪，并与辜握手，表示敬佩。北京政府时代，政府由军阀操纵，政局之安定或变动，胥以军阀势力之消长为转移；大总统之去留，亦视乎军阀之喜怒。故驱逐大总统下野之事，数见不鲜。当政变之时，往往群龙无首。然而民众视若无睹，四民各安其业，熙来攘往，一如平时。有外人引以为奇，问于辜曰："外国若遇政变，必人心皇皇，秩序大乱，中国何独不然?"辜答曰："此中国之所以为中国也。"

一四

北京政府虽由军阀操纵，然各部司员之补有实职者，大抵皆能久于其任，恪供厥职。其任职至十余年者，所在多有。各凭其累积之经验，以研究改进，增加行政效率。虽各军阀年年私斗，政务官进退频繁，而曹事不废，悉系于此。实与泰西事务官之久于其任，不谋而合。推原其故，皆由有法为之保障也。盖袁世凯为大总统时，尝提出《文官保障法草案》于参议院，甫交审查，而国会横被解散。曾由袁下令，规定该草案与法律有同等效力。民国五年，旧国会恢复，对此亦无异言。自此以后，京内各实职人员非有重大过失，经惩戒机关议决处分者，不得免职。各部长官虽挟有特殊势力以俱来，如欲位置私人，只能为有实职者设法调升，腾出该缺，以资安插。或只派充额外人员，如参事上行走、佥事上任事、主事上办事、秘书室办事、办事员等类。对于实职之参事、佥事、主事、视察、技正、技士、编纂等，皆不能任意罢免。亦间有倒行逆施不顾一切而任用私人之长官，无故将铨定资位之一二实职人员免职，但被黜者一经向平政院申诉，该院必依法裁判，将判决书呈由大总统命令仍回本任。其长官徒失威信，末如之何。重以京曹地位，例较外官为高，荐任京官，外放必为简任。如民五以前，各省财政厅长多为财政部佥事外放，各铁路局长多为交通部荐任官外放。自民六以后，军阀擅权，互相割据，京官改外，遂不能坚持此例，不无降格。然自视稍高者，则宁皓首为郎，亦不甘屈就。故当时京曹多能奉公守法，洁身自爱。袁世凯虽曾盗国，百无一是，而此举却未可厚非。或者不察，疑北京政府时代之官吏，自始皆可随意补授。但夷考当时之《文官任用法》，其规定资格，亦较现在为严。非经铨叙合格，不能生效。委任官经该机关派委后，如送经国务院铨叙局审查不合资格，即予撤销。荐任简任，均必需先经铨叙，荐任并须分类轮补，始能任命。否则纵使已奉大总统任命，亦可由该局呈由国务院转请收回成命。且积资而升，循序而进，无论何人，不能躐等。

国父孙中山先生有言“久任则阅历深，习惯则智巧出。加之厚其养廉，永其俸禄，则无瞻顾之心，而能专一其志，此泰西之官无苟且，吏尽勤劳者，有此任吏之法也”云云，当局诚宜奉为圭臬。今一般事务官，只凭“另候任用”四字，即可罢免，无冤可诉。岂以孙先生之言为不足法乎！况侈言人事管理，而治丝愈纷。例如各机关之人事管理员，须兼受各该机关长官之指挥监督，且有即由该机关长官介绍委充者，自难免仰承长官鼻息，莫敢持正，等于闲曹。其不肖者或与该机关狼狈为奸，上下其手，利用其职务以便私图。甚至对于资格能力不足，无法补苴，而又坐支厚俸，无所事事者，亦听其不报请上级机关加委，希图延不送审。既与阘茸鄙夫互相勾结，又势必造谣生事，排挤正人。于是宵小弹冠，贪污接踵，群邪杂进，正气潜凋。吏治人心，不堪闻问。国父遗教所谓“人尽其才”，去之弥远矣。

一五

清季士大夫好为诗钟之会，疆吏中如张香涛之洞、端午桥方好之尤笃。粤人蔡伯浩乃煌且以嵌字格“射虎斩蛟三害去，房谋杜断两贤同”之句，获保充上海关道，则其时之风尚可知。此外，用嵌字格集句者，如女、花二唱云“神女生涯原是梦，落花时节又逢君”“霜女素娥俱耐冷，名花倾国两相欢”“商女不知亡国恨，落花犹似坠楼人”等三联，及易实甫顺鼎所作分咏格集句，如杨玉环、刘备云“其中绰约多仙子，天下英雄惟使君”一联，尤为脍炙人口。民国初年，北京之为诗钟者，亦盛极一时，盖遁世之遗老，兴国之硕彦，与夫骚人墨客，大半萃会于此。诗钟社之最著名者，则以南海关颖人赓麟之“稊园”为首屈一指。观易实甫所作之《诗钟说梦》，及稊园所印之诗钟甲乙各集，可见一斑。是时袁世凯当国，其大总统之职位，实由逆取而来。未几，复谋称帝，暗杀宋教仁以除异己，故国民党人及一般遗老，咸詈袁为曹操。然昔之与袁比肩而事主者，亦不少为民国新贵。一日稊园雅集，作嵌字格诗钟，拈出杨、祖二字六唱，先公最后至，即作一联云：“仕曹未免留杨玷，杀祢终焉受祖知。”盖上联用汉杨彪四世三公而仕曹之典故，下联用祢衡受知于黄祖而被杀之典故。既自占身份，又隐合时事，同社为之叹服。又粤人诗钟，好用分咏格，尤喜分咏各不相涉之事物，其中有极见巧思而解人颐者，如分咏康有为、马桶云：“前席箸筹天有泪，后庭花放月留痕。”又分咏老妓、夜壶云：“到头风月春无主，灌顶醍醐夜有声。”皆佳作也。

一六

咏人物诗而咏杜甫，其落笔之难，不减于咏孔子。盖从其大者言之，纵缕万言而不能尽；从其细者言之，则竟至无可措词。此唐玄宗咏孔子之五律所以独步千古者。不图张香涛之《广雅堂诗集》，居然有咏杜甫七律一首，其措词之妙，用意之隽，殊令人叹服。特录于下，以供吟赏。其诗云：“少乞残杯道已孤，老官检校亦穷途。才名不敌李供奉，晚遇难齐高达夫。凭仗诗篇垂宇宙，发挥忠爱在江湖。堂堂节度三持节，那识流传藉腐儒。”

一七

张香涛为诗，力主盛唐，深恶宋体，而陈伯严三立则专作宋体诗。然两人各负四海盛名，为艺林景仰。伯严尝客居武昌，有《随南皮督部登玉带山遂至宝通寺饯送梁节庵兵备》七律一首云：“啸歌亭馆登临地，今日都如隔世寻。半壑松篁藏梵籁，十年心迹比秋阴。飘髯自冷山川气，伤足聊为却曲吟。作健逢辰领元老，下窥城郭万鸦沉。”可谓佳作。而张见其诗有“领元老”三字，疑元老不应见领于人，诧异不已。又伯严有七律一联极佳，惜已忘其题目，诗云：“阖眼涛声来枕上，抚膺家国逼灯前。”下联雕琢至工，真陈后山之流亚也。

一八

顺德罗瘿公惇曧负骚坛盛名，少年从先公游，于史学治南北史，故其为文用字遣辞，皆隽洁闲雅，不同凡响。书法北碑，其小楷尤极自珍秘，不轻为人作。平时应人之求，率作康更甡体予之，非其本色。诗则介乎山谷、放翁之间，尝见其《寿陈散原七十》七律一首云："西江诗派黄双井，南宋遗民谢叠山。四海论文齐敛手，诸男得笔足开颜。眼看世局浮云变，心与清豁尽日闲。满院菊花齐上寿，笑簪鬓发未全斑。"虽酬应之作，亦吐属甚佳。又忆其《送贾郎碧云之汉口》诗，末两句云："过江卫玠妨看煞，珍重羊车傍洛滨。"有味哉。

一九

罗瘿公与余家世交，其侄女韶琚敷庵姻丈之长女公子，复为余弟讷如之妇，故居旧京时，过从至密。瘿公本高门子弟清户部尚书惇衍之弟，仪观伟然，而举止蕴藉，吐纳风流，大有晋人风味。所居檐竹数竿，隐囊麈尾，极名士清雅之致。既为邮传部郎，复蜚声坛坫。都下名流，缟纻缔交，四方学士文人之来京者，亦无不望风钦挹，愿见者罗溢其门，宾客日益辐辏。由是交游极广，尤与陈伯严三立、梁任公启超、叶遐庵恭绰、曾刚甫习经、麦孺博孟华、陈石遗衍、关颖人赓麟、朱强村祖谋、况夔笙周仪、冯幼伟耿光、孔熹白昭焱、黄晦闻节、梁卣铭宓、陈师曾衡恪、姚茫父华等至契。顾能为青白眼，每为雅人所喜，伧父所忌。善写北碑，工行楷书，所至笺素委积，求者户限为穿。平生抱康济宏愿，而为诗文之名所掩。共和以后，为清史馆纂修，并屡经政府当局及各省节度以礼为罗。然斧柯无藉，曾不得一抒其抱负。故中年无所寄托，辄为程伶砚秋赎身，复为撰戏曲，谱新声，专以造成孺子声誉为快。终日徘徊歌场，藉摅其抑塞无聊之气。尝赋诗云："吾生宇内成孤寄，头白歌场自放颠。"足征其有托而逃也。毕竟不能与时命争，遗言请陈伯严以诗人表其墓。惜哉！瘿公体素强健，民国十二年冬初，仓猝未及戒寒，病势遂若决渠，幸而病起。至翌年夏间，旧疾复作，入居北京德人医院，医生狄博尔为注射三百余针，备尝楚酷。曾赋七言绝句四首云："世人欲杀李太白，天意终存铁汉楼。万楚千辛都历尽，又撑病骨入新秋。”“故人每恚音书绝，忽讶讹言已九原。一客相存报奇事，又求遗墨海王村。客岁余病笃，有搜吾墨迹于厂肆者，今闻又有搜求者矣。”“吞针一砵同罗什，袒背瘢痕似鄂公。今岁再蒙天所赦，自标新号署甡翁。住医院以来，受注射三百余针，两臂两腿无完肤矣。”“平生自诩安心法，每为嗔痴损道功。今日病中才悟彻，万缘灭尽一心空。病中楚酷，凡人生痛苦，靡不尽历。惟灭尽思想，则痛苦渐灭。今则痛苦断尽，思想渐起，仍当力破嗔痴耳。”是时其医药所费不资，生事日绌，至秋分而病革。身后之事，悉由程砚秋预为规画，纤悉周备，虽其后不乏友朋之助，而砚秋之高义，终不可没。且开吊之日，凡百执事皆梨园中人自来效劳，尤为难得。有某君挽以诗云：“乱世才人余痼疾，衰时高义在伶官。”盖纪实也。又常熟宗子威作挽诗数首，末一首云：“大雅骚坛失所宗，十年曾记执鞭从。此才名过连文凤，有弟心伤陆士龙谓敷庵。路鬼含冤哀薛荔，山魈冷艳胜芙蓉。歌场寂寞千金记，惆怅南朝卖菜佣。”亦不愧作手。瘿公遗言，欲葬于北京西山之麓，而墓地极不易得，叶遐庵先生感念黄垆，恤其死友，不惜以其姬人墓旁之地，为之营葬，即所谓幻住园者是也。厥后念幻住园中群花将发，并赋诗云：“为告夜台罗掞老，瘿公一字掞东。骖鸾时为款荆扉。”其友谊之笃，风义之高，洵足以针砭薄俗，风兹来祀。瘿公生平所为诗尝由曾刚甫选定，民国十七年间，亦由遐庵先生为之刊行，名曰《瘿公遗诗》。复录曾选外之可传者，别为一卷，曰《瘿公集外诗》，并附梓人，且为之序曰“吾维君之生，必不自意遂终为诗人，而境之所范，卒有以成就之，使自达于其域，此在君固无所谓幸不幸。而掇拾所著，使君之精神，不至于澌灭，则固后死之责也”云云。此不特知瘿公之生平，即其恻坦真挚之词，亦将使百世而下，读之者为之感动矣。犹忆黄晦闻挽瘿公诗有云：“漫说平生康济愿，区区文字恐流亡。”后来瘿公遗诗，寿诸梨枣，实晦闻生前所及见，其欣慰可知也。

二〇

我国法官独立审判，早规定于民国元年《临时约法》，及国民政府训政时期约法，复见之于历次宪法草案，最近且已正式列于合法产生之宪法。较之民元约法，并添列“不受任何干涉”字样，公布实行。足征此一制度，已为国人所重视，等于天经地义，莫可移易，洵堪额手称庆。但前清一代，刑部司员独立审判之精神，实远在孟德斯鸠主张三权分立之前，谅亦研究掌故者所乐闻也。按前清部曹，自郎中以下，除七品小京官一官外，其余于开捐时皆可以入资取得，签分试用。独刑部司员，则必需由进士出身，签分任用，绝无赀郎足迹。在光绪卅二年厘订新官制时代之法部可以奏调非进士出身者为例外。而平亭全国疑狱，罪在大辟以上者，皆取决于该部秋审处。故派在该处办事之司员，大都读律有年，资深绩著。其谳案之奏稿，皆出自承审之司员手笔。前清旧例，京内外各衙门，皆由书吏拟稿。虽该部尚书侍郎之尊，例不得移易一字，惟循例画诺而已。闻诸故老，昔吴县潘伯寅祖荫为刑部尚书，以名士而兼达官，不无老气横秋，目无余子。一日，有秋审处某司员呈稿，未入大堂之先，见潘公服科头而坐，乃声请尚书戴帽。我国自清代以上，皆以戴帽为有礼，与现在之以脱帽为礼者不同。又潘冠讫，又请尚书起立，前清京师达官，见属员必需起立，如私谒又必需答拜。与现在长官之可以倨见属员复来而不往者不同。然后将稿呈阅。潘受其一再敦迫，胸中难免不快，遂对其稿吹毛求疵，援笔改易数字，该司员引故事阻之。潘谓如所改有谬，愿负全责。该司员大愤，乃夺稿掷之于地，厉声曰：“拾起的是忘八蛋。”潘乃自行弯腰拾起，强颜曰：“我自承是忘八蛋何如。”于是左右侍郎起而排解，卒涂去所改，仍用原稿而罢。诚以民命至重，虽在虏廷，犹知矜慎。乃现已二十世纪中叶，而我国行宪之后，尚频闻民众呼吁保障人权，岂惟“卿大夫之辱”，抑亦国家之耻也。回忆民国十二年间，北京政府时代，直系得势，财政总长罗钧任文干以罪嫌由大总统明令拿交法庭依法办理，经京师地方检察厅侦查结果，认为证据不足，决定不起诉处分。乃司法总长程克，身为全国最高司法行政长官，竟敢以部令饬京师高等检察厅起诉。其为以行政干涉司法，违反民国《临时约法》，破坏法官独立审判制度，昭然若揭。是时先兄述彭福钱为东省特别区地方审判厅厅长，遂急电程克劝止，程竟置若罔闻。先兄故于法界有声，乃通电全国司法机关，请一致抗争。于是各省审检各厅纷纷响应，京师为之震惊，程克尤惶恐失措。既疑先兄与罗有旧，更疑有东三省巡阅使张作霖为其后盾。遂多方托人代为疏解，函电一日数至，略谓如寝此议，富贵惟君所欲。不知先兄与罗本非旧交，与张作霖更未谋面，所争者系为法官独立审判，所维护者系为国家根本大法，绝无私意存乎其间。至是羞与程克为伍，因商得高等审判厅厅长李家鏊同意，相与率同该特别区审检各厅法官全体辞职，李辞职后，调任驻俄大使。先兄辞职后，为东省特别区行政长官朱子桥庆澜之秘书长。同事中无一人恋栈者。强项之声，震于中外。程克惩于前失，京师高等检察厅亦不敢起诉，罗案遂了。当时微先兄为铮铮之铁，坚定立场，力持正义，则我国法官独立审判之尊严，早经扫地以尽。社会之秩序，人民之权利，尚堪问乎?可叹也。厥后国民政府成立，改司法部为“司法行政部”。令人顾名思义，一目了然，毖后惩前，亦岂无微旨哉。

二一

咏物诗以工切而有寄托者为佳，久成定论。如袁子才枚之《咏穿衣镜》云：“望去空堂疑有路，照来如我竟无人。”上句情景逼肖，下句自负甚高。又《咏床》云：“一夜送人何处去，百年分半此中居。”两句皆切合实况，洵足以见称于当时，流传于后世。然前乎此者，尚有不少佳作，兹特举数首为例。如清初王太平遵坦《愿学斋集》有《咏佛手柑》云：“断此黄金体，施诸祇树林。度人难下指，合掌即传心。味向骈枝语，香从反复寻。禅天有真诀，巨擘竞森森。”又《咏古镜子》云：“世间铜臭久尘埋，圆璧千年出洛街。晓步相随双凤佩，晚妆应照九鸾钗。微茫斑剥云生面，错落光明月入怀。最好琼楼伴仙子，素娥斜捧上瑶阶。”明末赵韫退进美《清止阁集》有《咏梨花》云：“暗香无语更依依，清影含春望欲稀。疏近琐窗留月照，寒垂网户见莺飞。共停阁外青丝骑，细舞灯前白纻衣。莫向后庭歌玉树，故宫风雨已全非。”又《赋得枫叶微红近有霜》云：“郭外西风绕岸斜，长林秋净有啼鸦。微寒已入娟娟月，远色初分淡淡霞。千里题书临白雁，重阳疏雨映黄花。洞庭木叶伤心日，寂寞怀人在水涯。”似更能凌空着想，饶有神韵。后此朱纫兰佩金女士《生香馆诗钞》有《咏秋雁》诗云：“谁倚高楼一笛清，凭空吹落苦吟声。能鸣未必真为福，有迹须防累此生。入世岂容矰缴避，就人终觉羽毛轻。越凫楚乙从题品，识字何曾为近名！”嘉应宋芷湾湘《燕蹄集》有《咏雁字》诗云：“识字故应南北走，能文谁念稻粱谋？”两诗皆阅历有得之言，令人感喟。

二二

《诗经》修词之法，曰赋，曰比，曰兴。而自古诗人，尤重比兴之法，盖以赋尚直陈，不若比兴之曲折而入情，微婉而善讽也。《文心雕龙·比兴篇》云：“观夫兴之托喻，婉而成章，称名也小，取类也大。《关雎》有别，故后妃方德；尸鸠贞一，故夫人象义。……且何谓比？盖写物以附意，扬言以切事也。故金锡以喻明德，珪璋以譬秀民，螟蛉以类教诲，蜩螗以写号呼，浣衣以拟心忧，席卷以方志固。凡斯切象，皆比义也。至如麻衣如雪，两骖如舞，若斯之类，皆比类者也。”其解释可谓深切著明。然而“赋者，铺也。铺采摛文，体物写志也”见《文心雕龙·诠赋篇》，往往以铺陈之工拙，而见诗之优劣。《文心雕龙》云：“诗人感物，联类不穷。故灼灼状桃花之鲜，依依尽杨柳之貌，杲杲为出日之容，瀌瀌拟雨雪之状，喈喈逐黄鸟之声，喓喓学草虫之韵。皎日嘒星，一言穷理；参差沃若，两字连形。”《渔洋诗话》云：“余因思诗三百篇，真如化工之肖物。如燕燕之伤别，籊籊竹竿之思归，蒹葭苍苍之怀人，《小戎》之典制，《硕人》次章写美人之姚冶，《七月》次章写春阳之明丽，而终之以‘女心伤悲，殆及公子同归’。《东山》之三章‘我来自东，零雨其濛。鹳鸣于垤，妇叹于室’，四章之‘其新孔嘉，其旧如之何’，写闺阁之致，远归之情，遂为六朝唐人之祖。《无羊》之‘或降于阿，或饮于池，或寝或讹。尔牧来思，荷蓑荷笠，或负其糇’‘麾之以肱，毕来既升’，字字写生，恐史道硕、戴嵩画手亦不能如此尽态极妍也。”足见赋体亦并不易言，果能描摹尽致，穷极工巧，则当时情事，酣畅淋漓，明白如话，自足以达志表情。如专崇比兴，则含蓄深婉，其曲折隐晦之处，迷离惝恍，反令人不易索解。且言贵有物，或以纪事，或以警世，藉诗之声律，令人易记易诵，了然于耳，复能了然于心，方为不朽之作。如白香山诗，老妪都解，大堪取法。重以“古人以简策传事者少，以口舌传事者多；以目治事者少，以口耳治事者多”，上古史事之流传至今，多赖此赋体史诗之力，所谓“十口相传为古”也。《诗经》中赋体，如“武王载旆，有虔秉钺。如火烈烈，则莫我敢遏”，“挞彼殷武，奋伐荆楚”，则知殷时之重武功也。“薄伐猃狁，至于太原”，则知周时猃狁入寇，周宣王以逐猃狁而中兴也。“七月食瓜，八月断壶”“馌彼南亩，田畯至喜”，则知周时之勤农事守稼穑也。“不绩其麻，市也婆娑”，“妇无公事，修其蚕绩”，“民卒流亡，我居圉卒荒”，则知周懿王以下农业之就衰也。“氓之蚩蚩，抱布贸丝”，则知当时商业文明之发展也。“君子来朝，何锡予之”，“锡山土亩，于周受命”，则知当时之重封建也。“有部家室”，“俾立室家”，“大邦维屏，大宗维翰。怀德惟民，宗子惟城”，“刑于寡妻，至于兄弟，以御于家邦”，则知当时之重宗族伦理也。“出其东门，有女如云”，“溱与洧，方涣涣兮。士与女，方秉蕑兮。洵盱且乐，惟士与女，伊其相谑”，则知郑国风俗之淫也。“东门之枌，宛丘之栩。子仲之子，婆娑其下”，则知陈国之信巫鬼也。《左传》“公子赋《河水》，公赋《六月》”，则知春秋时代宴会赋诗之成为风尚也。《左传》“秦伯为之赋《无衣》”，则知春秋时代好以诗句表达其意志也。

二三

词调之《鹊踏枝》《蝶恋花》《凤栖梧》，名异而实同。南唐冯正中，北宋晏同叔、柳耆卿，各填此调，皆有绝妙好辞，至今传诵。盖其藻思芊绵，含蓄深婉，堪称千古佳构。如正中之《鹊踏枝》云："几日行云何处去？忘了归来，不道春将暮。百草千花寒食路，香车系在谁家树。泪眼倚楼频独语。双燕来时，陌上相逢否？撩乱春愁如柳絮。悠悠梦里无寻处。"诵之令人有皇皇无依，独立苍茫之感。同叔之《蝶恋花》云："槛菊愁烟兰泣露。罗幕轻寒，燕子双飞去。明月不谙离恨苦。斜光到晓穿朱户。　昨夜西风凋碧树。独上高楼，望尽天涯路。欲寄彩笺无尺素。山长水阔知何处。"诵之令人有万方同概，吾道何之之叹。耆卿之《凤栖梧》云："伫倚危楼风细细。望极春愁，黯黯生天际。草色烟光残照里。无言谁会凭栏意。　拟把疏狂图一醉。对酒当歌，强乐还无味。衣带渐宽终不悔。为伊消得人憔悴。"其一往情深，锲而不舍之情，跃然纸上。尤其"衣带渐宽终不悔，为伊消得人憔悴"两句，或亦人生必经之境界也。

二四

蔡孑民元培为北京大学校长时，对学说以思想自由为原则，对教员以学诣为主。故所聘教授，无论思想新旧，兼容并包。其中有主张文言者，即有提倡白话者；有主张帝制者，即有实行民主者；有主张守旧者，即有提倡革新者。人物虽极杂糅，而学诣各有所长。因而学说发扬，树人称盛。然局外不察，或不免谣诼纷纭。如闽县林畏庐纾即尝投书于蔡，责其覆孔孟，铲伦常，废古书，行土语。曾经蔡根据事实，作札驳复，其言甚为畅快。兹觅录蔡之报书如下，以见当时北大之概况。蔡书云：

……公书语长心重，深以外间谣诼纷集为北京大学惜，甚感。惟谣诼必非实录，公爱大学，为之辨正可也。今据此纷集之谣诼，而加以责备，将使耳食之徒，益信谣诼为实录，岂公爱大学之本意乎？原公之所责备者，不外两点：一曰“覆孔孟，铲伦常”，二曰“尽废古书，行用土语为文字”。请分别论之。

对于第一点，当先为两种考察。（甲）北京大学教员曾有以“覆孔孟，铲伦常”教授学生者乎？（乙）北京大学教授曾有于学校以外，发表其“覆孔孟，铲伦常”之言论者乎？请先察“覆孔孟”之说。大学讲义涉及孔孟者，惟哲学门中之《中国哲学史》。已出版者，为胡适之君之《中国上古哲学史大纲》，详请阅一过，果有“覆孔孟”之说乎？特别讲演之出版者，有崔怀瑾君之《论语足征记》《春秋复始》。哲学研究会中，有梁漱溟君提出“孔子与孟子异同”问题，与胡默青君提出“孔子伦理学之研究”问题，尊孔者多矣，宁曰覆孔？若大学教员于学校以外自由发表意见，与学校无涉，本可置之不论。兹姑进一步而考察之，则惟《新青年》杂志中，偶有对于孔子学说之批评，然亦对于孔教会等托孔子学说以攻击新学说者而发，初非直接与孔子为敌也。公不云乎，“时乎井田封建，则孔子必能使井田封建一无流弊。时乎潜艇飞机，则孔子必能使潜艇飞机不妄杀人。卫灵问陈，孔子行。陈恒弑君，孔子讨。用兵与不用兵，亦正决之以时耳”。使在今日，有拘泥孔子之说，必复地方为封建，必以兵车易潜艇飞机。闻俄人之死其皇，德人之逐其皇，而曰必讨之，岂非昧于时之义，为孔子之罪人，而吾辈所当排斥之者耶？次察“铲伦常”之说。常有五：仁、义、礼、智、信，公既言之矣。伦亦有五：君臣、父子、兄弟、夫妇、朋友。其中君臣一伦，不适于民国，可不论。其他父子有亲，兄弟相友或曰长幼有序，夫妇有别，朋友有信，在中学以下修身教科书中，详哉言之。大学之伦理学，涉此者不多。然从未有以父子相夷、兄弟相阋、夫妇无别、朋友不信教授学生者。大学尚无女学生，则所注意者，自偏乎男子之节操。近年于教科以外，组织一进德会，其中基本戒约，有不嫖、不娶妾两条。不嫖之戒，决不背于古代之伦理；不娶妾一条，则且视孔孟之说为尤严矣。至于五常，则伦理学中之言仁爱，言自由，言秩序，戒欺诈，而一切科学，皆为增进知识之需。宁有铲之之理欤？若大学教员，既于学校以外，发表其"铲伦常"之主义乎？则试问有谁何教员，曾于何书、何杂志，为父子相夷、兄弟相阋、夫妇无别、朋友不信之主张者？曾于何书、何杂志，为不仁、不义、不智、不信及无礼之主张者？公所举"斥父母为自感情欲、于己无恩"，谓随园文中有之。弟则忆《后汉书·孔融传》，路粹枉状奏融有曰："前与白衣祢衡跌荡放言，云父之于子，当有何亲？论其本意，实为情欲发耳。子之于母，亦复奚为？譬如寄物瓶中，出则离耳。"孔融、祢衡并不以是损其声价，而路粹则何如者？且公能指出谁何教员，曾于何书、何杂志，述路粹或随园之语，而表其极端赞成之意者？且弟亦从不闻有谁何教员，崇拜李贽其人而愿拾其唾余者。所谓"武曌为圣王，卓文君为贤媛"，何人曾述斯语，以号于众，公能证明之欤？

对于第二点。当先为三种考察：(甲)北京大学是否已尽废古文而专用白话？(乙)白话果是否能达古书之义？(丙)大学少数教员所提倡之白话的文字，是否与引车卖浆者所操之语相等？请先察"北京大学是否已尽废古文而专用白话"。大学预科中，有国文一课，所据为课本者，曰模范文，曰学术文，皆古文也。其每月中练习之文，皆文言也。本科中有中国文学史、西洋文学史、中国古代文学、中古文学、近世文学；又本科、预科皆有文字学，其编成讲义而付印者，皆文言也。《北京大学月刊》中，亦多文言之作。所可指为白话体者，惟胡适之君之《中国古代哲学史大纲》，而其中所引古书，多属原文，非皆白话也。

次考察"白话是否能达古书之义"。大学教员所编之讲义，固皆文言矣。而上讲坛后，决不能以背诵讲义塞责，必有赖于白话之讲演，岂讲演之语，必皆编为文言而后可欤？吾辈少时读《四书集注》《十三经注疏》，使塾师不以白话讲演之，而编为类似集注、类似注疏之文言以相授，吾辈岂能解乎？若谓白话不足以讲《说文》，讲古籀，讲钟鼎之文，则岂于讲坛上当背诵徐氏《说文解字系传》、郭氏《汗简》、薛氏《钟鼎款识》之文，或编为类此之文言而后可，必不容以白话讲演之欤？

又次考察“大学少数教员所提倡之白话的文字，是否与引车卖浆者所操之语相等”。白话与文言，形式不同而已，内容一也。《天演论》《法意》《原富》等，原文皆白话也，而严幼陵君译为文言。小仲马、迭更司、哈德等所著小说，皆白话也，而公译为文言。公能谓公及严君之所译，高出于原本乎？若内容浅薄，则学校报考时之试卷，普通日刊之论说，尽有不值一读者，能胜于白话乎？且不特引车卖浆之徒而已，清代目不识丁之宗室，其说漂亮之京话，与《红楼梦》中宝玉、黛玉相埒，其言果有价值欤？熟读《水浒》《红楼梦》之小说家，能于《续水浒传》《红楼复梦》等书以外，为科学、哲学之讲演欤？公谓“《水浒》《红楼》作者，均博极群书之人。总之非读破万卷，不能为古文，亦并不能为白话”，诚然，诚然。北京大学教员中，善作白话文者，为胡适之、钱玄同、周启明诸君。公何以证之为非博极群书，非能作古文，而仅以白话文藏拙者？胡君家世汉学，其旧作古文，虽不多见，然即其所作《中国哲学史大纲》言之，其了解古书之眼光，不让于清代乾嘉学者。钱君所作之《文字学讲义》《学术文通论》，皆古雅之古文。周君所译之《域外小说》，则文笔之古奥，非浅学者所能解。然则公何宽于《水浒》《红楼》之作者，而苛于同时之胡、钱、周诸君耶？

至于弟在大学，则有两种主张如左：(一) 对于学说，仿世界各大学通例，循“思想自由”原则，取兼容并包主义，与公所提出之“圆通广大”四字，颇不相背也。无论有何种学派，苟其言之成理，持之有故，尚不达自然淘汰之运命者，虽彼此相反，而悉听其自由发展。此义已于《月刊》之发刊词言之，抄奉一览。（二）对于教员，以学诣为主。在校讲授，以无背于第一种之主张为界限。其在校外之言动，悉听自由，本校从未过问，亦不能代负责任。例如复辟主义，民国所排斥也。本校教员中，有拖长辫而持复辟论者，以其所授为英国文学，与政治无涉，则听之。筹安会之发起人，清议所指为罪人者也，本校教员中有其人，以其所授为古代文学，与政治无涉，则听之。嫖、赌、娶妾等事，本校进德会所戒也，教员中间有喜作侧艳之诗词，以纳妾、狎妓为韵事，以赌为消遣者，苟其功课不荒，并不诱学生而与之堕落，则姑听之。夫人才至为难得，若求全责备，则学校殆难成立。且公私之间，自有天然界限。譬如公曾译有《茶花女》《迦茵小传》《红礁画桨录》等小说，而亦曾在各学校讲授古文及伦理学，使有人诋公为以此等小说体裁讲文学，以狎妓、奸通争有夫之妇讲伦理者，宁值一笑欤？然则革新一派，即偶有过激之论，苟于校课无涉，亦何必强以其责任归之于学校耶？八年三月十八日，蔡元培。

二五

北平地处高旷，风沙居多，与江南水乡迥异。纳兰容若《忆江南》词云："江南好，何处异京华。香散翠帘都在水，绿残红叶胜于花。无事避风沙。"可以概见。故有水之处，辄成胜迹。且往往夸大其词，一勺之多，亦名为海，如三海、十刹海，即其例也。他如陶然亭水近万芦，南河泊水木明瑟，昔时皆为都人士觞咏之地。顾南河泊在广安门外二三里，近于幽邃，十余年来，游人渐少。实则其地烟渚渔汀，风荷万柄，夙有西湖之称。夏日追凉，殊非陶然亭之湫隘、十刹海之嚣尘可比。民国初年，先公隐居北京，民五夏日，忆曾与南河泊王姓相识，尝往重游，感而有作，并冠以小序云：

余别苇湾三十五年矣，今日重来，举目有河山之异。环泊而居者，记有山右王姓，扣扃访之，则皤然一老叟，年逾八十，历叙前事不少遗。因师梅村《遇南厢园叟》诗意，走笔赠之，并系以联曰："景物依然，又来看雨后西山，风前南泊；主人老矣，尚留得半堤疏柳，一角残荷。"噫！风景不殊，而一入颓唐之笔，即满纸秋气，人耶天耶，可胜慨耶！乃为诗曰：

燕台六月暑风烈，北地南人尤苦热。荷香荔熟半塘西，回首江乡梦飞越。

三十年前游帝京，披襟辄上陶然亭。高凉那及幽邃好，云低树密寻烟汀。

南西门外二三里，阴阴夏木涓涓水。中开一泊万芙蓉，水佩风裳净罗绮。

此地居然丈八沟，竹深荷净足句留。塔铃北寺天风送，鬟翠西山宿雨收。

苇子湾头聚凉月，入我怀中长不灭。一麾江海去频年，九陌风花成小劫。

岂知天外洪涛兴，高岸为谷深为陵。天津桥畔杜鹃叫，齐化门外蛙鼓鸣。

扶杖重来问烟柳，人事沧桑一杯酒。槐街盘马路全非，棠馆听鹂树何有。

邂逅前朝遗老人，掀髯一语一伤神。车走雷声驰道改，花开云锦梦痕湮。

前尘听罢长太息，有酒有花乐今夕。菱塘柳陌未全荒，且理渔筒钓金鲫。

二六

《随园诗话》载有某君咏汤圆诗云："甘白俱能受，升沉总不惊。"

此不特切合汤圆性质，且有才堪肆应、六辔在手之慨，亦可解为随遇而安、宠辱胥忘之意。咏物而能切合如此，寄托如此，堪称佳构。余北居久，自南来十余年，每逢春节及元宵节，辄思食北京汤圆。著其制法与南中迥异，先将白糖压成薄片，切为小方块，然后湿水黏糯米粉抟成，其馅则分为山楂核桃、玫瑰核桃、枣泥、豆沙等类，不用猪油，故入口黏而不粫，甘而不腻，兼略有芳香之气。且外表纯作圆形，以红点多寡为馅之标志，与南中之或作桃形，致失去汤圆命名之意者不同。上海中正东路有商店"郑福斋"，专售北平食品，每从此购得北平汤圆，大足以餍我老饕。此外如茯苓夹饼、玫瑰饼、鸡油饼、山楂糕、皮蛋，均甘美绝伦，为北平精品，皆可于"郑福斋"求之。又夏日该店所制酸梅汤，味浓质洁，酸甜适口，凉沁心脾，大有北平风味。他店制此者莫能抗手，此亦旅沪而嗜故都食品者，所不可不知者也。

二七

除夕例换桃符，多用成语，文人则往往别出机杼，以表现其生活状况，思想性情。即素未谋面者，过门见其联语，亦每能揣知为某人住宅。犹忆民国八年，林琴南纾寓北京安福胡同，所题门联云："能安梦寐方为福，饱阅艰难愈信天。"显有无限感慨，所谓乱世之音。亦令人一望而知为老人口气，且知为思想奇旧者。余昔年供职北方交通界，尝题桃符云："蓟北车尘留宦迹，岭南梅树系乡心。"自知笔拙，聊表示其职业及籍贯云耳。

学斋谈荟[①]

陈左高

一

四明赵叔孺时棡生平留印不多，每值农历元旦，夙兴首镌纪年印一方，必殚精为之。自甲子岁起，以后所作纪年印，更绝弗磨去，善自保存。渠平居治印，恒在平旦时，十数载老友竟或未见其一执笔。或疑有所珍秘，盖缘此而起。丈绘马得妻，事见张于相原炜所撰行述。如夫人籀宧某报载称赵妻，实系如夫人之误。且能篆刻，丈常钤一"赵氏叔孺"之元朱文章，即出诸籀宧铁笔也。赵氏门人弟子极盛，岁届夏历正月廿四日必群集为乃师祝寿，前后在大东酒楼七十岁时暨四明公所七十三岁时二处举行者，典礼为最隆重。

二

先君渭渔公笃嗜书画，民廿五年以七十画像倩赵叔孺补衣衫，吴湖帆仿墨井道人笔法补五松树，颜名曰《五松图》，叔孺题首。图成，亲朋纷投篇什，满目珠玑。如陈庸庵夔龙题曰："不栽一县花，愿结五松友。矍铄哉是翁，独立吟望久。"沈淇泉卫曰："不种五株柳，曾依十亩榕。君居闽中最久。有儿侪四桂，此老傲三松。吴潘奕隽，自号三松老人。荫可巢元鹤，封应谢祖龙。更携双不借，惟许孟光从。"龚怀希心

---

① 原载《永安月刊》1949 年第 116—118 期。

钊曰："故庐三径忆闲情，手植青松几作棚。岁晚不雕傲五柳，高风端合拟泉明。"杨云史圻曰："千年霜雪寿如鹤，百尺鳞髯形化龙。一自泰山风雨后，人间无复受秦封。""昔诵少陵四株咏，今添彭泽一株青。长镵合向空山里，与子相期斫茯苓。"张菊生元济曰："卌年回首滞京华，左高按，张氏诣旧京赴试日，先君即与订交，距卅三年题诗时，适四十载。君去河阳试种花。历尽沧桑归作客，相逢头白共无家。""精神矍铄须眉古，喜见高年有壮容。共约岁寒贞晚节，此身长作后凋松。"杨熊祥曰："铁骨银髯伟丈夫，秦封良伴不曾孤。慈仁潭柘成追忆，历尽冰霜识故吾。"高云麓振霄曰："不植三槐植五松，拚将鹤骨伴虬龙。龙吟幽壑迟风雨，鹤立焦原避鼓钟。安得手挥织如意，只堪心现玉芙蓉。颍川名德鸳湖重，一角危楼老仲弓。"其中题词者，如金篯孙兆蕃推松之意，谱《一萼红》，谊溢乎辞，如曰："五株松。耐人闲冰雪，不变秦封疑漏一字。虬拂风髯，蛟腾冻骨，苍翠深浅重重。旧游忆、田盘胜处，更饮得、蜡屐与君同。秋戊才过，春申小住，喜又重逢。　　足下政年七十，道秋来健饭，绿笠青筇。比似霜根，依然云黛，孤立宜最高峰。傲陶令、那时独倚，绕幽径、兰芷茁芳丛。莫道相将岁寒，何减春醲。"

三

李梅庵与曾农髯为民初二书家，艺名洋溢。梅庵，名瑞清，字仲麟，号梅庵，一号清道人，江西临川人也。其先有宗瀚者，以庋藏名人碑帖著称。最珍贵者，若李氏四宝。梅庵秉承家学，擅书魏碑《郑文公碑》，而尤获宋四家苏黄米蔡神髓。渠七月十九日生，民九旧历七月廿二日中风，八月一日辞世，春秋五十有六，葬于南京牛首山。农髯，名熙，字子缉，号农髯，衡阳人，工魏碑，尤精《张黑女墓志》，庚午生，卒时年七十。二人除书法外，兼工丹青。李绘花卉，曾作山水，咸有足观，时号书家之画。与文人之画，如沈子培曾植、翁松禅同龢之山水，朱古微孝臧、陈伯潜宝琛之松，况蕙风周颐之梅。各具千秋。张大千曾谈，农髯尝倩写着色小照，上无题语。梅庵亦嘱图道装肖像，由王晓汀起凤补梅，上有吴昌硕、曾熙、朱孝臧题句，藻丽可诵。如："狂是古狂仙尔去，道德常道梦何因。山荷甑已拌同破，雨雪楼终望不春。酒纵蝶迷酬故国，天无龙见泣孤臣。魂兮化鹤休枨触，彭泽香风是旧邻。丙寅春昌硕题，时年八十三。"朱孝臧寄清道人诗："骨折心摧泪亦干，世人只作等闲看。犹能下笔风雷起，便与临觞醒醉难。着想何人到青史，收身百计让黄冠。寻仙采药诚知妄，海上风香或可餐。"曾熙赞："赤子之心，大人之度。三古舒翔，六经作注。世钦其学，我惜其遇。黄冠草履，岂志之素。有墨皆泪，孤忠谁诉。天阙之山，出云吐雾。灵之游乎，嗟叹行路。"

四

偶过藻韵轩，读江南蘋采女士所作山水花卉，或叠巘回环，岩壑奔流，或芳葩丽卉，婀娜摇曳，写景设色，各极其妙。雄健纤细之笔，兼而能之。堪见渠信手点染，无施不可，一扫巾帼习气，真不愧为现在女画家。尝从陈师曾衡恪游，致力书画，余事篆刻，工汉印，平日钤章，泰半出诸己手。

五

先君辞世后，故旧靡不震悼，金篯孙尤哀之深，亲书挽联，曰："宦海早抽身，回思知己平生，倦羽潜鳞，一念沧桑余涕泪；衡门耽戢影，幸有佳儿养志，蟠螭伏虎，卅年甘旨总馨香。"

六

小万柳堂，一在杭垣，一在海上梵皇渡路。旧筑主人廉泉，字惠卿，号南湖，别号夕阳，前清举人，以广罗善本书籍，驰誉海内外。夫人吴芝瑛，系桐城吴挚甫汝纶之女侄，深谙诗文，克绍箕裘。后尝在北平潭柘寺受戒，法名显惠和尚，不久还俗。海上旧居曾数度易主，后由靳云鹏赎归赠之。既而贫不自赡，仍再典鬻。倾资刊《姚惜抱尺牍》，仿山东海源阁景钞本影行，精雅绝伦。渠友某氏名已失忆曾藏扇面数千柄，内明有文、唐、仇、沈，清有四王、吴、恽精湛之作，晚岁尽贻南湖，藉寿托孤之谊，南湖合刊为《小万柳堂书画扇集》，珂罗版景行。卒某氏子经其资助，得负笈海外，学成归来，洵亦管鲍之交也已。

七

辜汤生鸿铭博擅外国文学，声华藉甚，吾禾沈寐叟曾植对之推崇备至。传尝入张之洞幕，颇见畀重。初习海军，年十八，清廷选遣梁敦彦等放洋，渠亦抵英进海军校，转入剑桥攻文学，精拉丁文，工英诗文，深为彼邦学者名流称誉。当宣统初年时，吾师唐蔚芝先生由农工商部侍郎转办南洋公学于沪上，延任英文教习。时汤生兼津浦局提调，提调者，位殊显荣，例需候补道充任。故莅校，辄乘马车，着开叉袍，外罩马褂，带忠孝袋，穿粉底短靴，系全校最阔绰之教授。上课时，谈笑风生，证引淹博，上下古今，纵横万里，课本一字不提，只命学生每次自阅数十页而已。渠记忆力极强，国外名著多能默诵，讲材新颖，出以诙谐之口吻，在在启发学生心思，与冬烘教法绝异。惟朔望必衣红顶花翎，率徒展拜孔子，悉沿旧仪。蔡孑民既长北大，又膺聘而往。时英文系教授多一时之选，独见汤生则语塞，盖畏之也。汤生通谙英、德、法、西班牙、日本诸国文字，能马兰语，平居说福建官话。熟四书，精《论语》，国学根基远逊严几道。惟遇国人，向不说英语，不御西服，不剪辫子，以示不数典忘祖。苟逢邦外人士，则与之论文学，必使心折而后已。一日，自青岛登舟抵沪，同舟德国人士探讨彼国文学，汤生参与其间，凡德邦文学名集，无不背诵如流，咸中肯綮。众皆翕服，感叹弗如。一说，渠嗜女子纤足，妻日籍，且系我国名语文学家云。

八

郑逸梅著述宏富，久经脍炙人口，比著《近代野乘》，行将问世。渠平日生活，见《纸帐铜瓶室主自说自话》，暨陈从周《记郑逸梅》二文。第其讲学备获诸生钦敬一事，尚付阙如。缘客春，左高兼新中国法商学院讲师，后二月，君膺国文教授聘，初登讲坛，生徒即慑于文名，鼓掌欢迎。逮解释《文心雕龙》某篇，旁征博引，口若悬河。逾日，窗外门隙，满立听者，无容足地。彼等屏息潜聆，无非由仰慕而至。即此一端，足征深获青年之翕从。征诸明世，伯安博雅，犹遭徐爱讥诘，矧今师道衰微，岂非难能可贵耶?

九

蝇头小楷，颇不易为。昔钱塘康石舟，年七十，能作蝇书，艺林传为佳话。宋陆放翁更乐此不疲，曰："常读蝇头细字书。"见《剑南诗稿》。一昨识四明邱水碧，承视所书蝇头小楷《莲花经》八幅，凡六万余字。幅高尺许，阔五吋，写八千余字，分六十行，乃自秋徂冬，始克竟业。虽历时久远，仍似一气呵成，非具游刃之功，曷克臻此? 知前人诗语不我欺也。谢闲鸥绘《十六应真》，分八幅，幅写白描罗汉二，细若游丝。同时得读，眼福不浅。

一〇

人莫不有癖嗜，唯其趣各异，观于现代藏家，信然。如高野侯嗜梅，储古人梅画达千余种，最早者推元王冕所作，自颜居室曰"五百本画梅精舍"。尝嘱先三兄旸若夷同治印，文曰"梅王阁主"，钤自写件上。潘博山与郑逸梅胥喜搜罗历代名贤手札，博山为元明清三代之品，郑则偏重清末民初，质量殆又过之。张鲁盦集印谱数千种，其中以明范氏《集古印存》尤足珍视。前此陈簠斋藏秦汉三代印，卒有《十钟山房印举》问世。吾乡葛书征，亦裒集明季以来刻面印无算，若文徵明父子诸印咸是。余如徐筱圃之砚石，叶遐庵之宣炉，简又文之太平天国图书，周今觉之邮票，程颂云之灯光冻，李祖夔之田黄，丁辅之之名刺，樊樊山之鼻烟瓶，周越然之外国奇书，况蕙风之两广金石拓片，陆丹林之革命文物，龚瞻麓之紫砂壶，斯皆六一居士所谓“得一其所好于斯”者也。

一一、任立凡不耐拘束

名士羁穷，古今同然，晚清画家任立凡预尤落拓乖奇，偭乎嚣俗，非至贫乏，不肯凝神握管。光绪初，僦舍于吴门纸扎肆楼上，衣敝缊袍，瓮餐不继，润例扇面银币二毫，廉于陆廉夫恢画润者半。先君渭渔公尝持素箑十页，过从晤谈。适立凡需款孔殷，乃尽被夺去，加以点染，山水走兽，工致绝伦。中有一柄，上绘牛一，偃卧乱草中，牛殊细妙，草则出之以阔笔。第疏密得宜，远近有序，神化之笔，固往往而然。氏故嗜阿芙蓉，常匿燕子窠中，囊罄即画，偿所逋负，数十年如一日。某夜，寒雨萧然，横陈一榻，吞吐既酣，乘兴挥洒十余幅，以抵数日烟膏之资。识之者爰谓平日佳构，泰半成于此时。某日，吴中某绅景仰立凡盛名，杀鸡炊黍以款之，并拟斥重金求画。立凡留宿数日，以不堪拘束，逾墙而遁。一时艺林，播为笑谈。渠貌寝陋，蹙齃泄牙，囚首垢面，具蔡泽之目。室中笔砚狼藉，尘灰厚积。外出写件，辄忘携印，恒用朱砂篆印代之。或敲墙脚红泥砖一角，渍水磨于砚石，以代钤首押尾之用，色泽鲜妍，有如印泥。一说立凡工治汉印，刀法雅与吴让之相近云。

一二、词意入画之陈从周

陈从周从内江张大千游，并擅诗词。客冬，执教余暇，作画百余幅，假中国画苑陈列山水花卉人物虫鸟，各臻妙趣。寓目一过，至今犹难忘怀。其中最精者《仕女》一幅，用小山《临江仙》词句，写仕女头挽云髻，持一箑，坐青石上，不胜娇羞可怜之态。又《红叶蝴蝶》，仿滕昌祐《红叶图》，由李秋君补蝶，设色佳妙，非深得画中三昧者不办。又仿石涛山水，极明波潋滟之概。他如《苍松盘结》以雄壮胜，《寒林出禽》以豪迈胜，寥寥数笔而竟意味深永。大千题其《黄山图》云："此亦黄山境界，峰峦起伏，云烟变幻。所谓得其情者，从周有焉。"又曰："从周仁弟此画，草草似不经意，自得白阳疏秀遒劲之致。锦团光腻，令人似坐昌州林下，饮酒欲颠也。"昔王摩诘称画中有诗，以为绝境。今观从周之画，盖又寓词意，而融会贯通矣。

一三、罗瘿公与梅兰芳

偶检《清史稿》，前附清史馆职名，而罗惇曧在焉。惇曧字瘿公，号掞东，籍广东顺德，诗宗苏黄，夙播遐誉，与易顺鼎并称才子。于旧都始终居湖广会馆，馆中花木扶疏，景物幽雅，遂忘归焉。平时雅好顾曲，月旦名伶，凡鲜灵芝、刘喜奎等辈，靡不经其揄扬。初嗜观梅兰芳戏，为赋《天女散花曲》，细腻工稳，喧腾人口。辞曰："霓裳一曲掩千古，此是玉环得意语。可怜多肉任风吹，宁问汉宫飞燕似。翾风善舞未能歌，绛树能歌不解舞。并娴歌舞定何人，日下梅郎故绝伦。天与腰支便旋折，容歌满舞并一身。是谁幻遣作天女，小李将军心力聚。自言一剧压千场，奔月葬花安足数。欲知天女竟何状，梅郎正在氍毹上。云髻峨峨巧样梳，修裾不卷随风扬。虽然妙色本来空，梅郎便成真实相。楼前仕女竞妍妆，默对梅郎色惆怅。天风海水方暄豗，共看天女驭风来。时攘皓腕双鸾带，旋舞低昂去却回。瑶笙云璈不知晚，华灯五色光成堆。病榻维摩久凝坐，丈室纷纷花雨堕。香尘散落坏色衣，四座风光同淡沱。若非居士守禅寂，难免妄念风轮簸。千姿万态却分明，舞袖低时云欲生。三百年前王紫稼，见此自失谁敢争。剧中谁是填词者，老去王郎擅风雅。词名一世只自珍，晚成此曲真无价。长安贵游车马狂，无人不道看梅郎。十方士女皆欢喜，尽散天花作道场。"一日，梁启超为父祝寿，王闿运、梅兰芳俱在，红颜白发，相映成趣。瘿公挽二氏骈肩坐，曰此我国第一名士，此我国第一名伶也。其推崇梅氏，大抵类此。厥后冯耿光等盛称梅氏演技，惇曧遂改誉程砚秋音声清脆，为后起隽才。惇曧死，身后萧条，砚秋感知己之谊，为之经营衣衾棺椁，厝北平西山叶恭绰所购置之幻住园，陈三立为题“诗人罗瘿公之墓”。或谓瘿公有异癖，一日微雨，自琉璃厂雇人力车进东门，恰遇岗警一，状貌温秀，瘿公突下车，与之握手寒暄，并详讯年庚几何，居处奚在，警士为之愕然。诘旦，惇曧函约小酌。警察更诧异，如坠云雾。事为局长所悉，曰：“罗系名士，不能不往敷衍。”至则罗已久待，酒后举止失常，警士遂遁走。桐城方重审为予道，洵奇闻已。

《中国近现代稀见史料丛刊》已出书目

第一辑

莫友芝日记
汪荣宝日记
翁曾翰日记
邓华熙日记
贺葆真日记
徐兆玮杂著七种
白雨斋诗话
俞樾函札辑证
清民两代金石书画史
扶桑十旬记（外三种）

第二辑

翁斌孙日记
张佩纶日记
吴兔床日记
赵元成日记（外一种）
1934—1935中缅边界调查日记
十八国游历日记
潘德舆家书与日记（外四种）
翁同爵家书系年考
张祥河奏折
爱日精庐文稿
沈信卿先生文集
联语粹编
近代珍稀集句诗文集

第三辑

孟宪彝日记
潘道根日记
蟫庐日记（外五种）
王癸避难日志　辛卯年日记
嘉业堂藏书日记抄
吴大澂书信四种
赵尊岳集
贺培新集
珠泉草庐师友录　珠泉草庐文录
校辑民权素诗话廿一种

第四辑

江瀚日记
英韶日记两种
胡嗣瑗日记
王振声日记
黄秉义日记
粟奉之日记
王承传日记
唐烜日记
王锺霖日记（外一种）
翁同龢家书诠释
甲午日本汉诗选录
达亭老人遗稿

第五辑

袁昶日记
吉城日记
有泰日记
额勒和布日记
孟心史日记·吴慈培日记
孙毓汶日记信稿奏折(外一种)
高等考试锁闱日录
东游考察学校记
翁同书手札系年考
辜鸿铭信札辑证
郭则沄自订年谱
庚子事变史料四种(外一种)
《申报》所见晚清书院课题课案汇录
近现代"忆语"汇编

第六辑

江标日记
高心夔日记
何宗逊日记
黄尊三日记
周腾虎日记
沈锡庆日记
潘钟瑞日记
吴云函札辑释
新见近现代名贤尺牍五种
稀见淮安史料四种
杨懋建集
叶恭绰全集
孙凤云集
贺又新张度诗文集
王东培笔记二种